Reprint Publishing

Für Menschen, Die Auf Originale Stehen.

www.reprintpublishing.com

Stilfragen.

Grundlegungen

zu einer

Geschichte der Ornamentik.

Von

Alois Riegl.

Mit 197 Abbildungen im Text.

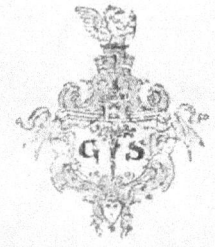

Berlin 1893.
Verlag von Georg Siemens.
Nollendorfstr. 42.

Buchdruckerei von Gustav Schade (Otto Francke) in Berlin N.

Inhalt.

		Seite
I.	Der geometrische Stil	1
II.	Der Wappenstil	33
III.	Die Anfänge des Pflanzenornaments und die Entwicklung der ornamentalen Ranke	41
	A. Altorientalisches	48
	1. Egyptisches. Die Schaffung des Pflanzenornaments	48
	2. Mesopotamisches	86
	3. Phönikisches	102
	4. Persisches	109
	B. Das Pflanzenornament in der griechischen Kunst	112
	1. Mykenisches. Die Entstehung der Ranke	113
	2. Der Dipylon-Stil	150
	3. Melisches	154
	4. Rhodisches	160
	5. Altböotisches. Frühattisches	172
	6. Das Rankengeschlinge	178
	7. Die Ausbildung der Ranken-Bordüre	191
	8. Die Ausbildung der Ranken-Füllung	197
	9. Das Aufkommen des Akanthus-Ornaments	208
	10. Das hellenistische und römische Pflanzenornament	233
	a. Die flache Palmetten-Ranke	241
	b. Die Akanthusranke	248
IV.	Die Arabeske	258
	1. Das Pflanzenrankenornament in der byzantinischen Kunst	272
	2. Frühsaracenische Rankenornamentik	302

Einleitung.

„Grundlegungen zu einer Geschichte der Ornamentik" kündigt der Titel als Inhalt dieses Buches an. Wie Mancher mag da schon bei Lesung des Umschlags misstrauisch die Achseln zucken! Giebt es denn auch eine Geschichte der Ornamentik? Es ist dies eine Frage, die selbst in unserem von historischem Forschungseifer ganz erfüllten Zeitalter eine unbedingt bejahende Antwort wenigstens bisher durchaus noch nicht gefunden hat. Man braucht dabei gar nicht an jene Radikalen zu denken, die überhaupt alles ornamentale Kunstschaffen für originell erklären, eine jede Erscheinung auf dem Gebiete der dekorativen Künste als unmittelbares Produkt aus dem jeweilig gegebenen Stoff und Zweck ansehen möchten. Neben diesen Extremsten unter den Extremen gelten schon als Vertreter einer gemässigteren Anschauung Diejenigen, die den dekorativen Künsten wenigstens soweit als die sogenannte höhere Kunst, insbesondere die Darstellung des Menschen und seiner Thaten und Leiden hineinspielt, eine historische Entwicklung von Lehrer zu Schüler, Generation zu Generation, Volk zu Volk, einzuräumen geneigt sind.

Allerdings giebt es und gab es seit dem ersten Aufkommen einer kunsthistorischen Forschung allezeit eine Anzahl von Leuten, die sich berechtigt glaubten, auch die bloss ornamentalen Formen in der Kunst vom Standpunkte einer stufenweisen Entwicklung, also nach den Grundsätzen historischer Methodik zu betrachten. Es waren dies naturgemäss hauptsächlich die Buchgelehrten, die schon durch ihren Bildungsgang auf Gymnasien und Universitäten mit der philologisch-historischen Methodik und Betrachtungsweise erfüllt, dieselbe auch auf ornamentale Erscheinungen anwenden zu müssen vermeinten. Die Art und Weise aber, in welcher diese Anwendung historischer Methodik auf die Betrachtung der Ornamentik bisher zu geschehen pflegte, ist höchst bezeichnend für den ganz überwiegenden Einfluss, den die in erster Linie erwähnten extremeren Kreise auf die öffentliche Meinung in Dingen der ornamentalen Künste ausübten. Historische Wechselbezüge zu behaupten wagte man nur schüchtern, und bloss für eng begrenzte Zeitperioden und nahe benachbarte Gebiete. Vollends wo die unmittelbare Bezugnahme der Ornamente auf reale Dinge der Aussenwelt, auf organische Lebewesen oder Werke von Menschenhand aufhörte, dort machte die Kühnheit der Forscher mit entschiedener Scheu ein Halt. Wo einmal die mathematische Darstellung von Symmetrie und Rhythmus in abstrakten Lineamenten, wo der Bereich des sogen. geometrischen Stils begann, dort wagte man es nicht mehr, den künstlerischen Nachahmungstrieb des Menschen und die ungleiche Befähigung der einzelnen Völker zum Kunstschaffen gelten zu lassen. Die Eile, mit der man jeweilig sofort versicherte, dass man ja nicht so ungebildet und naiv wäre zu glauben, dass etwa ein Volk dem anderen ein „einfaches" Mäanderband abgeguckt haben könnte, und die Entschuldigung, um die man vielmals bat, wenn man sich herausnahm, etwa ein planimetrisch stilisirtes Pflanzenmotiv mit einem ähnlichen aus fremdem Kunstbesitz in entfernte Verbindung zu bringen, lehren deutlich genug, welch' siegreichen Terrorismus jene Extremen auch auf die „Historiker" unter den mit der Ornamentforschung Beflissenen ausübten.

Worin liegt nun der Erklärungsgrund für diese Verhältnisse, die in den letztverflossenen 25 Jahren einen so bestimmenden und vielfach lähmenden Einfluss auf unsere gesammte Kunstforschung ausgeübt haben? Er liegt vor Allem in der materialistischen Auffassung von dem Ursprunge alles Kunstschaffens, wie sie sich seit den sechziger Jahren unseres Jahrhunderts herausgebildet und fast mit einem Schlage alle kunstübenden, kunstliebenden und kunstforschenden Kreise für sich gewonnen hat. Auf Gottfried Semper pflegt man die Theorie von der technisch-materiellen Entstehung der ältesten Ornamente und Kunstformen überhaupt zurückzuführen. Es geschieht dies mit demselben, oder besser gesagt, mit ebensowenig Recht, als die Identificirung des modernen Darwinismus mit Darwin; die Parallele — Darwinismus und Kunstmaterialismus — scheint mir um so zutreffender, als zwischen diesen beiden Erscheinungen zweifellos ein inniger kausaler Zusammenhang existirt, die in Rede stehende materialistische Strömung in der Auffassung der Kunstanfänge nichts Anderes ist, als so zu sagen die Uebertragung des Darwinismus auf ein Gebiet des Geisteslebens. So wie aber zwischen Darwinisten und Darwin, ist auch zwischen Semperianern und Semper scharf und streng zu unterscheiden. Wenn Semper sagte: beim Werden einer Kunstform kämen auch Stoff und Technik in Betracht, so meinten die Semperianer sofort schlechtweg: die Kunstform wäre ein Produkt aus Stoff und Technik. Die „Technik" wurde rasch zum beliebtesten Schlagwort: im Sprachgebrauch erschien es bald gleichwerthig mit „Kunst" und schliesslich hörte man es sogar öfter als das Wort Kunst. Von „Kunst" sprach der Naive, der Laie: fachmännischer klang es, von „Technik" zu sprechen.

Es mag paradox erscheinen, dass die extreme Partei der Kunstmaterialisten auch unter den ausübenden Künstlern zahlreiche Anhänger gefunden hat. Dies geschah gewiss nicht im Geiste Gottfried Sempers, der wohl der Letzte gewesen wäre, der an Stelle des frei schöpferischen Kunstwollens einen wesentlich mechanisch-materiellen Nachahmungstrieb hätte gesetzt wissen wollen. Aber das Missverständniss, als handelte es sich hiebei um die reine Idee des grossen Künstler-Gelehrten Semper, war einmal vorhanden, und die natürliche Autorität, welche die ausübenden Künstler in Sachen der „Technik" genossen, brachte es ganz wesentlich mit sich, dass die Gelehrten, die Archäologen und Kunsthistoriker, klein beigaben und Jenen das Feld überliessen, wo nur irgendwie die „Technik" in Frage kommen konnte, von der sie — die Gelehrten — selbst entweder gar nichts oder nur wenig verstanden. Erst im Laufe der letzteren Jahre wurden auch die Gelehrten kühner. Das Wort „Technik" erwies sich als äusserst geduldig, man fand, dass die meisten Ornamente in verschiedenen Techniken darstellbar waren und thatsächlich dargestellt wurden, man machte die fröhliche Erfahrung, dass sich mit Techniken trefflich streiten liess, und so hub allmälig in den archäologischen und kunstgewerblichen Zeitschriften jene wilde Jagd nach Techniken an, deren Ende vielleicht nicht früher zu erwarten steht, bis alle technischen Möglichkeiten für ein jedes minder komplicirte Ornament erschöpft sein werden und man sich am Ende zuverlässig dort befinden wird, von wo man ausgegangen ist.

Inmitten einer solchen Stimmung der Geister wagt es dieses Buch mit Grundlegungen zu einer Geschichte der Ornamentik hervorzutreten. Dass es vorab nur Grundlegungen sind und nichts Anderes sein wollen, rechtfertigt sich wohl von selbst. Wo nicht bloss das Terrain Schritt für Schritt hart bestritten ist, sondern sogar die Grundlagen mehrfach in Frage gestellt werden, da müssen erst einige sichere Positionen erobert, einige fest verbundene Stützpunkte gewonnen werden, von denen aus dann späterhin eine umfassende und systematische Gesammtbearbeitung wird gewagt werden können. Ferner brachte es die Natur der Sache mit sich, dass der „Thätigkeit des Verneinens" in diesem Buche ein allzu grosser Raum zugemessen werden musste, als sich mit einer positiven, pragmatischen Geschichts-Darstellung vertragen würde: erscheint es doch als die nächste, dringendste Aufgabe, die fundamentalsten, die schädlichsten, der Forschung bisher hinderlichsten Irrthümer und Vorurtheile hinwegzuräumen. Dies ist ein weiterer Grund, warum die in diesem Buche niedergelegten Ideen zunächst in Form von „Grundlegungen" vor die Oeffentlichkeit treten.

Unser Erstes wird nach dem Gesagten sein müssen, die Existenzberechtigung dieses Buches überhaupt nachzuweisen. Dieselbe erscheint insolange in Frage gestellt, als die technisch-materielle Entstehungstheorie für die ursprünglichsten, anfänglichsten Kunstformen und Ornamente unbestritten zu Kraft besteht. Bleibt es doch in solchem Falle ewig zweifelhaft, wo der Bereich jener spontanen Kunstzeugung aufhört und das historische Gesetz von Vererbung und Erwerbung in Kraft zu treten beginnt. Das erste Kapitel musste daher der Frage nach der Stichhaltigkeit der technisch-materiellen Entstehungstheorie der Künste gewidmet werden. In diesem Kapitel, das die Erörterung des Wesens und Ursprungs des geometrischen Stils in der Ueberschrift ankündigt, hoffe ich dargelegt zu haben, dass nicht bloss kein zwingender Anlass vorliegt, der uns nöthigen würde a priori die ältesten geometrischen Verzierungen in einer bestimmten Technik, insbesondere der textilen Künste, ausgeführt zu vermuthen, sondern, dass die ältesten wirklich historischen Kunstdenkmäler den bezüglichen Annahmen viel eher widersprechen. Zu dem gleichen Ergebnisse werden wir durch andere Erwägungen von mehr allgemeiner Art geführt. Weit elementarer nämlich, als das Bedürfniss des Menschen nach Schutz des Leibes mittels textiler Produkte tritt uns dasjenige nach Schmuck des Leibes entgegen, und Verzierungen, die dem blossen Schmückungstriebe dienen, darunter auch linear-geometrische, hat es wohl schon lange vor dem Aufkommen der dem Leibesschutze ursprünglich gewidmeten textilen Künste gegeben. Damit erscheint ein Grundsatz hinweggeräumt, der die gesammte Kunstlehre seit 25 Jahren souverän beherrschte: die Identificirung der Textilornamentik mit Flächenverzierung oder Flächornamentik schlechtweg. Sobald es in Zweifel gestellt erscheint, dass die ältesten Flächenverzierungen in textilem Material und textiler Technik ausgeführt waren, hört auch die Identität der beiden zu gelten auf. Die Flächenverzierung wird zur höheren Einheit, die Textilverzierung zur subordinirten Theileinheit, gleichwerthig anderen flächenverzierenden Künsten.

Die Einschränkung der Textilornamentik auf das ihr zukommende Maass an Bedeutung bildet überhaupt einen der leitenden Gesichtspunkte dieses ganzen Buches. Ich muss gestehen, dass es zugleich der Ausgangspunkt für alle meine einschlägigen Untersuchungen gewesen ist, ein Ausgangspunkt, zu dem ich durch eine nunmehr achtjährige Thätigkeit an der Textilsammlung des K. K. österreichischen Museums für Kunst und Industrie gelangt bin. Ja ich will, selbst auf die Gefahr hin ob dieser Sentimentalität bespöttelt zu werden, bekennen, dass ich mich eines gewissen Bedauerns nicht erwehren konnte, dazu verurtheilt zu sein, gerade derjenigen Kunst, zu der ich infolge der langjährigen Verwaltung einer Textilsammlung in eine Art persönlichen Verhältnisses getreten bin, einen so wesentlichen Theil ihres Nimbus rauben zu müssen.

War man erst zu der Aufstellung des folgenschweren Lehrsatzes von der ursprünglichen Identität von Flächenverzierung und Textilverzierung gelangt, so war für das Geltungsgebiet der Textilornamentik fast keine Grenze mehr gezogen. Von den geradlinigen geometrischen Ornamenten, mit denen man den Anfang gemacht hatte, gelangte man alsbald bis zu den künstlerischen Darstellungen der komplicirtesten organischen Wesen, Menschen und Thiere. So fand man u. a., dass die Verdoppelung und symmetrische Gegenüberstellung von Figuren zu beiden Seiten eines trennenden Mittels hinsichtlich ihrer Entstehung auf die textile Technik der Kunstweberei zurückzuführen wäre. Bei der weiten Verbreitung dieses ornamentalen Gruppirungsschemas, das man auch den Wappenstil genannt hat, hielt ich es für nothwendig, demselben das zweite Capitel zu widmen, um darin auseinander zu setzen, dass auch diesbezüglich jeglicher Nachweis, ja sogar die Wahrscheinlichkeit fehlt, dass man zur Zeit, aus welcher die ältesten Denkmäler im Wappenstil stammen, sich auf die Kenntniss einer so ausgebildeten Kunstweberei wie sie die technische Voraussetzung hiefür bilden müsste, verstanden hätte, und dass wir anderseits im Stande sind, das Aufkommen des Wappenstils noch aus anderen, allerdings nicht so greifbar „materiellen" Gründen zu erklären.

Die Grundtendenz der beiden ersten Capitel dieses Buches erscheint hiernach als eine verneinende, wenngleich überall versucht wird, an Stelle des Umgestürzten ein Neues, Positives zu setzen. Was insbesondere den geometrischen Stil anbelangt, so erschien es als das Dringendste, einmal die damit verknüpften falschen Vorstellungen hinwegzuräumen, das Vorurtheil von der angeblichen Geschichtslosigkeit dieses Stils, und seiner unmittelbar technisch-materiellen Abkunft zu brechen. Der Umstand, dass die mathematischen Gesetze von Symmetrie und Rhythmus, als deren Illustrationen die einfachen Motive des geometrischen Stils gelten können, auf dem ganzen Erdball mit geringen Ausnahmen die gleichen sein müssen, während die organischen Wesen und die Werke von Menschenhand dem von ihnen inspirirten Künstler mannigfache Abwechslung gestatten, erschwert die Untersuchung über geometrische Stilgebiete nach historischem Gesichtspunkte allerdings ganz ungemein. Spontane Entstehung der gleichen geometrischen Ziermotive auf verschiedenen Punkten der Erde erscheint in der That nicht ausgeschlossen; aber auch das historische Moment wird man hier jeweilig mit voller Unbefangenheit in Rechnung ziehen dürfen. Einzelne Völker sind den übrigen gewiss in dem gleichen Maasse vorangeeilt, als allezeit einzelne begabtere Individuen über ihre Nebenmenschen sich erhoben haben. Und von der grossen Masse gilt in der grauen Vergangenheit gewiss dasselbe, was heutzutage: sie äfft lieber nach, als dass sie selbst erfindet.

Festeren Boden gewinnt die Ornamentforschung von dem Augenblicke an, da die Pflanze unter die Motive aufgenommen erscheint. Der nachbildungsfähigen Pflanzenspecies giebt es unendlich mehr, als der abstrakt-symmetrischen Gebilde, die sich auf Dreieck, Quadrat, Raute und wenige andere beschränken. Daher hat auch die klassische Archäologie bei diesem Punkte mit ihren Forschungen eingesetzt; insbesondere der Zusammenhang der hellenischen Pflanzenmotive mit den am Eingange aller eigentlichen Kunstgeschichte stehenden altorientalischen Vorbildern ist bereits vielfach Gegenstand des Nachweises und eingehender Erörterungen gewesen. Wenn trotzdem von Seite der deutschen Archäologie bisher kein Versuch gemacht wurde, die Geschichte des für die antike Kunst als so maassgebend anerkannten Pflanzenornaments im Zusammenhange von altegyptischer bis römischer Zeit darzustellen, so muss der Grund hiefür wiederum nur in der übermächtigen Scheu gesucht werden, die man davor empfand, ein „blosses Ornament" zum Substrat einer weiter ausgreifenden historischen Betrachtung zu machen. Der Schritt nun, dessen sich ein an deutschen Schulen Herangebildeter nicht zu unterfangen getraute, wurde vor Kurzem von einem Amerikaner gemacht. W. G. Goodyear war der Erste, der in seiner *Grammar of the lotus* die gesammte antike Pflanzenornamentik und ein gut Stück darüber hinaus als eine Fortbildung der altegyptischen Lotusornamentik erklärt hat; den treibenden Anstoss zu der universalen Verbreitung dieser Ornamentik glaubt er im Sonnenkultus erblicken zu sollen. Um die technisch-materielle Entstehungstheorie der Künste kümmert sich dieser amerikanische Forscher augenscheinlich ebensowenig, wie um Europas verfallene Schlösser und Basalte; der Name Gottfried Sempers ist mir im ganzen Buche, wenn ich nicht sehr irre, nicht ein einziges Mal aufgestossen.

Im Grunde ist der Hauptgedanke Goodyears nicht ganz neu; sein unbestrittenes Eigenthum ist bloss der entschlossene Radikalismus, womit er seiner Idee universale Bedeutung zu geben bemüht ist, sowie die Motivirung für das Zustandekommen der ganzen Erscheinung.

Was einmal diese letztere — die Berufung auf den Sonnenkultus — betrifft, so schiesst der Autor damit zweifellos weit über das Ziel hinaus. Schon für die altegyptische Ornamentik bleibt der allmächtige Einfluss des Sonnenkult-Symbolismus mindestens zweifelhaft; vollends unbewiesen und auch unwahrscheinlich wird er, sobald wir die Grenzen Egyptens überschreiten. Symbolismus ist gewiss auch einer der Faktoren gewesen, die zur allmählichen Schaffung des historisch gewordenen

Ornamentenschatzes der Menschheit beigetragen haben. Aber denselben zum allein maassgebenden Faktor zu stempeln, heisst in den gleichen Fehler verfallen, wie Diejenigen, die die Technik für einen solchen Faktor ansehen möchten. Mit diesen letzteren berührt sich Goodyear übrigens überaus nahe in dem sichtlichen Bestreben, rein psychisch-künstlerische Beweggründe für die Erklärung ornamentaler Erscheinungen womöglich zu vermeiden. Wo der Mensch augenscheinlich einem immanenten künstlerischen Schaffungstriebe gefolgt ist, dort lässt Goodyear den Symbolismus walten, ebenso wie die Kunstmaterialisten in dem gleichen Falle die Technik, den zufälligen todten Zweck in's Feld führen.

Was andererseits die fast schrankenlose Ausdehnung der Vorbildlichkeit des Lotus auf alle Gebiete der antiken Ornamentik (z. B. selbst auf die prähistorischen Zickzackbänder) anbelangt, so liegt auch hierin eine Uebertreibung gleich derjenigen, welcher sich die Kunstmaterialisten und die Darwinisten hingegeben haben. So will Goodyear historische Zusammenhänge an vielen Punkten erblicken, wo eine besonnene Forschung sie unbedingt zurückweisen muss. Da er überall nur Uniformes sehen will, trübt er sich geflissentlich den Blick für feinere Unterscheidungen. Auf diese Weise konnte es gar nicht anders geschehen, als dass er u. a. den echt hellenischen Kern in der mykenischen Ornamentik übersah, und damit zugleich den vielleicht wichtigsten Punkt in der gesammten Entwicklung der klassischen Ornamentik unberücksichtigt liess.

Die überwiegende Bedeutung, die dem Pflanzenornament innerhalb der antiken Ornamentik sowohl an und für sich, als mit Bezug auf eine richtige Beurtheilung und Würdigung dieser Ornamentik innerhalb der Gesammtgeschichte der dekorativen Künste zukommt, hat Goodyear ebenso klar erkannt, wie schon viele andere Forscher vor ihm. Im Wintersemester 1890/91 habe ich an der Wiener Universität Vorlesungen über eine „Geschichte der Ornamentik" gehalten, innerhalb welcher der Darstellung der Entwicklung des Pflanzenornaments von frühester antiker Zeit an der vornehmste Platz eingeräumt war. Ein Theil vom Inhalte dieser Vorlesungen ist es, den ich im 3. Kapitel dieses Buches wiedergebe, mit geringen Zusätzen, die hauptsächlich durch die nothwendig gewordenen Beziehungen auf das mittlerweile erschienene Buch Goodyear's veranlasst wurden. Entlehnung von Motiven aus altorientalischem Kunstbesitz seitens der griechischen Stämme bin auch ich geneigt in umfassendem Maasse anzunehmen. Die Ausgestaltung dieser Motive im reinen Sinne des Formschönen ist ein längst anerkanntes Verdienst der Griechen. Was aber das eigenste, selbstständigste und fruchtbarste Produkt der Griechen gewesen ist, das hat nicht bloss Goodyear ignorirt, sondern es wurde auch von Forschern unbeachtet gelassen, die mit Eifer nach selbständigen occidentalen Keimen und Regungen in der frühgriechischen Kunst gesucht haben. Es ist dies die Erfindung der Ranke, der beweglichen, rhythmischen Pflanzenranke, die wir in sämmtlichen altorientalischen Stilen vergebens suchen, die dagegen auf nachmals hellenischem Boden uns schon in der mykenischen Kunst fertig entgegentritt. Die Blüthenmotive der hellenischen Ornamentik mögen orientalischer Abkunft gewesen sein: ihre in schönen Wellenlinien dahinfliessende Rankenverbindung ist specifisch griechisch. Die Ausbildung der Rankenornamentik steht von da an überhaupt im Vordergrunde der Fortentwicklung der ornamentalen Künste. Als saumartig schmales Wellenband mit spiraligen Abzweigungen sehen wir die Ranke zuerst in die Welt treten, als reichverzweigtes Laubgewinde überzieht sie in reifer hellenistischer Zeit ganze Flächen. So geht sie durch die römische Kunst hindurch in das Mittelalter, in das abendländische sowohl wie in das morgenländische, das saracenische, und nicht minder in die Renaissance. Das Laubwerk der Kleinmeister ist ein ebenso legitimer Abkömmling der antik-klassischen Pflanzenrankenornamentik, wie das spätgothische Kriechwerk. Jener fortwährende kausale Zusammenhang im menschlichen Kunstschaffen aller bisherigen Geschichtsperioden, der sich uns bei der historischen Betrachtung der antiken Kunstmythologie und der christlichen Bildertypik offenbart: er lässt sich nicht minder für das ornamentale Kunstschaffen herstellen, sobald man das Pflanzenornament und die Pflanzenranke durch alle Jahrhunderte hindurch von ihrem ersichtlich ersten Aufkommen bis in die neueste Zeit verfolgt. Eine so weitgespannte Aufgabe in vollem Umfange lösen zu wollen, erschien im Rahmen dieses Buches undurchführbar. Ich habe mich daher darauf beschränkt, die Entwicklung des Pflanzenrankenornaments von seinen Anfängen bis zur hellenistischen und römischen Zeit im Einzelnen aufzuzeigen,

Das diesen Ausführungen gewidmete 3. Kapitel glaube ich unter Erwägung der also klargestellten Bedeutung des Gegenstandes als eine ganz wesentliche „Grundlegung" betrachten zu dürfen.

Solange man in der Pflanzenornamentik an den überlieferten stilisirten Typen festhielt, ist der historische Gang als solcher unschwer festzustellen; dagegen müsste eine grosse Unsicherheit in den Schlussfolgerungen eintreten in dem Momente, wo der Mensch in der Zeichnung der Ornamente der natürlichen Erscheinung einer vorbildlichen Pflanze möglichst nahe zu kommen trachten würde. Z. B. kann die Projektion der Palmette, die wir in Egypten und Griechenland antreffen, kaum beiderseits selbständig erfunden sein, da dieses Motiv eine durchaus nicht in der natürlichen Erscheinung begründete Blüthenform wiedergiebt: der Schluss ist unabweisbar, dass das Motiv nur an einem Orte entstanden sein kann und nach dem andern übertragen worden sein muss. Ganz anders, wenn wir an zwei ornamentalen Werken verschiedener Herkunft etwa eine Rose in ihrer natürlichen Erscheinung dargestellt fänden: die natürliche Erscheinung der Rose in den verschiedensten Ländern ist im Allgemeinen die gleiche; eine selbständige Entstehung jener Kopien da und dort wäre hienach sehr wohl denkbar. Nun ist es aber ein Erfahrungssatz, der sich uns gerade aus einer Gesammtbetrachtung des Pflanzenornaments ergeben wird, dass eine realistische Darstellung von Blumen zu dekorativen Zwecken, wie sie heutzutage im Schwange ist, erst der neueren Zeit angehört. Der naive Kunstsinn früherer Kulturperioden verlangte vor Allem die Beobachtung der Symmetrie, auch in Nachbildungen von Naturwesen. In der Darstellung von Mensch und Thier hat man sich frühzeitig davon emancipirt, sich mit Anordnung derselben im Wappenstil u. dergl. beholfen; ein so untergeordnetes, scheinbar lebloses Ding wie die Pflanze dagegen hat man noch in den reifesten Stilen verflossener Jahrhunderte symmetrisirt, stilisirt — namentlich, sofern man dem Pflanzenbilde nicht eine gegenständliche Bedeutung unterlegte, sondern in der That ein blosses Ornament beabsichtigt war. Von der Stilisirung der ältesten Zeit zum Realismus der modernen ist man aber nicht mit einem Schlage übergetreten. Zu wiederholten Malen begegnen wir in der Geschichte des Pflanzenornaments einer Neigung zur Naturalisirung, zur Annäherung der Pflanzenornamente an die reale perspektivische Erscheinung einer Pflanze und ihrer Theile. Ja, es hat in der Antike ohne Zweifel sogar eine Zeit gegeben, wo man in der beregten Annäherung bereits ziemlich weit vorgeschritten war; doch dies war nur eine vorübergehende Episode, woneben und wonach die stilisirten traditionellen Formen dauernd in Geltung geblieben sind. Im Allgemeinen lässt sich sagen, dass die Naturalisirung des Pflanzenornaments im Alterthum und fast das ganze Mittelalter hindurch niemals bis zur unmittelbaren Abschreibung der Natur gegangen ist.

Das lehrreichste und wohl auch wichtigste Beispiel für die Art und Weise, wie man im Alterthum die Naturalisirung von stilisirten Pflanzenmotiven verstanden und durchgeführt hat, liefert das Aufkommen des Akanthus. Bis zum heutigen Tage gilt widerspruchslos die Anekdote des Vitruv, wonach das Akanthusornament einer unmittelbaren Nachbildung der Akanthuspflanze seine Entstehung verdankte. An dem Unwahrscheinlichen des Vorgangs, dass man plötzlich das erste beste Unkraut zum künstlerischen Motiv erhoben haben sollte, scheint sich bisher Niemand gestossen zu haben. In zusammenhängender Betrachtung einer Geschichte der Ornamentik erschien mir ein solcher Vorgang völlig neu, ohne Gleichen und absurd. Und in der That ergiebt die Betrachtung der ältesten Akanthusornamente, dass dieselben im Aussehen gerade die charakteristischen Eigenthümlichkeiten der Akanthuspflanze vermissen lassen. Diese charakteristischen Eigenthümlichkeiten haben sich nachweislich erst im Laufe der Zeit aus dem ursprünglich Vorhandenen entwickelt; liegt es da nicht auf der Hand, dass man auch die Bezeichnung des Ornaments als Akanthus erst viel später vorgenommen haben kann, zu einer Zeit, da dieses Ornament in der That dem Aussehen der genannten Pflanze nahegekommen war? Was aber die ältesten Akanthusornamente betrifft, so hoffe ich im 3. Kapitel erwiesen zu haben, dass dieselben nichts Anderes sind, als plastische, beziehungsweise plastisch gedachte Palmetten. Damit erscheint der Akanthus, dieses nachmals weitaus wichtigste von allen Pflanzenornamenten, nicht mehr als Deus ex machina in der Kunstgeschichte, sondern eingereiht in den zusammenhängenden, normalen Entwicklungsgang der antiken Ornamentik.

Der naturalisirenden Tendenz in der abendländischen Kunst, die sich u. a. eben in der Entfaltung des Akanthusornaments unzweideutig ausdrückt, scheint der Orient von Anbeginn, seit er sich der höheren griechischen Kultur und Kunst gefangen gegeben, widerstrebt zu haben. Die hellenistischen Formen hat er durchgreifend übernommen: an diesem Satze wird heute wohl Niemand mehr zweifeln, dem es nicht um ein blosses Justament-Festhalten an liebgewordenen Anschauungen zu thun ist. Dass es Anhänger dieser letzteren trotz der überzeugenden Sprache der Denkmäler heute noch giebt, ist wohl auch vornehmlich auf Rechnung der festgewurzelten antihistorischen Tendenz in der Beurtheilung ornamentaler Kunstformen zu setzen. Aber thatsächlich begegnen uns an orientalischen Kunstwerken aus der römischen Kaiserzeit vielfach die stilisirten Blüthenformen der reifhellenischen und der alexandrinischen Kunst neben den naturalisirenden Bildungen des römischen Westens. Das byzantinische Ornament knüpft theilweise direkt an hellenistische Formen an, die offenbar auf griechischem und kleinasiatischem Boden auch während der römischen Kaiserzeit fortdauernd in Gebrauch geblieben waren. Wegen der grösseren Reihe von Zwischengliedern nicht so unmittelbar einleuchtend, aber nicht minder vollgiltig ist dies hinsichtlich der saracenischen Kunst.

Die derb byzantinischen Elemente in der saracenischen Ornamentik hat man längst richtig auf ihre Herkunft hin erkannt, ja, man kann sagen, in den vierziger und fünfziger Jahren richtiger als heutzutage, woran eben wiederum die dazwischen gekommene, unselige technisch-materielle Entstehungstheorie mit der Schwärmerei für spontan-autochthone Anfänge der unterschiedlichen nationalen Künste Schuld ist. Dagegen blieb die Arabeske allezeit unangetastetes Sondereigenthum des Orients, insbesondere der Araber. Und doch lehrt die Geschichte der Ornamentik im Alterthum, dass der antike Orient das Rankenornament, das ja der Arabeske zu Grunde liegt, nicht gekannt hat und daher dasselbe erst vom hellenischen Westen übernommen haben muss. Auch konnte man längst bei näherem Zusehen in dem dichten Arabeskengeschlinge einzelne mehr hervorstechende Motive wahrnehmen, die mit ihren Volutenkelchen und Blattfächern deutlich den Zusammenhang mit der alten Palmettenornamentik verrathen. Was aber an der Arabeske als scheinbar völlig neu und gegenüber der antiken Auffassung des Pflanzenornaments ganz fremdartig erschienen ist, das war die Eigenthümlichkeit, dass die an den Ranken sitzenden saracenischen

Blüthenmotive nicht bloss, wie dies in der Natur und im Allgemeinen auch in der abendländischen Ornamentik der Fall ist, als freie Endigungen selbständig auslaufen, sondern sehr häufig wiederum in Ranken übergehen. Dadurch wird der Charakter der Blüthen als solcher unterdrückt, die Bedeutung der Ranken als Stengel verwischt, das Wesen der Arabeske als eines Pflanzenrankenornaments für den Beschauer oft bis zur Unkenntlichkeit verschleiert.

Diese Eigenthümlichkeit nun, die als die wesentliche und charakteristische der Arabeske bezeichnet werden darf, und in welcher die antinaturalistische auf das Abstrakte gerichtete Tendenz aller frühsaracenischen Kunst ihren schärfsten Ausdruck gefunden hat, lässt sich ebenfalls schon in der antiken Rankenornamentik vorgebildet beobachten. Dem Nachweise dieses Sachverhaltes ist nebst dem Schlusse des dritten das vierte Kapitel dieses Buches gewidmet. Ich hole damit zugleich etwas nach, was ich in meinen „Altorientalischen Teppichen" zu geben, hauptsächlich durch Raummangel verhindert war. Dieser Nachtrag erscheint mir um so nothwendiger, als sich herausgestellt hat, dass man vielfach die Natürlichkeit des Vorganges, die antike Kunst zum Ausgangspunkte der frühmittelalterlichen auch auf orientalischem Boden zu machen, nicht recht einsehen wollte: so tiefgewurzelt ist in den modernen Geistern die antihistorische Anschauung, dass die Kunst da und dort ihren spontanen, autochthonen Ursprung genommen haben müsse, höchstens der Occident der lernende, der Orient aber immer nur der spendende Theil gewesen sein könne. Nicht bloss den Dichtern, auch den Kunstschriftstellern wurde der Orient zum Lande der Märchen und Zauberwerke: in den fernen Orient verlegen sie mit Vorliebe die Erfindung aller erdenklichen „Techniken", namentlich aber der flächenverzierenden. Und schien einmal eine „Technik" als im Orient autochthon erwiesen, so musste es dann auch die mittels derselben hervorgebrachte Kunst gewesen sein, die doch nach der herrschenden Anschauung der führenden „Technik" überall erst nachgehinkt wäre.

Mehr Voraussetzungen für eine historische Betrachtung des Pflanzenrankenornaments sind innerhalb des abendländischen Mittelalters gegeben. Nicht als ob dieses Gebiet von den Einwirkungen des Kunstmaterialismus völlig verschont geblieben wäre: vielmehr lassen sich dieselben auch dort auf Schritt und Tritt nachweisen, und ihnen ist es wohl zuzuschreiben, dass die Beurtheilung der Verhältnisse in der Frühzeit, in der sogen. Völkerwanderungs-, aber auch noch in der Karolingischen und Ottonischen Periode, trotz verhältnissmässig reichlichen Materials eine vielfach unklare, widerspruchsvolle, der Einheitlichkeit entbehrende geblieben ist. Aber ich meine, dass man wenigstens nicht auf so eingewurzelte Vorurtheile und blinden Widerstand stossen würde, wenn man den Versuch machte, das mittelalterlich-abendländische Pflanzenornament in seiner historischen Entwicklung vom Ausgange der klassischen Antike bis zum Aufkommen der Renaissance darzustellen. Da nun Zeit und Raum vorläufig nicht gestatten Alles zu erörtern, was auf die historische Entwicklung des Pflanzenrankenornaments Bezug hat, so habe ich mich darauf beschränkt, jene Partien daraus zur Sprache zu bringen, die am meisten einer fundamentalen Klärung bedürftig erscheinen, so dass die bezüglichen Klarstellungen in der That als Grundlegungen zu einer darauf weiter zu bauenden Geschichte der Ornamentik gelten dürfen. Es betreffen diese Partien, wie wir gesehen haben, das Pflanzenrankenornament im Alterthum und dessen treueste Fortsetzung im konservativen Orient, die Arabeske. Auch in der mittelalterlichen Kunstgeschichtsliteratur begegnen wir übrigens in den Beschreibungen von Kunstwerken so überaus häufig der allgemeinen Bezeichnung: „ein Ornament", worauf dann eine nähere Beschreibung folgt, die ganz überflüssig wäre, wenn man das betreffende Ornament in der Gesammtentwicklungsgeschichte bereits untergebracht hätte. Dass diese Unterbringung, wenigstens soweit das antike und saracenische Pflanzenrankenornament in Betracht kommt, nichts weniger als schwer ist, zu zeigen, — für eine solche systematische Unterbringung eine historische „Grundlegung" zu schaffen: dies ist der Hauptzweck, den ich mir mit dem 3. und 4. Kapitel dieses Buches gestellt habe.

Wenn es oberste Aufgabe aller historischen Forschung und somit auch der kunsthistorischen ist, kritisch zu sondern, so erscheint die Grundtendenz dieses Buches nach dem Gesagten vielmehr nach der entgegengesetzten Seite gerichtet. Bisher Getrenntes und Geschiedenes soll untereinander verbunden, und unter einheitlichem Gesichtspunkte betrachtet werden. In der That liegt die nächste Aufgabe auf dem Gebiete der Ornamentgeschichte darin, den in tausend Stücke zerschnittenen Faden wieder zusammenzuknüpfen.

Der Inhalt dieses Buches rührt an allzu tiefgewurzelte und liebgewordene Anschauungen, als dass ich nicht auf vielfachen Widerspruch gefasst sein müsste. Ich bin seiner gewärtig: doch weiss ich mich auch bereits mit so Manchem eines Sinnes. Andere mögen mir im Stillen Recht geben, obgleich sie vielleicht nicht den Beruf in sich fühlen, sich laut dazu zu bekennen. Die Uebrigen aber, die sich nicht überzeugen lassen wollen, wenigstens dazu gebracht zu haben, dass sie die Nothwendigkeit einsehen, für ihre vorgefasste Lieblingsmeinung stärkere und bessere Gründe als die bisherigen beischaffen zu müssen, erschien mir schon eine erstrebenswerthe That, indem selbst ein solcher bedingter Erfolg dazu beizutragen vermöchte, Klarheit in die uns in diesem Buche beschäftigenden fundamentalen Fragen zu bringen: ist es doch menschliche Erbsünde, nur durch Irrthum zur Wahrheit zu gelangen.

I.
Der geometrische Stil.

Alle Kunst und somit auch die dekorative steht in unauflöslichem Zusammenhange mit der Natur. Jedem Gebilde der Kunst liegt ein Gebilde der Natur zu Grunde, sei es unverändert in dem Zustande, in dem es die Natur geschaffen hat, sei es in einer Umbildung, die der Mensch, sich zu Nutz oder Freude, damit vorgenommen hat.

Dieser stets vorhandene Zusammenhang tritt aber an verschiedenen Kunstgebilden mit verschiedener Deutlichkeit zu Tage. Am unverkennbarsten offenbart er sich an den Werken der Skulptur: die Hervorbringungen der Natur erscheinen hier eben nachgeahmt mit allen ihren drei körperlichen Dimensionen. Die Versuchung zu einer stärkeren Abweichung von den Vorbildern der Natur und die Gefahr einer Verdunkelung des obwaltenden Zusammenhanges mit diesen letzteren war erst recht nahegerückt von dem Augenblicke an, da man im Kunstschaffen die Tiefendimension und damit zugleich die volle körperliche Erscheinung preisgab, was bei jenen Künsten der Fall ist, die in der Fläche darstellen.

Verweilen wir einen Augenblick bei diesem Punkte. Wir haben eben die beiden grossen Klassen festgestellt, in die sich die dekorativen Künste scheiden: die plastischen und die in der Fläche darstellenden. Es lassen sich aber aus dem Gesagten auch schon Schlüsse auf das genetische Verhältniss ziehen, das zwischen den beiden genannten Kunstgebieten obwaltet. Wenn wir vorerst die Denkmäler beiseite lassen und zunächst auf rein deductivem Wege uns die Frage zu beantworten suchen, welcher von beiden Klassen von Künsten, den plastischen oder den flächenbildenden, der Vorantritt in der Entwicklung zuerkannt werden müsse, so werden wir schon a priori — trotz der weitverbreiteten gegentheiligen Meinung — das plastische Kunstschaffen als das ältere, primitivere, das in der Fläche bildende als das jüngere, raffinirtere bezeichnen dürfen. Etwa ein Thier in feuchtem Thon schlecht und recht nachzumodelliren, dazu bedurfte es, nachdem einmal der Nachahmungstrieb im Menschen vorhanden war, keiner höheren Bethätigung des menschlichen Witzes, da das Vorbild — das lebende Thier — in der Natur fertig vorlag. Als es sich aber zum ersten Male darum handelte, dasselbe Thier auf eine gegebene Fläche zu zeichnen, zu ritzen, zu malen, bedurfte es einer geradezu schöpferischen That. Denn nicht der vorbildlich vorhandene Körper wurde in diesem Falle nachgebildet, sondern die Silhouette, die Umrisslinie, die in Wirklichkeit nicht existirt und vom Menschen erst frei erfunden werden musste[1]. Von diesem Augenblicke an gewann die Kunst erst recht ihre unendliche Darstellungsfähigkeit; indem man die Körperlichkeit preisgab und sich mit dem Schein begnügte, that man den wesentlichsten Schritt, die Phantasie von dem Zwange der strengen Beobachtung der realen Naturformen zu befreien und sie zu einer freieren Behandlung und Combinirung dieser Naturformen hinzuleiten.

Mag nun ein dekoratives Kunstgebilde von emancipirter Formgebung noch so wunderlich erscheinen, in den einzelnen Theilen bricht doch immer das reale, aus der Natur entlehnte Vorbild hindurch. Dies gilt sowohl von den in der Fläche dargestellten, als von den plastischen Kunstformen. Die Schlangenfüsse des Giganten z. B. sind nicht minder von Naturvorbildern abhängig, als sein menschlicher Oberkörper, wenngleich das Ganze, der Gigant, in der realen Welt nicht existirt. Ebenso gehen die völlig in linearem Schema gehaltenen dreispältigen Blüthen, etwa auf kyprischen Vasen, ganz bestimmt auf das Naturvorbild der Lotusblüthe zurück, mochte nun der Zusammenhang mit jener bestimmten Species der egyptischen Flora den kyprischen Töpfern bewusst gewesen sein oder nicht.

Also die Natur blieb für die Kunstformen auch dann noch vorbildlich, als dieselben die Tiefendimension preisgegeben und die in der Wirklichkeit nicht existirende umgrenzende Linie zum Elemente ihrer Darstellung gemacht hatten. In Umrisslinien dargestellte Thier-

---

[1] Von Hottentotten und Australnegern wissen die Reisenden vielfach zu berichten, dass sie ihr eigenes Bild in Zeichnung oder Photographie nicht erkennen: sie vermögen eben die Dinge nur körperlich, aber nicht in die Fläche gebannt, ohne Tiefendimension, aufzufassen — ein Beweis, dass für letzteres bereits eine vorgeschrittene Kulturstufe vorausgesetzt werden muss.

figuren bleiben nichtsdestoweniger Thierfiguren, wenn ihnen auch die Plasticität der körperlichen Erscheinung fehlt. Man ging aber endlich auch daran, aus der Linie selbst eine Kunstform zu gestalten, ohne dabei ein unmittelbares fertiges Vorbild aus der Natur im Auge zu haben. Diese Gestaltungen geschahen unter Beobachtung der fundamentalen Kunstgesetze der Symmetrie und des Rhythmus; ein regelloses Gekritzel ist eben keine Kunstform. So bildete man Dreieck, Quadrat, Raute, Zickzack u. s. w. aus der geraden, den Kreis, die Wellenlinie, die Spirale aus der gekrümmten Linie. Es sind dies die Figuren, die wir aus der Planimetrie kennen; in der Kunstgeschichte pflegt man sie als *geometrische* zu bezeichnen. Der Kunststil, der sich auf der ausschliesslichen oder doch überwiegenden Verwendung dieser Gebilde aufbaut, heisst somit der *geometrische Stil*.

Wenn nun auch den Gebilden des geometrischen Stils anscheinend keine realen Wesenheiten zu Grunde liegen, so stellte man sich damit dennoch nicht ausserhalb der Natur. Dieselben Gesetze von Symmetrie und Rhythmus sind es doch, nach denen die Natur in der Bildung ihrer Wesen verfährt (Mensch, Thier, Pflanze, Krystall), und es bedarf keineswegs tieferer Einsicht, um zu bemerken, wie die planimetrischen Grundformen und Configurationen den Naturwesen latent anhaften. Der eingangs aufgestellte Satz von den engen Beziehungen aller Kunstformen zu den körperlichen Naturerscheinungen besteht also auch für die Formen des geometrischen Stiles zu recht. Die geometrischen Kunstformen verhalten sich eben zu den übrigen Kunstformen genau so, wie die Gesetze der Mathematik zu den lebendigen Naturgesetzen. Ebensowenig, wie im sittlichen Verhalten der Menschen, scheint es im Gange der Naturkräfte eine absolute Vollkommenheit zu geben: das Abweichen von den abstrakten Gesetzen schafft da und dort die Geschichte, fesselt da und dort das Interesse, unterbricht da und dort die Langeweile des ewigen Einerlei. Der nach den obersten Gesetzen der Symmetrie und des Rhythmus streng aufgebaute geometrische Stil ist, vom Standpunkte der Gesetzmässigkeit betrachtet, der vollkommenste; in unserer Werthschätzung steht er aber am niedrigsten, und auch die Entwicklungsgeschichte der Künste, soweit wir dieselbe bisher kennen, lehrt, dass dieser Stil den Völkern in der Regel zu einer Zeit eigen gewesen ist, da sie noch auf einer verhältnissmässig niedrigen Kulturstufe verharrten.

Trotz dieser geringen ästhetischen Würdigung hat doch der geometrische Stil im Verlaufe der letztverflossenen zwei Decennien eine sehr weitgehende Berücksichtigung erfahren. Einmal von Seiten der archäologischen Forschung. Die ältesten Nekropolen von Cypern, die vorhomerischen Schichten von Hissarlik, die Terramaren der Poebene, die Gräber des prähistorischen Nord- und Mitteleuropa u. a. förderten den geometrischen Stil an Gegenständen zu Tage, deren Entstehung nach sehr gewichtigen Anzeichen in verhältnissmässig frühe Zeiten zurückgehen dürfte. Dazu gesellten sich die Beobachtungen der ethnologischen Forscher, denen die charakteristischen Linienmotive des geometrischen Stils vielfach als Verzierungen auf Geräthen moderner Naturvölker begegneten. Da wir im Sinne der modernen Naturwissenschaft uns für berechtigt halten, die Naturvölker für rudimentäre Überbleibsel des Menschengeschlechtes aus früheren längstverflossenen Kulturperioden anzusehen, so erscheint, in diesem Lichte betrachtet, die geometrische Ornamentik heutiger Naturvölker ebenfalls als eine historisch längst überwundene Phase der Entwicklung der dekorativen Künste, und darum von hoher historischer Bedeutsamkeit.

Da nun die wenigen grundlegenden Motive des geometrischen Stils sich fast bei allen jenen prähistorischen und Naturvölkern in der gleichen Weise, wenngleich in verschiedenen Combinationen und unter wechselnder Bevorzugung einzelner Motive, gefunden haben, in Europa wie in Asien, in Afrika wie in Amerika und in Polynesien, so zog man hieraus den Schluss, dass der geometrische Stil nicht auf einem Punkte der Erdoberfläche erfunden und von diesem Punkte aus über alle Welttheile hin verbreitet worden sein mochte, sondern dass er, wo nicht bei allen, so doch bei den meisten Völkern, bei denen wir seiner Anwendung begegnen, spontan entstanden wäre. Als höchst naiv und unwissend würde derjenige gelten, der zwei Töpfe verschiedener Herkunft, die beide das gleiche Zickzackmuster aufweisen, nicht etwa in unmittelbaren Zusammenhang, nein, bloss in eine ganz entfernte, durch eine längere Reihe von Zwischengliedern vermittelte Verwandtschaft unter einander bringen wollte. Der geometrische Stil wäre überall auf der Erdoberfläche spontan entstanden: dies ist der erste autoritative Lehrsatz, der heutzutage von diesem Stile gilt.

Stand einmal diese Überzeugung fest, so ergab sich daraus sofort der weitere Schluss, dass der Anstoss zur Erfindung und Entfaltung dieses Stils wohl überall der gleiche gewesen sein musste. Der rastlos nach Causalzusammenhängen forschende Sinn unseres naturwissenschaftlichen Zeitalters war alsbald bemüht, dieses Etwas zu ergründen, das den geometrischen Stil an so vielen Punkten spontan hat in's Leben treten

lassen. Und zwar musste es etwas Greifbares, Materielles gewesen sein:
der blosse Hinweis auf unfassbare psychische Vorgänge hätte nicht als
Lösung gegolten. In der freien Natur durfte man das anstossgebende
Etwas nicht suchen; die abstrakten linearen Gebilde des geometrischen
Stils liegen doch in der Natur nicht offen zu Tage, und um sie aus
ihrem latenten Dasein in der Natur zu einem selbständigen in der
Kunst zu befreien, dazu hätte es eines bewussten seelischen Vorgangs
bedurft, dessen Dazwischenkunft man doch um jeden Preis vermeiden
wollte. Es blieben also von greifbaren Dingen bloss die Werke von
Menschenhand übrig. Da es sich hiebei um Vorgänge in den primitivsten Werdezeiten des Menschengeschlechts handelte, konnten nur
allerprimitivste Werke von Menschenhand, allernothwendigste Produkte
eines elementaren Bedürfnisstriebes in Frage kommen. Als einen solchen
Trieb glaubte man denjenigen nach Schutz des Leibes ansehen zu dürfen.
Gegenüber der feindlichen Aussenwelt mochte sich der Mensch frühzeitig durch den geflochtenen Zaun abgesperrt haben; Schutz vor den
Unbilden der Witterung mochte er nicht minder frühzeitig in Geweben
gesucht haben.

Nun sind aber gerade Flechterei und Weberei diejenigen technischen Künste, die durch die bei ihnen obwaltenden technischen Proceduren ganz besonders auf die Hervorbringung linearer Ornamente
beschränkt erscheinen. Wie, wenn im Kreuzgeflechte des Ruthenzauns
und des grob gewebten Gewandes die linearen Motive des geometrischen
Stils zuerst dem Menschen vor Augen getreten wären? Eine glückliche
Combination von farbigen Halmen hätte dann etwa eine Zickzacklinie
zu Wege gebracht. Wohlgefällig mochte der Mensch die Symmetrie
der Schrägbalken und ihre rhythmische Wiederkehr betrachtet haben.
Freilich, wenn man die Frage stellen wollte, woher wohl dieses Wohl-
gefallen stammen, wodurch es im primitiven Menschen erweckt worden
sein mochte, war der menschliche Witz am Ende angelangt. Aber man
glaubte sich schon mit dem soweit Gewonnenen begnügen zu dürfen.
Auf unbewusste, nicht spekulative Weise, bloss von der Nothdurft eines
rein praktischen Zweckes geleitet, hatte die Menschenhand — so rai-
sonnirte man — die ersten geometrischen Verzierungen zu Wege gebracht. Sie waren einmal da, und der Mensch konnte sie nachahmen,
gleichgiltig aus welchem Grunde. Formte er einen Becher aus angefeuchtetem Thon, so konnte er die Zickzacklinie hineingraben; am
Thonbecher war sie zwar nicht durch die Nothdurft des Zweckes geboten, wie die Fadenkreuzungen bei den textilen Techniken, aber sie

gefiel ihm an diesen letzteren und er wollte sie auch dort sehen, wo sie nicht spontan entstand. Das geometrische Motiv des Zickzack, ursprünglich das zufällige Produkt eines rein technischen Vorgangs, war hiemit zum Ornament, zum Kunstmotiv erhoben. Die einfachsten und wichtigsten Kunstmotive des geometrischen Stils wären ursprünglich durch die textilen Techniken der Flechterei und Weberei hervorgebracht: dies ist der zweite souveräne Lehrsatz, der heutzutage vom geometrischen Stile gilt.

Mit dem zuerst entwickelten Lehrsatz von der spontanen unabhängigen Entstehung dieses Stiles an verschiedenen Punkten der Erdoberfläche berührt sich dieser zweite Lehrsatz insofern, als das elementare Bedürfniss nach Schutz des Leibes sich auf verschiedenen Punkten der Erdoberfläche selbständig geltend gemacht haben dürfte und daher auch an verschiedenen Punkten eine spontane Erfindung der Zaunflechterei und Gewandweberei veranlasst haben konnte. Ein Lehrsatz stützte auf solche Weise den anderen; in ihrer Harmonie gaben sie zusammen ein um so überzeugenderes Bild von der Entstehung des geometrischen Stils und zugleich des frühesten primitivsten Kunstschaffens überhaupt.

Gottfried Semper war es, der zuerst die linearen Ornamente des geometrischen Stils auf die textilen Techniken der Flechterei und Weberei zurückgeführt hat. Dieser Schluss ergab sich ihm aber keineswegs selbständig, etwa wie wir ihn im Vorstehenden entwickelt haben, sondern im Zusammenhange mit jenem Grundgedanken, dessen Begründung und konsequenter Durchführung sein *Stil* in erster Linie gewidmet war: der Theorie vom Bekleidungswesen als Ursprung aller monumentalen Baukunst. Auf diesem Wege gelangte er zur Zurückführung aller Flächenverzierung auf die Begriffe von bekleidender Decke und einfassendem, abschliessendem Band, mit welchen Begriffen ein textiler Charakter schon sprachlich verknüpft erscheint. Es geht nun aus zahlreichen Stellen im *Stil* hervor, dass Semper sich diese Vorbildlichkeit von Decke und Band ursprünglich und überwiegend nicht so sehr in stofflich-materiellem, als in ideellem Sinne gedacht hat, wie denn auch Semper gewiss der Letzte gewesen wäre, der den frei schöpferischen Kunstgedanken gegenüber dem sinnlich-materiellen Nachahmungstriebe nicht gebührend berücksichtigt hätte; die Ausbildung dieser seiner Theorie in grob materialistischem Sinne ist erst durch seine zahllosen Nachfolger erfolgt. Aber es lag nun einmal nahe, die Dinge auch in materiellen Zusammenhang zu bringen, und an einer

Stelle²) wenigstens lässt sich Semper über die Entstehung des *Musters* aus der Flechterei und Weberei in einer so bestimmten Weise vernehmen, dass hinsichtlich seiner Meinung über den technisch-materiellen Ursprung der geometrischen Ornamentik schliesslich doch kein Zweifel übrig bleibt.

Semper's Theorie fand in den Kreisen der Kunstforschung bereitwilligste Aufnahme. Schon der historisch-naturwissenschaftliche Sinn unseres Zeitalters, der für alle Erscheinungen die Causalzusammenhänge nach rückwärts zu ergründen sucht, musste sich befriedigt fühlen von einer Hypothese, die für ein so eminent geistiges Gebiet wie es dasjenige des Kunstschaffens ist, eine durch ihre Natürlichkeit und verblüffende Einfachheit so bestechende Entstehungsursache anzugeben wusste. Besonders eifrig wurde sie von der klassischen Archäologie aufgegriffen, die sich eben in die Lage versetzt fand, sich mit den auf griechischem Boden gefundenen vorklassischen Kunstschöpfungen auseinandersetzen zu müssen. Entscheidend hiefür war das Vorgehen Conze's, der vor 20 Jahren Semper's Hypothese für die sogen. Vasen des geometrischen Stils verwerthete; Conze ist auch bis zum heutigen Tage der vornehmste Vertreter der vorhin entwickelten beiden Lehrsätze vom geometrischen Stil geblieben. So gross erschien diese Errungenschaft, dass man sich vorerst mit einer allgemeinen Fassung der Lehrsätze begnügte, eine nähere Untersuchung des Processes, eine Erörterung der Fragen, welche von den verschiedenen textilen Techniken hiebei in Frage käme, welche die ihr entsprechendsten geometrischen Motive wären u. s. w., für überflüssig hielt. Erst in neuester Zeit wurde der Versuch gemacht, auf diese Fragen etwas näher einzugehen, worauf noch zurückzukommen sein wird; die Lehrsätze von der spontanen Entstehung des geometrischen Stils auf verschiedenen Punkten aus einer textilen Technik wurden aber auch von dieser Seite nicht bloss nicht in Zweifel gestellt, sondern vielmehr erst recht zu beweisen gesucht.

Wir wollen nun die heute allgemein geltenden Anschauungen vom Ursprung des geometrischen Stils einer Prüfung auf ihre Stichhaltigkeit unterziehen. Was zunächst den ersten der erwähnten beiden Lehrsätze betrifft, der die Spontaneität der Entstehung des geometrischen Stils an allen oder doch an den meisten jener Punkte, wo wir ihn sei es noch heute antreffen, sei es seinen Spuren aus früheren Jahr-

²) Stil I. 213, worauf noch zurückzukommen sein wird.

tausenden begegnen, behauptet, so müssen wir uns damit begnügen, darzuthun, dass in dieser Frage eine zuverlässige Entscheidung heutzutage nicht getroffen werden kann, und daher die autoritäre, Allgemeingiltigkeit beanspruchende Fassung, in welcher der besagte Lehrsatz heute vorgetragen wird, zumindest eine verfrühte genannt werden muss. Wie lineare Motive bei einem Volke spontan in die Ornamentik eingeführt werden, lässt sich heutzutage wohl nirgends mehr beobachten. Die spontane Entstehung an mehreren verschiedenen Punkten lässt sich somit nicht mehr unmittelbar beweisen, allerdings auch nicht das Gegentheil. Das Material, auf Grund dessen man ein zuverlässiges Urtheil schöpfen könnte, ist einfach nicht mehr vorhanden, und es liegt daher dermalen auch kein genügender Grund vor, um die Verbreitung des geometrischen Stils von einem einzigen Punkte aus zu behaupten. Es muss sogar zugestanden werden, dass es Völkerschaften mit sehr respektablem ornamentalem Kunstschaffen giebt, deren nachweisliche, des bei ihnen beobachteten gänzlichen Mangels an Metall und Metallwaaren halber unabsehbar weit zurückreichende Isolirtheit eine Abhängigkeit von anderen Kunstvölkern geradezu auszuschliessen scheint: dem interessantesten dieser Völker, den Maori auf Neuseeland, werden auch wir späterhin mehrfach Beachtung zu schenken Veranlassung finden.

So viel wird man aber immerhin sagen dürfen, dass die Ergebnisse der letztjährigen Forschungen der Annahme allzuvieler selbständiger Entstehungsherde keineswegs günstig scheinen. Die Zeiten, in welche die bezüglichen Funde in den Mittelmeerländern zurückgehen, rücken uns immer näher und entfernen sich in dem gleichen Maasse vom supponirten Urzustande, und das Gleiche gilt von den Überbleibseln der sogen. nord- und mitteleuropäischen Bronzezeit. Ferner wird es immer klarer, dass die friedlichen Beziehungen selbst sehr entfernter Völker zu einander, ihr Verkehr zur See und zu Lande, wenn auch durch zahlreiche Zwischenglieder vermittelt, in überaus frühe Zeiten zurückgehen; an Gelegenheiten, welche den stets wachen Nachahmungstrieb der Menschen reizen mochten, hat es somit seit unvordenklichen Zeiten nicht gefehlt. Mindestens zwischen den das Mittelmeerbecken umwohnenden Völkern werden vielfache causale Zusammenhänge auch in Betreff des geometrischen Stils nicht abzuweisen sein. Und was die anscheinend primitive geometrische Ornamentik bei den modernen Naturvölkern betrifft, so erscheint da doppelte Vorsicht geboten zu einer Zeit, da selbst die chinesische Mauer bedenkliche Risse zeigt, wie insbesondere die Nachweise F. Hirth's von den intensiven Beziehungen Chinas zum römischen Kaiserreich ergeben haben[3]).

Aus alledem geht wenigstens das Eine hervor, dass die bedingungslose Proscription der Wenigen, die es gelegentlich wagen, historische Zusammenhänge in gewissen Varianten des geometrischen Stils zu erblicken, mindestens ungerechtfertigt ist. Die absolute Primitivität des geometrischen Stils auf allen Punkten der Erdoberfläche und bei allen Völkern, bei denen wir ihn antreffen, ist aber schlechtweg abzuweisen. Das Dipylon z. B. ist gewiss ein geometrischer Stil, aber keineswegs ein primitiver, vielmehr ein raffinirter. Die Völker sind zu ungleich in ihrer Begabung für das Kunstschaffen, als dass nicht welche einen Vorsprung vor den übrigen gehabt hätten; dann war aber wieder der Nachahmungstrieb allzu mächtig, als dass die zurückgebliebenen nicht den vorgeschrittenen mit Entlehnungen gefolgt wären. Damit pflegt übrigens eine besonnene archäologische Forschung seit Langem zu rechnen.

Kurz gefasst lässt sich somit über die geographische Seite der Frage nach der Entstehung des geometrischen Stils ungefähr Folgendes sagen. Es liegt kein zwingender Grund vor zur Annahme, dass die geometrischen Kunstformen von einem einzigen Schöpfungscentrum aus Verbreitung gefunden haben: die Möglichkeit verschiedener selbständiger Entstehungspunkte bleibt vielmehr vorläufig unbestritten. Auf dem Gebiete der Künste bei den Mittelmeervölkern dürfte weitgehende wechselseitige Beeinflussung anzunehmen sein, was im Besonderen zu begründen hier überflüssig ist, da es in einzelnen Punkten bereits auch von archäologischer Seite nachgewiesen und anerkannt erscheint. Was aber die geometrische Ornamentik bei den Naturvölkern betrifft, so ist das bezügliche Material dermalen noch weit davon entfernt, um die Frage als spruchreif erscheinen zu lassen.

Wir gehen nun an die Erörterung des zweiten Lehrsatzes, der vom geometrischen Stil gilt: des Satzes vom Ursprung der charakteristischen Motive dieses Stils aus den textilen Techniken der Flechterei und Weberei. Dieser Satz galt seit Semper und Conze als so unfehlbar, dass nicht bloss von keiner Seite ein auch nur bescheidener Zweifel daran geäussert wurde, sondern auch bis auf die

[3]) F. Hirth, China and the Roman Orient. — Bezeichnend ist es mit Bezug auf letzteren Umstand, dass trotz vielfacher zu Tage liegenden Analogien es bisher noch Niemand gewagt hat, die entsprechenden Schlüsse auf kunsthistorischem Gebiete zu ziehen.

jüngste Zeit ein näheres Eingehen auf den ganzen Process, der von den Textiltechniken zu den geometrischen Verzierungen auf den frühgriechischen Vasen geführt haben möchte, für überflüssig gehalten wurde. Angesichts der streng wissenschaftlichen Methode, mit welcher die klassische Archäologie unserer Tage arbeitet, ist die Autoritätsgläubigkeit gegenüber dem in Rede stehenden Lehrsatze nur zu verstehen, wenn man den allgemeinen Zug der Zeit, die übermächtige Strömung der Geister in den letztverflossenen dreissig Jahren in Betracht zieht. Es ist die durch Lamark und Goethe angebahnte, durch Darwin zum reifen Ausdruck gelangte Art der Weltanschauung nach stofflich-naturwissenschaftlichen Gesichtspunkten, die auch auf dem Gebiete der Kunstforschung schwerwiegende Folgen nach sich gezogen hat. Parallel mit der Darlegung der Entwicklung der Arten unter rein stofflichen Fortbildungsmotiven war man bestrebt, auch für die geistige Entwicklung des Menschengeschlechts ursprünglich wesentlich materielle Hebel ausfindig zu machen. Die Kunst als augenscheinlich höhere Potenz einer geistigen Entwicklung konnte — so meinte man — nicht von Anbeginn vorhanden gewesen sein. Zuerst wäre die auf Erreichung rein praktischer Zwecke gerichtete Technik da gewesen, aus der sich erst mit steigender Entwicklung der Kultur die Kunst entfaltet hätte. Zu den ältesten Techniken zählte man die Flechterei und Weberei, zu den ältesten Verzierungs- oder Kunstformen die geradlinigen geometrischen Figuren. Da nun die geradlinigen geometrischen Figuren sich für die Musterung einfacher Geflechte und Gewebe aus technischen Bequemlichkeitsgründen ganz besonders eignen, lag es sozusagen in der Luft, beide Erscheinungen in causalen Zusammenhang unter einander zu bringen und zu erklären: die geradlinigen geometrischen Figuren sind ursprünglich nicht auf dem Wege künstlerischer Erfindung, sondern durch die Technik auf dem Wege einer generatio spontanea hervorgebracht.

Diese geradlinigen geometrischen Ornamente sind aber nicht die einzigen auf den ältesten vor- und frühgriechischen Vasen: es kommen hiezu auch krummlinige Gebilde: Wellenlinie, Kreis, Spirale u. s. w., für deren Entstehung die Textiltechniken doch nicht so überzeugend in's Feld geführt werden konnten, wie für die geradlinigen Ornamente. Dafür musste nun eine Anzahl anderweitiger Techniken herhalten, ja man kann sagen, dass es in den letzten zwanzig Jahren, und zwar in steigendem Maasse, ein fundamentales methodisches Gesetz der klassischen Archäologie gewesen ist, für jedes Motiv, das man von einem gewissen Punkte aus nicht mehr im Wege lehnweiser Uebernahme nach rückwärts verfolgen konnte, die Technik ausfindig zu machen, die sozusagen spontan, mit Ausschluss bewusst künstlerischer Erfindung, auf die Schaffung des betreffenden Motives geführt haben mochte. Es ist die Theorie von der technisch-materiellen Entstehung der künstlerischen Urformen, die zur schrankenlosen Geltung in der Archäologie erhoben wurde und innerhalb welcher die Theorie von der Entstehung der geradlinigen geometrischen Ornamente aus den textilen Techniken nur eine Unterabtheilung bildet, so wie die geradlinigen geometrischen Ornamente selbst nur einen Bruchtheil von sämmtlichen nachweisbaren primitiven Ornamenten. Mit einer Sicherheit, als wenn sie persönlich dabeigewesen wären und Material und Werkzeug des kunsterweckenden Urmenschen gesehen hätten, wussten die Archäologen die textilen, die metallurgischen, die stereotomischen u. s. w. Techniken für die einzelnen Ziermotive auf den ältesten Vasen anzugeben. Eine Unsumme von Arbeit wurde an diese Versuche verschwendet, die verschiedensten Combinationen versucht, die verschiedensten Techniken für ein und dasselbe Motiv ins Feld geführt, wie sich dies bei der Natur der Sache von selbst versteht. Und gleichwie der Deutsche Häckel Darwin's Theorie am konsequentesten und autoritativsten ausgebildet hat, so waren es auch unter den Archäologen wiederum die Deutschen, die hierin am entschiedensten vorangeschritten sind. Wie weit sie hiebei über die Anschauung des eigentlichen Vaters dieser Theorie, Gottfried Semper's, hinausgegangen sind, möge eine Stelle aus dessen *Stil* II. 87 lehren, die ich im Wortlaute hieher setze:

Die Regel, dass die dekorative Ausstattung des Gefässes dem bei seiner Ausführung anzuwendenden Stoffe und der Art seiner Bearbeitung entsprechen soll, „führt auf schwer zu lösende Zweifel über den technischen Ursprung vieler typisch gewordenen dekorativen Formen, über die Frage, in welchem Stoffe sie zuerst dargestellt wurden, wegen der frühen Wechselbeziehungen und Einflüsse welche die Stoffe auf diesem Gebiete, den Stil eines jeden unter ihnen modificirend, gegenseitig ausübten. So bleibt es dahingestellt, ob die Zonen von Zickzackornamenten, Wellen und Schnörkeln, die theils gemalt theils vertieft auf den Oberflächen der ältesten Thongefässe fast überall gleichmässig vorkommen, ob sie die Vorbilder oder die Abbilder der gleichen flachvertieften Verzierungen auf ältesten Bronzegeräthen und metallenen Waffenstücken sind, oder ob sie keinem von beiden Stoffen ursprünglich angehören. . . . Erst mit vorgerückter Kunst beginnt die bewusstvolle Unterscheidung und künstlerische Verwerthung der

Schranken und Vortheile, die die verschiedenen der Ausführung sich darbietenden Stoffe für formales Schaffen mit sich führen und gestatten."

So vorsichtig drückte sich der Autor aus, der, Künstler und Gelehrter zugleich, in höherem Maasse als irgend Einer seines Jahrhunderts die technischen Proceduren des Kunstschaffens in ihrer Gesammtheit und ihren Wechselbeziehungen überblickte und umfasste. Es geht auch aus seinen obcitirten Worten hervor, dass er sich die formenbildende Thätigkeit der „Technik" im Wesentlichen erst in vorgerücktere Zeiten der Kunstentwicklung verlegt denkt, und nicht in die ersten Anfänge des Kunstschaffens überhaupt. Und dies ist auch meine Überzeugung. Nichts liegt mir ferner als die Bedeutung der technischen Proceduren für die Um- und Fortbildung gewisser Ornamentmotive zu läugnen. Uns in dieser Beziehung die Augen geöffnet zu haben, wird immer ein unvergängliches Verdienst Gottfried Semper's bleiben. Wenn dieser Punkt im Folgenden nicht besonders verfolgt oder öfter betont sein wird, so mag man dies aus dem Umstande erklären, dass ich mir eben die besondere Aufgabe gestellt habe, die von der Technik unverdientermaassen in Anspruch genommene schöpferische Bedeutsamkeit auf anderem Gebiete, auf demjenigen der ältesten erstgeschaffenen Kunstformen, zu brechen. Es fällt mir darum nicht bei, der kunstmaterialistischen Bewegung der letzten 20 Jahre allen Werth und alle Bedeutung abzusprechen, oder gar damit eine Kritik der Lehre Darwin's und seiner Nachfolger zu beabsichtigen. Dass die Theorie von der technisch-materiellen Entstehung aller künstlerischen Urformen eine Phase der archäologischen Wissenschaft bedeutet die, wie die Verhältnisse lagen, nothwendigermaassen einmal durchgemacht werden musste, dafür bürgen schon die Namen ihrer ersten Bahnbrecher, Semper's und Conze's, und dafür zeugt nicht minder die schrankenlose Verbreitung, die dieselbe sofort in Alldeutschland und weit darüber hinaus gefunden hat. Nun scheint es mir aber an der Zeit sich einzugestehen, dass wir uns in Sachen der Kunst in der angedeuteten Richtung viel zu weit vorgewagt haben, und dass gewichtige Bedenken, die ich im Nachfolgenden entwickeln werde, es uns nahelegen, mit der Tendenz, die elementarsten Kunstschöpfungen des Menschen aus stofflich-technischen Prämissen zu erklären, den Rückzug anzutreten.

Es wird sich in den folgenden Capiteln dieses Buches wiederholt Gelegenheit ergeben, die Stichhaltigkeit der bisher versuchten technisch-materiellen Erklärungen und Ableitungen einzelner Ornamente zu prüfen. In diesem Capitel über den geometrischen Stil haben wir es bloss mit der Ableitung der geradlinigen geometrischen Motive aus den textilen Techniken zu thun.

Auf welche Weise sollen nun die Motive des geometrischen Stils aus den textilen Techniken hervorgegangen sein?

Halten wir uns auch hiefür an Gottfried Semper, denn die Übrigen haben doch nur im Allgemeinen wiederholt, was jener noch verhältnissmässig am deutlichsten ausgesprochen und am anschaulichsten gedacht hat. Die entscheidende Stelle findet sich im I. Bande des *Stil* S. 213. Nachdem er da von dem geflochtenen Zaun als ursprünglichstem vertikalen Raumabschluss, als der ältesten Wand gesprochen hatte, fährt er fort: „von dem Flechten der Zweige ist der Übergang zum Flechten des Bastes leicht und natürlich. Von da kam man auf die Erfindung des Webens, zuerst mit Grashalmen oder natürlichen Pflanzenfasern, hernach mit gesponnenen Fäden aus vegetabilischen oder thierischen Stoffen. Die Verschiedenheit der natürlichen Farben der Halme veranlasste bald ihre Benutzung nach abwechselnder Ordnung und so entstand das *Muster*."

Der letzte Satz ist für uns der entscheidende. Semper drückt sich darin zwar nicht bestimmt aus, ob er die Entstehung des *Musters* bereits in die Flechterei, oder erst in die von ihm als eine höhere Stufe der Entwicklung aufgefasste Weberei versetzt. Infolgedessen unterlässt er es auch seine Vorstellung von dem fraglichen Vorgange an einem konkreten Beispiele zu erläutern. Aber so viel geht aus seinen Worten hervor, dass er selbst die Dazwischenkunft eines nichtmateriellen Faktors nicht zu läugnen vermag. „Die Verschiedenheit der natürlichen Farben der Halme veranlasste bald ihre Benutzung nach abwechselnder Ordnung." Also nicht der reine Zufall hat das erste *Muster* in die Welt gesetzt, sondern der Mensch nahm eine bewusste („veranlasste") Auswahl verschiedenfarbiger Halme vor, deren Verflechtung in rhythmischer Abwechslung („abwechselnder Ordnung") sodann zum Muster geführt hat. Es wird dem Menschen damit ausdrücklich ein kunstschöpferischer Gedanke bei dem ganzen Vorgange zugebilligt. Die Stellen in denen sich Semper zur technisch-materiellen Auffassung in direkten Widerspruch setzt, sind übrigens im *Stil* gar nicht so selten. Eine ganz fundamentale dieser Art, noch dazu wiederholt vorgebracht, werden wir weiter unten kennen lernen.

Einen näheren Nachweis im Einzelnen, wie die gangbarsten Motive des geometrischen Stils auf dem Wege zufälliger Fadenverflechtungen entstanden sein mochten, hat Semper, wie schon erwähnt wurde, nicht versucht, und ebensowenig seine zahlreichen Nachfolger, bis auf die in jüngster Zeit erfolgten Ausführungen Kekulé's mit denen wir uns noch im Besonderen beschäftigen werden. Das Raisonnement lautete ungefähr folgendermaassen: Im Anfange war keine Kunst, sondern bloss Handwerk (nicht in wirthschaftlichem, sondern in technischem Sinne gemeint). Das älteste Handwerk war das textile. Mit dem Zaungeflecht und dem gewebten Gewande kamen die geradlinigen planimetrischen Ziermotive in die Welt, die der Mensch dann, angezogen durch ihre formale Schönheit, auf andere Stoffe und Techniken übertrug.

Das Material, mit welchem man diese Theorie zu illustriren pflegt, ist überwiegend ein keramisches, zum geringeren Theile ein metallurgisches. Thonvasen und Vasenscherben, die man in vorhistorischen Schichten des Erdbodens fast aller Mittelmeerländer gefunden hat, tragen überwiegend Ornamente des geometrischen Stils zur Schau. Sollen diese Ornamente in der That unmittelbare Ableitungen aus den textilen Verflechtungen und Fadenkreuzungen sein, so müsste ihre Entstehung in sehr, sehr frühe Zeit zurückgehen. Das Werden des Musters aus dem Flechten und Weben soll ja am Anfange alles Kunstschaffens gestanden sein. Reichen nun die keramischen Funde aus den Mittelmeerländern in der That auch nur annähernd in so frühe Zeit zurück?

Von demjenigen Stil, der früher als der geometrische im engeren Sinne galt, vom Dipylon, wird jetzt niemand mehr ein höheres Alter behaupten. Ob seine Verbreiter in Griechenland — nehmen wir an die einwandernden Dorer — diesen Stil in unvordenklich früheren Zeiten aus der Textilkunst erfunden haben, mag einstweilen dahingestellt bleiben. Zweifellos ist das Dipylon des ersten Jahrtausends v. Chr. kein primitiver, sondern ein wohl überlegter, festgeschlossener, raffinirter Kunststil. Ein Volk, das die Metalle zu bearbeiten verstand, wird nicht erst die primitivsten Ornamente aus der primitivsten Technik erfunden haben.

Aber die Ausgrabungen Schliemann's und Anderer haben uns belehrt, dass das Dipylon bei weitem nicht der älteste geometrische Stil bei den Mittelmeervölkern gewesen ist. Als solcher gelten gegenwärtig die gravirten Linienverzierungen auf Gefässen, die in den untersten Schichten von Hissarlik und in gewissen Nekropolen Cyperns gefunden worden sind. Wie steht es nun mit dem Alter dieser Gefässe? Gemäss den Fundberichten ist auf das Zeitalter derselben alsbald der mykenische Stil gefolgt. Der mykenische Stil ist aber nach ziemlich sichergestellter Annahme der neuesten Forscher auf diesem Gebiete etwa in die jüngere Hälfte des zweiten Jahrtausends v. Ch. zu setzen. Wir gelangen also mit den geritzten geometrischen Verzierungen von Cypern und Hissarlik gewiss nicht weit in das dritte Jahrtausend v. Chr. zurück. Ist dies ein Zeitalter, in das wir am Mittelmeere die erste Erfindung des Musters herabrücken dürfen? Hat nicht schon mindestens ein Jahrtausend früher im Nilthale eine Kunst geblüht, die weit über das geometrische Stadium hinaus gediehen war? Es ist eine ganz willkürliche, durch nichts bewiesene Annahme, dass die geometrischen Verzierungen auf den bisher gefundenen mittelländischen Thonscherben auf diese letzteren von den Erzeugnissen der Textilkunst übertragen worden seien. Ein Material, das auch nur entfernt an jene Zeiten heranreichen würde, in denen das erste *Muster* in die Welt gekommen ist, steht uns — etwa mit einziger Ausnahme der noch zu besprechenden Höhlenfunde aus der Dordogne — heute nirgends zur Verfügung. Man kann an die Theorie von der Textiltechnik als der ältesten musterbildenden Technik glauben, aber das keramische Material aus den Mittelmeerländern darf man nicht zur Illustration und zum Beweise jener Theorie heranziehen. Gehen die betreffenden Vasenornamente in der That auf technische Textilprodukte zurück, so hat sich der bezügliche Process gewiss schon Jahrtausende früher vollzogen, als die hiehergehörigen Vasen entstanden sind.

Freilich herrscht ein grosser Unterschied in der Kulturfähigkeit der Völker, — ein Unterschied der nur zu einem Theile von den äusseren Verhältnissen (klimatischen, geographischen u. dgl.) unter denen sie leben, bedingt ist. Aber auf der Insel Cypern etwa um 2000 oder selbst um 3000 v. Chr. ein Volk zu suchen, dass bis dahin kein Muster gesehen hätte oder an einem gesehenen achtlos vorübergegangen wäre und nunmehr erst sich spontan zur Erschaffung von Flächenmustern aufgerafft hätte, wird man sich ebensowenig entschliessen können, als man die in den assyrischen Trümmerstätten oder in Jerusalem gefundenen Vasen mit geometrischen Ornamenten, deren Entstehung doch in die Zeit höchster orientalischer Kunstblüthe fällt, als unmittelbare Uebertragungen aus der Textilkunst aufzufassen vermag. Noch weniger als die geometrisch verzierten Vasenscherben aus den Mittelmeerländern wird man die ähnlich ausgestatteten Thon- und Metallfunde aus der nord- und mitteleuropäischen Bronzezeit als Zeugnisse einer unmittelbaren Uebertragung der Linienornamente von Textilgegenständen auf anderes Material ansehen dürfen, da diese Funde gemäss der sich immer

16 Der geometrische Stil.

mehr Bahn brechenden Erkenntniss noch jünger sind und zu den mittelländischen vielfach im Abhängigkeitsverhältniss stehen.

Mit Monumenten lässt sich also die Zeit und der Process, worin sich die supponirte Entstehung des Musters aus einer Textil-Technik vollzogen hat, nicht belegen. Nichts beweist uns, dass die aus den Mittelmeerländern und Nordeuropa vorliegenden prähistorischen Funde uns das älteste Kunstschaffen in jenen Gegenden repräsentiren, und dass nicht ebendaselbst in noch früheren Zeiten ein wesentlich anderes Kunstschaffen bestanden haben könnte. Ja noch mehr: es giebt Monumente, welche der Annahme, dass der geometrische Stil in Europa der älteste Kunststil gewesen wäre, direkt widersprechen.

Es ist heute über jeden Zweifel hinaus erwiesen, dass es menschliche Geschlechter gegeben hat, die ein sehr bemerkenswerthes Kunstschaffen entwickelt haben, ohne dass eine textile Technik (mit Ausnahme des Zusammennähens von Thierhäuten) bei ihnen bisher nachgewiesen werden konnte. Der Schutz des Leibes, den man als ein so elementares Bedürfniss, als Bahnbrecher für die erste älteste Technik, für die Textilkunst zu betrachten pflegt, wurde denselben augenscheinlich durch andere Dinge gewährleistet, als durch den geflochtenen Pferch und durch gewebte Gewänder. Dieses Geschlecht von Menschen wohnte in Höhlen und bekleidete sich mit den Häuten der erlegten Jagdthiere. Die Niedrigkeit der sittlichen Kulturstufe dieser Völker kann man daran erkennen, dass sie das Mark aus den Knochen der erlegten Thiere saugten, und das verschmähte Fleisch in ihren eigenen Wohnhöhlen verfaulen liessen. Es ist eine Art Kannibalismus, der uns da entgegentritt. Die Häute wussten diese Höhlenbewohner zusammenzu-

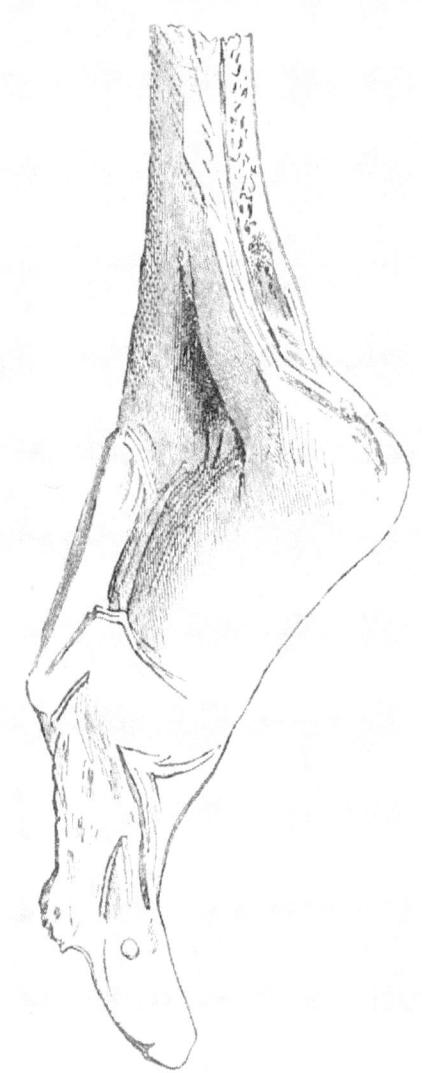

Fig. 1.
Dolchgriff in Rennthierknochen geschnitzt.
Laugerie-Basse.

nähen, wie zahlreich aufgefundene Nadeln aus Bein und Gräten beweisen; als Material hiezu dienten ihnen die Sehnen der Thierfüsse, was sich ebenfalls aus den, an den Beinknochen vielfach beobachteten Einschnitten zur Evidenz ersehen lässt. Also das Zickzack als spontanes Produkt der Naht könnte man ihnen allenfalls lassen, wenn sie nicht nachweislich weit Grösseres und Vollkommeneres zu leisten im Stande gewesen wären. Denn diese halben Kannibalen mit ihren roh zubehauenen, ungeglätteten Steinbeilen übten eine wirkliche und unanzweifelbare Skulptur.

Die Schnitzereien (Fig. 1) und Gravirungen (Fig. 2) in Thierknochen, die man auf mehreren Punkten von Westeuropa, insbesondere in den Höhlen Aquitaniens gefunden hat, und deren Echtheit angesichts der

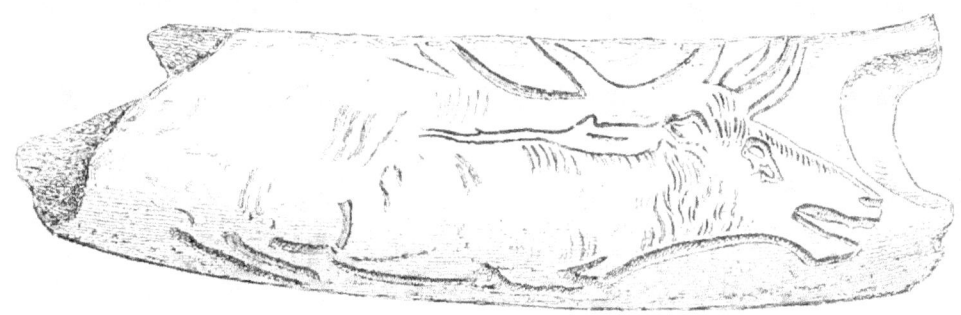

Fig. 2.
Gravirter Rennthierknochen. La Madeleine.

überaus genauen und gewissenhaften Grabungen und Fundberichte namentlich Lartet's und de Christy's zum grössten Theile ausser allem Zweifel steht, sind schon eine Reihe von Decennien bekannt und veröffentlicht¹). Bisher hat aber bloss die Anthropologie davon gebührende Notiz genommen: die Kunstgeschichte hat sie fast vollständig ignoriren zu dürfen geglaubt. Ich gebe nun vollständig Georges Perrot Recht, wenn er in der Einleitung zu seiner Histoire de l'art dans l'antiquité die bezüglichen Kunsterzeugnisse als ausserhalb des Rahmens seiner geschichtlichen Darstellung stehend erklärt und sich damit für berechtigt hält, dieselben ausser Erörterung zu lassen. In der That haben die aquitanischen Höhlenfunde mit der Entwicklung der antiken Künste,

¹) Vgl. hiefür namentlich die Reliquiae Aquitanicae, ferner den Dictionnaire archéologique de la Gaule, (aus welchem unsere Figg. 2, 3 und 6 entlehnt sind), und die knapp zusammenfassende Bearbeitung von dem besonnenen Alex. Bertrand: La Gaule avant les Gaulois, woraus unsere Fig. 1.

soweit wir sie gegenwärtig überblicken, nichts Augenfälliges gemein. Man nehme irgend einen von den ältesten geometrisch verzierten Thonscherben und wird daran mehr historische Beziehungspunkte zur späteren hellenischen Kunst entdecken, als an den besten geschnitzten Handgriffen und gravirten Thierfiguren aus der Dordogne. In letzterem Falle handelt es sich also anscheinend um eine isolirte Entwicklung, isolirt wenigstens in Bezug auf die späteren mittelländischen Künste. Was dagegen den Gegenstand der Kunstgeschichte des Alterthums ausmacht, das sind Erscheinungen, die entweder schon ursprünglich unter einander in Wechselbeziehungen gestanden sind, oder doch im Laufe der Entwicklung in einander fliessen: Orient und Occident tauschen sich fortwährend einander aus, und alles drängt unaufhaltsam zum Endziele der Gesammtentwicklung der antiken Künste, zur Schaffung der hellenistisch-römischen Weltkunst. Mit dieser letzteren haben die Troglodyten Aquitaniens, soviel wir zu sehen vermögen, niemals, weder mittelbar noch unmittelbar, zu thun gehabt.

Lassen sich also genügend triftige Gründe finden, welche die von der Kunstgeschichte des Alterthums den Höhlenfunden der Dordogne bisher bezeugte Gleichgiltigkeit zu rechtfertigen geeignet sein könnten, so ist dies keineswegs der Fall mit der Geschichte der technischen Künste, der ja so viel und wesentliches an der Aufhellung der (angeblich rein technischen) Anfänge der Künste gelegen sein sollte. Da haben wir ja nun eine Kunst, die in völlig unmessbare Kulturperioden der Menschheit hinaufreicht[5]). Von keinem der europäischen und westasiatischen Völker, bei denen man den geometrischen Vasenstil gefunden hat, existirt ein genügender Grund zu der Annahme, dass dieselben noch auf so barbarischer Kulturstufe gestanden wären wie die Troglodyten Aquitaniens. Es hiesse nun gewiss den Forschern bitteres Unrecht thun, die mit so viel uneigennützigem Eifer und peinlicher wissenschaftlicher Sorgfalt dem Studium dieser Fragen obliegen, wenn man die Vermuthung äussern wollte, dass bloss die augenfällige Schwierigkeit jene figuralen Schnitzereien und Gravirungen mit der Theorie

---

) Ob zur Zeit der Entstehung der bezüglichen Kunsterzeugnisse noch das Mammuth in Frankreich hauste, oder nur das einer späteren Zeit angehörige Rennthier, ist in diesem Falle ziemlich irrelevant. Dass diese paläolithische „Steinzeit" weit hinter jene Zeit zurückgeht, aus welcher die von der klassischen Archäologie behandelten vorgriechischen Funde geometrischen Stils und vollends diejenigen der Bronzezeit stammen, wird von Niemandem bestritten und ist geologisch festgestellt.

von der technisch-materiellen Entstehung der Künste in Einklang zu bringen, das beobachtete hartnäckige Stillschweigen über diesen Gegenstand verschuldet hätte. Man betrachtete vielmehr diese Dinge offenbar als eine isolirte bizarre Erscheinung, mit welcher man vorläufig nichts anzufangen wusste, und für die sich vielleicht mit der Zeit und mit fortschreitenden Ausgrabungen eine befriedigende Formel finden lassen würde. Wir, denen Bedenken an der Allgemeingiltigkeit der Theorie von der technisch-materiellen Entstehung der Künste von anderer Seite her gekommen sind, haben alle Ursache, uns mit den bezüglichen frühesten aller bisher aufgefundenen menschlichen Kunsterzeugnisse näher vertraut zu machen. Wenn selbst ein so umsichtiger und das Gebiet ornamentaler Erscheinungen allseitig überblickender Forscher wie Sophus Müller sagen konnte: „eine Erklärung der paläolithischen Kunst wird sich wegen des spärlichen Materials nie über unsichere Hypothesen erheben können"[6]), so haben wir darauf die Erwiderung, dass uns da wenigstens ein Material überhaupt vorliegt, und wäre es ein noch spärlicheres als es in der That ist, wogegen die beliebten technischen Ableitungen der Urmotive vollständig in der Luft hängen, da doch das Material, auf welches sie sich zu stützen vermöchten, nicht entfernt in jene Zeit zurückreicht, in welcher sich die Entstehung der „Urmotive" vollzogen haben muss. Welcher Art sind nun die von den halbkannibalischen Troglodyten Aquitaniens hinterlassenen Kunsterzeugnisse gewesen?

Den besten und bequemsten Überblick über dieselben gewinnt man dermalen im Musée des antiquités nationales im alten Schlosse von Saint Germain en Laye, wo sie sich, sei es in Originalien, sei es in Abgüssen, fast vollständig zusammengestellt finden. Material ist fast ausschliesslich der Thierknochen, und zwar überwiegend Rennthierknochen, die Technik Schnitzerei oder Gravirung. Da ist es nun überaus lehrreich zu beobachten, in welchem Verhältnisse die beiden Techniken, Schnitzerei und Gravirung, an diesen ältesten aller bisher gefundenen Kunstdenkmäler der Menschheit zu einander stehen. Sehr häufig begegnet uns das volle Rundwerk, z. B. ein Rennthier als Griff einer Waffe, etwa eines Dolches (Fig. 1)[7]). Das gleiche Motiv kehrt sogar öfter

---

[6]) Thierornamentik im Norden 177.

[7]) Die grösste Beachtung verdient hiebei die wohlüberlegte und doch nicht gegen die Natürlichkeit verstossende Art, in welcher die Extremitäten des Thieres an den Rumpf angelegt erscheinen; das Stück ist übrigens nach Lartet in unvollendetem Zustande geblieben.

wieder. Dann haben wir eine ganze Stufenleiter von Entwicklungsphasen, in denen sich der plastische Charakter allmälig verflüchtigt: zunächst ein flach gehaltenes Rundwerk, dann ein mehr oder minder hohes Relief, ein Flachrelief, und endlich die blosse Gravirung (Fig. 2), die häufig mit dem Flachrelief zusammen entgegentritt, indem eines in das andere übergeht.

Es entspricht dies völlig dem natürlichen Processe, den wir uns schon am Eingange dieses Capitels in rein spekulativer Weise konstruirt haben. Die unmittelbare Reproduction der Naturwesen in ihrer vollen körperlichen Erscheinung, im Wege des durch einen weiter unten zu bezeichnenden psychischen Vorgang zur Bethätigung angespornten Nachahmungstriebes, steht hiernach am Anfange alles Kunstschaffens: die ältesten Kunstwerke sind plastischer Natur. Da man die Naturwesen immer nur von einer Seite sieht, lernt man sich mit dem Relief begnügen, das eben nur so viel vom plastischen Scheine wiedergiebt, als das menschliche Auge braucht. So gewöhnt man sich an die Darstellung in einer Fläche und gelangt zum Begriffe der Umrisslinie. Endlich verzichtet man auf den plastischen Schein vollständig, und ersetzt denselben durch die Modellirung mittels der Zeichnung.

Das wichtigste Moment in diesem ganzen Processe ist zweifellos das Aufkommen der Umrisslinie, mittels welcher man das Bild eines Naturwesens auf eine gegebene Fläche bannte. Hiemit war die Linie als Element aller Zeichnung, aller Malerei, überhaupt aller in der Fläche bildenden Kunst erfunden. Diesen Schritt hatten die Troglodyten Aquitaniens bereits weit hinter sich, trotzdem ihnen die Fadenkreuzungen der Textilkunst wegen Mangels eines Bedürfnisses nach den Erzeugnissen derselben noch völlig fremd gewesen sein müssen. Das technische Moment spielt gewiss auch innerhalb des geschilderten Processes eine Rolle, aber beiweitem nicht jene führende Rolle, wie sie ihm die Anhänger der technisch-materiellen Entstehungstheorie vindiciren möchten. Der Anstoss ging vielmehr nicht von der Technik, sondern von dem bestimmten Kunstwollen aus. Man wollte das Abbild eines Naturwesens in todtem Material schaffen, und erfand sich hierzu die nöthige Technik. Zum Zwecke des handsameren Greifens war die Rundfigur eines Rennthiers als Dolchgriff gewiss nicht nothwendig. Ein immanenter künstlerischer Trieb, der im Menschen rege und nach Durchbruch ringend vorhanden war vor aller Erfindung textiler Schutzwehren für den Körper, musste ihn dazu geführt haben den beinernen Griff in Form eines Rennthieres zu bilden.

Bevor wir aber das Wesen dieses Triebes näher zu bezeichnen suchen, empfiehlt es sich, bei dem geschilderten Entwicklungsgang der Flachverzierung aus dem Plastischen noch einen Augenblick zu verweilen, um darzuthun, dass damit eigentlich gar nichts so Unerhörtes vorgebracht wurde.

Eine Bestätigung für das Gesagte bietet nämlich einmal auch das Studium der altegyptischen Kunst, d. i. jener Kunst, die weiter als irgend eine andere unter den antiken Künsten in die vertlossenen Jahrtausende der Menschheit hinaufreicht. In bemaltem Relief en creux sind die Bildwerke in den Gräbern des alten Reiches ausgeführt; erst in der Kunst des mittleren Reiches, in den Felsengräbern von Beni Hassan begegnen wir reinen figürlichen Flachmalereien, wenngleich der Übergang zu den letzteren schon im alten Reiche sich vorbereitet hat. Aber auch die Betrachtung der Kunstgeschichte im Allgemeinen lässt sich zur Bestätigung heranziehen: Seit den Tagen des Phidias ist die Skulptur niemals mehr zur gleichen Blüthe gediehen, weil schon seit hellenistischer Zeit immer ein mehr oder minder starkes malerisches Element in der Skulptur sich geltend gemacht hat, und zwar entsprechend dem allgemeinen Zuge der Zeit und ihrer Kunst mit eiserner Naturnothwendigkeit sich geltend machen musste. Dass es auf diesem Wege keine Umkehr giebt, dass Alles auf die Vervollkommnung der darstellungsfähigeren Malerei hindrängt, lehrt zur Genüge die moderne Kunstentwicklung.

Die Techniken, welche an den Erzeugnissen der Troglodyten Aquitaniens zu beobachten sind, gehören nicht specifisch dem sogen. Kunsthandwerk, sondern vielmehr der sogen. höheren Kunst (Figuralskulptur) an, wodurch freilich das Sinnlose und Ungerechtfertigte, das in dieser Scheidung vom wissenschaftlichen Standpunkte aus liegt, erst recht augenfällig wird. Das Gleiche bestätigt uns die Betrachtung des Inhalts. Wie schon erwähnt, handelt es sich hiebei vorwiegend um Reproductionen von Naturwesen, nicht um bedeutungsarme „bloss ornamentale" Flächenfüllungen. Die Thiere, die dem Menschen zur Nahrung dienten, oder mit denen er im Kampfe lebte, hat er auf seinen Geräthen bildlich dargestellt: Renuthier, Pferd, Bison, Steinbock, Rind, Bär, Fisch. Auch ihn selbst, den Menschen, finden wir, sowohl gravirt als in Rundwerk, aber weit unbeholfener als die Thierbilder wiedergegeben: eine Erscheinung die wir in primitiven Künsten allenthalben wahrnehmen können.

Wenn man also bisher gewöhnlich die rein zwecklichen Techniken der Textilkunst an den Beginn des menschlichen Kunstschaffens gestellt hat, so widersprechen dem die Höhlenfunde der Dordogne in der allerbestimmtesten Weise. Wir treffen hier gerade diejenigen Techniken, bei denen der Gegenstand der Darstellung, der künstlerische Inhalt von vornherein gegeben sein muss, bevor derselbe aus dem todten Material herausgearbeitet werden kann. Der Zweck aber, um dessentwillen dem Material die beschriebenen thierischen Formen, sei es in plastischer sei es in flacher Ausführung, gegeben wurden, kann unmöglich ein anderer als ein rein künstlerischer, ornamentaler gewesen sein. Man wollte das Geräthe schmücken. Das Schmuckbedürfniss ist eben eines der elementarsten Bedürfnisse des Menschen, elementarer als dasjenige nach Schutz des Leibes. Es ist dies ein Satz, der hier nicht zum ersten Male vorgebracht wird und zu dem sich auch Semper wiederholt ausdrücklich bekannt hat[8]). Um so unbegreiflicher muss es erscheinen, dass man trotzdem die Anfänge des Kunstschaffens erst nach den Erfindungen der Techniken, die den Schutz des Leibes zum Zwecke haben, setzen wollte. Sehen wir doch heute noch manche polynesische Stämme jedwede Kleidung verschmähen, aber die Haut von der Stirne bis zu den Zehen tätowiren, d. i. mit linearen Verzierungen schmücken[9]). Leider fehlen uns die Mittel um zu entscheiden, ob die Troglodyten Aquitaniens ihre Haut gleichfalls tätowirt haben; auf den erwähnten Nachbildungen von menschlichen Figuren von ihrer Hand lässt es sich nicht nachweisen. Dass sie aber Schmuckgehänge trugen, ist durch Funde sichergestellt. Denn zu welch' anderem Zwecke als zu demjenigen, etwa auf eine Sehne oder einen Baststreifen aufgereiht um den Hals getragen zu werden, konnten die durchlöcherten Rinder- und Bärenzähne, zum Theil gleichfalls mit gravirten Thier-

---

[8]) An jener obcitirten Stelle Stil I. 213: „Die Kunst des Bekleidens der Nacktheit des Leibes (wenn man die Bemalung der eigenen Haut nicht dazu rechnet) ist vermuthlich eine jüngere Erfindung als die Benutzung deckender Oberflächen zu Lagern und zu räumlichen Abschlüssen." — II. 466 … „der Schmuck des eigenen Leibes aus kulturphilosophischen Gründen den Schönheitssinn zuerst zu aktiver Bethätigung auffordert."

[9]) Einen Widerspruch mit Semper's eben erörterter Annahme begründet es, wenn er I. 92 sagt: „Die Ornamente auf der Haut dieser Völker sind gebildet aus gemalten oder tätowirten Fäden" … Diesen Widerspruch mildert er dadurch, dass er das Tätowiren möglicherweise nicht für die Eigenthümlichkeit eines primitiven, sondern bereits eines sekundären Kulturzustandes erklärt, welche Annahme hinwiederum nur zulässig erscheint unter der bei Semper öfter wiederkehrenden Idee von einem ursprünglichen Vollkommenheitszustand des Menschengeschlechts. Wie verträgt sich aber diese letztere Idee wiederum mit der Descendenztheorie und der ihr parallel gehenden technisch-materiellen Entstehungstheorie der Künste?

bildern bedeckt, gedient haben, deren man eine ganze Anzahl in den Höhlen gefunden hat? Hier begegnen wir bereits der Reihung als elementarem Kunstgesetz, und nicht erst bei den regelmässigen Fadenkreuzungen der Textilkunst, die der Höhlenmensch noch nicht gebraucht hat, weil ihm das Bedürfniss darnach augenscheinlich noch mangelte. Und das Gleiche gilt von der Symmetrie. Es ist schon Lartet und Bertrand aufgefallen, dass auf einem Geräthe, das ersterer für einen Marklöffel hält, sich symmetrisch vertheilte Reliefornamente finden[10]. Aber wir begegnen an den Erzeugnissen des aquitanischen Höhlenmenschen auch solchen Verzierungen, die reiner Rhythmus und abstrakte Symmetrie sind, d. h. den linearen Verzierungen des geometrischen Stils.

Wir gewahren auf gravirten Rennthierknochen die Zickzacklinien (Fig. 3[11]), das sogen. Fischgrätenmuster, dieses letztere mit der rhythmisch bereicherten Variante, dass beiderseits Lagen von je drei Stricheln miteinander alterniren, netzartig gekreuzte Linien (das scheinbar textilste aller Muster), gereihte liegende Kreuze u. a. m. Da haben wir es offenbar nicht mit Abschreibungen aus der Natur zu thun; es sind rein ornamentale Gebilde, bestimmt eine gegebene Fläche zu verzieren. Die Bestimmung war dictirt von dem gleichen Schmuckbedürfniss oder horror vacui, wie die Thierbilder. Zu beachten bleibt aber hiebei, dass diese geometrischen „Muster" den Thierbildern an Zahl beträchtlich nachstehen. Wer diese Bevorzugung des Thierbildes nicht für zufällig halten will, dem muss sich schon daraus eine Priorität der Entstehung desselben gegenüber den geometrischen „Mustern" und die überwiegend plastische Tendenz des

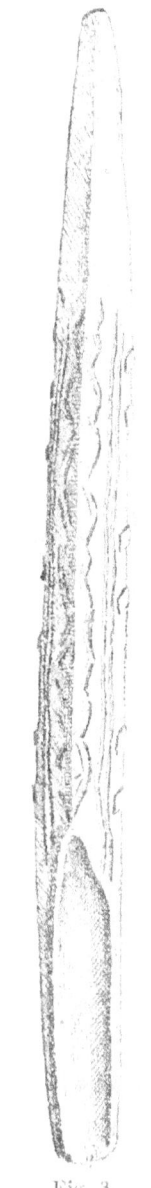

Fig. 3. Marklöffel aus Rennthierknochen, mit gravirten Verzierungen. Laugerie Bas-e.

[10]) La Gaule avant les Gaulois 66: . . . „porte des ornements en relief disposés symmétriquement et d'un très bon goût".

[11]) Die bisherigen Publikationen haben den geometrischen Verzierungen dieser Höhlenfunde begreiflichermaassen weit weniger Beachtung geschenkt, als den verblüffenden plastischen Gebilden. Unsere Fig. 3 giebt das verhältnissmässig beste unter den im Diction. arch. de la Gaule publicirten Stücken wieder; unter den Funden selbst befinden sich aber weit besser und strenger gezeichnete Muster, als das vorliegende flüchtige Zickzack.

primitiven menschlichen Kunstschaffenstriebes ergeben. Wie kam man nun auf die Erfindung dieser „Muster"? Die Halm- und Fadenkreuzungen der Textilkunst, die angeblich hätten ein Vorbild abgeben können, waren den Leuten augenscheinlich noch unbekannt. Es ist aber gar nicht einzusehen, warum man derselben zu dem Zwecke überhaupt bedurft hätte. Wie die Troglodyten zur Erfindung der Linie als des Elementes aller Flächenzeichnung und Flächenverzierung von der Plastik her gelangt sein mochten, haben wir ja oben gesehen. Es ist dies offenbar im natürlichen Verlaufe eines überwiegend künstlerischen Processes geschehen. Das Element der Linie also kannten die Höhlenmenschen bereits; es bedurfte nur der Zusammenstellung derselben nach den Regeln des Rhythmus und der Symmetrie die beide, wie wir gleichfalls gesehen haben, den Troglodyten nicht minder bekannt und vertraut waren. Wer Bärenzähne zum Schmucke neben einander reiht, wird dasselbe mit gravirten Linien zu Stande bringen. Der geometrische Stil bei den Troglodyten Aquitaniens erscheint hienach nicht als materielles Produkt einer handwerklichen Technik, sondern als reine Frucht eines elementaren künstlerischen Schmückungstriebes.

Die gesammte Kunstgeschichte stellt sich ja dar als ein fortgesetztes Ringen mit der Materie; nicht das Werkzeug, die Technik ist dabei das Prius, sondern der kunstschaffende Gedanke, der sein Gestaltungsgebiet erweitern, seine Bildungsfähigkeit steigern will. Warum soll dieses Verhältniss, das die gesammte Kunstgeschichte durchzieht, nicht auch für ihre Anfänge gelten?

Was wir also über das Kunstschaffen der ältesten, in ihren Kulturüberresten uns bekannt gewordenen, anscheinend noch auf halbkannibalischer Entwicklungsstufe gestandenen Völker wissen, das zwingt uns nicht bloss in keiner Weise, eine technisch-materielle Entstehung der Künste und insbesondere der Zierformen des geometrischen Stils anzunehmen, sondern es widerstreitet sogar direkt einer solchen Annahme.

Angesichts dieses Resultates dürfen wir es wohl unterlassen, uns im Wege spekulativer Erwägung den Process veranschaulichen zu trachten, wie denn etwa doch das eine oder andere geometrische Motiv mittels einer Textiltechnik spontan hervorgebracht und zur Übertragung auf anderes Material mittels einer anderen Technik bereitgestellt worden sein konnte. Dass zur Erklärung der Entstehung aller geometrischen Ornamente die textilen Techniken allein nicht ausreichen, wurde schon mehrfach eingesehen, und man hat zu dem Behufe auch andere Techniken, insbesondere die einer verhältnissmässig vorgeschrittenen Kulturstufe angehörigen Metalltechniken herangezogen. Auf einzelne Versuche dieser Art zurückzukommen wird sich in den folgenden Capiteln wiederholt Gelegenheit bieten. An dieser Stelle, wo auf die allerdings weitaus im Vordergrunde der ganzen Controverse stehenden textilen Techniken allein Bezug genommen wurde, obliegt es uns noch, uns mit dem einzigen Versuche zu beschäftigen, der bisher gemacht worden ist, um die Übertragung der geometrischen Ziermotive von den Textiltechniken auf ein anderes, und zwar auf das keramische Gebiet, in greifbarerer, über bloss allgemeine Aufstellungen hinaus gehender Weise zu erklären.

Kekulé hat in der Juli-Sitzung der Berliner Archäologischen Gesellschaft vom J. 1890 eine vorläufige Mittheilung über den „Ursprung von Form und Ornament der ältesten griechischen und vorgriechischen Vasen" gemacht, welcher eine ausführlichere Darlegung folgen sollte. Bis jetzt ist es bei dem im archäologischen Anzeiger von 1890 S. 106 f. abgedruckten Sitzungsberichte geblieben, und da im engen Rahmen eines solchen leider nur für allgemeinere Bemerkungen Platz war, muss auch ich mich im Folgenden auf Gegenbemerkungen allgemeiner Natur beschränken.

Kekulé ging aus von der Beobachtung der Ethnologen, wonach die Korbflechterei der Töpferei weit vorausgegangen wäre. Da er nun fand, dass „innerhalb des sogen. mykenischen Stils, bei den sogen. Dipylon- und den kyprischen Vasen u. dgl., bei den altrhodischen, melischen Thongefässen u. s. w. korbartige Formen und korbgeflechtähnliche Ornamente, oft auch beide zugleich sich erkennen lassen", so schloss er daraus, dass „die ersten bestimmenden Vorbilder für die Vasen leibhaftige Körbe, für ihre Ornamentik Korbflechtmotive" waren. Fast noch mehr Gewicht als auf die Abstammung der geometrischen Ornamentmotive von den Korbflechtmotiven scheint Kekulé auf die Formen der Vasen zu legen, die er unmittelbar von Körben entlehnt sein lässt. Das geflochtene Material, auf das er seine diesbezüglichen Beobachtungen stützt, ist naturgemäss fast durchweg neuerer Entstehung, aber sehr umfassend und reichhaltig.

Was zunächst die zur Voraussetzung gegebene Beobachtung der Ethnologen betrifft, so mag dieselbe vielleicht richtig sein; ausgemacht ist sie sicher nicht. Ich für meinen Theil mache mich sofort anheischig, in Nachahmung der hohlen Hand oder einer ausgehöhlten Kürbishälfte aus angefeuchtetem Thon eine Trinkschale aus freier Hand schlecht und recht zu formen, wogegen ich in Verlegenheit käme, wenn man mir zumuthete einen Korb zu flechten. Auch dürfen die Körbe, die da zum Beweise herangezogen werden, nicht so ohne weiteres als „Urkörbe", als Erzeugnisse einer primitiven Korbflechterei angesehen werden. Es giebt eine Kunst-Korbflechterei ebenso wie eine Kunstkeramik: dieser Kunst-Korbflechterei mit ihren schrägen und complicirten, durchaus nicht rein durch die Technik bedingten Verflechtungen gehören wohl auch die von Kekulé angeführten exotischen Korbflechtereien an, deren Schönheit und Stilgefühl er gewiss mit Recht rühmt. Aber nehmen wir in der That an, dass die Menschen früher Körbe geflochten als Thongefässe geformt hätten. Hatte man sich bei der Bereitung dieser letzteren in der That bloss an Körbe als Vorbild zu halten, oder lagen nicht andere Vorbilder zu dem Zwecke näher? Thongefässe dienten zum Unterschiede von den Körben namentlich zur Fassung und Aufbewahrung flüssiger Stoffe. Die Vorbilder hiefür in der Natur und aller Wahrscheinlichkeit nach die Vorläufer in dieser Funktion waren die hohle Hand und Fruchtschalen, wodurch man von vornherein auf rundliche Formen hingewiesen war, ohne dass es hiefür der Analogien der Körbe bedurft hätte. Schon die Handsamkeit erforderte beim Thongefäss die Rundung, all dies natürlich vor der Erfindung der Drehscheibe, die vollends aus der Rundung ein „technisches" Postulat gemacht hat. Bei Körben waren sogar viereckige Formen viel natürlicher als beim Thongefäss. Hier ist der Punkt, wo ich es bedauere, dass der mir vorliegende Sitzungsbericht Kekulé's Gedanken nur so auszugsweise wiedergiebt. Wenn da gesagt wird: „im Material des Thones sind gerade so gut andere zweckentsprechende Gefässformen denkbar, als die, welche gewählt und ausgebildet worden sind, und die ästhetischen Ausdeutungen, welche man versucht hat, reichen zur Erklärung nicht aus", so kann ich dem gegenüber auch nur im Allgemeinen bemerken, dass gerade die bezügliche Partie aus Semper's *Stil*, auf welche im Obigen offenbar angespielt ist, mir immer noch als eines der überzeugendsten Capitel seines Werkes gilt, namentlich um des Umstandes willen, dass von Semper hiebei keineswegs bloss „ästhetische Ausdeutungen" versucht, sondern auch das statische Erfahrungsmoment in recht sinnfälliger und überzeugender Weise berücksichtigt worden ist. Zweifellos hat Kekulé bei der Enunciation des obigen Satzes ganz bestimmte Beobachtungen im Auge gehabt, von denen es höchst erwünscht wäre, dass er sie in vollständigerem Maasse zur allgemeinen Kenntniss brächte. Denn die zwei einzigen Beweispunkte die er daselbst vorbringt, sind unschwer zu entkräften. Es heisst nämlich weiter: „Beim

Der geometrische Stil.

Korbflechten ist es z. B. etwas Natürliches, dass man den runden, oben offenen, nach unten sich verengenden Haupttheil kleiner wiederholt und, ihn umstülpend, als Fuss verwendet; dass man ihm ein zweites Mal wiederholt und mit einem aus Bastenden gewundenen Knopf versehen als Deckel oben aufsetzt — für den Töpfer liegt an sich kein Grund vor, gerade diese Formen zu wählen." Dem gegenüber ist erstens zu bemerken, dass mit einem Fussring versehene Vasen eine höhere Standfähigkeit besitzen als solche ohne Fussring, also das Vorhandensein dieses letzteren am Korb wie an der Vase durch einen unmittelbar gegebenen praktischen Zweck gefordert war. Zweitens, dass es zwar für uns schwer hält, uns heute in den Gedankengang des primitiven Töpfers hineinzufinden, dass es aber nicht minder schwer hält, sich auszudenken, wie er den Deckel anders, auf eine dem Töpfer natürlichere Weise hätte machen sollen. Ebenso wenig einleuchtend ist mir die darauffolgende Bemerkung, dass „auf die flachrundlichen Henkelformen welche z. B. bei den altböotischen Schalen auffällig sind, kein Töpfer je selbständig gekommen sein kann."

Soweit von den Formen der ältesten Vasen in ihrem Verhältnisse zu den Körben. Was aber uns im vorliegenden Falle noch mehr interessirt, das ist die Ableitung der gangbarsten Ornamentmotive der Vasen von Korbflechtmotiven. Leider sind Kekulé's diesbezügliche Ausführungen im Einzelnen noch kargere als hinsichtlich der Formen. „Bei vielen Henkeln weist das Ornament schon äusserlich ganz unzweideutig auf den Ursprung hin." Das ist noch die speciellste Bemerkung im ganzen Berichte; man hat dabei offenbar an die in gewundener Strickform plastisch modellirten oder in ähnlicher Weise bemalten Henkel zu denken, wie sie sich mehrfach, aber keineswegs an den allerfrühesten, wirklich prähistorischen Vasen, z. B. auf den Schnabelkannen und anthropoïden Gefässen, vorfinden. Dass gelegentliche Uebertragungen von einem Gebiete auf das andere möglich waren und stattgefunden haben mögen, wird auch kein Besonnener in Abrede stellen; aber dieselben sind eher das Produkt einer reiferen, raffinirteren, mit dem Reichthum der technisch zu bewältigenden Formen spielenden Kunst, als das imitative Nothprodukt einer aus den Anfängen sich emporringenden Kunstübung. Und hier muss ich dasselbe wiederholen, was ich schon früher (S. 15) nachdrücklich hervorgehoben habe: fast das gesammte Vasenmaterial, das uns heute zur Verfügung steht und das auch Kekulé zum Substrat seiner Untersuchungen gedient hat, ist ein verhältnissmässig spätes, mit der Urzeit sich gar nicht mehr berührendes. Wie soll in einer Zeit wie der mykenischen, die Metalle zu inkrustiren gewusst hat, Raum sein für eine nachahmende Übertragung von Formen und Ornamenten von den Produkten des primitivsten Kunsthandwerks? Und auf die mykenische Kunst folgt erst das Dipylon! Selbst wenn sich zur Evidenz nachweisen liesse, dass die bezüglichen Formen und Ornamente nur auf geflochtenen Körben in die Welt gekommen sein konnten, müsste ein so zähes atavistisches Festhalten an denselben in der Keramik von der supponirten Primitivzeit bis in die glänzenden Jahrhunderte mykenischer Kultur wunderbar erscheinen. Wir haben aber „Korbflechtmotive" auf Beinschnitzereien eines Volkes gefunden, dem die Textilkunst augenscheinlich fremd und nicht Bedürfniss war, und ebenso haben wir auf dem Wege rein spekulativer Schlüsse gefunden, dass die planimetrischen Liniencombinationen nach den Regeln des Rhythmus und der Symmetrie nicht erst des materiellen Anstosses einer geflochtenen Matte bedurften, um in die Welt zu kommen.

Wenn ich also bekennen darf, dass Kekulé's Ausführungen wenigstens in dem beschränkten Ausmaasse, in dem sie bisher in die Öffentlichkeit gedrungen sind, mich nicht überzeugt haben, so bin ich doch weit davon entfernt, den aufklärenden Fortschritt der in den bezüglichen Untersuchungen Kekulé's liegt, nicht in aller gebührenden Bedeutung zu würdigen. „Man hat öfter das Vorhandensein eines Zierformenschatzes angenommen, welcher freilich vorwiegend technischen Ursprunges sei und hauptsächlich auf die Technik der Weberei, ebenfalls auch auf die des Flechtens und Stickens zurückweise. Dazu kommt dann die Bronzetechnik und aus diesen verschiedenen Techniken entsteht eine verwirrende Zahl einzelner Ornamente und Ornamentsysteme, welche als Erbtheil einzelner Volksstämme oder irgendwie sonst nach und nach zu einem abstrakten Formenschatz zusammengetragen werden und zu beliebiger Verwendung bereitstehen. Dieser abstrakte Formenschatz soll dann ganz äusserlich nach Belieben auf den Überzug der Thongefässe übertragen worden sein." Die Verurtheilung der zwanzigjährigen Technikenjagd, die in diesen Worten Kekulé's liegt, bedeutet den namhaftesten Fortschritt auf diesem Gebiete der klassischen Archäologie, der seit dem Tage gemacht worden ist, da Conze uns über die Bedeutung der „geometrischen" Klasse unter den frühgriechischen Vasen zum erstenmale aufgeklärt hat.

Es bleibt noch die Frage zu beantworten, warum denn gerade an den Produkten der textilen Techniken, der Flechterei und der Weberei, das bloss geometrische *Muster*, die linearen Verzierungen sich so hartnäckig, bis auf den heutigen Tag, erhalten haben. Zweifellos weil diese Muster den textilen Techniken am besten entsprechen, oder besser gesagt, weil es diesen Techniken schwerer als anderen fällt, über die eckig gebrochenen linearen Muster hinauszugehen. Dass es namentlich in der Weberei schliesslich doch gelungen ist, leidlich abgerundete Configurationen zu Stande zu bringen, ist bekannt: das menschliche Kunstwollen erscheint eben von Anbeginn unablässig darauf gerichtet die technischen Schranken zu brechen. Aber daneben blieb, namentlich für geringere Waare das mit leichterer Mühe zu erreichende geometrische Muster fortdauernd in Gebrauch. Man nehme nur die spätantiken Wirkereien aus Egypten. Es giebt keine Rundung die man daran nicht ausgeführt fände, aber in Säumen und einfacheren Bordüren, also an Theilen, die nicht in's Auge fallen, sondern nur zur Trennung oder neutralen Einfassung dienen sollten, begegnen uns fortwährend die Gamma- Tau- und anderweitige geometrische Muster, gewiss nicht infolge einer Reminiscenz an einstige textile Urmotive, sondern weil es eben die am leichtesten und einfachsten darstellbaren Motive waren.

Die „geometrischen" Motive, soweit sie geradlinig nach den Regeln des Rhythmus und der Symmetrie zusammengesetzt sind, erscheinen in der That einer mit einfachen Mitteln arbeitenden Textilkunst als die angemessensten. Daraus folgt aber bei weitem noch nicht, dass die betreffenden Muster ursprünglich nur einer textilen Technik eigenthümlich und von dieser sozusagen geboren waren. Niemand vermag heute zu sagen, ob die ältesten Linienornamente, wie wir sie etwa auf den Geräthen der aquitanischen Höhlenbewohner vor Augen haben, zuerst in Knochen geritzt, in Holz- oder Fruchtschalen geschnitten oder in die Haut tätowirt worden sind.

Entgegen der bisherigen Anschauung vermag ich gar nichts so Unnatürliches darin zu erblicken, dass auf die figuralen Schnitzereien und Gravirungen der Steinzeit die geometrischen Verzierungen der sogen. Bronzezeit gefolgt sein sollen[12]. Nachdem man einmal zur Kenntniss der

[12] Einen analogen Vorgang glaubt Hjalmar Stolpe in der Ornamentik gewisser polynesischer Inselvölker festgestellt zu haben: zuerst Nachbildung der menschlichen Figur in Holz mittels Kerbschnitts, zunehmende Stilisirung derselben, endlich Verwendung einzelner zu geometrischen Lineamenten gewordener Glieder dieser Figuren zur selbständigen Vervielfältigung und rhythmischen Reihung. Der bezügliche Aufsatz erschien zuerst in der Schwedischen Zeitschrift „Ymer" und in deutscher Uebersetzung in den Mittheil. der Wiener Anthropologischen Gesellsch. Jahrg. 1892 Heft 1 und 2. Der Vorgang Stolpe's, einzelne begrenzte ornamentale Gebiete zur Bearbeitung vorzunehmen

Linie und zu planimetrischen Combinationen derselben nach den Regeln von Rhythmus und Symmetrie gelangt war, lässt sich ganz gut einsehen, warum man gerade diese zunächst mit überwiegender Vorliebe zur Flächenverzierung verwendet hat. Diese Combinationen waren eben weit leichter hervorzubringen als Schattenrisse von Thier und Mensch. Für letztere war übrigens immer noch Platz im plastischen Kunstschaffen. Aber auf den zahlreichen, insbesondere keramischen Geräthen und Gefässen, deren eine steigende Civilisation bedurfte, mochte man sich gerne mit einfacheren, leichter darstellbaren Verzierungen begnügt haben, und dies waren die geometrischen, wie sie erst der ritzende Griffel und dann vollends leicht der malende Pinsel auf die Thonvasen brachte. Erst die nächste grosse Stufe der kunsthistorischen Entwicklung brachte den Menschen dazu, den geometrischen Stil zu verlassen oder doch auf die gewöhnlichste Dutzendwaare zu beschränken. Diese nächste Stufe ist bekanntlich u. a. besonders charakterisirt durch das Aufkommen pflanzlicher Ornamentmotive. Da ist es nun unter Hinblick auf das vorhin Gesagte überaus lehrreich zu sehen, dass man sofort, nachdem einmal die Pflanze unter die Zierformen aufgenommen war, sich beeilt hat, dieselbe (Lotus!) zu geometrisiren, offenbar um der Vortheile willen, die eine planimetrische Gestaltung bei der technischen Durchführung und künstlerischen Verwerthung mit sich brachte. Anscheinend noch früher als das Pflanzenbild hat das Thier- (und Menschen-) Bild sich eine gelegentliche Umsetzung in den geometrischen Stil gefallen lassen müssen. Dass diese Umsetzung keineswegs immer nur ein Produkt der Noth, ein Ausfluss der Ohnmacht, Besseres zu schaffen, gewesen ist, lehren zur Genüge die vorhin betrachteten Leistungen der Troglodyten, bei denen das Thier- wie das Menschenbild unter unverkennbarem Bestreben, der realen Erscheinung in der Silhouette möglichst nahezukommen, entworfen ist. Die geometrischen Stilisirungen von Mensch und Thier sind also wohl ursprünglich bewusste Umsetzungen dieser Figuren in das lineare Schema gewesen, ebenso wie die geometrischen Ornamente bewusste Combinationen der Linie nach den Gesetzen von Symmetrie und Rhythmus. Darum ist es auch verfehlt, wenn man — wie es häufig zu geschehen pflegt — geometrisirte figürliche Dar-

und die grossen universalen Fragen vorläufig ruhen zu lassen, scheint mir auf ethnographischem Gebiete, wo bisher nur wenig und ziemlich systemlos in Dingen, die die Kunst betreffen, gearbeitet wurde, der einzig richtige. Seine in dem citirten Aufsatze niedergelegten Forschungsergebnisse erscheinen mir daher auch sehr beachtenswerth.

stellungen gleich denjenigen auf den Dipylonvasen oder auf gewissen Kunsterzeugnissen der Naturvölker, ohne weiteres als rudimentäre Überbleibsel eines vermeintlichen geometrischen textil-technischen Urstils erklärt. Die geometrisirten animalischen Figuren sind vielmehr nicht minder wie die rein geometrischen Configurationen das Ergebniss eines keineswegs mehr primitiven, sondern bereits eines über die erste Stufe hinaus fortgeschrittenen künstlerischen Entwicklungsprocesses.

Ein doppelt vorgeschrittenes Stadium der Entwicklung muss vorausgesetzt werden für den Augenblick, da man anscheinend geometrische Configurationen bereits zu symbolischen Zwecken verwendete. Bei dem sinnlichen Charakter aller primitiven Naturreligionen darf mit Gewissheit angenommen werden, dass mit jenen Symbolen (z. B. mit dem Hakenkreuz) ursprünglich die Vorstellung eines vorbildlichen realen Naturwesens verknüpft gewesen ist. Die Geometrisirung der in der Kunst nachgebildeten Naturformen muss daher schon zeitlich vorausgegangen sein. In diesem Lichte betrachtet, mag der Symbolismus ursprünglich nichts anderes gewesen sein als der Fetischismus: während aber die Objekte dieses letzteren entweder selbst reale Naturformen sind, oder, wenn im todten Material gebildet, den Bezug auf reale Naturformen noch deutlich erkennen lassen, erscheint an den Symbolen die letztere Bezugnahme sehr häufig durch die geometrische Stilisirung bis zur Unkenntlichkeit verwischt. Es ist deshalb eine der schwierigsten Aufgaben, die Grenzen zwischen Ornament und Symbol auseinander zu halten; nach dieser — bisher wenig und fast ausschliesslich vom Dilettantismus verfolgten — Richtung steht dem menschlichen Scharfsinn noch ein überreiches Feld zur Bebauung offen, von dem es heute sehr zweifelhaft scheint, ob es jemals gelingen wird, dasselbe in halbwegs befriedigender Weise zu bestellen[13].

Nach dieser Digression in die dunkle Zwischenzeit, die zwischen der Erschaffung der geometrischen Verzierungsformen (Kunststufe der Troglodyten) und zwischen der raffinirten Verwendung dieser Formen in den vorgriechischen Stilen liegt, kehren wir wieder zu unserem Hauptgegenstande zurück. Was also die beiden bisher in allgemeiner Geltung gestandenen Lehrsätze vom geometrischen Stil betrifft, so können wir den zweiten, der die Motive dieses Stils wenigstens zum überwiegenden Theile aus den textilen Techniken des Flechtens und

---

[13] Beachtenswerthe Anläufe hiezu erscheinen u. a. gemacht in der Schrift von A. R. Hein über „Mäander, Kreuze, Hakenkreuze und urmotivische Wirbelornamente in Amerika" (Wien 1891).

Webens auf rein zwecklich-materiellem Wege entstanden sein lässt, nun nicht mehr gelten lassen. Ist aber damit in der That so viel verloren? Für dasjenige, was im Menschen gemäss jenem Lehrsatze den Gefallen an den rhythmischen Fadenkreuzungen erweckt haben soll, so dass er dieselben demnächst in anderem Stoffe, ohne durch die Anforderungen des Zweckes dazu genöthigt zu sein, wiederholt hat, dafür giebt uns jene nunmehr hoffentlich überwundene Theorie doch keine Erklärung. Die ganze Theorie erscheint hienach bloss als Glied der materialistischen Weltanschauung, bestimmt die Ableitung einer der geistigen Lebensäusserungen des Menschen aus stofflich-materiellen Prämissen, um einen Schritt weiter hinauf zu rücken. Wir wollen diesen Schritt gar nicht thun, um schliesslich eingestehen zu müssen, dass wir des Pudels Kern doch nicht zu erkennen vermögen. Wir sagen lieber gleich, dass jenes Etwas im Menschen, das uns am Formschönen Gefallen finden lässt, und das die Anhänger der technisch-materiellen Descendenztheorie der Künste ebensowenig wie wir zu definiren im Stande sind, — dass jenes Etwas die geometrischen Liniencombinationen frei und selbständig erschaffen hat, ohne erst ein materielles Zwischenglied einzuschieben, das die Sache im letzten Grunde nicht heller machen kann und höchstens nur zu einem armseligen Scheinerfolg der materialistischen Weltanschauung führen würde.

Noch drängt es mich, um jedwedes Missverständniss zu vermeiden, ausdrücklich zu wiederholen, was ich schon mehrfach angedeutet habe: dass ich Gottfried Semper keineswegs dafür verantwortlich machen möchte, dass man seine Worte in der erörterten Richtung interpretirt und weiter entwickelt hat. Semper handelte es sich keineswegs darum, eine möglichst materielle Erklärung für die frühesten Kunstäusserungen des Menschen zu finden; es war seine Lieblingstheorie vom Bekleidungswesen als Ursprung aller Baukunst, die ihn dazu geführt hat, der Textilkunst unter allen übrigen Künsten eine Rolle zuzuweisen, wie sie ihr besonnenermaassen nicht mehr wird eingeräumt werden dürfen. Auf dem angedeuteten Wege gelangte Semper dazu, gewisse textile Begriffe und ästhetische Unterscheidungen wie Band und Decke, die erst einer vorgeschritteneren, raffinirteren Zeit des Kunstschaffens angehören können, auf primitive Kunstzustände anzuwenden. Von der Überschätzung der Textilkunst in Semper's *Stil* werden wir daher gründlich zurückkommen müssen; nichtsdestoweniger bleibt jede Seite, auf der er sich über dieses Thema äussert, auch fürderhin noch lesenswerth, wo nicht klassisch.

II.
Der Wappenstil.

Die übliche Identificirung der Textilornamentik mit Flächenornamentik im Allgemeinen hat eine weitere Reihe von Irrthümern zur Folge gehabt. Einer der anspruchsvollsten darunter, der noch heute in unbeschränktem Ansehen steht, betrifft jenes System der Ornamentik, dem eine paarweise Gruppirung unter symmetrischer Gegenüberstellung (Affrontirung bezw. Adossirung) zu Grunde liegt.

Auf Ernst Curtius[1]) geht die Unterscheidung zwischen einem *Teppichstil* und einem *Wappenstil* zurück. Den Teppichstil erblickt Curtius in jener Art von Flächenverzierung, wo z. B. Thiere in regelmässiger Reihenfolge, und zwar mehrere solcher Thierreihen in Zonen übereinander angeordnet sind. Den Wappenstil bezeichnen ihm dagegen die paarweise gruppirten Thiere, zu beiden Seiten eines trennenden Mittels symmetrisch einander gegenübergestellt.

Was Curtius *Teppichstil* nennt, das hat weder mit der Textilkunst im Allgemeinen, noch mit den Teppichen im Besonderen etwas Wesentliches zu thun. Hatte man nämlich eine Fläche überhaupt (nicht bloss eine textile) zu verzieren, so lag es am nächsten, den Raum in der Weise zu brechen, dass man denselben in einzelne horizontale Streifen zerlegte und innerhalb dieser Streifen die Einzelornamente unterbrachte. Eine solche *Streifendekoration* begegnet uns auf historischem Boden bereits bei den Altegyptern (Reihen figuraler Scenen übereinander an den Grabwänden), bei den Assyrern[2]), aber auch später in den reifsten Stilen immer wieder[3]). Um diese Art der Dekoration mit

---

[1]) Abh. der Berl. Akad. 1874.

[2]) Z. B. bei Layard Ninive I. 23 unten am Gewande der äussersten Figur rechts, mit rein geometrischen Einzelmotiven.

[3]) Nach Schreiber (Wiener Brunnenreliefs S. 84) ist die „Streifendekoration" auch in der hellenistischen Dekorationskunst sehr maassgebend gewesen.

Berechtigung als Teppichstil zu bezeichnen, müsste man erst nachweisen, dass sie zuerst auf Teppichen angewendet worden ist. Lässt man aber gemäss unseren Ausführungen im 1. Capitel den gänzlich unbewiesenen aprioristischen Lehrsatz fallen, wonach die ältesten Flächenverzierungen auf textilem Gebiete zu Stande gekommen sein müssten, so kann man heute eine Geschichte der Flächenornamentik schreiben, in welcher den einzelnen Zweigen der Textilkunst kein bedeutsamerer Platz eingeräumt ist, als etwa der Wandmalerei, der Gravirung und Emaillirung u. s. w. Wir könnten daher die *Streifendekoration* mit ebenso gutem, wahrscheinlich aber mit besserem Rechte als Schnitzereistil oder Gravirstil bezeichnen, weil der Mensch mittels dieser Techniken gewiss mindestens ebenso früh bereits Flächen verziert hat, als er dies mittels der Teppichweberei gethan haben kann.

Was dagegen die symmetrische Gruppirung von je zwei Thieren u. dgl. um ein gemeinsames Mittel anbelangt, so lässt sich Curtius[1] hierüber vernehmen, er sei durch sassanidische Gewebe dazu gelangt, auch diesen *Wappenstil* nicht minder wie den Teppichstil auf die Webekunst zurückzuführen. Den Beweis dafür erblickt er darin, dass auch der Buntwirker (worunter offenbar der Kunstweber gemeint ist) aus technischen Gründen eine öftere Wiederholung des Musters braucht und anderseits die Fläche möglichst auszufüllen trachtet, um an der Rückseite keine langen Fäden flott liegen zu lassen, und auch die kostbaren Einschlagfäden möglichst nach vorne zu bringen. In ganz ähnlicher Weise finde man aber an orientalisirenden Thonwaaren und Metallarbeiten frühgriechischer Herkunft einerseits die wappenartige

---

[1] In den Abh. der Berl. Akad. 1879 S. 23. — Der verehrte Nestor der an glänzenden Vertretern und Erfolgen so reichen Berliner archäologischen Schule möge verzeihen, wenn ich mich hier auf Abhandlungen beziehe, deren Verfassung nun schon eine beträchtliche Reihe von Jahren zurückliegt, und die heute vielleicht nicht einmal mehr seinen eigenen Anschauungen völlig entsprechen. Aber dieselben haben, wie die seitherige Literatur lehrt, in der klassischen Archäologie allenthalben Schule gemacht, und so bleibt mir nichts anderes übrig, als mich auf denjenigen Autor zu beziehen, der die Sache zuerst vor die Öffentlichkeit gebracht hat. Übrigens wird Jeder aus dem Context meiner Ausführungen in diesem und dem vorigen Capitel entnehmen, wie ich von der Einsicht durchdrungen bin, dass u. a. auch die von Curtius aufgestellte Lehre vom Teppichstil und Wappenstil in allgemeinen Zuge der Zeit begründet war, und dass es dem so vielbewährten Forscher unter diesem Hinblick nur zum Verdienst angerechnet werden kann, dass er einmal die vollen Consequenzen gezogen hat, da man nur auf diesem Wege zu einer weiteren Klärung der Anschauungen gelangen konnte.

Anordnung der Hauptmotive, anderseits den Grund nach Möglichkeit ausgiebig mit Mustern gefüllt.

Da nun diese wappenartige Ornamentik sich besonders häufig an Werken der assyrischen Kunst (Fig. 4)[5] vorfindet, und die frühgriechische Kunst nachweisbar vielfach unter orientalischen Einflüssen gestanden ist, so ergeben sich daraus unschwer die Schlüsse, welche die klassische Archäologie aus der Curtius'schen Hypothese nothwendigermaassen gezogen hat. Einer ihrer namhafteren und auch mit den altorientalischen Verhältnissen bestvertrauten Vertreter hat noch vor Kurzem die diesbezüglich herrschende Lehrmeinung in folgende Worte zusammengefasst: „Die Bildertypik des Orients hängt zum grössten Theile von den Gewebemustern der grossen Wandtapeten ab, und

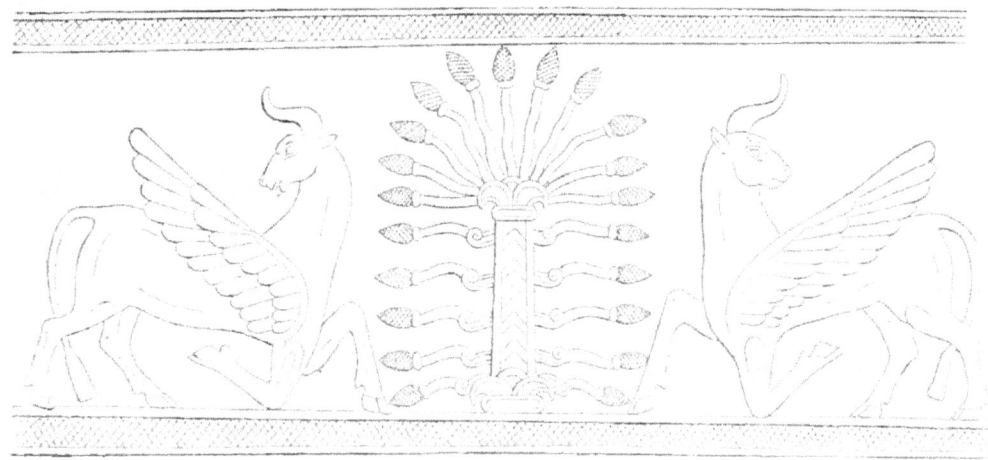

Fig. 4.
Skulpirter assyrischer Fries mit geflügelten Stieren im Wappenstil.

manche stilistische Eigenheiten ihrer Plastik, z. B. die übermässige Konturirung der Muskeln, findet darin am natürlichsten ihre Erklärung[6]."
Auch diesem Lehrsatze gegenüber werden wir die Frage aufwerfen müssen, ob sich derselbe historisch rechtfertigen lässt, und ob für die ihm zu Grunde liegenden Erscheinungen nicht eine andere Erklärung gegeben werden kann.

Woher wissen wir, dass die Assyrer bereits eine Kunstweberei gekannt hätten, die im Stande gewesen wäre Stoffe mit Thierpaaren im Wappenstil zu mustern? Und zwar handelt es sich hier um eine „Kunstweberei" im vollen Sinne des Wortes, — um eine Weberei, die mittels Schiffchens im Stande ist, auf Grundlage einer vollkommenen Beherr-

---

[5] Nach Layard, The monuments of Ninive Taf. 45.
[6] Schreiber, Wiener Brunnenreliefs 37.

schung der freien Bindungen, beliebig konturirte Figuren wiederzugeben; denn nur eine solche bis zu einem gewissen Grade mechanische Art der Weberei bedarf der symmetrischen Wiederholung der einzelnen Figuren, wie sie Curtius[7]) ganz richtig an den sassanidischen Seidenstoffen beobachtet hat.

Curtius' Vermuthung hinsichtlich der Assyrer stützt sich auf die Wahrnehmung, dass auf den in Steinrelief dargestellten Gewändern einiger Könige, insbesondere des Assurnasirpal zu Nimrud, sich Bordüren finden, in denen die wappenartigen Gruppen von paarweisen Thieren (Fig. 4), Menschen, Fabelwesen sich fortwährend wiederholen, nach einem Schema wie es in der That auch an sassanidischen Seidenstoffen zu sehen ist. Curtius glaubte daraus sofort auf Seiden-Kunstwebereien, als unmittelbare autochthone Vorbilder schliessen zu dürfen. Semper, der diese wandverkleidenden Reliefs der assyrischen Königspaläste gleichfalls mit steinernen Tapeten identificirt hat, drückte sich aber in Bezug auf die technische Erklärung der im Wappenstil gehaltenen Thiere weit vorsichtiger aus. Als Techniker mochte er wahrscheinlich das Gewagte einer Behauptung wie derjenigen Curtius' eingesehen haben; er erblickte darin nicht Kunstwebereien, sondern Stickereien[8]), was an und für sich viel mehr Wahrscheinlichkeit beanspruchen darf, da die technische Ausführung in diesem Falle weit geringere Schwierigkeiten bereitet hätte.

Die Hypothese von der Entstehung des Wappenstils aus einer altassyrischen Kunstweberei wird aber noch unhaltbarer, sobald wir dasjenige in Betracht ziehen, was wir in den letzten Jahren über das Wesen der Textilkunst im Alterthum in Erfahrung gebracht haben. Als die weitaus maassgebendste Technik hat sich die Wirkerei (Gobelintechnik) herausgestellt[9]). Gewirkte Einsätze mit Figuren in genau derselben wappenartigen Symmetrie, aber von klassischer Formgebung, sind unter den egyptischen Gräberfunden aus spätantiker und frühmittelalterlicher Zeit (Fig. 5) zahlreich an den Tag gekommen. Dagegen befand sich die Seidenkunstweberei denselben Funden zufolge in spätantiker Zeit noch auf einer ziemlich niedrigen Stufe der Entwicklung. Essenwein berichtet über einen der in's Germanische Museum gelangten spätantiken Seidenstoffe folgendermaassen: „Man sieht deut-

[7]) Wie ich erfahre, unter A. Pabst's (Cöln) kundiger Anleitung.
[8]) Stil I. 325.
[9]) In dieser Technik sind auch aller Wahrscheinlichkeit nach die wappenartigen Thiere auf den assyrischen Königsgewändern ausgeführt gewesen.

lich, dass der Weber jeden Faden einzeln zwischen die Kettfäden geschlungen und möchte fast meinen, es sei dies eher mit der Nadel als mit dem Schiffchen geschehen. Wenn man so etwa mehr Handarbeit als Fabrikation in der Herstellung der Gewebe erkennt, wird man auch über die vielen Unregelmässigkeiten nicht erstaunt sein." Es war eben noch nicht so lange her, dass die Seide ausserhalb der ostasiatischen Kulturwelt verarbeitet wurde; keinesfalls reichen unsere Nachrichten darüber in die Zeiten der altorientalischen Monarchien zurück. Ein ununterbrochener technischer Zusammenhang zwischen einer vermeintlichen altassyrischen und der nachweisbaren sassanidischen Seidenkunstweberei lässt sich somit nicht herstellen; nach stilhistorischer Seite liegt aber dazwischen die Ausbreitung der hellenistischen und römischen Antike, die — allerdings unter unmittelbarer Berührung mit den altorientalischen Künsten entstanden und herangebildet — ihrerseits wieder insbesondere die Luxuskünste im Oriente durchaus in ihre Einflusssphäre zu ziehen gewusst hat.

Das Princip des *Wappenstils*, die absolute Symmetrie hat in der späten Antike überhaupt eine sehr maassgebende Rolle gespielt, was vielleicht mit der sinkenden Schaffenskraft im Kunstleben dieser Zeit zusammenhängt, da die hellenistische Kunst noch die relative Symmetrie in der Dekoration beobachtete, und die Langweiligkeit der absoluten Symmetrie nach Möglichkeit vermied. Es ist daher nicht recht zu verstehen, warum uns das wappenartige Ornamentationssystem der sassanidischen Seidenstoffe so fremdartig asiatisch, so ganz und gar nichtabendländisch erscheinen soll. Wenn die Beherrschung der Anfangs so schwierigen Technik der Kunstweberei bereits am Ausgange der Antike rasche Fortschritte gemacht zu haben scheint, so ist dies wohl aus der zwingenden Nothwendigkeit zu erklären, die man empfunden haben musste, für das eben zur vorherrschenden Geltung gelangte neue Rohmaterial, die Seide, auch die passendste Technik auszubilden, wofür sich aus anderwärts[10]) von mir erörterten Gründen die antike Wirkerei durchaus nicht empfahl. Für die Seidenkunstweberei hatte nun das zur damaligen Zeit wieder allgemein verbreitete Ornamentationssystem des *Wappenstils* allerdings jene grossen Vorzüge, auf die auch Curtius hingewiesen hat, und wohl aus diesem Grunde, nicht einer vermeintlichen assyrischen Textilüberlieferung halber, finden wir das genannte Dekorationsschema an den Seidenstoffen von spätantiker Zeit (Fig. 5) an

[10]) Bei Bucher, Geschichte der technischen Künste III. 361 f.

bis in das gothische Mittelalter in überwiegendstem Maasse zur Anwendung gebracht. Nicht die Technik hat das Schema geschaffen, sondern sie hat das bereits vorhandene als das ihr zusagendste übernommen und im Besonderen für ihre Zwecke weitergebildet.

Mit Rücksicht auf die schon früher hervorgehobene Bedeutung, welche die egyptisch-spätantiken Textilfunde für die Erklärung der

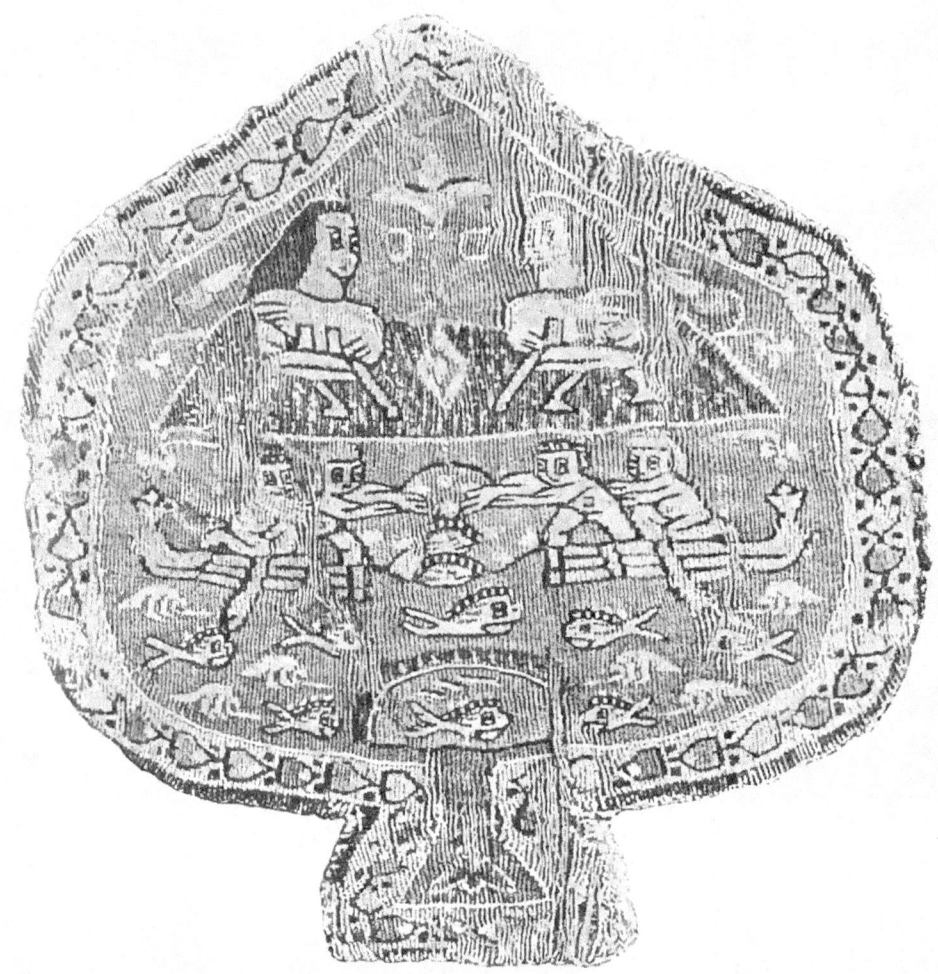

Fig. 5.
Gewirkter Gewandeinsatz aus einem Grabe bei Sakkarah (Egypten), spätantik.

Wappenstil-Frage haben, erscheint hieneben in Fig. 5 ein blattförmiger Gewandeinsatz aus der in das k. k. österreichische Museum für Kunst und Industrie gelangten Sammlung[11]) jener Funde wiedergegeben.

---

[11]) Katalog dieser Sammlung No. 416. Das Stück ist auch durch seinen Inhalt bemerkenswerth, da es eines der überaus seltenen Beispiele vom Nachleben altegyptisch-nationaler Kunstformen im späteren Alterthum bietet.

Das Muster ist fast in allem Wesentlichen symmetrisch angeordnet: die Figuren in der oberen Hälfte zu beiden Seiten einer trennenden dreiblättrigen Blume, darunter die zwei Nachen mit je zwei Fischern, sowie die Fische und Blattpflanzen im Wasser. Und doch war durch die Technik, in welcher dieser Einsatz gearbeitet ist, keine Veranlassung gegeben zu solch symmetrischer Gestaltung. Wie schon die an der Abbildung deutlich wahrnehmbare Ripsbindung verräth, handelte es sich hiebei nicht um eine Seidenkunstweberei, die ein Interesse daran gehabt hätte, die gleichen Tritte und Schäfte bald wiederkehren zu sehen, sondern um eine höchst einfache Handwirkerei, die auf keine technischen Abkürzungen ausgeht, weil sie dieselben gar nicht brauchen kann. Die symmetrische Kunstform als solche war also gegeben und in der Textiltechnik angewendet, nicht umgekehrt. Symmetrisch verzierte Einsätze in Wirkerei sind auch sonst nicht selten unter den genannten Funden[12]).

Was zwingt uns denn überhaupt, das Verhältniss umzukehren und mit Curtius und Anderen den Wappenstil aus der Technik der Kunstweberei abzuleiten? Das dem Schema zu Grunde liegende Gesetz der Symmetrie war doch den Menschen längst bekannt und von ihnen im Kunstschaffen beobachtet, bevor die Assyrer ihre grosse orientalische Monarchie aufgerichtet haben. Wie wir im vorigen Capitel gesehen haben, übten es bereits die Troglodyten; der ganze geometrische Stil ist nichts anderes als abstrakter Rhythmus und abstrakte Symmetrie. Sobald die Pflanze in die Ornamentik eingeführt wird, geht das ganze Bestreben dahin ihre Erscheinung symmetrisch zu gestalten. Als Resultat dieses Bestrebens werden wir im folgenden Capitel die symmetrische Seitenansicht im Lotus, die symmetrische Vollansicht in der Rosette, eine dritte Art der Projektion, die man etwa als halbe Vollansicht bezeichnen könnte, in der nicht minder symmetrischen Palmette kennen lernen. Wie steht es nun mit der symmetrischen Darstellung der animalischen Wesen? Die Vorderansicht ist zwar bei Menschen und Thieren symmetrisch gestaltet, aber diese Vorderansicht ist für's Erste, wenigstens was die Thiere betrifft, die minder charakteristische, dann bot ihre Wiedergabe in der Fläche dem primitiven Künstler wegen der obwaltenden Verkürzungen allzu viele Schwierigkeiten. Man wählte daher die charakteristischere und annähernd in einer Fläche verlaufende Seitenansicht, die aber der Symmetrie entbehrte. Um

[12]) Bucher, Gesch. der techn. Künste II, Fig. 356, 357.

nun die Thierfiguren in Seitenansicht dennoch dekorativ[13]) zu verwerthen, gab es zwei Wege. Entweder man liess die Symmetrie ganz fallen und reihte die Thiere bloss rhythmisch hinter einander — dies geschah in dem von Curtius sogenannten Teppichstil —, oder man nahm die Thiere paarweise und stellte sie in absoluter Symmetrie einander gegenüber, und zwar womöglich zu beiden Seiten eines symmetrisch aufgebauten Mittels, wozu sich ein vegetabilisches Element am besten eignete. Auf diese Weise etwa, keineswegs aber aus einer gar nicht zu beweisenden Technik, werden wir uns die paarweisen assyrischen Bestien zu beiden Seiten des sogen. „heiligen Baumes" (Fig. 4) zu erklären haben.

Die Symmetrie erweist sich eben als ein dem Menschen eingeborenes, immanentes Postulat alles dekorativen Kunstschaffens von Anbeginn. Der Chinese kennt sie ebensogut wie der Altegypter, und nicht bloss im geometrischen Ornament, wiewohl man versucht hat, ihnen diese Kenntniss abzusprechen. So finden wir z. B. zwei Böcke um einen Baum symmetrisch gruppirt bereits im Alten Reiche unter der 6. Dynastie[14]), also mehr als tausend Jahre vor der Entstehung der assyrischen Königspaläste. Dass Altegypter wie Chinesen über eine bescheidene Beobachtung der Symmetrie in der figürlichen Composition nicht hinausgekommen sind, mag vielleicht in dem anscheinend frühen Reifen und Sichabschliessen, und dem hierauf erfolgten relativen Stillstehen ihrer uralten Kulturen begründet sein. Ein Volk, das auf den Errungenschaften eines anderen unter frischen Impulsen weiter zu bauen in der Lage war, hat die künstlerische Bedeutsamkeit der Symmetrie sofort schärfer erfasst: so sehen wir sie eben bei den Assyrern beobachtet, die auch den Unterschied zwischen Decke und Band, Füllung und Bordüre, Inhalt und Rahmen, wie es scheint zuerst nicht bloss deutlich begriffen, sondern auch zu unbedingter praktischer Geltung gebracht haben; leider vermögen wir mit den heutigen Mitteln nicht zu beurtheilen, welcher Antheil hiervon auf ihre älteren Stammesgenossen, die Chaldäer, entfällt. Bedarf es da erst der Kunstweberei, um zu erklären, wie dieses Volk zur Übung des symmetrischen Wappenstils gelangt ist?

[13]) Nicht mit descriptiv-gegenständlicher Bedeutung, wie etwa die Heerden auf altegyptischen Grabreliefs.
[14]) Lepsius Denkmäler IV. Taf. 108, 111.

III.
Die Anfänge des Pflanzenornaments und die Entwicklung der ornamentalen Ranke.

Es ist heute schwer zu entscheiden, welches von den beiden organischen Bereichen der Natur, das animalische oder das vegetabilische, dem Menschen bei seinen ersten Versuchen, bestimmte körperliche Erscheinungen aus seiner Umgebung zeichnend auf einer Fläche zu reproduciren, grössere Schwierigkeiten bereitet hat. Die Pflanze hat diesbezüglich vor den Thieren den Vortheil voraus, dass ihre Theile, wenigstens für den naiven Beschauer, scheinbar in absoluter Ruhe verharren, wodurch es dem Menschen leichter geworden sein könnte, ein typisches Bild von den Pflanzen zu gewinnen, als von den ihre Haltung und Lage beständig verändernden Thieren. Aber ebensowenig wie bei den Thieren, insbesondere bei den der Aufmerksamkeit des Menschen zunächst gerückten Vierfüsslern, liegen bei den Pflanzen alle ihre Theile in einer und derselben Fläche. Es musste also auch bei der Reproduktion der Pflanzen eine *Stilisirung* Platz greifen, sobald der Mensch dieselben auf eine gegebene Fläche (Stein, Bein, Thon) zeichnen oder graviren wollte. Dies äussert sich an den frühesten, uns bisher bekannt gewordenen Pflanzendarstellungen namentlich in der symmetrischen Abzweigung der Seitensprösslinge rechts und links vom gerade emporstrebenden Schaft, während in der Natur die Zweige strahlenförmig um den Stamm herum angeordnet sind, ferner in der Darstellung der Blätter als wären sie von oben gesehen, während dieselben dem seitwärts gedachten Beschauer mehr oder minder das Profil zukehren. Diese Flach-Stilisirung blieb so lange in Kraft, bis allmälig die perspektivische Darstellung aufkam, vermittels welcher man sich in Stand gesetzt sah, körperliche Erscheinungen mit sämmtlichen Merkmalen ihrer räumlichen Abstufung und Ausdehnung auf eine ebene Fläche zu bringen.

42   Die Anfänge des Pflanzenornaments etc.

Soviel aber die bisher gemachten Funde aus prähistorischer Zeit erkennen lassen, hat sich der Mensch — entgegen dem Erwarten, das wir an das oben Gesagte zu knüpfen berechtigt wären — früher in der Nachbildung von Thieren als in derjenigen von Pflanzen versucht. So hat man auf den in den Höhlen der Dordogne gefundenen skulpirten Rennthierknochen, neben der so stattlichen Anzahl animalischer Bildwerke, bloss ein einziges Mal (Fig. 6) Motive gefunden, die man um ihrer rosettenartigen Form willen für die Copie einer Blume halten könnte[1]). Ähnliche Beobachtungen hat man auf dem Gebiete der Ethnologie der heutigen Naturvölker gemacht. Überall geht das geometrische Ornament und das Thierbild der Darstellung von Pflanzen voraus. Ganze, verhältnissmässig hoch ausgebildete Ornamentiken, wie z. B. die inkaperuanische, scheinen des Pflanzenbildes vollständig zu entbehren. Die Erklärung dieser Erscheinung werden wir wohl in dem Umstande zu suchen haben, dass die bewegliche, scheinbar mit freiem Willen ausgestattete Thierwelt in weit höherem Grade als die Pflanzenwelt die Aufmerksamkeit des Menschen erregt haben mochte. Thiere und nicht Pflanzen spielen im Fetischismus die Hauptrolle, wie noch die altegyptische Göttermythologie in ihren den Thierkult betreffenden rudimentären Theilen deutlich beweist. Und ähnlich ist ja das Verhältniss des Menschen zu Thier und Pflanze in der Kunst allezeit auch späterhin geblieben. Die perspektivische Durchbildung wurde früher an Menschen und Thieren, als an den Pflanzen erprobt, die Blume blieb am längsten „Flachornament" und die „Landschaft" ist weit später nicht bloss als die religiöse und Historienmalerei, sondern auch als Porträt und Genre. Es ist also wohl einmal das geringere Interesse, das der Mensch an der scheinbar be-

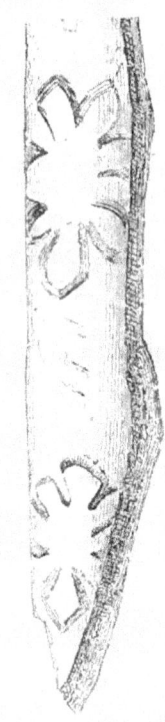

Fig. 6.
Rennthierknochen
mit gravirten
Blumen (?).
La Madeleine.

[1]) Wäre nicht die angesichts der Zeit- und Kulturumstände verblüffende Leistungsfähigkeit der Troglodytenkunst, so dürfte man auch auf die Schwierigkeit hinweisen, die das Nachbilden der reich gegliederten Pflanzen in Skulptur gegenüber den weit minder gegliederten Thierkörpern mit sich brachte. Die älteste Kunsttechnik war aber gemäss unseren Ausführungen im ersten Capitel S. 20 die Skulptur. Bildete diese nun Thierfiguren, so konnte dies immerhin auf die nachfolgenden, in der Fläche bildenden Künste bereits von traditioneller, also das Pflanzenbild zunächst ausschliessender Wirkung sein.

wegungslosen Pflanzenwelt nahm, wodurch wir uns die spätere Einführung der Pflanze in die bildende Kunst hauptsächlich zu erklären haben werden.

Eine weitere Frage, die sich sofort beim Beginne dieses Capitels aufdrängt, lautet dahin, ob die ältesten Kunstdarstellungen vegetabilischen Inhalts als Ornamente gedacht waren oder ob dieselben um einer ihnen innewohnenden gegenständlichen (hieratischen, symbolischen) Bedeutung willen zur Ausführung gelangt sind? Letztere Annahme würde zur Voraussetzung haben, dass wir für den Menschen, der zuerst Pflanzenformen nachgebildet hat, eine vorgeschrittenere Kulturstufe annehmen müssten, — eine Kulturstufe, welche über das blosse elementare Bedürfniss des Schmückens (S. 22) in der Kunst bereits wesentlich hinausgekommen war. Und in der That, wenn wir erwägen, dass überall dort, wo wir einen zwar alterthümlichen, aber fertigen und geschlossenen Kulturzustand näher kennen gelernt haben, bildende Kunst und Religion augenscheinlich in engsten Wechselbeziehungen zu einander gestanden sind, werden wir von einem gewissen, freilich nicht mehr näher zu bestimmenden Zeitpunkte an, den Anstoss zu weiteren Versuchen in einer wahrhaft „bildenden", d. h. körperliche Naturerscheinungen nachempfindenden und wiedergebenden Kunst, nicht mehr allein auf einen immanenten Schmückungs- und plastisch-imitativen Gestaltungstrieb, (wie bei den aquitanischen Troglodyten?), sondern auch ganz wesentlich auf religiöse d. h. gegenständliche Beweggründe zurückführen dürfen. Die ältesten Darstellungen vegetabilischer Motive, die wir heute kennen, finden sich auf Kunstwerken aus der Zeit des Alten Reiches von Egypten. Bei dem eminent gegenständlichen Charakter, welcher aller altegyptischen Kunst und insbesondere derjenigen, die uns in den Gräbern aus dem Alten Reiche entgegentritt, eigen gewesen ist, werden wir auch die bezüglichen Pflanzendarstellungen nicht als blosse Ornamente, sondern als religiöse Symbole aufzufassen haben. Um ihrer selbst willen dürften wir dieselben somit in dem Capitel über das Pflanzenornament unberücksichtigt lassen. Wenn wir trotzdem die Betrachtung der altegyptischen Pflanzenmotive zum Ausgangspunkte unserer gesammten Darstellung machen, so geschieht dies um der nachfolgenden rein ornamentalen Entwicklung willen, die sich nachweislich an diese Motive geknüpft hat.

Jedes religiöse Symbol trägt in sich die Prädestination, um im Laufe der Zeit zu einem vorwiegend oder lediglich dekorativen Motive zu werden, sobald es nur die künstlerische Eignung dazu besitzt. Die fortgesetzte überaus häufige Anwendung, die infolge ihrer Heiligung stereotyp gewordene äussere Form, die Ausführung in verschiedenen Materialien, alles dies trägt dazu bei, das betreffende Symbol dem Menschen vertraut und dessen Anblick bis zu einem gewissen Grade unentbehrlich zu machen. Der naive Glaube der Alten kam diesem Process ganz besonders zu Hilfe. Man trug das Symbol auf den Kleidern, den Geräthen, überhaupt auf Dingen, die Einem möglichst oft zu Gesichte kamen. Es gab fast keinen Gegenstand im Haushalte der alten Egypter, an dem sie nicht den Lotus angebracht hätten. Diejenigen Völker, die die Symbole von den Egyptern übernahmen, waren in ihrer Anschauung von denselben — nach dem freien Gebrauche, den sie in der Regel davon gemacht haben, zu schliessen — nicht mehr von den gleichen hieratischen Vorstellungen befangen. Die symbolische Bedeutung des Lotus lockert sich zusehends bei Assyrern, Phöniklern, Griechen; die Summe der ganzen Entwicklung erscheint gezogen in der hellenistisch-römischen Kunst, deren dekorativer Apparat zum allergrössten Theile im letzten Grunde von dem altorientalischen Symbolismus bestritten ist. Nur haben die Griechen aus diesem letzteren mit ihrem vollendeten Sinn für das Kunstschöne bloss jene Motive ausgewählt, die in der That einer künstlerischen Fortbildung und Ausgestaltung fähig waren[2]).

Dafür, dass die bezüglichen Pflanzenmotive wenigstens zum überwiegenden Theile schon von Haus aus die Befähigung zu einer künstlerischen Ausgestaltung an sich trugen, war von der altegyptischen Kunst selbst genügend vorgesorgt. Schon von Seiten dieser ersten pflanzenbildenden Kunst erhielten die pflanzlichen Vorbilder bei der Übertragung auf die Fläche (mittels des Relief en creux wie mittels der Malerei) die nothwendige Stilisirung. Das maassgebende Postulat bei dieser letzteren war wiederum die Symmetrie. Das Motiv hatte zwar um seiner gegenständlichen Bedeutung willen Darstellung gefunden, aber diese Darstellung selbst erfolgte unter strenger Berücksichtigung derjenigen primitiven künstlerischen Postulate, die schon dem rein dekorativen, dem blossen Bedürfniss des Schmückens dienenden Kunstschaffen zu Grunde gelegen waren. Die Altegypter selbst mussten das künstlerisch durchgebildete Symbol zugleich als Schmuck empfunden haben. Umsomehr die auf niedrigerer Kulturstufe verharrenden Völker, die im Laufe der Zeit mit diesen Symbolen bekannt wurden. Besassen die-

---

[2]) So die Palmetten, Sphingen, Kentauren, nicht aber die thierhäuptigen Götter, die Skarabäen u. dgl.

selben — wie wir annehmen dürfen — bis zu dem Zeitpunkte ihrer
Berührung mit der egyptischen Kultur kein eigenes vegetabilisches
Schmuckmotiv, so lernten sie nunmehr eines kennen, das sie sich förder
entweder im Handel erwerben oder selbst kopirend nachbilden konnten.
Aus der eigenen Flora ein Motiv sich mit Mühe heraus zu stilisiren,
daran hat wohl Niemand gedacht, sobald er ein fertiges Motiv von anderer Seite her empfing[3]. Aus dem gleichen Grunde gebrauchen wir
doch heute noch in unserer dekorativen Kunst überwiegend die überlieferten antiken Motive, obzwar wir Ornamentzeichner und Entwerfer
besitzen, wie sie das Alterthum gar nicht gekannt hat[4].

Die Altegypter haben, so viel wir sehen, zuerst eine monumentale
Kunst ausgebildet, und für die übrigen Völker des Alterthums, deren
Geschichte parallel mit derjenigen des pharaonischen Egypten läuft,
beginnt die Kunstgeschichte mit dem Momente, in dem sie in eine nähere
Beziehung zur egyptischen Kunst getreten sind. Dieser Moment lässt
sich zwar nicht in einem Falle genau zeitlich bestimmen; aber die
Thatsache selbst lässt sich kaum mehr bestreiten, angesichts der fundamentalen Verbreitung, welche gerade die typischen dekorativen
Formen der egyptischen Kunst bei den übrigen ältesten Kulturvölkern
des Alterthums gefunden haben. Damit ist auch die grundlegende Bedeutung, die wir den altegyptischen Pflanzenmotiven für alle nachfolgende Pflanzenornamentik einräumen müssen, genügend charakterisirt.

Aus dem Gesagten folgt aber noch nicht, dass wir alle durch die
altegyptischen Denkmäler überlieferten Darstellungen vegetabilischen
Inhalts in unsere Betrachtung werden einbeziehen müssen. In der
gegenständlichen egyptischen Kunst finden wir vielfach Nachbildungen
von Pflanzen, namentlich von Bäumen (Tell-el-Amarna), denen augenscheinlich keine symbolische Bedeutung beigelegt wurde und an die
sich daher auch keine ornamentale Fortbildung geknüpft hat. Ueber-
haupt ist es nicht so sehr die Pflanze als Ganzes, als Baum oder als

[3] Man braucht also gar nicht, wie Goodyear thut, einen religiösen Symbolismus, sei es den Sonnenkult oder einen anderen zu Hilfe zu rufen, um
die Verbreitung altegyptischer Kunstmotive in der ganzen frühantiken Welt
zu erklären. Hierzu genügt allein schon der im Menschen allmächtige Trieb
des Nachahmens, Nachbildens, Nachformens.

[4] Das bewusste Heranziehen der heimischen Flora zu dekorativen
Zwecken ist ein echt moderner Zug, und charakterisirt in ganz besonderem
Maasse die Art unseres heutigen Kunstschaffens; nichtsdestoweniger be-
herrschen noch heute der Akanthus und die klassischen Blüthenprofile alle
vegetabilische Ornamentik.

Strauch, oder selbst als niedriges Zierblumengewächs, sondern vielmehr deren einzelne Theile, Blüthe oder Blatt, die man zu Symbolen verwendet hat. Wir werden sehen, dass solche Theile schon in den ältesten Denkmälern der egyptischen Kunst mehrfach bis zur Unkenntlichkeit stilisirt gewesen sind; trotz ihrer Verwendung in gegenständlichem Sinne trugen sie somit bereits damals in sich den sicheren Keim späterer ornamentaler Bedeutung und Fortbildung.

Der künstlerisch wichtigste, weil vollendetste Theil eines Pflanzengebildes ist die *Blüthe* mit ihrer farbenprächtigen Krone, die sich in der Regel aus dem Kelche strahlenförmig entwickelt. Die Vorstufe zur Blüthe bildet die in der Regel spitz zulaufende und darum zur Bekrönung geeignete *Knospe*; der dritte wichtige Theil ist das *Blatt*. Die *Frucht* tritt dagegen im ältesten Symbolismus und daher auch in der ältesten Ornamentik merklich zurück; die nächstliegende Erklärung für diese bemerkenswerthe Thatsache mag zum Theil vielleicht darin zu suchen sein, dass die Frucht wegen ihrer wenig gegliederten, oft asymmetrischen Form sich der künstlerischen Nachbildung nicht sonderlich empfahl.

Ein sehr wichtiges Element in der Pflanzendarstellung, insbesondere mit Rücksicht auf die spätere ornamentale Entwicklung, ist endlich der *Stiel*. Durch den Stiel wird es nämlich erst möglich die einzelnen Blüthen, Knospen und Blätter untereinander in Verbindung zu setzen; diese Verbindung ist aber hinwiederum die Vorbedingung für eine zusammenhängende Ausfüllung sei es bandartiger Streifen, sei es deckenartiger Flächenfelder mit vegetabilischen Motiven. Der Stiel tritt uns nun in der altegyptischen Kunst überwiegend nicht als ein der Wirklichkeit nachgezeichnetes Gebilde, sondern als ein lineares, geometrisches Element entgegen. Dadurch war er von vornherein befähigt, alle die geschwungenen und gerollten Formen anzunehmen, die den rein geometrischen, aus Curven gebildeten Configurationen zu Grunde liegen. Hiernach erscheint der Stiel als ein ganz besonders wichtiger Faktor für die zunehmend ornamentale Ausgestaltung der ursprünglich gegenständlich-symbolischen Pflanzenmotive. So werden wir frühzeitig in der altegyptischen Kunst Verbindungen von Blüthen und Blättern mittels der Stiele beobachten können, wie sie in der Natur an den betreffenden Pflanzen keineswegs vorkommen, und nur als eine Verquickung geometrischer Kunstformen mit vegetabilisch-gegenständlichen aufgefasst werden können.

Unsere Aufgabe wird es also sein innerhalb eines jeden Stiles den wir in unsere Betrachtung einbeziehen werden, zuerst die darin vorkommenden Blüthen- (Knospen- und Blatt-) Formen für sich vorzunehmen, und sodann die Art ihrer Verbindung untereinander zum Behufe der Flächenfüllung zu untersuchen. Nach beiden Richtungen wird sich ein zusammenhängender historischer Faden von der ältesten egyptischen bis auf die hellenistische Zeit verfolgen lassen, d. h. bis zu dem Punkte, da die Griechen die Entwicklung zur Reife gebracht haben: indem sie einerseits den einzelnen Theilmotiven den Charakter vollkommener formaler Schönheit zu verleihen gewusst, anderseits — und das ist ihr besonderes Verdienst — die gefälligste Art der Verbindung zwischen den einzelnen Motiven geschaffen haben, nämlich die line of beauty, die rhythmisch bewegte *Ranke*. Chronologisch genommen zerfällt hiernach unsere Untersuchung in zwei Theile: 1. die Nachweisung des Ursprungs der in der hellenisch-römischen Universalkunst (der Mittelmeerkunst) verbreiteten Pflanzenmotive in den altorientalischen Künsten und die Geschichte ihrer allmäligen Ausbildung in diesen Künsten, 2. die Verfolgung der Fortbildung dieser Motive durch die Griechen bis auf die hellenistische Zeit, insbesondere die Entfaltung des specifisch griechischen Motives der ornamentalen Ranke. In diesem zweiten Theile wollen wir unsere eigentliche Hauptaufgabe erblicken, zu der sich der erste Theil bloss als eine möglichst knapp gefasste Einleitung verhalten soll.

Wir werden da eine fortlaufende Entwicklung kennen lernen, die auf ihren eigenen Spuren einhergeht. Um einer symbolischen, gegenständlichen Bedeutung willen mögen die ersten Pflanzenformen in die Kunst gekommen sein. An diese Typen, und im Wesentlichen bloss an diese wenigen Typen, knüpft die weitere Fortbildung an: an eine neuerliche Heranziehung bestimmter Pflanzen in ihrer natürlichen Erscheinung dachte zunächst, und noch Jahrtausende darüber hinaus, Niemand. Sogar als die deutliche Tendenz hervortrat, die solchermassen nahezu geometrisirten pflanzlichen Ornamentformen wieder dem natürlichen Pflanzenhabitus näher zu bringen, erfolgte dies zunächst nicht in dem Wege einer realistischen Nachbildung leibhaftiger Pflanzen, sondern im Wege allmäliger leiser Naturalisirung, Belebung der überlieferten Pflanzenornamente. Die Schlüsse, die sich aus dieser Beobachtung für die Geschichte der Ornamentik im Allgemeinen ergeben, liegen auf der Hand. Darin beruht nicht zum Geringsten die Bedeutung, die wir den in diesem Capitel zu behandelnden Fragen beizumessen uns für berechtigt halten.

A. Altorientalisches.

1. Egyptisches.

Die Schaffung des Pflanzenornaments.

Zwei Pflanzen sind es, die man bisher als untrennbar von aller egyptischen Kultur gehalten hat und die man auch in der bildenden Kunst der Altegypter als die gebräuchlichsten Symbole überall an den Denkmälern wiederzufinden glaubte: der *Lotus* und der *Papyrus*. Hinsichtlich der kulturellen Bedeutung dieser beiden Pflanzen für die alten Egypter hatte man eine kostbare Stütze an dem Berichte, den uns Herodot über die Stellung derselben im Haushalte der Egypter hinterlassen hat. Und auch auf Kunstdenkmälern lagen

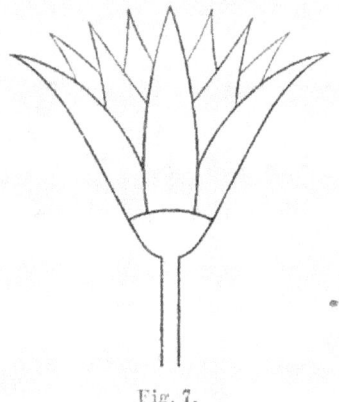
Fig. 7.
Lotusblüthe in Profilansicht.

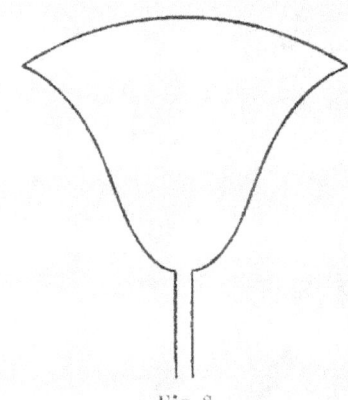
Fig. 8.
Lotusblüthe in Profilansicht (sogen. Papyrus).

zwei in die frühesten Zeiten zurückreichende, stilisirte Blumenprofile vor, von denen das eine mit deutlich ausgeprägten dreieckigen Blättern (Fig. 7) mit dem Lotus, das andere, glockenförmige, ohne Andeutung von Blättern, mit dem Papyrus (Fig. 8) identificirt wurde. In der That zeigt die Blüthenkrone derjenigen Pflanzenspecies, die man bisher für den Lotus der Altegypter angesehen hat, einen Kranz von dreieckigen Blättern. Die Papyruspflanze dagegen ist bekrönt von einem Wedel, dessen einzelne, haarförmige Halme nach allen Seiten strahlenartig auseinanderfallen; da aber die realistische Wiedergabe eines solchen zerflatternden Gebildes einer noch unperspektivischen, mit Umrisszeichnungen in der Fläche operirenden Kunst geradezu unmöglich gewesen sein mochte, nahm man an, dass der egyptische Künstler sich die Halme des Wedels in einen glockenförmigen Schopf zusammengefasst dachte, dessen kompakte Masse sich dann unschwer von einem festen Kontur umschreiben liess. Eine entscheidende Rolle bei dieser Zuweisung der Profile an Lotus und Papyrus spielte ein angeblicher Symbolismus des Papyrus für das sumpf- und schilfreiche Delta, des Lotus für das trockene Oberegypten.

Innerhalb der Kunst des Alten Reichs liessen sich die beiden Profile leidlich streng auseinanderhalten. In der Kunst des Neuen Reichs aber, dessen Zeitstellung gleichwohl im Verhältniss zu den übrigen uns bekannt gewordenen Künsten der antiken Kulturvölker noch als eine weit zurückliegende gelten darf, kam man mit einer absoluten Scheidung der beiden Grundtypen von einander nicht mehr aus. Dies ist auch den Forschern nicht entgangen, die sich bisher der Mühe unterzogen haben den altegyptischen Denkmälern vom kunsthistorischen Standpunkte aus näherzutreten; doch wagte Niemand an der Stichhaltigkeit der Scheidung selbst zu rütteln. Bezeichnend hiefür ist die Haltung von G. Perrot, dem wir doch bisher die einzige wahrhaft wissenschaftliche Gesammtbearbeitung der altegyptischen Kunstgeschichte verdanken. Auch dieser Forscher wusste sich keinen Rath, wenn er z. B. Papyrusprofile von Glockenform, aber mit dreiblättrigem Lotuskelch versehen, vorfand; er behalf sich in solchem Falle mit der ausweichenden Bezeichnung: Wasserpflanzen[5], womit sowohl Lotus als Papyrus gemeint sein konnte. Ich war geneigt mir den Sachverhalt so zu erklären, dass in der Kunst des Neuen Reichs eine auch an vielen anderen Motiven nicht zu verkennende Tendenz zur ornamentalen Behandlung der überkommenen Symbole allmälig zu einer Vermengung des Lotus- mit dem Papyrustypus geführt haben möchte. Dies hätte freilich auch eine Vermengung der beiden Symbole in der religiösen Anschauung der Egypter des Neuen Reichs zur Voraussetzung haben müssen, und darin lag für mich das Unbefriedigende meiner eigenen Erklärung, weil aus den bisherigen Arbeiten der Egyptologen kein Zeugniss für eine solche Wandlung der religiös-symbolischen Begriffe zu ersehen war.

W. G. Goodyear[6] war es nun, der die Frage jüngst in der Weise zur Entscheidung gebracht hat, dass er die Identificirung des Glockentypus mit dem Papyrus als auf einem Irrthume beruhend nachweist, und denselben ebenso für den Lotus in Anspruch nimmt wie den Typus

---

[5] Histoire de l'art dans l'antiquité I. S. 845 Fig. 586.
[6] The grammar of the lotus, a new history of classic ornament as a development of sun worship. London, Sampson Low, Marston & Co. 1891.

mit den dreieckigen Blättern[7]). Das Hauptargument in seiner Beweisführung bildet der Hinweis auf den Umstand, dass die Hieroglyphe mit der Glockenbekrönung keineswegs zwingend als Papyrus interpretirt werden muss, und dass die auf das Papyrusland Unteregypten bezogene Bekrönung nicht bloss auf dem angeblichen Papyrus, sondern auch auf ausgesprochenem Lotus mit dreispaltigem Profil, also auf dem vermeintlichen Repräsentanten von Oberegypten vorkommt. Damit waren die in der Egyptologie wurzelnden Hindernisse, über welche die Nichtegyptologen nicht hinweg konnten, hinweggeräumt und der kunsthistorischen Forschung der Weg geebnet, um das Verhältniss der beiden, dieselbe Blumenspecies symbolisirenden Typen zu einander zu klären.

Aber noch eine weitere fundamentale Aufklärung verdanken wir dem genannten amerikanischen Forscher. Wie sich aus seinen Ausführungen[7a]) überzeugend ergiebt, hat man bisher das Lotusmotiv der altegyptischen Kunst beharrlich mit einer Pflanzenspecies als angeblichem Vorbild identificirt, die in jenen bildlichen Darstellungen gar nicht gemeint ist. Es ist dies die Species Nymphaea Nelumbo (oder Nelumbium speciosum), die streng genommen gar nicht zur botanischen Gruppe des Lotus gehört. Den Irrthum hat in letzter Linie Herodot's Bericht verschuldet, der von einer in Egypten sehr populären Lotusgattung berichtete, dass deren Samen essbar wären. Dies stimmt nun allerdings nur für die erwähnte Species, die aber in Egypten nicht heimisch, heute daselbst gar nicht zu finden ist, dagegen in Indien hauptsächlich gedeiht und von dort in das altegyptische Reich für eine gewisse Zeit verpflanzt worden sein mochte, bis dieselbe Mangels fortgesetzter Kultur wieder vom Boden des Nilthals verschwand. Der wirkliche heilige Lotus dagegen, der noch heute in Egypten gedeiht, ist die Nymphaea Lotus (weisser Lotus), von dem auch eine blaue Abart (Nymphaea caerulea) existirt. Auch diesbezüglich würde es zu weit führen die ganze Beweisführung Goodyear's hierher zu setzen, und ich beschränke mich daher nur auf die Hervorhebung des überzeugendsten Punktes, nämlich der Uebereinstimmung des Lotusblattes (Fig. 9), wie es an den Kunstdenkmälern typisch wiederkehrt, mit der gespaltenen Blattform von Nymphaea Lotus, wogegen die Trichterform des Blattes von Nelumbium speciosum sich auf keine Weise — man mag selbst eine noch so wunderliche Projektion des Blattes in der künst-

---

[7]) a. a. O. 43 ff.
[7a]) a. a. O. S. 25 ff.

I. Egyptisches.

lerischen Anschauung der ältesten Egypter für die Erklärung zu Hilfe nehmen — mit dem Blatttypus der Denkmäler vereinigen lässt[8]).

Von den einzelnen Theilen der Lotuspflanze, die in der bildenden Kunst des alten Egyptens zur Darstellung gelangt sind, nimmt weitaus das grösste Interesse die Blüthe in Anspruch. Wir wollen daher die minder wichtigen Theile, Knospe und Blatt, gleich Eingangs abthun, um später nicht mehr darauf zurückkommen zu müssen. Das Charakteristische des Lotus-Blattes (Fig. 9) ist, wie oben erwähnt wurde, der Spalt, der oft nahezu bis zur Mitte des Blattes reicht. Die Grundform lässt sich am besten einer Schaufel vergleichen; die dem Spalt entgegengesetzte Seite ist zumeist im Halbkreis abgerundet, doch läuft sie nicht selten auch in eine Spitze aus, die gelegentlich sogar etwas geschweift erscheint. In dieser letzteren Form, die mit dem Ephenblatt grosse

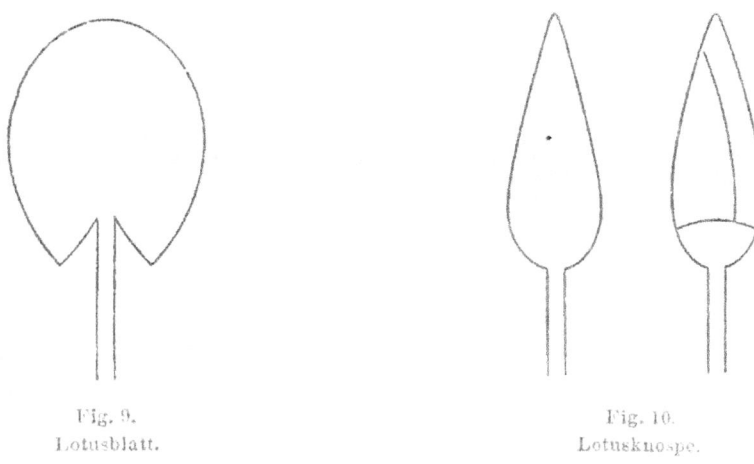

Fig. 9.
Lotusblatt.

Fig. 10.
Lotusknospe.

Aehnlichkeit zeigt, wäre das Blatt in die griechische Kunst übergegangen, sofern nämlich Goodyear Recht hat, indem er das mykenische Ephenblatt als Nachbildung des zugespitzten egyptischen Lotusblattes erklärt. Was mich zögern lässt, dieser Meinung Goodyears schlankweg beizustimmen, ist der Umstand, dass das Ephenblatt in der mykenischen Kunst in solchen Verbindungen auftritt, wie sie der egyptischen Kunst fremd, für die spätere hellenische aber charakteristisch gewesen sind. Hiervon wird übrigens im Capitel über die mykenische Pflanzenornamentik noch im Besonderen zu handeln sein.

[8]) Die hellenistisch-römische Kunst in ihrer naturalisirenden Tendenz hat dagegen auch das Nelumbium speciosum, die essbare, von Herodot erwähnte Species dargestellt, wie die pompejanischen Nil-Mosaiken in Neapel zeigen: geschuppte Knospen, Fruchtknoten in Form eines Spritzkannen-Siebes, und die Trichterblätter in nahezu perspektivischer Projektion.

4*

Die Lotus-Knospe in der egyptischen Kunst zeigt die typische Form eines Tropfens (Fig. 10), und ist häufig ohne alle Gliederung belassen. In der Natur ist der innere Kern der Knospe von Nymphaea lotus umschlossen von vier gleichlangen Blättern, die denselben vollständig einhüllen. Die Lotusknospe ist am häufigsten alternirend mit der Lotusblüthe (Fig. 11) dargestellt. Die beiden Motive — Blüthe und Knospe — sind neben einander gereiht; die Blüthen sind das grössere Motiv und ihre weit ausladenden Kelchblätter schlagen oft von beiden Seiten über der dazwischen stehenden Knospe zusammen. Dass in den Lotusblüthen-Knospen-Reihen der Ausgangspunkt für das griechische Kyma und den Eierstab zu suchen ist, wurde schon öfter bemerkt, und auch neuerlich von Goodyear[9]) ausführlich begründet. Die Lotusknospe kommt aber auch ohne Begleitung der Blüthe vor, und zwar entweder vereinzelt, oder in stetiger Wiederholung gereiht; sie dient dann

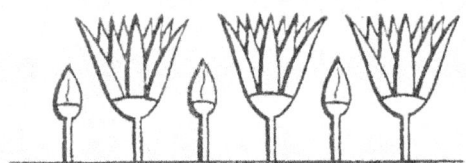

Fig. 11.
Reihung von alternirenden Lotusblüthen und Knospen.

in der Regel zur Bekrönung eines Schaftes (Säule) oder eines horizontalen Gebälkes. Eine nähere Erklärung für diese Funktion wird sich bei Betrachtung des Lotuskapitäls ergeben.

Die Lotus-Blüthe tritt uns in der altegyptischen Kunst in allen drei Projektionen entgegen, in denen überhaupt Blüthenformen dargestellt worden sind, so lange die Kunst in der Wiedergabe von Pflanzen auf dem Standpunkte der Flachstilisirung stehen geblieben war. Es sind dies 1. die Vollansicht (en face), 2. die Seitenansicht (en profil), 3. die halbe Vollansicht (en demiface).

Die Lotusblüthe in der Vollansicht ist die *Rosette*. (Fig. 12.) Goodyear[10]) hält sie zwar für eine Nachbildung des Fruchtknotens von Nymphaea lotus, der in der That eine ähnliche Zeichnung zur Schau trägt. Aber späterhin verstand man unter der Rosette immer zweifel-

---

[9]) a. a. O. S. 155 ff. Goodyear hat hiebei hauptsächlich das dorische Kyma im Auge. Vom lesbischen lässt es sich aber gleichfalls nachweisen; man betrachte bloss Prisse d'Avennes, L'art egyptien, Frises fleuronnées, Fig. 5 und 6.

[10]) a. a. O. 103.

1. Egyptisches.

los die vollentfaltete Blumenkrone und es ist nicht einzusehen, warum das künstlerisch Bestechende dieser Projektion, die centrale Configuration der strahlenförmig zusammengesetzten Blättchen, sich nicht auch schon den alten Egyptern in höherem Maasse aufgedrungen haben sollte, als der Fruchtknoten der abgewelkten Blume. Goodyear stützt seine Meinung hauptsächlich darauf, dass sich neben spitz auslaufenden Blättchen, wie sie der Lotusblüthenkrone entsprechen, auch umgekehrt solche in Tropfenform, mit dem stumpfen Ende nach Aussen (Fig. 12) finden[11]), in welcher Form sie den Blättchen auf dem vorerwähnten Fruchtknoten sehr ähnlich sehen. Dass auch im letzteren Falle ein Produkt der Lotuspflanze gemeint ist, beweisen die Denkmäler, an denen das Motiv als gleichwerthig mit unzweifelhaften Lotusmotiven vorkommt.

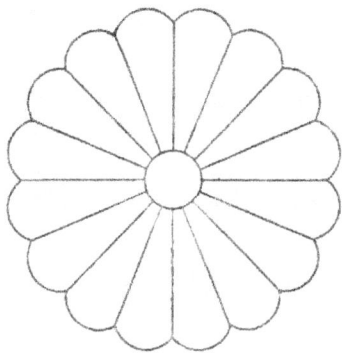

Fig. 12.
Stumpfblättrige Lotusblüthe in Vollansicht (Rosette).

Wir werden aber die Bildung mit abgestumpften Blättern eher als eine blosse Variante der spitzblättrigen Blüthe zu erklären haben, wie sie sich im Gefolge der typischen Ausgestaltung des centralen Rosettenmotivs von selbst eingestellt haben mochte, indem das Hauptgewicht auf den radianten Blattkranz, und nicht auf die Zeichnung der einzelnen Blätter gelegt wurde. Goodyear hat übrigens selbst die Möglichkeit eingeräumt, die Rosette als Lotusblüthe in Vollansicht zu erklären; dass er sich schliesslich für den Fruchtknoten als das Vorbildliche entschied, hängt mit der ausgesprochenen Tendenz dieses Autors zusammen, möglichst viel aus sinnenfälligen und möglichst wenig aus künstlerischen Prämissen abzuleiten.

Die Rosette findet sich, soweit unsere Denkmälerkunde heute reicht, erst in der Kunst des Neuen Reiches häufiger angewendet. Gleichwohl

---

[11]) Zusammengestellt bei Goodyear Taf. XX.

besitzen wir wenigstens ein Beispiel dafür aus dem Alten Reiche, nämlich die Statue der Nofret[12]), deren Diadem mit Rosetten, und zwar vom Typus mit stumpf auslaufenden Blättern, verziert ist. Besonders charakteristisch ist die Rosette späterhin für die Ornamentik der assyrischen Kunst geworden.

Ich kann Ludwig v. Sybel[13]) nicht beipflichten, der darum die Rosette den Egyptern von den Semiten aus Asien zugebracht sein lässt. Das Neue thebanische Reich beginnt zu einer Zeit, aus der uns die Existenz einer Pflanzenornamentik weder von der chaldäischen noch von irgend einer anderen asiatischen Kunst durch sichergestellte Denkmäler bezeugt ist. Die Möglichkeit, dass die Chaldäer bereits im 16. und 17. Jahrh. v. Chr. die Rosette ornamental verwendet haben, soll ja nicht in Abrede gestellt werden. Aber der Umstand allein, dass die Rosette im Alten Reiche noch nicht öfter nachzuweisen ist und anderseits in der späteren mesopotamischen Kunst eine Hauptrolle spielt, reicht noch nicht aus, um ihren asiatischen Ursprung auch für die egyptische Kunst zu beweisen. Einer solchen Annahme widerspricht schon der Charakter der Altegypter, ihr stolz ablehnendes Verhalten gegen alles Fremde, in ihren Augen Barbarische. Mit der siegreichen Neuaufrichtung der nationalen Selbständigkeit nach der Vertreibung der Hyksos scheint eben ein intensiver Kulturaufschwung Hand in Hand gegangen zu sein, der auch zu gesteigertem Schaffen auf dem Gebiete der dekorativen Formen angeregt haben mochte. Das ganze Kunstleben der Egypter in der Zeit der Thutmessiden und Ramessiden zeugt von einer tief greifenden Neubelebung. Die Erklärung, die Sybel hierfür hat: eine vorgebliche Befruchtung egyptischer Trockenheit durch asiatische Ueberfülle wird insolange unstichhaltig bleiben, als diese vorgebliche Ueberfülle in der asiatischen Kunst jener Zeit nicht monumental erwiesen ist.

[12]) Maspero, Egyptische Kunstgeschichte S. 213 Fig. 191.

[13]) Kritik des egyptischen Ornaments S. 17. Die nicht zu unterschätzende Bedeutung dieses im J. 1883 erschienenen Schriftchens beruht darin, dass es ein ganz vereinzelter Erstlingsversuch gewesen ist, der Wichtigkeit des Studiums der Ornamentik für die Kunstgeschichte des Alterthums gerecht zu werden. Mit der Tendenz der Schrift, die neuen Erscheinungen in der Kunst des zweiten thebanischen Reiches auf asiatische Einflüsse zurückzuführen, kann ich mich in keinem Punkte einverstanden erklären. — Neuerlich hat sich auch Goodyear (S. 99 ff.) dagegen ausgesprochen, unter sehr glücklicher Ausführung seiner, von mir vollständig getheilten Meinung über das Verhältniss zwischen altegyptischer und mesopotamischer Kunst.

Weitaus die wichtigste Projektion, in der uns die Lotusblüthe in der altegyptischen Kunst entgegentritt, ist diejenige in Seitenansicht. Und zwar haben wir hier mehrere Typen zu unterscheiden.

Der, wo nicht älteste, so doch ursprünglich verbreitetste Typus ist derjenige, den wir bereits früher in Gegenüberstellung zum angeblichen Papyrus kennen gelernt haben (Fig. 7). Typisch hierfür sind drei spitze Kelchblätter, eines in der Mitte, zwei an den Seiten, entweder geradlinig oder — was das Gewöhnlichere ist — in leise geschwungenem Karniesprofil (Fig. 7) ausladend. In die spitzen Winkel, oder dreieckigen Zwickel, die durch je zwei benachbarte Kelchblätter gebildet werden, sind wiederum ähnliche spitze Blätter eingezeichnet, und in die hierdurch entstandenen vermehrten Zwickel abermals Blätter von derselben Form, aber entsprechend kleiner. Alle diese zwickelfüllenden Blätter bilden zusammen die Blüthenkrone, die drei grössten, zuerst erwähnten Blätter den Kelch. Goodyear hat nun gezeigt (S. 25 ff.), dass von der Blüthe der Nymphaea Lotus in der That bei der Betrachtung von einer Seite nur drei von den vier grossen Kelchblättern zu sehen sind, und die Blätter der Krone in ganz ähnlicher, wechselseitig zwickelfüllender Weise wie in Fig. 7 innerhalb des Kelches emporragen. Goodyear hat zugleich auch nachgewiesen, dass das bisher irrthümlich für das Vorbild der egyptischen Lotusdarstellungen gehaltene Nelumbium speciosum einen mehr als vierblättrigen Kelch hat, und die Blätter desselben sich keineswegs so scharf von denjenigen der Krone unterscheiden lassen, dass es gerechtfertigt erscheinen könnte, darauf eine Stilisirung zu basiren, wie sie in dem durch Fig. 7 repräsentirten Typus enthalten zu sein scheint.

Dieser Typus der Lotusblüthe in Seitenansicht hat im Laufe der Zeit einige Abbreviationen, und in Folge dessen auch leichte Veränderungen erfahren. Es würde zu weit führen, dieselben so weitgehend zu erörtern, wie dies Goodyear[14]) gethan hat. Nur eine Abkürzung des Typus muss hier Erwähnung finden, da dieselbe auf die Ausgestaltung des angeblichen Papyrus-Typus nicht ohne Einfluss gewesen zu sein scheint. Die Abkürzung bestand darin, dass man bloss die drei Blätter des Kelches zur Ausführung brachte, diejenigen der Blätterkrone aber unterliess und sich damit begnügte, diese letztere durch eine die Scheitel der drei Kelchblätter verbindende krumme Linie zu bezeichnen. (Fig. 13.)

---

[14]) Vgl. insbesondere seine Taf. III.

56   A. Altorientalisches.

Ein zweiter Typus von Lotusblüthe in der Seitenansicht ist der glockenförmige (Fig. 8), den man bisher ausnamslos auf den Papyruswedel als vermeintliches Vorbild zurückgeführt hat. Der Unterschied gegenüber dem ersten Typus beruht in dem glockenförmigen Profil und in dem ursprünglichen Mangel jeglicher Andeutung von Blättern. Aber selbst wenn wir die beiden Typen ohne Zuhilfenahme eines äusseren vermittelnden Dritten nebeneinander halten, so werden wir gewisse Züge entdecken, die beiden gemeinsam sind und eine Brücke zwischen denselben bilden. Der karniesförmige Schwung, der den seitwärtigen Kelchblättern des ersten Typus so überaus häufig gegeben erscheint (Fig. 7), bereitet bereits vor auf den potenzirten Schwung, als dessen Resultat die Glockenform erscheint. Und was den Mangel

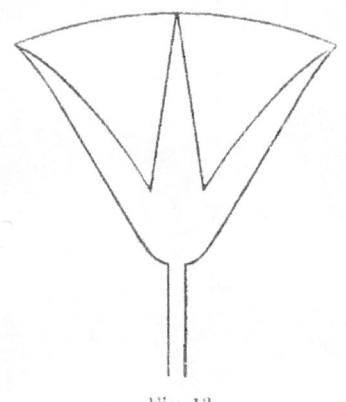
Fig. 13.
Lotusblüthe in Profilansicht
mit schematisch gezeichneter Krone.

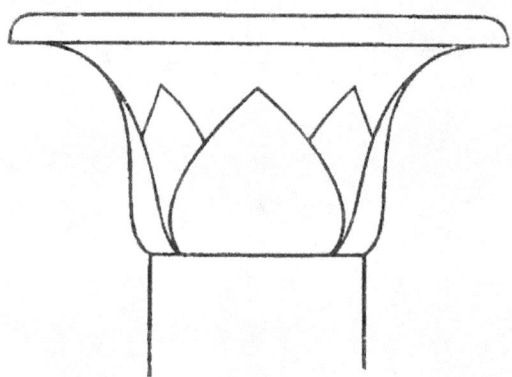
Fig. 14.
Glockenförmiges
Lotusblüthen-Kapitäl.

an Blattzeichnung am sogen. Papyrus-Profil betrifft, so braucht nur auf die erwähnte Abbreviatur des ersten Typus (Fig. 13) hingewiesen zu werden, um zu zeigen, dass in der altegyptischen Kunst eine Tendenz vorhanden war, gelegentlich die Details zu unterdrücken, sobald nur die begrenzenden Grundlinien gezogen waren. Doch werden wir angesichts der Häufigkeit des Papyrus-Profils[15] darauf bedacht sein müssen, über die vorgebrachten allgemeinen Erwägungen hinaus nach einem bestimmteren äusseren Beweggrund zu suchen, der zur Adoption des Glockenprofils für die Darstellung der Lotusblüthe in Seitensicht geführt haben möchte.

Goodyear, dem wir die Aufklärung über die Vorbildlichkeit des Lotus anstatt des Papyrus für die glockenförmige Blüthe verdanken,

[15] Nach Goodyear macht dasselbe seit dem Alten Reiche die Hälfte aller Lotusdarstellungen in Seitenansicht aus.

hat auch für das Zustandekommen dieser letzteren Form eine sehr ansprechende Hypothese geliefert. Er hat nämlich[16]) darauf hingewiesen, dass die bildnerische Darstellung der Lotusblüthe als Rundwerk in hartem Material (Stein) nothgedrungenermaassen zu einer glockenähnlichen Form ohne Angabe von Blättern mittels Skulptur führen musste. Zum Beweis hierfür citirt er das glockenförmige Kapitäl Fig. 14, das in der That nichts anderes ist, als eine in Rundwerk übersetzte Lotusblüthe, an welcher die Blätter nicht plastisch herausgearbeitet, sondern aufgemalt sind. Man hat ferner in Gräbern kleine Säulchen mit dem Glockenkapitäl gefunden, die offenbar als Amulete zu erklären sind und beweisen, dass die bildnerische Herstellung von Lotusblüthen in Rundwerk eine sehr umfassende und verbreitete gewesen sein muss. Goodyear nimmt hiernach an, dass die Lotusblüthe mit Glockenprofil zwar nicht die Lotusblüthe als solche, sondern ein Lotus-Amulet darstelle, und als solches wiederum in die flächenverzierende Kunst, in die Malerei oder das Relief en creux, Aufnahme gefunden habe. Was sich nun die alten Egypter unter der glockenförmigen Lotusblüthe zum Unterschiede von dem ersterwähnten Typus Besonderes gedacht haben, wird heute schwer zu entscheiden sein. Aber die Erklärung des Zustandekommens des Motivs in Folge des Durchpassirens durch die Skulptur in hartem Material wird sich kaum durch eine bessere ersetzen lassen.

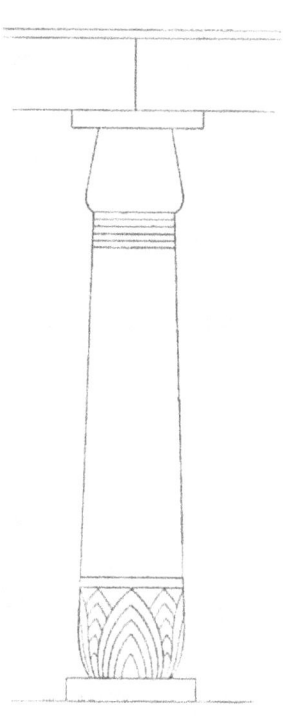

Fig. 15.
Säule mit Lotus-Knospen-Kapitäl.

Diese Stelle halte ich für die passendste, um einige Bemerkungen über die Bedeutung des Lotusmotivs in der Architektur der alten Egypter einzuschalten. Wir haben eben eine Art des Lotuskapitäls, diejenige des glockenförmigen, kennen gelernt. Eine andere nicht minder häufige Art von Kapitäl ist diejenige, die das Motiv der Lotus-Knospe verwendet (Fig. 15). Zur Funktion des Vermittelns zwischen tragender Säule und lastendem Architrav war ein zartes Blumen- oder Knospen-Motiv doch wohl nicht geeignet, zumal angesichts der wuchtigen Formen, in denen sich die altegyptische Architektur ergieng. Aber auch die andere

---

[16]) a. a. O. S. 51 ff.

Hypothese, die darin den Nachklang einer ursprünglich üblichen Verkleidung des Säulenkerns mit festlichen Lotusgewinden zu erblicken meint, ist zu weit hergeholt und aus dem Gesammtcharakter dieser Kunst kaum zu rechtfertigen. Das Wahrscheinlichste ist vielmehr, dass der Verwendung des Lotusmotivs als Kapitäl eine sehr primitive künstlerische Empfindung — etwa wie das Postulat der Symmetrie, wenn auch ein minder gebieterisches — zu Grunde lag, die den Altegyptern, wie allenthalben die Denkmäler lehren, ausserordentlich massgebend erschienen sein muss: nämlich jene Empfindung, die eine künstlerische Behandlung der *freien Endigung* verlangt. Ueberall dort, wo ein wichtigerer Gegenstand, namentlich von überwiegender Längenausdehnung (z. B. eine Stange) in eine Spitze ausläuft, verlangte der altegyptische Kunstsinn eine ornamentale Betonung dieses Auslaufens, Endigens. Besonders zwingend war das Postulat dort, wo es sich um ein Auslaufen nach oben, um eine Bekrönung handelte; in diesem Falle musste selbst die wagrechte, in überwiegender Breitenrichtung verlaufende Mauerwand sich einen deutlichen Krönungsschmuck, die bekannte egyptische Hohlkehle gefallen lassen.[17]

Um nun die Endigung, Bekrönung zum künstlerischen Ausdrucke zu bringen, gab es verschiedene Mittel. Wie der menschliche Körper vom Kopfe bekrönt ist, so wird in der egyptischen und mesopotamischen Kunst der Thierkopf nicht selten zur Bekrönung von Möbelpfosten verwendet.[18] Das weitaus gebräuchlichste Motiv zur Bezeichnung der freien Endigung war aber allezeit, soweit wir die altegyptische Kunst zurück zu verfolgen im Stande sind, die Lotusblüthe. In Lotusblüthen laufen die Maschen der geknoteten Diadembinden[19] aus, in sogen. Papyrus

---

[17] Auf so platt-rationalistischem Wege, wie Sybel (a. a. O. S. 5) sich die Entstehung der egyptischen Hohlkehle denkt — durch Umbiegung der krönenden Rohrstababschnitte in Folge ihrer Belastung durch einen aufliegenden Balken in der uregyptischen Holzarchitektur — pflegen Ornamente doch wohl nicht zu entstehen. Der egyptischen Hohlkehle liegt vielmehr derselbe Gedanke der Bekrönung zu Grunde, wie z. B. dem völlig analogen Kopfschmuck einer Göttin (Prisse, a. a. O. La déesse Anouke et Ramses II). Als vorbildlich für letzteren möchte ich wiederum den kranzförmigen Federnkopfschmuck ansehen, den z. B. die Aethiopier tragen bei Prisse, Arrivée à Thèbes d'une princesse d'Ethiopie.

[18] Parallelen dazu zeigen schon in den ältesten Gräbern von Memphis die Stuhlfüsse, die in Hufe oder in Löwentatzen auslaufen, wodurch offenbar die besondere Funktion dieser nicht frei sondern stumpf auf dem Boden endigenden Glieder betont werden sollte.

[19] Z. B. Lepsius Denkmäler II. 73.

1. Egyptisches.

das Sitzbrett am Stuhle nach rückwärts, und zwar alles dies schon in der Kunst des Alten Reiches. Die Stricke, mit denen die Gefangenen der thebanischen Pharaonen gefesselt erscheinen, endigen ebenso in Lotusprofile, wie seit ältester Zeit die Schnäbel der Nilboote. Aus derselben Bedeutung heraus werden wir nunmehr auch die Lotuskapitäle der Egypter zu erklären haben. Es bedarf hiezu gar nicht der hergeholten Erklärungen, die man für die Lotuskelch- und Lotusknospen-Kapitäle gesucht hat. Die Säule ist eben ursprünglich gar nicht eine belastete Dachstütze, sondern ein frei endigender Pfosten (Zeltstange!), so wie die palmettengekrönte griechische Stele. Dementsprechend ist das Kapitäl ursprünglich ebenfalls nur Bekrönung und nichts als Bekrönung; die Funktion des Vermittelns zwischen tragender Säule und lastendem

Fig. 16.
Lotusblüthe in halber Vollansicht.
(egyptische Palmette.)

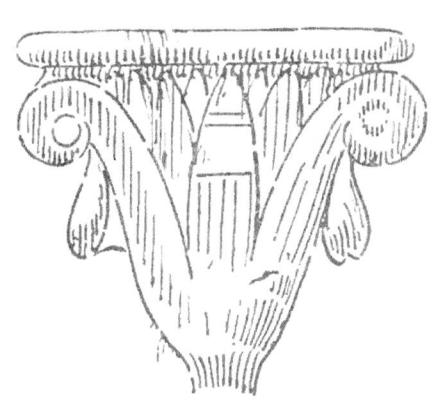

Fig. 17.
Lotusblüthe in Profil
mit Volutenkelch.

Architrav ist erst viel später dem baukünstlerischen Sinn bewusst und ein ästhetisch bedeutsamer Faktor geworden. Zum Ausdrucke der freien Endigung trägt nun die Säule bei den Egyptern die Lotusblüthe oder Knospe als Kapitäl; daher auch der Steinwürfel, der sich als Kämpfer zwischen Kapitäl und Architrav einschiebt, sobald die Säule zum Tragen bestimmt ist.

Die dritte Projektion, in der uns die Lotusblüthe auf den altegyptischen Denkmälern entgegentritt, ist die halbe Vollansicht (Fig. 16). Wir vermögen daran drei distinkte Theile zu unterscheiden: einen unteren, der am Ansatz durch eine von der Lotusblüthe in Profil (Fig. 7) entlehnte Blatthülse (a) bezeichnet ist und nach oben in zwei divergirende Voluten (b) ausläuft, in deren äusseren Zwickeln je ein kleiner tropfenförmiger Ansatz (c) sichtbar ist, — einen mittleren in Form eines bogenförmigen Zäpfchens (d) das den von den beiden Voluten im Zusammenstossen gebildeten Winkel oder Zwickel ausfüllt, — und einen krönenden Blattfächer (e). Wir pflegen dieses Motiv in der Form, in der es uns in der griechischen Kunst entgegentritt, als *Palmette* zu bezeichnen.

Der wichtigste, weil für die Gesammtform bezeichnendste Theil sind hier die Voluten. Sie sind als der in Seitenansicht projicierte Kelch der Blüthe aufzufassen, wie das Zwischenglied, Fig. 17, (von einem sogen. Porzellan-Amulet im Louvre) beweist, wo der Kelch nicht mit Zwickelzapfen und Blattfächer, sondern mit den dreieckigen Blättern des ersten Profiltypus (Fig. 7) gefüllt erscheint.

Das erste Auftreten des *Volutenkelchs* ist von ausserordentlicher Wichtigkeit für die gesammte Geschichte der Ornamentik. Dass mindestens zwischen den Volutenkelchformen der antiken Stile ein kausaler Zusammenhang obwalten müsse, hat man bereits seit Längerem gemuthmasst; insbesondere die Voluten des jonischen Kapitäls gaben in ihren augenscheinlichen Beziehungen zu den altorientalischen Volutenkapitälen den Forschern viel zu denken. Es hat sich allmälig eine ganze Literatur über diesen Gegenstand angesammelt, die sich bei Puchstein[20]) und zum Theil auch bei Goodyear[21]) zusammengestellt findet. Die Mehrzahl der Forscher rieth auf asiatischen Ursprung, und der Umstand, dass man — offenbar unter dem Einflusse der beliebten Theorie, wonach so ziemlich alle älteren Künste eine wesentlich autochthone Entwicklung genommen hätten — den historischen Zusammenhang der mesopotamischen mit der altegyptischen Kunst geflissentlich unterschätzte, war auch die Ursache, dass man die altegyptischen Volutenformen nicht in ihrer vollen Bedeutung als Ausgangspunkt der ganzen Entwicklung erkannte, trotzdem schon vor mehreren Jahren ein französischer Ingenieur, M. Dieulafoy[22]), die Vorbildlichkeit gewisser altegyptischer Blätterformen für das jonische Kapitäl ausdrücklich behauptet hat. Mit aller Entschiedenheit ist für den egyptischen Volutenkelch als Ausgangspunkt für alle übrigen Palmettenformen der antiken Stile Goodyear (S. 71 ff.) eingetreten, wobei er zugleich eine Erklärung für die Entstehung des Volutenmotivs versucht hat.

Goodyear's Erklärung für das Aufkommen des Volutenkelchs knüpft

---

[20]) Das jonische Kapitäl, im Anhange.
[21]) S. 71 ff. in den Anmerkungen verstreut.
[22]) Dieulafoy, L'art antique de la Perse III. 34 ff.

wiederum an die natürliche Erscheinung von Nymphaea Lotus an. Sie beruht auf der Wahrnehmung, dass die vier Kelchblätter dieser Blüthe häufig sich nach unten einrollen, so dass eine solche Blüthe in der Seitenansicht in der That einen von zwei seitlichen Voluten gebildeten Kelch zeigt, aus dem sich der Blätterbüschel der Krone erhebt (Fig. 18). Die Erklärung besticht durch ihre Einfachheit und scheinbare Exaktheit. Wenn man aber erwägt, dass das Motiv des Volutenkelches in der stilisirten Blumenornamentik aller späteren Völker und Stile, nicht bloss des Alterthums, sondern auch des Mittelalters, insbesondere des saracenischen, und noch in der neueren Zeit bis auf unsere Tage eine so überaus wichtige Rolle gespielt hat, so hält es schwer, seinen Ursprung auf eine mehr zufällige Erscheinung zurückzuführen, wofür wir das Einrollen der Kelchblätter von Nymphaea Lotus wohl aufzufassen haben. Es muss dem Motiv etwas Dauerhaftes, Gemeingiltiges, Klassisches zu Grunde gelegen haben, dass dasselbe überall so gleichmässig Aufnahme finden und durchdringen liess.

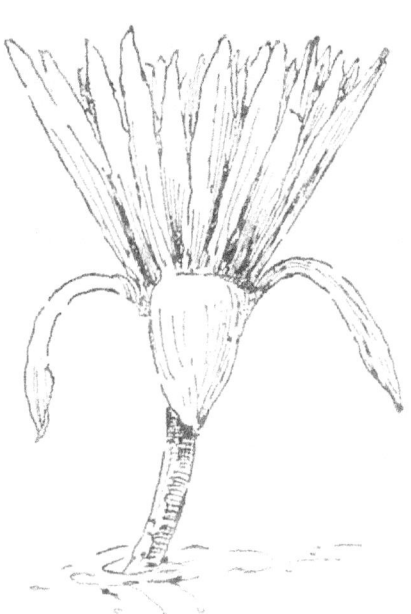

Fig. 18.
Lotusblüthe (in Natur) mit überfallenden Kelchblättern. Nach Goodyear.

Wodurch nun die Lotusblüthe mit Volutenkelch sich von dem Typus mit geraden Kelchblättern (Fig. 7) im künstlerischen Effekt unterscheidet, ist die schärfere Trennung zwischen Kelch und Krone. Und in der That lässt sich ein künstlerisches Postulat namhaft machen, das, wie zahlreiche Denkmäler lehren, bei den Altegyptern mindestens in der Zeit des Neuen Reiches ausserordentliche Berücksichtigung gefunden hat, und das eine Accentuirung der Kelchform geradezu forderte. Bevor ich aber dieses Postulat des Näheren kennzeichne, erscheint es mir geboten, die übrigen zwei Bestandtheile der egyptischen Palmette zu diskutiren, wobei auch die tropfenförmigen Füllungen, die in die Zwickel der besprochenen Voluten eingesetzt erscheinen, ihre Erklärung finden werden.

Haben wir im Volutenkelch eine Seitenansicht gegeben, so ist der bekrönende *Blattfächer* von Fig. 16 (c) offenbar mit der Projektion der Rosette (Fig. 12) zusammenhängend. Dieser Fächer giebt sich in der That als ein Ausschnitt aus der Rosette. Goodyear hat auch bei seiner

Erörterung der egyptischen Palmette[23]) für den Fächer dieselbe Erklärung gegeben wie für die Rosette; demzufolge wäre die Palmette eine Kombination des Lotuskelchs mit dem Lotus-Fruchtknoten. Auf S. 53 habe ich die Gründe auseinander gesetzt, welche mich bestimmen, das Vorbild der Rosette nicht mit Goodyear im Fruchtknoten, sondern in der Vollansicht der aufgeblühten Lotusblume zu erblicken. Dies angewendet auf die Palmette, lässt die letztere als eine Vereinigung des Kelches in der bequemen und natürlichen Seitenansicht mit der Krone in Vollansicht erscheinen.[24]) Man wollte den Vollstern zur Anschauung bringen, und das Profil dennoch nicht aufgeben. Ich habe daher vorgeschlagen, diese Projektion als „halbe Vollansicht" zu bezeichnen.

Es bleibt uns noch ein drittes Element zu besprechen, das in der Zeichnung der egyptischen Palmette (Fig. 16) als typisch entgegentritt: nämlich das kleine *Zäpfchen* (d), das den zwischen beiden Voluten gähnenden Zwickel ausfüllt. Zur Rosette oder dem Ausschnitte derselben gehört das Zäpfchen nicht. Demselben liegt vielmehr wiederum ein primitives künstlerisches Postulat zu Grunde, das in der altegyptischen Kunst allmächtig gewesen ist und in dem wir einen der grundlegenden Stilbegriffe dieser Kunst zu erblicken haben. Es ist dies das Postulat der *Zwickelfüllung*. Wo immer zwei divergirende Linien einen einspringenden Winkel zurücklassen, erfordert es das egyptische Stilgefühl, den leeren Winkel mit einem füllenden Motiv auszustatten; im letzten Grunde geht dieses Postulat wohl auf den Horror vacui und dieser wiederum auf das Schmückungsbedürfniss als maassgebendstes Agens aller primitiven Künste zurück. Dass die Beweise hierfür aus der Kunst des Alten Reiches verhältnissmässig spärlich vorliegen, hängt wiederum damit zusammen, dass uns aus dieser Frühzeit überwiegend bloss Darstellungen rein gegenständlicher Natur in den Gräbern erhalten geblieben sind. Die üppigste Fundstätte für zwickelfüllende Motive bilden die Deckendekorationen des Neuen Reiches, an denen die Einzelmotive zwar nicht minder noch immer die alte symbolische Bedeutung beibehalten zu haben scheinen, aber zum ausgesprochenen Behufe der Flächenfüllung ihre Zusammenstellung offenbar unter dekorativ-künstle-

---

[23]) a. a. O. S. 109 ff.

[24]) Es ist dies offenbar die gleiche künstlerische Absicht, die sich auch in der saracenischen Kunst (namentlich an Fliesen und Teppichen) in der Vereinigung tulpen- oder knospenförmiger Blumenprofile mit Vollrosetten an einem und demselben Blumenmotiv äussert.

rischen Gesichtspunkten gefunden haben. Gleichwohl ist es die gleiche Tendenz, die schon an der Bildung des uralten geradblättrigen Typus des Lotusblüthenprofils (Fig. 7) unverkennbar mitthätig gewesen ist: die Blätter, welche die Krone bilden, füllen die Zwickel der Kelchblätter, und über die hiedurch neuerdings gebildete Reihe von Zwickeln steigt eine weitere Lage von kleineren füllenden Blättern empor.

Der Erfüllung des gleichen Postulats der Zwickelfüllung[25] dienen auch die beiden *Tropfen* (c), welche in die äusseren Zwickel der Voluten an unserer Palmette (Fig. 16), sowie an dem Amulet (Fig. 17) hineincomponirt sind. Goodyear, der alle diese Dinge bloss im Lichte ihrer symbolischen Bedeutung auffasst (ihm ist die gesammte altegyptische Ornamentik bloss eine Symbolik des Sonnencultus), und die künstlerisch dekorativen Empfindungen, von denen sich die Altegypter ebenso wie jedes andere alte Kunstvolk leiten liessen, fast grundsätzlich ausser Rechnung lässt, Goodyear, sage ich, erklärt dagegen die erwähnten Tropfen in Fig. 16 und 17 als Lotusknospen, d. h. als eine rein äusserliche Zusammenstellung zweier Symbole, der Blüthe und der Knospe, geradeso, wie er den Begriff der Palmette aus Blüthenkelch und Fruchtknoten konstruirt hat.

Das vorbesprochene Zäpfchen (d) in Fig. 16 sucht Goodyear in ähnlicher Weise zu erklären. In den Fällen, wo dasselbe — wie wir gleich sehen werden (Fig. 20) — ohne bekrönenden Blattfächer, als blosse Füllung des Volutenkelchzwickels vorkommt, erscheint es ihm als umgekehrte Lotusknospe, genau wie an den seitlichen Zwickeln. Ein andermal könnte es das mittlere Kelchblatt sein, das der egyptische Künstler nicht wie die seitlichen Kelchblätter überfallend dargestellt, sondern am oberen Ende perspektivisch verdickt hätte. Hievon wird man die zweite Erklärung völlig abweisen müssen und von der ersten nur soviel zugeben dürfen, das auf die tropfenförmige Stilisirung der Zwickelfüllungen das Motiv der Lotusknospe in der That von Einfluss gewesen sein mag. Der Grund für die Einfügung dieser knospenartigen Füllung in die Zwickel liegt aber jedenfalls ausserhalb der symbolischen Bedeutung der Lotusknospe und ist, wie eben gezeigt wurde, wohl hauptsächlich ästhetisch-dekorativer Natur.

---

[25]) Wir werden noch des öfteren Veranlassung haben, die Bedeutsamkeit dieses Postulates innerhalb der antiken Ornamentik zu erproben. Der Nachweis, dass demselben eine weit verbreitete, primitive ästhetische Empfindung zu Grunde liegt, wird gleichfalls an geeigneterer Stelle Einschaltung finden.

64 A. Altorientalisches.

Wie wichtig gerade der Volutenkelch bei der Zusammensetzung der egyptischen Palmette gewesen ist, erhellt am besten daraus, dass zahlreiche Beispiele vorkommen, an denen der bekrönende Fächer in Wegfall gekommen ist. An Fig. 19 allerdings ist dieser Wegfall nur ein scheinbarer, die einzelnen Blätter der Fächer sind zwar nicht in Zeichnung ausgeführt, aber der Gesammt-Aussencontour desselben ist deutlich umschrieben. Diese Stilisirung der Krone läuft vielmehr ganz parallel jener in Fig. 13 beobachteten, wo die Blätter der Krone völlig in der gleichen Weise nicht einzeln ausgeführt, sondern nur durch den Gesammtcontour angedeutet sind.[26]) Eine zweifellose Reduction des Palmettenmotivs bietet dagegen Fig. 20, nach einem Kapitäl aus der Zeit Thutmes' III. Hier haben wir, wenn wir von der untersten Blatt-

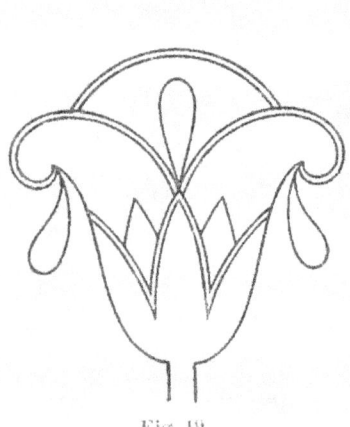

Fig. 19.
Egyptische Palmette
mit schematisch gezeichnetem Blattfächer.

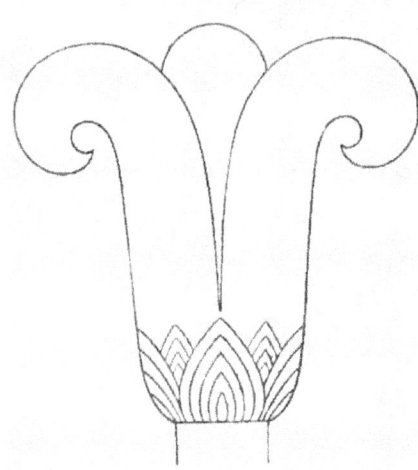

Fig. 20.
Volutenkelch mit blossem Zäpfchen
als Zwickelfüllung. Aus Karnak.

hülse des Kapitäls absehen, bloss einen Volutenkelch mit zwickelfüllenden Zäpfchen. Da gilt es aber vor Allem, den Nachweis zu liefern, dass wir es in der That mit einer Verkürzung des schon fertigen Palmettenmotivs zu thun haben, und nicht umgekehrt mit einer früheren einfacheren Vorstufe, aus welcher sich unter Hinzufügung des Fächers die Palmette erst nachträglich entwickelt hätte. So viel nun bis jetzt bekannt, ist die Palmette früher[27]) an Denkmälern nach-

---

[26]) Diese Parallele scheint übrigens geeignet, uns vollends zu bestärken in der Ueberzeugung, dass der krönende Fächer der Palmette eben als Blütenkrone und nicht als Fruchtknoten, wie Goodyear will, aufzufassen ist.

[27]) Nach Goodyear (S. 112) unter Berufung auf Flinders Petrie an Amuleten aus der XII. Dyn., die Palmette mit blosser Contourumschreibung des Fächers sogar schon an Denkmälern aus der Zeit der IV. Dyn.

1. Egyptisches.

gewiesen als der blosse Volutenkelch. Wichtiger ist aber, dass wir für das nachträgliche Aufkommen des bekrönenden Blattfächers über dem Zwickelzäpfchen kaum einen bestimmten Grund anzugeben wüssten, wogegen das gelegentliche Fallenlassen des Fächers sich ganz gut motiviren lässt.

Es wurde schon bei Besprechung des Volutenkelches (S. 61) darauf hingewiesen, dass die durch denselben zum Ausdruck gebrachte strengere Scheidung zwischen Kelch und Krone einer bestimmten künstlerischen Empfindung entgegengekommen sein müsse, die namentlich in der Kunst des Neuen Reiches überaus maassgebend geworden ist. Hier ist nun der Platz, um die dort unterbrochene Erörterung dieses Punktes wieder aufzunehmen. Die angedeutete Empfindung verlangte, dass man den Ansatz, den Angriffspunkt eines in überwiegender Längenausdehnung verlaufenden Gegenstandes zu markiren suchte. Das gewöhnlichste Mittel hiezu bestand darin, den betreffenden Gegenstand aus einem Kelch oder einer Hülse von dreieckigen Blättern (die wohl auch vom ältesten Lotusblüthen-Typus abzuleiten sind) am Ansatze hervorwachsen zu lassen. Die Säulenschäfte stecken mit ihrem unteren Ende gemeiniglich in solchen Hülsen (Fig. 15); auf das gleiche Grundmotiv gehen die Gruppen dreieckiger Blätter zurück, aus denen sich die Palmetten Fig. 16 und 19 erheben, und nicht anders ist die Bedeutung der ebensolchen Blätter am unteren Ende des Kapitäls in Fig. 20 aufzufassen. Eine solche typische Blatthülse genügte dort, wo es sich um eine flache Ausführung (namentlich in Malerei) handelte; wo man dagegen einen Gegenstand aus hartem Material rund herauszuschnitzen hatte, da musste auch die zur Versinnbildlichung der erwähnten grundlegenden Empfindung ein für alle Mal gewählte Lotusblüthe entsprechende Formen annehmen. Nach dem auf S. 57 Gesagten ist es klar, dass sich hiezu besonders der Typus mit glockenförmigem (sogen. Papyrus-) Profil eignete. Daneben tritt in der Kunst des Neuen Reiches als bevorzugt der Volutenkelch auf[22]). Ich halte nun dafür, dass diese Verwendung hauptsächlich das Fallenlassen des hindernden Blattfächers zur Folge gehabt hat: man liess den Fächer zunächst an solchen Beispielen weg, wo der Volutenkelch als kunstsymbolische Hülse diente, und später, als man sich an das abgekürzte Motiv einmal gewöhnt hatte, übertrug man es auch auf die freien Endigungen, wie z. B. an

---

[22]) Beispiele für solche Verwendung beider Formen an Geräthen, Fächern, Geisseln u. dgl. bei Lepsius III. 1 und 2.

dem Kapitäl aus Karnak (Fig. 20). In letzterem Falle war aber, wenn schon der Fächer in Wegfall kam, der krönende Zapfen ein unumgängliches Postulat des altegyptischen Kunstsinns, und in der That ist mir kein Beispiel eines frei endigenden egyptischen Volutenkelchs ohne zwickelfüllendem Zäpfchen bisher bekannt geworden[29]).

Der Hinwegfall des krönenden Fächers hat natürlich zur Folge gehabt, dass an dem abbreviirten Palmettenmotiv auch die Projektion in der halben Vollansicht vollständig unterdrückt worden ist. Es blieb bloss die Projektion des Kelchs in der Profilansicht, und in der That erscheint der frei endigende Volutenkelch in der Kunst des Neuen Reiches vollständig gleichwerthig mit den früher betrachteten reinen Lotusblüthen-Typen in Seitenansicht (Fig. 7, 8). Die aus dreieckigen Blättern gebildete Hülse aber, die wir an Fig. 16 und 19 neben den Voluten des Kelches wahrnehmen, braucht uns selbst dann nicht zu verwundern, wenn wir sie thatsächlich als Pleonasmus gelten lassen wollen, da die Ineinanderschachtelung von Kelchen, wie zahlreiche Beispiele, namentlich von gemalten Kapitälen, beweisen, gleichfalls einer bestimmten Tendenz der altegyptischen Kunst entgegenkommt.

Die gegebene Erklärung für die Ausbildung des Volutenmotivs in der altegyptischen Kunst gewinnt eine weitere Stütze durch den Umstand, dass selbst das glockenförmige (das sogen. Papyrus-) Profil gelegentlich beiderseits eine volutenartige Krümmung erfahren hat, und zwar überaus bezeichnendermaassen bloss an solchen Beispielen, wo das betreffende Motiv als Ansatz für irgend einen Gegenstand (ein Abzeichen, Spiegel u. dergl.) dient[30]).

Hiermit haben wir die wichtigsten vegetabilischen Formen kennen gelernt, welche die altegyptische Kunst gebraucht und, wie es allen Anschein hat, auch selbständig erfunden hat. Wir haben sie sämmtlich, nach Goodyear's Vorgang auch den Papyrus, von dem echten egyptischen Lotus abgeleitet. Einige minder wichtige Varianten dürfen wir hier ausser Betracht lassen; sofern dieselben dennoch auf die Entwicklung des Pflanzenornaments ausserhalb Egyptens von irgend welchem Einflusse gewesen sein könnten, werden sie an jeweilig geeigneter Stelle zur Sprache gebracht werden.

[29]) Die naturgemässe Vergrösserung und Verlängerung, die das Zäpfchen in solchem Falle erlitt, scheint Goodyear in ganz besonderem Maasse zu seiner Hypothese bestimmt zu haben, darin nichts als eine umgekehrte Lotusknospe zu erblicken.

[30]) Beispiele bei Goodyear VII. 2, 3.

1. Egyptisches.

Es obliegt uns nunmehr die Art und Weise festzustellen, in welcher die erörterten pflanzlichen Einzelmotive unter einander in Verbindung gebracht worden sind, sobald die Aufgabe herantrat, mit denselben, sei es bandartige Streifen, sei es grössere Flächen zu verzieren. Ueberaus häufig begegnet da die Verbindungslosigkeit, die einfache Nebeneinanderreihung, wobei das künstlerische Motiv in der Alternirung von Blüthen und Knospen (Fig. 11), grossen ausladenden Fächern und kleinen spitz zulaufenden Zwischengliedern gelegen war. Solchermaassen gereihte Lotusblüthen und Knospen (oder Palmetten) eigneten sich wohl zur Verzierung eines fortlaufenden Bandes, etwa eines Gesimses, eines Frieses, einer Bordüre, minder dagegen zur Musterung einer grösseren Fläche, was schon durch die einseitige Richtung der Einzelmotive erschwert wurde. Dagegen liess sich die Auskunft finden, dass man zwei

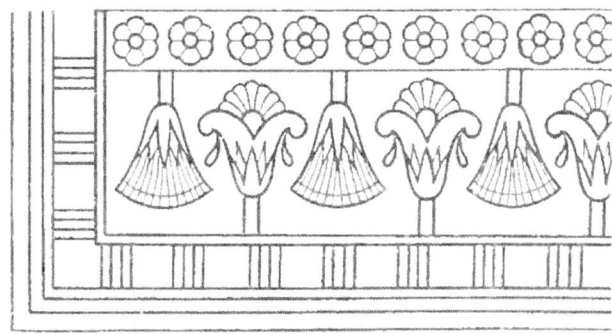

Fig. 21.
Bordüre mit gegenübergestellten Reihen von Palmetten und Profil-Lotusblüthen.

solche Reihungen einander gegenüberstellte, so dass die eine Reihe in die Zwischenräume der anderen gegenüberstehenden zahnartig eingriff. Die einseitige Richtung wurde dadurch paralysirt, und man konnte durch beliebige Wiederholung des Streifens eine beliebig grosse Fläche verzieren, ohne nach einer Richtung hin zu verstossen (Fig. 21). Im Grunde genommen kann man aber auch damit über eine blosse Streifenmusterung nicht hinaus.

Bei der einfachen verbindungslosen Reihung ist nun die Kunst des Neuen Reiches von Egypten nicht stehen geblieben; sie hat auch die einzelnen Pflanzenmotive unter einander durch *Bogenlinien* verbunden. Betrachten wir den Bordürestreifen Fig. 22[30a]. Wir sehen da Lotusblüthen abwechselnd einmal mit Lotusknospen, das anderemal mit palmettenfächerartigen Varianten des Lotusprofils, wie sie die frei und

[30a] Nach Prisse a. a. O. Couronnements et frises fleuronnées No. 6.

68   A. Altorientalisches.

unbehindert schaltende Technik der Wandmalerei aus der typischen Form heraus spielend erzeugt haben mochte: alle drei Motive aber untereinander verbunden durch rundbogenförmig geschwungene Stengel. Es ist dies die gefälligste Art von Verbindung zwischen Blüthenmotiven, welche die vorgriechischen Stile geschaffen haben, und nicht bloss für die altorientalischen (altegyptisch, assyrisch, phönikisch, persisch), sondern selbst noch für gewisse orientalisirende griechische Stile (rhodische, kyrenische Vasen) typisch. Die Alternirung dreier Motive, wobei in Folge der steten Wiederholung des einen (der Blüthe) bereits eine Art rhythmischer Gruppirung (von Knospe zu Knospe oder von kleinerer Blüthe zu kleinerer Blüthe) hergestellt erscheint, ist gleichfalls besonders zu vermerken. Dagegen sind die füllenden Rosetten und kleinen tropfenförmigen Knospen (in der Reproduction

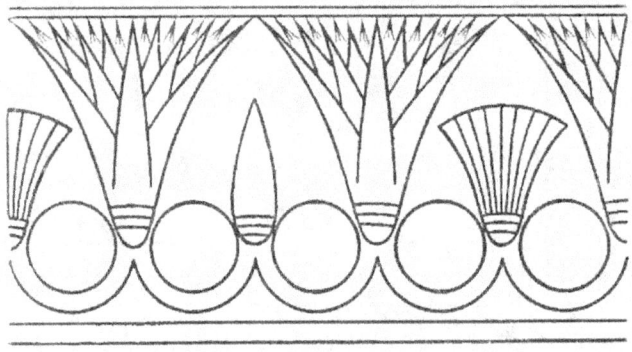

Fig. 22.
Bogenfries mit Lotusblüthen und Knospen.

Fig. 22 weggelassen) ohne weitere Bedeutung für unseren Gegenstand: ein malerischer Ueberschwulst, durch den wir uns in der Fixirung des Grundschemas nicht beirren lassen dürfen.

Ein solcher Bogenfries mit Pflanzenmotiven wies ebenso wie die blosse Reihung nur nach einer Seite, eignete sich somit in dieser Form wohl für Bordürstreifen, aber nicht für grössere Flächenfelder. Um ihn für letzteren Zweck verwendbar zu machen, liess sich aber wieder dieselbe Auskunft treffen wie bei der einfachen Reihung durch Gegenüberstellung einer zweiten in die erstere eingreifenden Reihe Fig. 23 [31]).

[31]) Dieses Auskunftsmittel entsprach zugleich einer bestimmten mächtigen Tendenz des rein ornamentalen Kunstschaffens, die sich namentlich in der geometrischen Ornamentik in hohem Grade bemerkbar gemacht hat: jedem ornamentalen Elemente ein womöglich congruentes Gegenüber zu geben. Auf solche Weise entstanden die sogen. reciproken Ornamente, unter denen der laufende Hund und der einfache Mäander die grösste Berühmtheit erlangt

1. Egyptisches.

Noch eines vereinzelten Versuches, die ornamentalen Lotusmotive unter einander in Verbindung zu bringen, muss hier gedacht werden, nicht zwar als ob es sich dabei um ein für die Fortentwicklung wich-

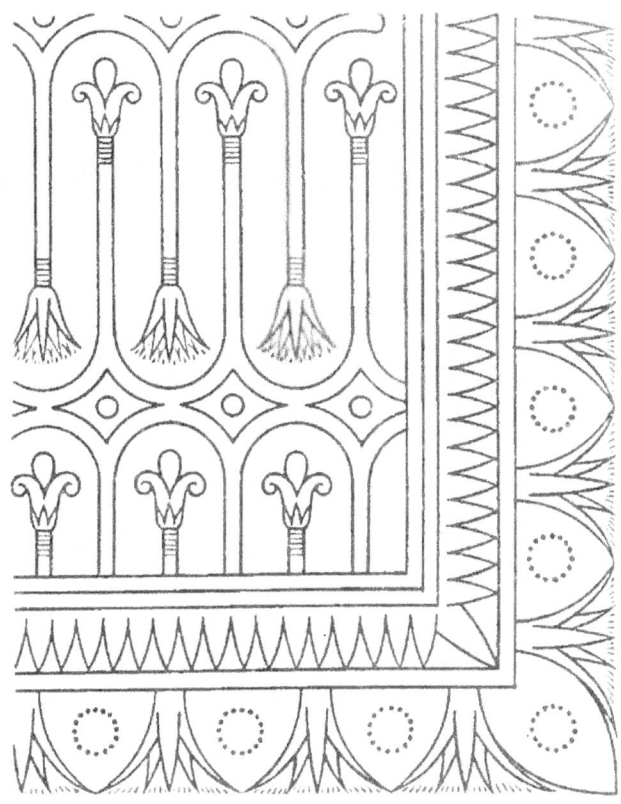

Fig. 23.
Innenmusterung aus gegenübergestellten Bogenfriesen mit Palmetten und Profil-Lotusblüthen.

tiges Beispiel handeln würde, sondern nur vom Standpunkte des allgemeinen Interesses, da wir auch hieraus wieder ersehen, dass die Alt-

haben. Aber auch die Gamma- und Taufiguren in ihrer wechselseitigen Verschränkung in den Säumen gehen auf dasselbe Bestreben zurück, die Richtung eines Ornaments durch seine Wiederholung im Gegensinne aufzuheben. Mit geometrischen Ornamenten liess sich in der That die ganze Fläche einer Bordüre in solche zwei congruente Streifen zerlegen, die fortlaufend von oben und unten ineinandergriffen. Bei den vegetabilischen Ornamenten hatte dies natürlich seine Schwierigkeiten, und so begnügten sich die Altegypter diesbezüglich mit der blossen Wiederholung der Motive im Gegensinne, wobei beiderseits ein Grund von anderer Configuration frei blieb. Dagegen wurde das Problem, pflanzliche Motive in ein reciprokes Schema zu bringen, von der sogen. mauresken Kunst gelöst, was dann von den maurisirenden europäischen Renaissancekünsten eine Zeitlang auf beschränktem Gebiete nachgeahmt wurde. Vgl. Spanische Aufnäharbeiten, in der Zeitschr. des bayr. Kunstgewerbevereins in München, Dec. 1892.

70 A. Altorientalisches.

egypter keineswegs starr bei ihren ursprünglichen Bildungen stehen geblieben sind, sondern auf verschiedenen Wegen getrachtet haben, die Verwendung der überkommenen Elemente mannigfaltiger und reicher zu gestalten. So sehen wir nämlich in Fig. 24 eine Art Ranke in Kreisform eingerollt und mit eben solchen fortlaufend durch Tangenten verbunden, von denen je eine Lotusblüthe und Knospe abzweigen. Die einzelnen Kreise sind mit Rosetten gefüllt. Das ganze Motiv erinnert in Folge der Verbindung mittels Tangenten an ähnliche Bildungen in der frühgriechischen Kunst, insbesondere im Dipylon, welch letztere aber lediglich geometrischer Natur sind und keinerlei vegetabilische Elemente tragen. Von der lebendig bewegten griechischen Ranke ist dieses steife einseitige Schema noch durch eine ganze Welt getrennt.

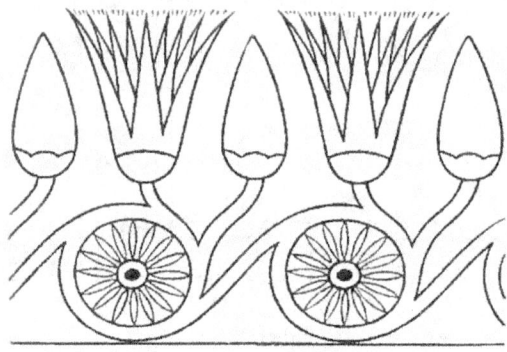

Fig. 24.
Rankenartige Verbindung von Lotusblüthen und Knospen.

Eine Vereinigung geschwungener Stengellinien mit Lotusblüthen (in den verschiedenen Profilansichten, die wir kennen gelernt haben) treffen wir ferner an dem nicht seltenen Geschlinge, das die beiden Reiche von Ober- und Unteregypten symbolisiren soll, z. B. bei Lepsius II. 120, III. 19. Der elegante Schwung der Linien und die Gruppirung der Blüthen untereinander bietet uns in der That eine Vorahnung dessen, was die Griechen später mit diesen — wenn einmal frei bewegten — Motiven anzufangen wissen werden. Aber die Bedeutung des in Rede stehenden Geschlinges war nicht so sehr eine ornamentale als eine gegenständliche und es hat sich auch daran, so viel wir sehen, keine weitere Entwicklung geknüpft.

Die Verbindung der gereihten Lotus-Motive mittels Bogenlinien hat in der Natur kein Vorbild, sie ist zweifellos eine rein ornamentale Erfindung. Wenn wir hinsichtlich der Stilisirung der Lotusblüthen, die ja in der Mehrzahl der Typen, (insbesondere beim glockenförmigen und beim Volutenkelch) der realen Erscheinung der Lotusblüthe ebenfalls nur in sehr geringem Maasse entsprechen, die Unzulänglichkeit einer vielfach noch primitiven, ohne belehrende Einflüsse von Aussen her aus sich selbst heraus schaffenden bildenden Kunst zur Mitverantwortung heranziehen dürfen, so fällt ein solcher Entschuldigungsgrund bei den verbindenden Bogenlinien hinweg: man hatte offenbar gar nicht die Absicht hierin bloss die Natur zu kopiren, sondern man schuf sich aus besonderen Beweggründen — und diese konnten doch wohl nur rein künstlerischer Natur sein — eine gefällige Verbindung zwischen den gereihten Blüthenmotiven: der altegyptische Bogenfries kann daher nichts Anderes gewesen sein als blosses Ornament[32].

Wir begegnen aber in der altegyptischen Kunst, insbesondere an Denkmälern aus der Zeit des Neuen Reiches, noch einem anderen Schema von Flächenverzierung, in welchem die verbindenden Elemente als das Maassgebende, Musterbildende erscheinen, die

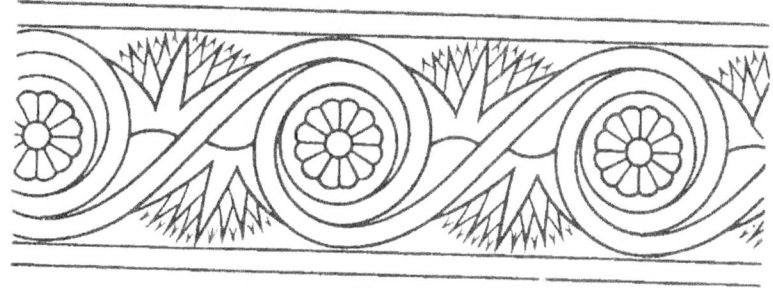

Fig. 25.
Spirale mit zwickelfüllenden Lotusblüthen.

vegetabilischen Motive dagegen als das Untergeordnete, Accidentelle. Es sind dies jene Flächenverzierungen, denen das Motiv der Spirale zu Grunde liegt.

Die *Spirale* in der flächenverzierenden Kunst ist ursprünglich ein rein lineares, also ein geometrisches Element. Wir werden weiter unten

---

[32] Das Gleiche könnte von einer anderen Art der Verbindung von Lotusmotiven gelten. Man findet häufig die von einer Lotusblüthe bekrönten langen Schaftstengel mit kleinen tropfenförmigen Gebilden besetzt, denen augenscheinlich dasselbe Vorbild zu Grunde liegt, wie den tropfenförmigen Zwickelfüllungen. Goodyear (S. 50) hat dieselben ohne Zögern für Lotusknospen erklärt, aber zugleich auf den Widerspruch einer solchen Anbringung der Knospe längs des Schaftstengels mit der Wirklichkeit hingewiesen, da in der Natur jede Knospe von einem selbständigen, aus dem Wasser emporragenden Stengel getragen wird. Es bleibt sonach kaum Anderes übrig, als auch diese Art der Verbindung zwischen Knospen und Blüthe aus bloss dekorativen Beweggründen heraus zu erklären. In diesem Falle nun, sowie bei der Verbindung mittels Bogenlinien bilden immer die Blüthen- (oder Knospen-) Motive die Hauptsache, die verbindenden Linien die Nebensache, das Accidens

anscheinend primitive, von Aussen her unbeeinflusste Künste zur Vergleichung heranziehen, die das Pflanzenornament gar nicht kennen, aber die Spirale in ausserordentlichem Maasse ausgebildet haben; es soll dann auch auf die vielerörterte Frage nach der Entstehung der Spirale mit einigen Worten eingegangen werden. Vorerst wollen wir aber die Art der Verwendung der Spirale in der altegyptischen Kunst in Betracht ziehen. Das ursprüngliche Schema ist auch hier dasjenige des Streifens, der Bordüre, des Frieses (Fig. 25). Die Spirale rollt sich

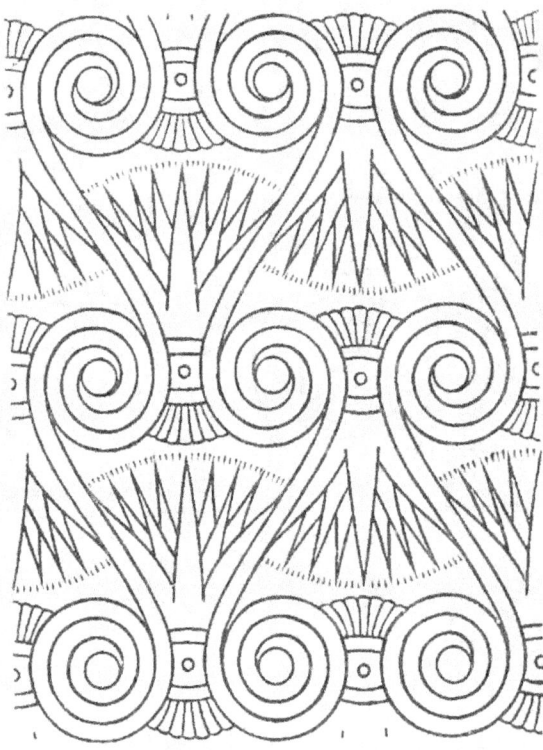

Fig. 26.
Innenmusterung mit Spiralen und zwickelfüllendem Lotus.

ein und wieder aus; der Mittelpunkt wird im vorliegenden Falle deutlich durch eine Rosette gekennzeichnet; ist das Ornament in kleinerem Maassstabe gehalten, namentlich an Metallgefässen, dann erscheint anstatt der vielblättrigen Rosette ein blosser Kreis, das sogen. *Auge*. Die Zwickel, welche die verbindenden Linien mit der Peripherie der kreisförmigen Einrollungen bilden, sind mit deutlichen Lotusblüthen in Profil ausgefüllt. Es leidet hiernach keinen Zweifel: das maassgebende Verzierungselement ist hier die Spirale, die Blüthenmotive sind dagegen blosse Zuthaten, hervorgerufen durch das Postulat der Zwickelfüllung.

1. Egyptisches.

Mittels der Spirale lassen sich aber auch ganze Flächen in zusammenhängender Weise verzieren. Ein einfacheres Beispiel zeigt Fig. 26. Zu Grunde liegt das Spiralenschema von Fig. 25, fortwährend neben einander wiederholt, aber so, dass die Einrollungen immer in Gegensinne geschehen, d. h. bei der einen Spirale rechts, wenn die benachbarte Spirale sich links einrollt. Das übrige besorgen die vegetabilischen Zwickelfüllungen, die aber nicht wie in Fig. 25 in die Zwickel, welche die einzelnen Spiralen an sich tragen, eingefügt sind, sondern in die Zwickel, welche die Einrollungen von immer je zwei

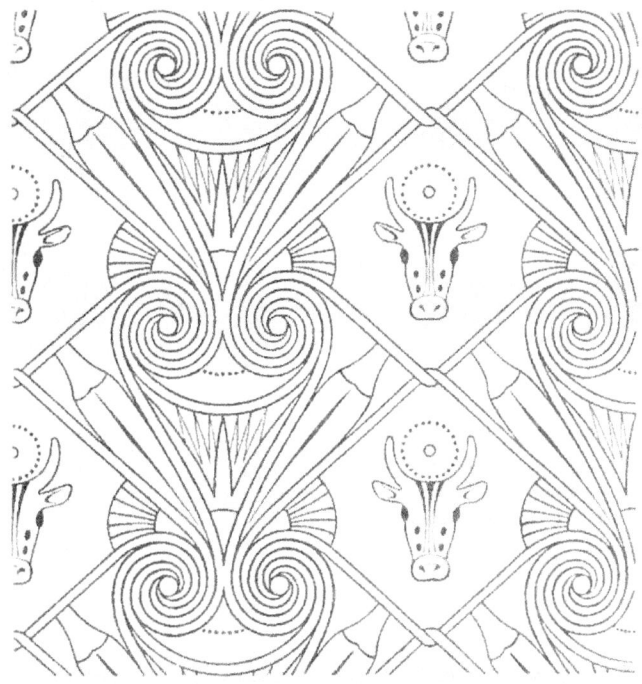

Fig. 27.
Innenmusterung mit Spiralen, zwickelfüllendem Lotus, und Bukranien.

benachbarten Spiralen in Folge ihrer Annäherung an einander bilden. In diesem Falle sind also die Lotusblüthen nicht mehr blosse Zwickelfüllungen, sondern sie dienen zugleich dazu, um die Verbindung zwischen den einzelnen Spiralen und damit ein zusammenhängendes Muster über die ganze Fläche hinweg herzustellen. Dass aber diese erhöhte Bedeutung der vegetabilischen Motive innerhalb des Spiralenschemas nicht die ursprüngliche ist, und dass wir nach wie vor die geometrische Spirale als das Hauptmotiv dieser Art von Flächenverzierung ansehen müssen, lehrt eben das einfachere Beispiel Fig. 25.

Ein noch reicheres Beispiel bietet Fig. 27. Die einzelnen Kreiseinrollungen sind hier in mehrfacher Weise untereinander verbunden, so dass an jedem Auge statt zweier Linien deren fünf zusammenlaufen. Zur Zwickelfüllung sind neben Lotusblüthen auch Knospen verwendet, was mit Rücksicht auf die Deutung der Tropfenfüllungen an den Volutenkelchen von Bedeutung ist[33]).

Wenn wir an allen diesen Beispielen (Fig. 25—27) das Element der Spirale als das Maassgebende, das vegetabilische Motiv dagegen als blosses zwickelfüllendes Accidens aufgefasst haben, so ist Goodyear in dieser Beziehung der gegentheiligen Meinung. Entsprechend der Grundtendenz seines Buches, womöglich alles antike Ornament aus der Entwicklung des Lotusmotivs abzuleiten, will er auch die Spirale nicht als ein selbständiges Element, sondern nur als blosses Derivat vom Lotusmotiv gelten lassen. Den Ausgangspunkt hiefür erblickt er in den Voluten der Lotusblüthe mit Volutenkelch. Goodyear dünkt die Spirale nichts anderes, als eine Volute. Von solchem Gesichtspunkte betrachtet wären aber die Lotusblüthen in Fig. 25—27 nicht mehr blosse accidentelle Zwickelfüllungen, sondern sie müssten dann auch in allen diesen Fällen für die Hauptmotive angesehen werden. Den Beweis hierfür führt Goodyear[34]) hauptsächlich an der Hand von Scarabäen: er kommt hierbei zu dem Schlusse, dass das Endresultat des Ausbildungs- und Ablösungs-Processes der Voluten in den concentrischen Ringen vorliege. Dass Goodyear ausser Stande ist, den historischen Verlauf des bezüglichen Processes an der Hand eines datirten Materials durchzuführen, giebt er selbst zu. Wir kennen Denkmäler der Spiralornamentik hauptsächlich aus dem Neuen Reiche: gewiss wird sie aber schon im Alten Reiche in umfassendem Gebrauche gestanden sein, wenn auch die Belege dafür sehr gering an Zahl sind. Gleichwohl weiss Flinders Petrie einen Scarabäus mit dem ausgebildeten Schema von Fig. 25 in die frühe Zeit der XI. Dynastie zu datiren[35]), einen anderen ohne Zwickelfüllungen in die Zeit der V. Dynastie. Eine scheinbare Rechtfertigung der Goodyear'schen Hypothese liefern nur jene Beispiele, an denen die Lotusblüthen als Zwickelfüllungen zwischen zwei selbständigen Einrollungen (Fig. 26) fungiren, welch letztere dann als Volutenkelch für die Blüthe aufgefasst werden könnten. Gerade an den einfachsten Beispielen aber (Fig. 25) schliesst sich an die füllende

[33]) Die Kuhköpfe sind ein gegenständliches Symbol (der Isis-Hathor) und werden von Goodyear u. A. als die frühesten Vorläufer der Bukranien der griechisch-römischen Dekorationskunst bezeichnet.

[34]) S. 81 ff., Taf. VIII.

[35]) Bei Goodyear Taf. VIII, No. 17.

Zwickelblume immer jeweilig nur eine Einrollung als supponirte Volute an; das Fallenlassen der zweiten Volute erklärt sich Goodyear leichten Herzens so, dass es eben nicht anders möglich war, wenn man ein fortlaufendes Muster von zusammenhängenden Lotusblüthen herstellen wollte. Dass aber die Altegypter mit ihren typischen und hieratischen Mustern gar so willkürlich umgesprungen wären, um nur einen untergeordneten dekorativen Zweck zu erreichen, dafür bleibt Goodyear den Nachweis schuldig und dies ist wohl auch der Punkt, an dem seine Beweisführung scheitert.

Das Material aus den Stadien früherer Entwicklung, das Goodyear für seine Beweisführung fehlt, lässt auch uns im Stiche, wenn wir unsere Erklärung an der Hand von Denkmälern belegen wollten. Aber wir sind wenigstens im Stande analoge Erscheinungen von anerkannt primitivem Kunstgebiete her beizubringen, aus deren Betrachtung sich die für unsere bezügliche Erklärung grundlegenden zwei Thatsachen ergeben werden: erstens, dass dem Element der Spirale in primitiven Kunststilen ein rein geometrischer Charakter innewohnt, und zweitens, dass das Postulat der Zwickelfüllung in denselben primitiven Kunststilen als ein sehr wichtiges und maassgebendes empfunden wurde.

Ein solches primitives Kunstgebiet ist dasjenige, das die Europäer bei den Eingeborenen Neuseelands, bei den Maori, vorgefunden haben. Heute ist diese Kunst unter europäischem Einflusse allerdings schon so gut wie zu Grunde gegangen; aber man hat rechtzeitig Denkmäler derselben in genügender Anzahl in europäische Museen zu retten gewusst. Eine sehr bedeutende und lehrreiche Collektion, die der österreichische Reisende Andreas Reischek zusammengebracht hat, ist in das Wiener naturhistorische Hofmuseum gelangt. Das Studium dieser Sammlung ergiebt in Bezug auf die Ornamentik ein festgeschlossenes und abgerundetes, aber doch von Allem was wir sonst an Künsten der Naturvölker kennen, eigenthümlich abweichendes Bild, wie es kaum anders zu erklären ist, als unter Annahme einer lang andauernden, selbständigen, auf ihren eigenen Spuren einhergegangenen Entwicklung. Dazu kommt, dass Neuseeland kein Metall besitzt, seine Eingeborenen daher auf den Gebrauch von Steingeräthen angewiesen waren, in deren Herstellung sie eine überaus grosse Geschicklichkeit erwarben. Wären die Maori in der That, wie Einzelne (darunter begreiflichermaassen auch Goodyear) annehmen möchten, mit der malayischen Kulturwelt in Verbindung gestanden, so wäre es kaum denkbar, dass nicht ab und zu Metallgeräthe auf die Inseln gekommen wären. Möglicherweise haben auch

76 A. Altorientalisches.

die Maori vor Zeiten, bevor sie auf Neuseeland isolirt wurden, den Gebrauch der Metalle gekannt: denkbar wäre dies immerhin. Aber dann müsste seither ein sehr beträchtlicher Zeitraum verflossen sein, wie wir ihn für das Zustandekommen einer so festgeschlossenen „Steinzeit"-Kultur unbedingt voraussetzen müssen.

Augesichts der vielen durch sei es stabilen, sei es zufälligen Handelsverkehr vermittelten Beeinflussungen, die es uns in der Regel so schwer machen an den Kunstübungen primitiver Völker das wirklich Autochthone, Urabgekommene von dem Hinzugetragenen, durch Mischung Er-

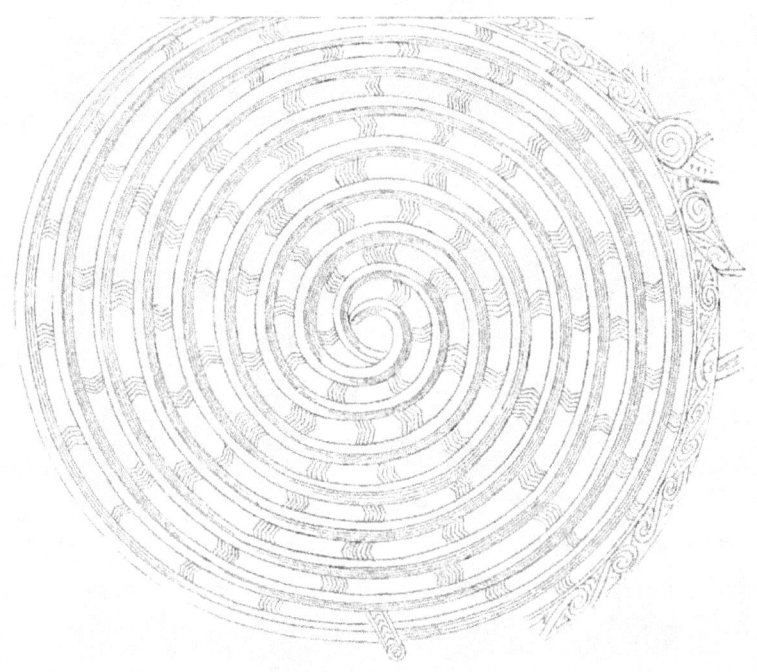

Fig. 28.
Theil eines durchbrochenen Canoeschnabels der Maori.

zeugten zu scheiden, ist es schon ein ungeheurer Gewinn ein Gebiet zu überblicken, das vermuthlich seit Jahrtausenden eine von Aussen unbeeinflusste, ganz selbständige Entwicklung genommen hat[35]).

Da ist es nun vom grössten Interesse zu sehen, dass in der Ornamentik der Maori die Spirale eine überaus maassgebende Rolle spielt. Sie findet sich da in Holz mittels Kerbschnitt eingearbeitet, dann in Holz durchbrochen, so dass man ein Metallgitter zu sehen wähnt (Fig. 28), ferner in nussartige Fruchtschalen gravirt (Fig. 29), wo sich die Spirale

---

[35]) Vergl. die Notiz über Neuseeländische Ornamentik in den Mittheilungen der anthropologischen Gesellschaft in Wien 1890, S. 84 ff. Hieraus unsere Figg. 28, 29, 30.

bandförmig glatt von dem schraffirten und durch den eingedrungenen Schmutz geschwärzten Grunde abhebt, endlich in Stein eingegraben und dann öfters von eingeschlagenen Punkten begleitet (Fig. 30). Diese Spirale erweist sich als nächstverwandt mit der altegyptischen durch den Umstand, dass sie sich, so wie diese, in kreisförmigem Schwunge erst ein- und dann vom Mittelpunkte wieder herausrollt. In den grossen Seitenfüllungen der Canoes (Fig. 28) beschreibt jede Spirale eine grössere Anzahl von Windungen, bis im innersten Mittelpunkte die ein- und die ausrollende Spirallinie aneinander absetzen; man sehe aber auf derselben Figur die äusserste Windung rechts, wo die eingeschnitzten

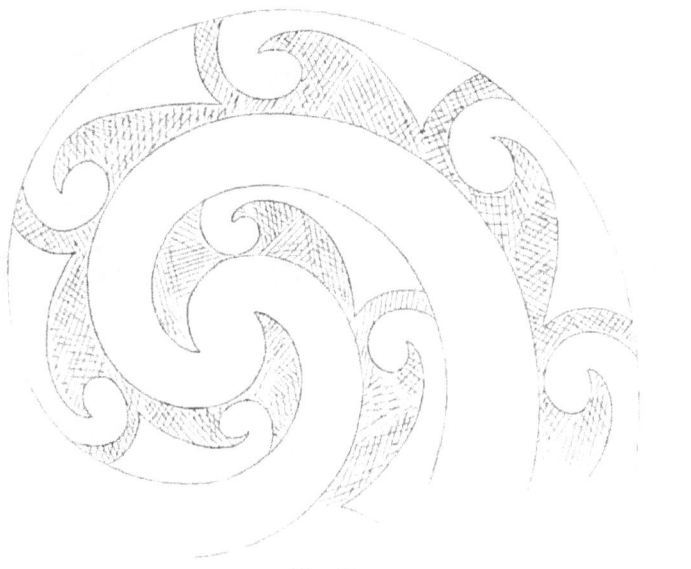 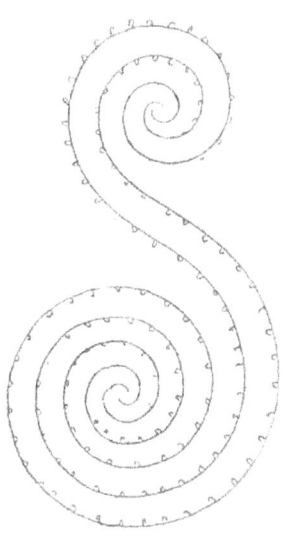

Fig. 29.
Gravirung auf einer Fruchtschale der Maori.

Fig. 30.
Gravirung an einem Netzsenker der Maori.

Spiraleinrollungen bloss durch Tangenten untereinander verbunden sind: also im Wesentlichen das altegyptische Schema von Fig. 25. Diese selbe Windung stellt ein schmales Bordürenband dar: die Zwickel, welche die Einrollungen mit den Rändern des Bandes bilden, sind durch dreieckige Figuren oder durch gebrochene Stäbchen ausgefüllt. Hierin äussert sich also vollends der enge Zusammenhang mit Fig. 25, nur dienen an letzterem Beispiele vegetabilische Lotusblüthen zur Zwickelfüllung, während an der neuseeländischen Schnitzerei zu diesem Zwecke gemäss dem ausschliesslich geometrischen Charakter dieser Ornamentik blosse Linienconfigurationen herangezogen erscheinen.

Es gilt nun zu untersuchen, ob die Ausbildung der Spiralornamentik bei den Neuseeländern in einer mit der altegyptischen nahe verwandten Richtung nicht etwa aus äusseren Gründen erfolgt sein könne. Gelänge es nachzuweisen, dass die neuseeländische Spirale in Folge bestimmter, rein technischer Nothwendigkeiten, in Folge eines daselbst gegebenen Materials, oder irgend eines anderen materiellen Zwanges entstanden ist und ihre hohe Ausbildung erlangt hat, so müsste untersucht werden, ob die gleichen Verhältnisse nicht auch bei den Altegyptern zutrafen. Es ist aber eine ausserordentlich bemerkenswerthe Thatsache, dass gerade für die neuseeländische Spirale die gemeinüblichen Ableitungen dieses Motivs aus rein technischen Ursprüngen versagen. Die Spirale gilt einmal als ein typisches Metallornament (Drahtspirale), auf Neuseeland giebt es aber kein Metall und daher auch keinen Metalldraht. Gottfried Semper (Stil. I. 167) scheint wiederum das suggerirende Element der Spirale in der Drehung des textilen Fadens erblickt zu haben: auch zur Herstellung eines textilen Fadens haben es die Maori nicht gebracht. Ebenso vermissen wir auf Neuseeland Lederriemen, die durch ihre Zusammenrollung dem Maori die formale Schönheit des Spiralenmotivs hätten vermitteln können. Wohl giebt es und gab es bei ihnen Flechtwerke, die sich aus einem Mittelpunkte entwickeln, und an denen die keineswegs besonders augenfällige Spiralwindung mit einigem guten Willen herausgebracht werden kann. Und auf diese wollte man im Ernste die gesammte Spiralornamentik der Maori zurückführen? Gerade das harte Material, Holz und Stein, ist es unbegreiflicherweise, das sich die Maori ausgesucht haben, um in dasselbe mit ihren Obsidianwerkzeugen unter Aufwendung unsäglicher Mühe ihre Spiralornamente einzugraben. Einen Untergrund allerdings verwendeten sie hiefür, der diesem Processe weniger Widerstand entgegensetzte: ihre eigene Körperhaut; aber auch diese hat weder mit metallischem noch mit textilem Charakter irgend etwas zu thun. Die zierlichsten und kunstvollsten Spiralwindungen finden sich in den Tätowirungen; zum Belege hiefür mögen Fig. 31 und 32 dienen, die aus Lubbock's „Entstehung der Civilisation" entlehnt sind. Eine solche Entwicklung der Spiralornamentik müsste uns selbst dann räthselhaft erscheinen, wenn wir die Gewissheit besässen, dass die Maori vormals die Kenntniss der Metalle und des Drahtziehens besessen haben. Gerade dieses Beispiel sagt uns vielmehr eindringlich, dass es keineswegs technische Vorgänge gewesen sein müssen, die bei der Urzeugung der Motive die maassgebende Rolle gespielt haben[37].

[37] Eine sehr lehrreiche und übersichtliche Zusammenstellung der mannigfachen Verwendungsarten der Spirale in der Kunst gab A. Anděl im Pro-

1. Egyptisches.

Fassen wir dagegen die Spirale als geometrisches Kunstgebilde, hervorgebracht auf dem Wege rein künstlerischen Schaffens, im Sinne unserer Ausführungen im ersten Capitel S. 24. Wir fragen alsdann nicht nach Naturerzeugnissen oder Produkten technischer Kunstfertigkeit, welche zur Erfindung des Spiralenmotivs geführt haben möchten, sondern nach der nächst einfacheren geometrischen Form, aus welcher die Spirale im Wege künstlerischer Fortbildung hervorgegangen sein konnte. Unter den planimetrischen Grundmotiven steht ihr der Kreis am nächsten. Der Kreis ist das vollkommenste aller planimetrischen Gebilde, er erfüllt das Postulat der Symmetrie nach allen Seiten hin. Dies allein

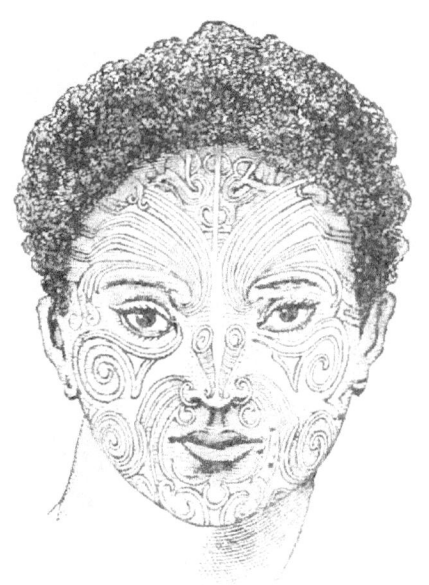
Fig. 31.
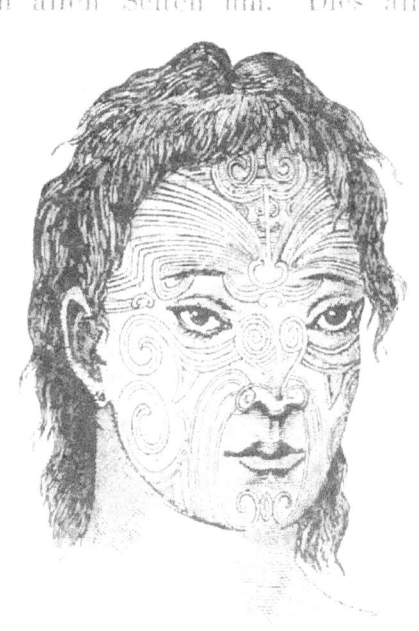
Fig. 32.

würde schon genügen den Umstand zu erklären, dass der Kreis weitverbreitete Anwendung in den geometrischen Stilen gefunden hat. Die Gliederung des Kreises erfolgte am vollkommensten durch seinesgleichen, in koncentrischer Richtung, durch eingeschriebene kleinere Kreise oder durch Betonung des Mittelpunkts. Setzte man Kreise unter einander mittels der Linie in Verbindung, so war das Element der Tangente geschaffen. Koncentrische Kreise, durch Tangenten verbunden, stehen aber dem einfachen Spiralenband (Fig. 25) in der äusseren Erscheinung bereits sehr nahe: wollte man dieselben mit einem fortlaufenden Zuge hinzeichnen, so brauchte man bloss die Tangente in den äusseren Kreis,

gramm der k. k. Staats-Unterrealschule zu Graz 1892: Die Spirale in der dekorativen Kunst.

diesen in den nächstinneren und so weiter überzuschleifen, um dann vom Mittelpunkte heraus wieder in die nächstfolgende Tangente überzugehen. Freilich ist diese Entwicklungsreihe a priori konstruirt und bedarf erst des Beleges an der Hand von erhaltenen Denkmälern. Aber die Uebersicht von Taf. VIII bei Goodyear, welche diese Reihe — freilich leider ohne eine gesicherte chronologische Ordnung — lückenlos herstellt, wird manchem Beschauer den geschilderten Entwicklungsgang weit natürlicher erscheinen lassen, als den umgekehrten, welchen Goodyear annimmt, wonach die Spirale als vegetabilisches Motiv (der Volutenkelch der Lotusblüthe) das Ursprüngliche gewesen wäre, und im Wege der schrittweisen Denaturirung und Geometrisirung allmälig zum blossen linearen Kreise mit mittlerem Punkte zusammengeschrumpft wäre.

Um nun kein Missverständniss aufkommen zu lassen, will ich gleich ausdrücklich erklären, dass ich die eben versuchte Ableitung der Spirale aus dem Kreisornamente keineswegs für die einzig mögliche, und darum für eine zwingende halte. Es war mir auch nicht so sehr darum zu thun, die überzahlreichen im Schwange befindlichen Erklärungsversuche für die Spirale und dergleichen allgemeine und uralte Ornamente um einen neuen zu vermehren. Meine Absicht ging vielmehr dahin, darzuthun, dass eine solche Erklärung — wenn sie schon geliefert werden soll — nicht bloss an eine primitive Technik, oder an bestimmte, wenig bedeutsame Naturvorbilder anzuknüpfen braucht, sondern, dass dieselbe auch auf ornament-entwicklungsgeschichtlichem Wege durchgeführt werden kann, womit wir wenigstens weit mehr auf dem ureigenen Boden der Kunst bleiben, als mit der Citirung irgend einer todten Technik oder einer leeren Abschreibung der Natur, und zwar von solchen Erzeugnissen der Natur, die bei ihrer geringen Bedeutsamkeit dem primitiven Menschen gar nicht aufgefallen sein können[35]).

Der Vollständigkeit halber muss hier auch der Stübel'schen Hypothese (Ueber altperuanische Gewebemuster etc., in der Festschrift des Vereins f. Erdkunde in Dresden 1888) gedacht werden, die insofern der vorhin versuchsweise gegebenen Ableitung des Spiralenmotivs nahe kommt, als auch Stübel hiebei von den koncentrischen Kreisen ausgegangen ist. Aber auf so zufällige Weise wie das Zusammenbringen von bemalten Thonscherben oder das Zusammennähen gemusterter Stoffe, pflegen Ornamente nicht zu entstehen, und am allerwenigsten solche, die

---

[35]) Die ihnen gefährlichen oder nützlichen Thiere haben die Troglodyten wohl nachgebildet, aber keine spiraligen Rebranken, und gewiss auch nicht Geflechte, wenn sie deren überhaupt besessen hätten.

über den ganzen Erdball Verbreitung gefunden haben. Uebrigens wird Niemand, der sich für die Geschichte des geometrischen Ornaments interessirt, den Stübel'schen Aufsatz ohne Interesse und Nutzen lesen.

Von anderer Seite hat Prof. A. R. Hein in Wien in einer jüngst erschienenen Schrift über „Mäander, Kreuze, Hakenkreuze und urmotivische Wirbelornamente in Amerika" (Wien, A. Hölder, 1891) den in Rede stehenden Gegenstand berührt, indem er darauf hinwies, dass einer ganzen Reihe weitverbreiteter primitiver Ornamentformen (z. B. dem Hakenkreuz) die Tendenz innezuwohnen scheint, den Begriff des Rotirens, d. h. Sichbewegens im Kreise sinnfällig zu machen. Diese Tendenz liegt augenscheinlich auch der Spirale zu Grunde, und es ist völlig denkbar, dass der Symbolismus gewisser Völker und Zeiten ähnliche Vorstellungen mit der Spirale verknüpft hat. Dass aber der Anstoss zur ersten Entstehung des Spiralenmotivs nach dieser Seite zu suchen wäre, glaubt wohl auch A. R. Hein (der übrigens die Spirale als solche in seine Betrachtung nicht einbezogen hat) nicht annehmen zu sollen, da er es (S. 28) ausdrücklich als seine Ueberzeugung bezeichnet, dass die Symbolik die schon vorhandenen (geometrischen) Formen lediglich für ihre Zwecke adoptirt hat[32].

Um also das Vorhandensein des Spiralenmotivs in der altegyptischen Kunst zu erklären, bedarf es keineswegs des Volutenkelchs der Lotusblüthe als Ausgangspunktes, sondern wir dürfen dasselbe ebenso wie das Zickzack, die koncentrischen Ringe (welche Motive Goodyear allerdings beide auf die Lotusblüthe zurückführt), das Schachbrettmuster u. s. w. als geometrische Motive einer von früherher überkommenen Schmückungskunst ansehen, als welche dieselben Motive in den zweifellos geometrischen Ornamentstilen anderer, bei rudimentären Kunstzuständen verbliebener Völker, insbesondere der Maori auf Neuseeland entgegentreten. Und das Gleiche gilt von dem Postulat der Zwickelfüllung, das wir in der Kunst der Neuseeländer in ähnlicher Weise beobachtet sahen, wie in der altegyptischen Kunst. Zum Beweise dessen wurde bereits auf die äusserste Windung in Fig. 28 hingewiesen. Man beobachte ferner in Fig. 31 und 32 die Tätowirungen der Nase:

---

[32] Auch darin ist diesem Autor zuzustimmen, wenn er die „Erfindung der Formen zunächst in der künstlerischen Anlage des Menschen und in dem Drange nach einer Bethätigung des Kunsttriebes begründet" ansieht, doch geräth derselbe wenige Zeilen darauf in Widerspruch mit dem eben Gesagten, wenn er das Citat: „geometric ornament is the offspring of technique" in seiner absoluten Fassung sich zu eigen macht.

in die Zwickel der dieselbe schmückenden Spiralen sind beiderseits füllende Schraffirungen eingezeichnet. Die Art und Weise die Spiralenzwickel mittels Schraffen zu füllen, ist — wie ich gleich hier vorbemerken will — auch der mykenischen Kunst sehr geläufig; bei Besprechung des Pflanzenornaments in dieser letzteren Kunst wird auch auf diesen Umstand zurückzukommen sein.

Hier am Schlusse unserer Betrachtungen über die Errungenschaften der Altegypter in der Heranziehung der Pflanze zu reinen Schmückungszwecken erscheint es wohl angebracht, einige allgemeine Worte über Stellung und Bedeutung der altegyptischen Kunst innerhalb der Geschichte der dekorativen Künste überhaupt anzufügen. Soweit wir zu sehen vermögen, ist die altegyptische Kunst die erste gewesen, die Elemente von unzweifelhaft pflanzlichem Charakter unter die reinen Zierformen aufgenommen hat. Hat sie diesbezüglich eine Vorgängerin gehabt, so müssen die Spuren des Daseins dieser letzteren vollständig ausgelöscht worden sein; bis jetzt wenigstens sind solche nicht zu Stande gebracht worden. Dagegen haben wir im Capitel über den geometrischen Stil (S. 16 ff.) primitive Künste aus verhältnissmässig frühen Kulturperioden der Menschheit in der Hinterlassenschaft der aquitanischen Höhlenbewohner kennen gelernt, die wir somit bis zu einem gewissen Grade als Maassstab für die Beurtheilung der Entwicklung der dekorativen Künste bei dem ältesten uns bekannt gewordenen Kulturvolk, bei den Egyptern, benützen können. Welche Bedeutung hat nun das Kunstschaffen der Egypter für die Entwicklung der dekorativen Künste im Allgemeinen gehabt?

Diesbezüglich führt die Betrachtung der altegyptischen Künste zu einem sehr widerspruchsvollen Ergebniss. Die Egypter haben zwar ornamentale Typen von, so zu sagen, ewiger Geltung geschaffen, aber es drängt sich jeweilig sofort die Bemerkung auf, um wie viel besser es späterhin Andere gemacht haben, und zwar nicht erst die gottbegnadeten Hellenen, sondern selbst schon die Assyrer und die Phöniker. Besonders augenfällig tritt ein anscheinender Mangel an natürlicher Begabung für dekoratives Kunstschaffen an den Bordüren zu Tage, deren Verhältniss zu den eingerahmten Innenflächen mit seltenen Ausnahmen kein glücklich gewähltes ist. Noch weniger erscheinen die Ecklösungen gelungen; das Auge wird von diesen häufig geradezu unangenehm betroffen. Auch die an Zahl vorwiegenden geometrischen Muster in den schmalen Bordüren deuten auf eine Vernachlässigung dieser Seite des Kunstschaffens. Gleichermaassen spielt in der altegyptischen Keramik der einfache geometrische Dekor die überwiegende Rolle. Allerdings kann man auch häufig die menschliche Figur zu blossen Schmückungszwecken herangezogen sehen, doch wird uns dieser Umstand nicht mehr so überraschen, seitdem wir gesehen haben, dass die plastische Wiedergabe von Naturwesen zu ornamentalen Zwecken dem Menschen bereits auf der Kulturstufe der Troglodyten eigen war. Das Können dieser letzteren blieb zwar hinter demjenigen der Egypter um ein Erkleckliches zurück, aber im Kunstwollen war der Abstand keineswegs ein unüberbrückbarer. Die Verwendung der menschlichen Figur in Randwerk zu einem Löffel-Handgriff ist nicht wesentlich höher zu stellen, als diejenige eines Rennthiers zu ähnlichem Zwecke, namentlich wenn dies in so kunstverständiger Weise geschehen ist, wie wir es in Fig. 1 kennen gelernt haben.

Man könnte aus dem Gesagten die Berechtigung ableiten, den Altegyptern in Bezug auf die Entwicklung der dekorativen Künste nicht ein so entschiedenes Hinausschreiten über die Kunststufe der Troglodyten zuzubilligen, als man es nach anscheinend so fundamentalen Leistungen wie die Schaffung von pflanzlichen Ornamenttypen erwarten dürfte. Ein solches Urtheil wäre aber ein einseitiges; um jener Erscheinung wirklich gerecht zu werden, muss man die Stellung der altegyptischen Kunst in der Kunstgeschichte überhaupt in's Auge fassen. Da neigt sich die Wage sofort zu Gunsten der Egypter. Die egyptische Kunst hatte sich eben — die Erste soviel wir wissen — Aufgaben gestellt, die weit über die Befriedigung eines blossen Schmückungstriebes hinausgingen. Die Kunst der alten Egypter war im Wesentlichen von gegenständlicher Bedeutung. Das Kunstschaffen hatte bei ihnen nicht mehr bloss den Zweck des Schmückens, seine vornehmste Bestimmung lag vielmehr darin, Empfindungen, Stimmungen, Vorstellungen Ausdruck zu geben, die mit der reinen Freude am Schönen nichts Unmittelbares gemeinsam hatten: ich verweise hiefür bloss auf die umfassende Verwendung der Kunst im egyptischen Sepulkralwesen. Wenn wir in dem Aufkommen solcher Anforderungen an das Kunstschaffen zweifellos das Zeugniss einer höheren, vollkommeneren Kulturstufe zu erblicken haben, so sind die Egypter, so viel wir sehen, die Ersten gewesen, denen es gelungen ist, sich zu dieser Kulturstufe emporzuschwingen.

Die künstlerischen Aufgaben, die den Egyptern aus den also veränderten und gesteigerten Kulturverhältnissen erwuchsen, waren so hochgespannte, die Schwierigkeiten ihrer Lösung mit Rücksicht auf das

Fehlen aller und jeglicher Vorbilder so bedeutende, dass den bezüglichen Versuchen und Bestrebungen gegenüber alles Andere in den Hintergrund treten musste. Der naive Horror vacui, der alle Flächen mit buntem Schmucke überzieht, und der abgeklärte Kunstsinn, der das Höchste, das Göttliche, in sinnlichen Formen darzustellen sich bemüht, sie sind beide ursprünglich durch eine ganze Welt getrennt. Religiöse und politische Ideen waren es, von denen die Egypter bei ihrem Kunstschaffen erfüllt waren: das rein Dekorative, bloss der Schmuckfreudigkeit Genügende, konnte sie nur in weit minderem Grade beschäftigen.

In weit minderem Grade! Es wäre aber viel zu weit gegangen, wenn man behaupten wollte, dass das Reinornamentale die Egypter überhaupt nicht beschäftigt hat. Die Lotustypen sind gewiss ursprünglich nicht als Ornamente, sondern um der gegenständlichen Bedeutung willen, die dem Lotus in den Kulturvorstellungen der Egypter zukam, von den egyptischen Künstlern auf die Wände der Grabkammern gemeisselt und gemalt, oder als Rundwerk in Stein gehauen worden. Aber ebenso gewiss haben dieselben Typen auch schon bei den Egyptern des Alten Reiches um ihrer formalen Schönheit willen auf Schmucksachen und Gebrauchsgeräth ihren Platz gefunden. Es hiesse den ganzen Reichthum künstlerisch ausgestatteter Kleinsachen übersehen, die uns die Gräber aus der Pharaonenzeit bewahrt haben, wenn man den Egyptern allen Sinn für gefälligen Schmuck um seiner selbst willen absprechen wollte. Dieses Volk hat zweifellos schon selbst versucht, zwischen den beiden extremen Polen im Kunstschaffen einen Ausgleich zu finden: einerseits dem auf Schaffung einer blossen Augenweide abzielenden Schmückungstriebe, anderseits dem Bestreben, den bedeutsamsten Ideen und Empfindungen der Menschen sinnlichen Ausdruck zu leihen. Die Egypter waren ja die Ersten, so viel wir sehen, die sich zwischen diese beiden Pole gesetzt fanden. Dass nicht sie es auch waren, die eine endgiltig befriedigende Lösung gefunden haben, wird man ihnen kaum verdenken können. Wie der Leistungsfähigkeit der Individuen eine Grenze gesetzt ist, so scheint dasselbe bei den Völkern der Fall zu sein. Und der grossen grundlegenden Leistungen in der Kunstgeschichte haben die Egypter doch genug aufzuweisen, so dass man die Erschöpfung begreift, die es ihnen schliesslich unmöglich gemacht hat, das Ziel zu erreichen, an das erst die Hellenen gekommen sind: Formschönes und inhaltlich Bedeutsames in harmonischer Weise mit einander zu verschmelzen, mit Bedeutung gefällig zu sein.

1. Egyptisches.

Dieser Punkt ist zu wichtig, als dass es ungerechtfertigt erscheinen könnte noch einen Augenblick dabei zu verweilen. Zum besseren Verständnisse desselben will ich noch eine Parallele dazu von einem anderen, ganz bestimmten Kunstgebiete beibringen. Die Altegypter waren unseres Wissens auch die Ersten, die eine wahrhaft monumentale Baukunst gepflegt haben. Die Voraussetzung für eine solche ist die Verwendung unvergänglichen Materials: des Steins oder seines Surrogats, des Ziegels. Die Egypter haben nun ihre Tempel bereits in Stein ausgeführt — Tempel von solcher Dauerhaftigkeit, dass sie, wie bekannt, vielfach noch bis auf den heutigen Tag aufrecht stehen geblieben sind. Die Erfindung des Steinbaues war eine höchst respektable technische Leistung, aber auch von künstlerischem Standpunkte muss uns der egyptische Säulensaal mit steinerner Decke, als am Anfange aller monumentalen Architektur stehend, als eine für den ersten Anlauf höchst bedeutsame Errungenschaft erscheinen. Seine künstlerischen Qualitäten verräth der egyptische Tempel aber im Wesentlichen bloss im Innern: die einfach gebösсhten massiven Aussenmauern entbehren — mit Ausnahme der mehr äusserlich angefügten Frontbeigaben — fast jeder künstlerischen Behandlung. Den Ausgleich, für den auch die Mesopotamier — auf anderen Wegen suchend — noch keine völlig befriedigende Formel gefunden haben, wurde erst von den Hellenen zu Stande gebracht, indem sie dem Säulenbau auch im Aeusseren, nach der rein formellen Seite, jene harmonische Durchbildung zu verleihen wussten, dass der hellenische Tempel als unvergleichliche künstlerische Einheit, und als solche als Unicum in der ganzen bisherigen Kunstgeschichte dasteht. Das Gleiche lässt sich nun auch auf dem Gebiete der dekorativen Künste wahrnehmen, auf dem die Formen hauptsächlich „gefällig" sein sollen, und die „Bedeutung" wenigstens um ihrer selbst willen in der Regel nicht gesucht wird. Auch die Ornamentik dankt den Hellenen die reifste Durchbildung im Sinne des Formschönen, unter gleichzeitiger Heranziehung inhaltlich bedeutsamer Formen, die sich aber den maassgebenden dekorativen Anforderungen stets gefällig unterzuordnen, anzuschmiegen wissen. Den Egyptern konnte es nicht vergönnt sein, es auch noch zu dieser Vollkommenheit zu bringen: sie hatten reichlich ihr Tagewerk gethan, und mussten jüngeren, ungenutzten Volkskräften die Fortführung des Begonnenen überlassen. Es wird nun eine überaus lehrreiche Erscheinung sein zu beobachten, wie die altorientalischen Kulturvölker, die allem Anscheine nach von den Egyptern den entscheidenden Anstoss zu ihrem ferneren Kunstschaffen erhalten haben, auf den Schultern ihrer Lehrmeister emporsteigen, und die Ornamentik in der Richtung, die sie schliesslich bei den Griechen genommen hat, zwar langsam aber stetig fortentwickeln. Die grossen, übermächtigen Aufgaben, die der egyptischen Kunst aus der Inanspruchnahme durch Religion und Politik erwachsen waren, sie waren zwar auch für die nachfolgenden orientalischen Völker vorhanden, aber doch in weit minderem Grade. Wir werden sofort sehen, in welchem Maasse gleich die nächsten Gründer einer orientalischen Weltmonarchie nach den Egyptern, die Mesopotamier, über die ornamentalen Leistungen ihrer Vorgänger hinausgeschritten sind.

2. Mesopotamisches.

Die zweitälteste Kultur und Kunst, die in der Geschichte des Alten Orients nachweislich von weitreichender Bedeutung gewesen ist, hat in Mesopotamien ihren Sitz gehabt. Leider stammen die Denkmäler, die uns von dieser Kunst erhalten sind, fast ausschliesslich erst aus der verhältnissmässig späten Zeit der Assyrerherrschaft. Was vor dem Jahre Eintausend v. Ch. liegt, darüber haben wir nur unzureichende Kunde auf Grund sehr vereinzelter Denkmäler, deren älteste kaum in die Zeit der Thutmessiden, also des in der egyptischen Geschichte verhältnissmässig späten Neuen thebanischen Reiches zurückgehen. Wir vermögen daher nicht einmal vollkommen sicher zu entscheiden, in wieweit die Chaldäer, also die Bewohner des unteren Euphrat-Tigris-Landes, in der That, wie man allgemein vermuthet, die ersten Begründer einer höheren Kultur und Kunst in dem ganzen grossen mesopotamischen Stromgebiete gewesen sind. Wenn daher im Folgenden von assyrischer Ornamentik die Rede sein wird, so bleibt hiebei ausdrücklich die Möglichkeit, ja Wahrscheinlichkeit vorbehalten, dass die Ehre der Errungenschaften dieser Kunst den Chaldäern, vielleicht wenigstens zum Theil auch den Elamiten, zugeschrieben werden müsste.

Es kann hier nicht der Platz sein, die Bedeutung der assyrischen Kunst für den Entwicklungsgang der Ornamentik in voll entsprechendem Maasse zu würdigen. Es wäre hiefür vor Allem nothwendig, das Verhältniss der Menschen- und Thierfigur zur Ornamentik bei den Assyrern klarzustellen; einzelnes hierauf Bezügliches hat übrigens im Capitel über den Wappenstil Erörterung gefunden. Aber das muss im Allgemeinen nachdrücklich hervorgehoben werden, dass wir in der assyrischen Kunst zuerst die für die spätere Entwicklung der Künste bei den Mittelmeervölkern[40]) so fundamentale Scheidung zwischen Bordüre und Decke, Rahmen und Füllung, statisch Funktionirendem und statisch Indifferentem in mehr oder minder bewusster Weise durchgeführt sehen. Auch bei den Egyptern gewahren wir die figürlichen Darstellungen in der Fläche von Säumen eingefasst, doch sind diese Säume, mit sehr geringen Ausnahmen, von höchst einfacher Musterung, die sich im Wesentlichen bloss auf gereihte Stäbchen oder auf Zickzacklinien[41]) beschränkt. In ganz besonders bezeichnender Weise äussert sich diese schwache Seite des ornamentalen Sinnes bei den Egyptern an denjenigen Stellen, wo zwei Säume unter einem rechten Winkel aufeinanderstossen, wo es sich also um eine Ecklösung handelt. Häufig sind beide auf einander stossende Säume ungleich gemustert und laufen sich einer an dem anderen todt[42]). Bei den Assyrern gewahren wir dagegen zum ersten Male ein konsequent durchgeführtes System einer gleichmässigen Umrahmung, unter Berücksichtigung einer künstlerisch befriedigenden Ecklösung[43]). Damit steht in engstem Zusammenhange der Umstand, dass die Assyrer jene Anläufe, die die Egypter mit dem vegetabilischen Element und mit den Versuchen einer gefälligen Verbindung desselben gemacht hatten, ihrerseits mit Entschiedenheit aufgenommen und in weit umfassenderer und bestimmterer Weise zur Anwendung gebracht haben.

Die Elemente der assyrischen Pflanzenornamentik wurzeln in der egyptischen. Ich sehe wenigstens nirgends eine Nöthigung vorhanden, um mit Sybel annehmen zu müssen, dass das in der Kunst des Neuen

[40]) Zu den Mittelmeervölkern in kulturhistorischem Sinne müssen wir auch die Bewohner Mesopotamiens und Irans zählen, da sie allezeit sowohl in ihren politischen als in ihren religiösen Beziehungen nicht nach dem Osten Asiens, sondern nach dem Mittelmeere gravitirten.

[41]) Am besten gelingt es noch an Werken der sogen. Kleinkunst, z. B. an den bei Prisse d'Avennes, Boîtes et ustensiles de toilette abgebildeten hölzernen Löffeln, die von einer Zickzacklinie eingefasst sind.

[42]) Anläufe zu Ecklösungen an Plafonddekorationen zeigen: Prisse d'Avennes, Guillochis et méandres, links oben in der Ecke, mit Zickzack; ebendas. postes et fleurs, links unten in der Ecke, mit dem Vorläufer des Eierstabs (Fig. 23). Diese Beispiele beweisen, dass das zu Grunde liegende künstlerische Postulat auch den Altegyptern bereits klar geworden war, aber von ihnen noch nicht zur absoluten Geltung und konsequenten Durchführung gebracht worden ist.

[43]) Vgl. z. B. die Steinschwelle Fig. 34 nach Layard, Ninive II. 56.

88 A. Altorientalisches.

Reiches von Egypten auftretende Pflanzenornament[44]) auf asiatischen Ursprung zurückzuführen wäre. Der Umstand, dass Palmette und Rosette im ersten Jahrtausend v. Ch. das beliebteste Ornament der assyrischen Kunst ausgemacht haben, beweist noch gar nichts für einen mesopotamischen Ursprung dieser Motive. Noch umfassendere Verwendung hat die Palmette späterhin in der griechischen Kunst gefunden, und doch wird kaum Jemand behaupten, dass sie von den Griechen selbständig erfunden worden ist. Auch müsste es auffällig erscheinen,

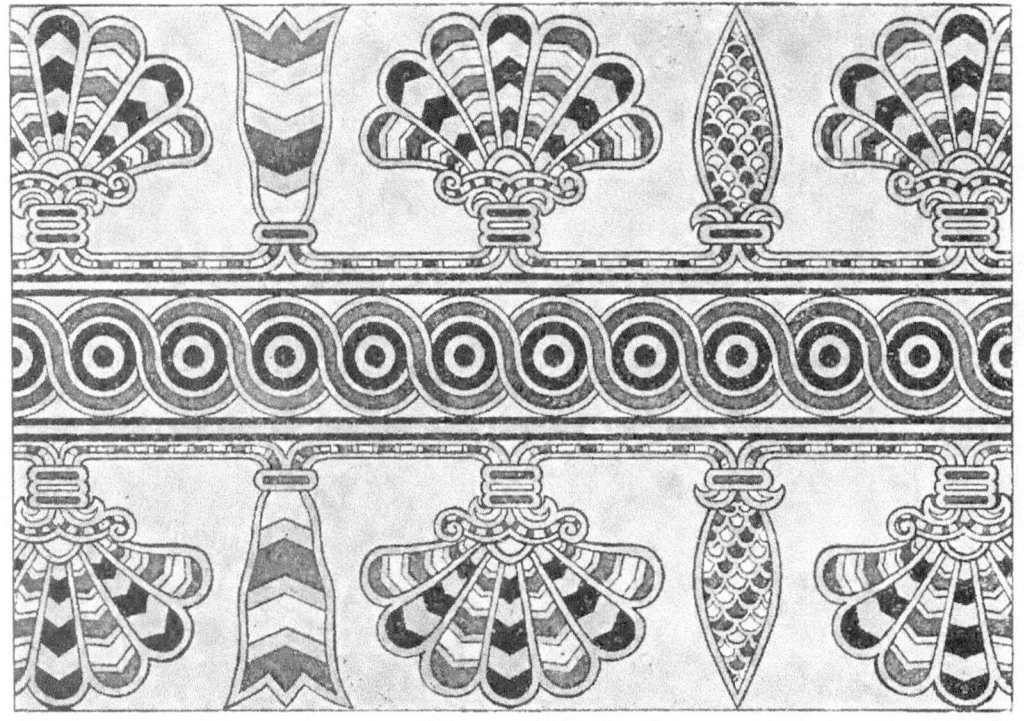

Fig. 33.
Gemaltes assyrisches Bordürenmuster.

dass die Egypter, wenn sie schon Rosette und Palmette entlehnt hätten, gerade das beliebteste Bordenmotiv der Mesopotamier — das sofort zu betrachtende Flechtband — nicht auch in ihre Ornamentik aufgenommen haben sollten.

Betrachten wir einmal eine Wandborde (Fig. 33)[45]), die sich auf emaillirten Ziegeln im Schutte des ältesten ninivitischen Palastes aus der Zeit des Assurnasirpal (10. Jahrh. v. Ch.) gefunden hat. Wir gewahren

[44]) Nur der älteren Form der Lotusblüthe (Fig. 7) und dem sogen. Papyrus will Sybel die egyptische Provenienz einräumen.

[45]) Aus Layard, Ninive I. 86.

da einen Mittelstreifen, gebildet durch ein Flechtband, beiderseits besäumt von einer Reihe von Pflanzenmotiven, die mittels abgeflachter, bandartiger Bogenlinien unter einander verbunden sind.

Was zunächst das *Flechtband* betrifft, so kann dasselbe als besonders charakteristisch für die mesopotamische Kunst bezeichnet werden, da sich gleichartige Vorbilder in der egyptischen Kunst bisher nicht gefunden haben[46]. Ueber seinen Ursprung hat man sich bisher kaum welchen Zweifeln hingegeben. Seit Semper die Parole vom „Urzopf" ausgegeben hat, galt die Abkunft des *Flechtbandes* vom Zopfgeflecht für ausgemacht. Wer sich aber nicht bedingungslos zum herrschenden Kunstmaterialismus bekennen will, wird doch fragen, was denn die Menschen veranlasst haben konnte, gerade ein so untergeordnetes Ding wie einen Zopf zu kopiren, um damit die für ewige Dauer berechneten Monumente zu schmücken? Wer in den linearen geometrischen Ornamenten nicht mehr Abschreibungen von Zäunen und Bastgeweben erkennen will, wird dies auch vom Zopf nicht mehr nothwendig finden. Sein eigenes Ebenbild, sowie gewisse, durch ihre Stärke oder Nützlichkeit auffällige Thierspecies, hat der Mensch wohl zu Schmückungszwecken aus der Natur direkt kopirt, späterhin schön gegliederte Vasen und schlanke Kandelaber u. s. w. Dass ihm aber daneben der Zopf selbst als Träger des Formschönen aufgefallen wäre, kann nur in der Vorstellung eines Kunstmaterialisten ernsthaft glaublich erscheinen, und dass ein ganzes Zeitalter daran nichts Bedenkliches finden konnte, wird manchem Späteren Veranlassung geben, auf unsere eigenthümlich verbildeten Kunstanschauungen mit einer nicht ganz unverdienten Geringschätzung zurückzublicken.

Innerhalb der Entwicklungsgeschichte des Pflanzenornaments hat das Flechtband nur einmal bei den Griechen, in verhältnissmässig vorgeschrittener Zeit, eine untergeordnete Rolle gespielt (Fig. 84). Ich erachte mich daher der Nothwendigkeit überhoben, die müssigen Ableitungsversuche für primitive Ornamente abermals um einen vermehren zu sollen. Dass ich geneigt sein werde, das Flechtband unter die

---

[46] Goodyear weiss allerdings auch das Flechtband in Verbindung mit seiner Lotus-Theorie zu bringen: the guilloche is an abbreviated spiral scroll. Hienach wäre das Flechtband aus der Spiral-Welle entstanden. Für diesen Uebergangsprocess, der übrigens meiner Ueberzeugung nach mit dem Lotus gar nichts zu thun haben würde, wüsste ich aber nur ein einziges stützendes Beispiel aus verhältnissmässig später Zeit, nämlich aus mykenischem Gebiete (Schliemann, Mykenä 288, Fig. 359) anzuführen.

linearen Compositionen nach den alleinigen formgebenden Gesetzen von Symmetrie und Rhythmus zu zählen, brauche ich nach all dem Gesagten kaum ausdrücklich zu erwähnen. Weit wichtiger für die besonderen Zwecke unserer Untersuchung sind die das Flechtband in Fig. 33 besäumenden Pflanzenmotive. Wir erkennen darin dreierlei verschiedene Motive: eine Knospe, eine Palmette und eine dreispältige Blüthe. Und zwar ist die rhythmische Reihenfolge, in welcher die drei Motive wiederkehren, folgende: Palmette, Knospe, Palmette, Blüthe, Palmette, Knospe u. s. f. Es ist dies dieselbe Art der gruppenweisen Alternirung dreier Elemente, die wir bereits in der egyptischen Ornamentik (Fig. 22) angetroffen haben, nur mit dem Unterschiede, dass dort die Lotusblüthe und hier die Palmette das doppelt wiederkehrende, also das Hauptmotiv bildet, und das palmettenfächerartige Blüthenmotiv jener egyptischen Borde hier durch das unzweifelhafte Palmettenmotiv selbst ersetzt erscheint.

Diskutiren wir nun die Formen im Einzelnen, wobei wir die Art ihrer Verbindung untereinander vorläufig ausser Acht lassen wollen. Am wenigsten ist über die Form der *Knospe* zu sagen; auffällig gegenüber den egyptischen Seitenstücken ist hier nur die schuppenförmige Musterung[47]). Die *Palmette* zeigt dagegen schon grössere Abweichungen vom egyptischen Schema des Lotus in halber Vollansicht (der egyptischen Lotus-Palmette (Fig. 16)). Während an letzterer Kelch und Fächer sich proportionell ziemlich die Wage halten, ja eher der Kelch überwiegt, ist an dem assyrischen Beispiel der Fächer das weitaus Ueberwiegende geworden. Der Kelch zeigt nicht mehr die starken Voluten des egyptischen Motivs, sondern ist aus zwei schwachen nach abwärts umgebogenen Hörnchen gebildet. Ferner hat sich zwischen Kelch und Fächer ein zweiter ausgeprägterer Kelch eingeschoben, dessen stark betonte Voluten sich nach aufwärts einrollen. Trotz dieser Verschiedenheiten erscheint mir der Zusammenhang mit der egyptischen Palmette doch unabweislich. Es ist eine ganz eigenthümliche Projektion, die dem einen wie dem anderen Motiv zu Grunde liegt und kaum beiderseits selbständig erfunden sein kann. Man hat auch Zwischenformen, die vom egyptischen Lotus zu der assyrischen Palmette führen sollen, in gewissen Erscheinungen der phönikischen Kunst zu erkennen geglaubt, über welchen Erklärungsversuch weiter unten bei Betrachtung der phönikischen Pflanzenorna-

[47]) Möglicherweise haben die Mesopotamier in der That, wie man meint, dem Knospenmotiv die Bedeutung des Pinienzapfens untergelegt.

2. Mesopotamisches.

mentik die Rede sein soll: hier will ich nur vorausschicken, dass gerade dasjenige Motiv, das in der assyrischen Palmette völlig neu zu sein scheint — der nach aufwärts eingerollte obere Volutenkelch — bereits in der egyptischen Pflanzenornamentik seine Vorbilder gehabt hat. Vollständig verfehlt wäre es aber, an die Palme als das natürliche Vorbild der assyrischen Palmette zu denken. Allerdings sind die Fächer der Palmen auf assyrischen Reliefs in ähnlicher Weise dargestellt wie die Fächer der Palmette, aber es fehlt dort überall gerade der charakteristische Bestandtheil jeder Palmette: der Volutenkelch. Man mag vielmehr die Zeichnung des Fächers für die Palme von der fertigen ornamentalen Form der Palmette entlehnt haben, als eine sich ungesucht darbietende Lösung, aber gewiss nicht umgekehrt[48].

Was endlich das dritte Motiv unserer in Diskussion stehenden Borde, die dreiblättrige *Blüthe* anbelangt, so lässt auch sie sich auf den egyptischen Lotus beziehen, und zwar allerdings nicht auf die typische Form der Lotusblüthe, sondern auf ein seit dem Mittleren Reiche (11. bis 12. Dynastie) sehr gebräuchliches, aber auch schon im Alten Reiche[49] nachweisbares, bekrönendes Motiv (Fig. 37), das Sybel[50] als Vasen erklären wollte, weil es oft spitz zulaufend vorkommt und in dieser Form seine Analogien mit bildlich dargestellten Vasen besitzt. Häufig läuft es aber nach oben nicht spitz, sondern im Schema der Lotusblüthe[51] aus, und deshalb möchte ich dieses egyptische Motiv auf den Begriff der Lotusblüthe und Knospe zurückführen, von deren so überwiegender Anwendung in krönender Funktion schon oben (S. 58) die Rede gewesen ist. Was mich an unserer assyrischen Borde in der gegebenen Ableitung noch bestärkt, ist erstens die ausgeschweifte Umrisslinie der Blüthe, dann die flache Form der verbindenden Bögen. Das egyptische Motiv ist nämlich häufig ebenfalls auf zwei divergirende Stengel aufgesetzt (Fig. 37), die allerdings nicht in Bogenform nach rechts und links weiterlaufen, sondern wie zwei selbständige stützende Füsse auf der Grundlinie absetzen[52].

[48] Zwischen den Blättern der Palmettenfächer treten hie und da (Layard I. 47, Perrot u. Ch. II. Fig. 137) an Stengeln Pinienzapfen vor, die wahrscheinlich um einer symbolischen Bedeutung willen beigefügt wurden. An den Palmen der assyrischen Reliefs historischen Inhalts hängen dagegen die Früchte am unteren Ansatze des Fächers vom Stamme herab.

[49] Lepsius II. 104.
[50] a. a. O. 6.
[51] Lepsius III. 24.
[52] Ebendaselbst.

Im Allgemeinen ist nun von den besprochenen assyrischen Pflanzenmotiven gegenüber den egyptischen zu sagen, dass die ersteren eine unverkennbare Fortbildung in rein ornamentalem Sinne vorstellen. Es fällt hier noch viel schwerer, die zu Grunde liegenden Naturformen zu erkennen, als angesichts der egyptischen Stilisirung. Unter denselben Gesichtspunkt fällt auch die farbige Musterung in querlaufendem Zickzack, das Zusammenbringen von Motiven, die in der egyptischen Kunst streng geschieden waren (aufwärts gerollter Volutenkelch und gewöhnlicher Palmettenfächer), endlich die eigenthümliche Art der Verbindung der einzelnen Motive untereinander, was uns auf die Betrachtung der letzteren überführt.

Die Verbindung der gereihten Pflanzenmotive mittels fortlaufender *Bogenlinien* hatte, wie wir gesehen haben, bereits in der Kunst der Ramessiden in Egypten statt. Waren es dort wirkliche schön geschwungene Rundbogen, so bringen die Flachbogen an der assyrischen Borde Fig. 33 einen minder günstigen Eindruck hervor. Es wurde aber kurz vorhin auseinandergesetzt, inwiefern dies dennoch mit egyptischen Vorbildern zusammenhängen könnte. Dagegen bemerken wir an Fig. 33 gewisse Elemente in die Verbindung eingefügt, die wir an den egyptischen Vorbildern vermissen, und die sowohl eine Fortbildung im ornamentalen Sinne, als auch einen fruchtbaren Anknüpfungspunkt für die nachfolgende Entwicklung darbieten. Die verbindenden, im Flachbogen geführten Bänder setzen nämlich nicht so wie die egyptischen Rundbogen (Fig. 22) unmittelbar an dem unteren Ende der Pflanzenmotive ab, sondern sie erscheinen mit diesen durch ein zusammenfassendes Heftel, eine *Junktur*, verbunden, oberhalb deren überdies bei der Knospe sich die beiden verbindenden Bänder, sowohl das von links als das von rechts kommende fortsetzen und volutenförmig überschlagen, und auf solche Weise für die Knospe denselben Kelch bilden, der an der Palmette bereits von den egyptischen Vorbildern her vorhanden war. Aber die Blüthe erscheint allein durch die Junktur mit den Bogenbändern verbunden. Der Kelch am Ansatze der Knospe und die Junkturen bezeichnen somit Zusätze, die wir auf Rechnung einer bewusst dekorativen Fortbildung seitens der Mesopotamier setzen dürfen[53].

Was besonders dazu veranlasst hat das Abhängigkeitsverhältniss

---

[53] Wenngleich auch hiefür schüchterne Anfänge bereits in der egyptischen Kunst nachzuweisen sind: für die Junkturen z. B. bei Prisse d'A., couronnements et frises fleuronnées 8, frises fleuronnées 4; für Lotusknospen mit Volutenkelchen Lepsius III. 62.

2. Mesopotamisches.

der mesopotamischen von der egyptischen Kunst umzukehren, war der Umstand, dass uns an späteren assyrischen Denkmälern, aus der Zeit der Sargoniden (8. und 7. Jahrh. v. Ch.), eine weit engere Anlehnung an egyptische Vorbilder entgegentritt als an den früheren, aus dem 10. Jahrhundert stammenden, was offenbar auf Rechnung der unmittelbaren Berührung zu setzen ist, in welche die Assyrer in der Sargonidenzeit mit den Egyptern gerathen waren[54]. Da hatte man nun zweifellose assyrische Nachahmungen egyptischer Motive und folgerte daraus, jene abweichenden älteren Formen aus Assurnasirpals Zeit müssten Originalschöpfungen der Mesopotamier gewesen sein, und wenn schon ein Abhängigkeitsverhältniss zwischen beiden Kunstgebieten existirte, so müssten eher die Egypter die Empfangenden gewesen sein, nachdem sie durch die Invasion der Hyksos mit den asiatischen Semiten in engste Berührung gerathen waren. Mit mindestens ebenso gutem Grunde lässt sich aber eine andere Erklärung für die Stilwandlung in der assyrischen Pflanzenornamentik geben, die sich mit der Thatsache des nachweislich höheren Alters der egyptischen Kunst gegenüber der mesopotamischen besser verträgt: die Erklärung nämlich, es möchten jene älteren assyrischen Imitationen egyptischer Pflanzenmotive auf indirektem Wege nach Mesopotamien gelangt sein, — vielleicht schon vor der Zeit, da in Egypten das Neue Reich aufgerichtet ward. Als aber die Assyrer auf's Neue die egyptische Kunst aus unmittelbarer Anschauung kennen gelernt hatten, da begannen sie Lotusblüthe und Knospe in der streng egyptischen Form zu imitiren, ohne vielleicht auch nur zu ahnen, dass sie damit in ihre Ornamentik im Grunde nichts Neues einführten. Macht doch die ganze Kunst der Chaldäer und Assyrer den Eindruck, dass diese Völker, auf den Schultern eines älteren Kulturvolks emporsteigend, an das Kunstschaffen desselben eine zielbewusste Fortsetzung geknüpft haben, so wie später die Griechen ihrerseits auf den Errungenschaften der altorientalischen Ornamentik weiterbauten.

Betrachten wir nun ein solches egyptisirendes Bordürenmotiv aus der Sargonidenzeit (Fig. 51). Wir haben da die Ecke eines Thürschwellenmusters, das seit Semper stets mit einem Teppichmuster verglichen wurde, obzwar man den Assyrern kaum die nöthige technische

---

[54] Die Assyrer verhielten sich keineswegs so spröde gegen fremde Kunstformen wie die Egypter; darin liegt wohl gewiss ein wesentlicher Grund für die Erscheinung, dass dieses Volk in der Ausbildung der dekorativen Kunst so entschieden über die Leistungen der Egypter hinausgekommen ist, weil eben nur Fremdes mit Fremdem ein Neues zu gebären vermag.

94 A. Altorientalisches.

Fertigkeit zutrauen möchte, die vorausgesetzt werden müsste, um ein aus so abgerundeten Motiven zusammengesetztes Muster an einem Teppich sei es mittels Knüpfung, sei es mittels Weberei wiederzugeben. Nur im Allgemeinen will ich zur Illustration des von der assyrischen Orna-

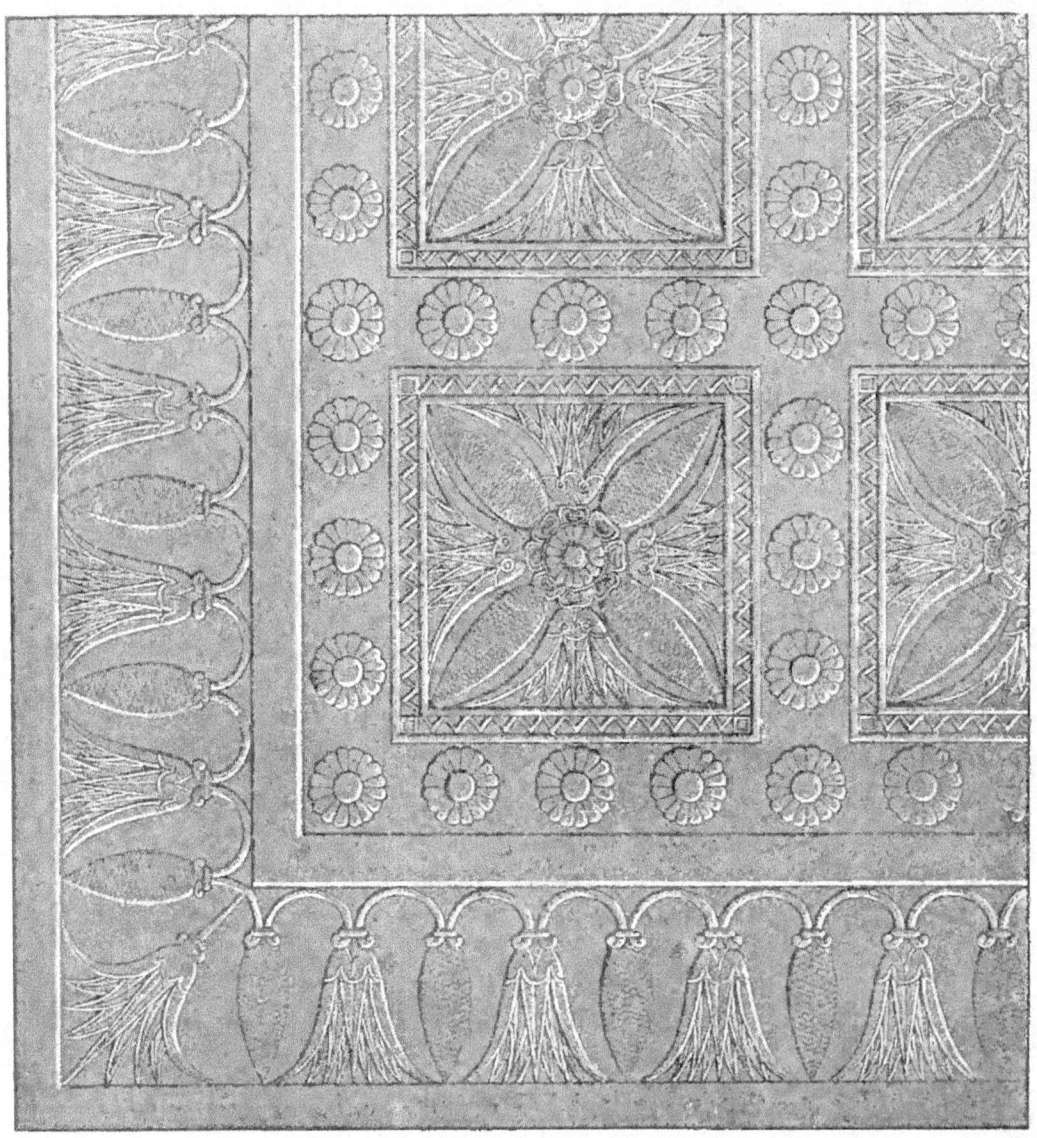

Fig. 34.
Thürschwelle aus Stein mit skulpirten Verzierungen. Assyrisch.

mentik eingangs (S. 87) Gesagten hinweisen auf die hier streng durchgeführte Trennung zwischen Mittelfeld, verknüpfendem Zwischensaum und Bordüre, sämmtlich in rein ornamentaler Behandlung, sowie auf die geschickte Ecklösung in der Bordüre: alles Dinge, die wir an egyptischen Flächenverzierungen in der Regel vergeblich suchen.

2. Mesopotamisches.   95

Im Besonderen interessirt uns an Fig. 34 nur die Bordüre mit ihrer Alternirung von Lotusblüthen und Knospen. An diesen ist Alles, was das Motiv selbst betrifft, ganz übereinstimmend mit den egyptischen Vorbildern: selbst die dreifach ausgezackte Hülse, in der die einzelnen Knospen und Blüthen stecken, findet sich da und dort ganz in der gleichen Weise. Auch für die Verbindung mittels Rundbögen haben wir bereits die egyptischen Vorbilder kennen gelernt. Neu und specifisch assyrisch ist bloss der Kelch am Ansatze eines jeden dieser

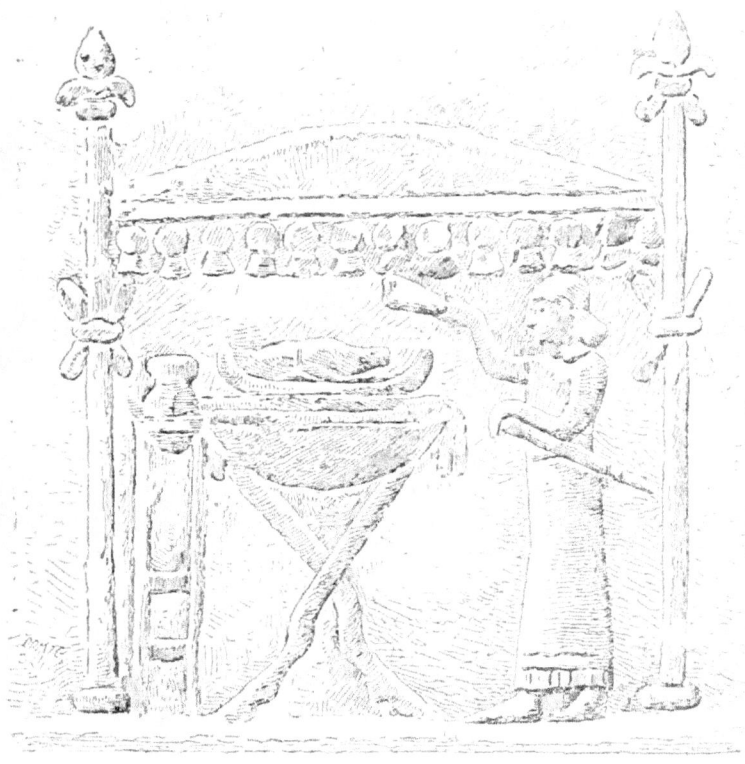

Fig. 35.
Von palmettenbekrönten Stangen getragenes Tabernakel. Assyrisches Steinrelief.

Pflanzenmotive. Dieser Kelch ist ebenso wie an jenem früher besprochenen Beispiele aus Nimrud (Fig. 33) gebildet durch die überfallende Fortsetzung der verbindenden Bänder oberhalb der wagrechten Heftel[55]). Das in der Mitte zwischen den beiden Kelchblättern der Lotusblüthen in Fig. 34 emporragende spitze Blättchen ist offenbar

---

[55]) Was den Volutenkelch als solchen anbelangt, war das Vorbild freilich in der egyptischen Kunst an der Lotus-Palmette vorhanden; das specifisch Assyrische beruht hier in der Ausdehnung dieses fruchtbaren ornamentalen Motivs auf die Knospe und auf die Profilblüthe.

96　　　　　　　　　　A. Altorientalisches.

dasselbe, das wir zu Nimrud bloss an der Palmette beobachten konnten und das wir daselbst gleichfalls mit der egyptischen Palmette in Verbindung gebracht haben. In der That ist das abbreviirte egyptische Palmettensystem — also diejenige Form, die wir als Lotusblüthe mit Volutenkelch bezeichnet haben — eines der allergebräuchlichsten assyrischen Ornamentmotive gewesen (Fig. 35). Der Unterschied gegenüber dem egyptischen Vorbild beruht in der schlankeren Gestaltung der Voluten, die auch den Charakter des Eingerolltseins häufig ganz eingebüsst haben, und in der spitzen Gestaltung des mittleren Blattes. Was aber doch wieder auf den Zusammenhang mit dem bezüglichen egyptischen Motiv nachdrücklich hinweist, das ist die ganz gleichartige Verwendung beider Motive. Denn auch in der assyrischen Kunst ist das in Rede stehende Blüthenmotiv in der Regel einerseits dort angewandt, wo es sich um die Krönung, das Auslaufen in eine freie Endigung handelt[56]), anderseits zur Bezeichnung derjenigen Stelle, wo ein nach einer bestimmten Richtung funktionirendes Glied von überwiegender Längenausdehnung ansetzt, worauf noch im Folgenden bei Besprechung des sogen. heiligen Baumes zurückzukommen sein wird.

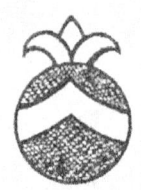

Fig. 36
Granatapfel, assyrisch.

Die assyrische Ornamentik hat ausserdem noch ein Pflanzenmotiv aufzuweisen, das in der späteren Kunst zu grosser Verbreitung gelangt ist und wegen seiner häufigen Anwendung in der assyrischen Kunst auf original-mesopotamischen Ursprung zurückgeführt werden könnte: den sogen. *Granatapfel*. Man pflegt mit diesem Worte ein ornamentales Motiv von kreisrunder Form zu bezeichnen, worauf eine aus drei Blättchen gebildete Krone aufsitzt (Fig. 36). Dieses Motiv findet sich in der assyrischen Kunst nicht selten[57]), auch bordürenartig gereiht und mittels Bogenlinien untereinander verbunden (Fig. 38), wobei die einzelnen Granatäpfel mit den Rundbogenbändern mittels Heftel verknüpft erscheinen. Es wäre aber auch nicht undenkbar, dass der Granatapfel mit jenem egyptischen, vom Lotus abzuleitenden Krönungsmotiv zusammenhängt, dessen Blattkrone sich gleichfalls über einer Scheibe er-

---

[56]) Man vergl. z. B. die frei endigenden Tabernakelsäulen Fig. 35 (nach Perrot II. Fig. 68) und die von einem Architrav überdachte Säule bei Perrot II, Fig. 71, was die Analogie mit der Bedeutung der egyptischen Lotuskapitälsäulen unmittelbar nahelegt.

[57]) Perrot II. Fig. 127, 128, S. 311.

2. Mesopotamisches.

hebt, allerdings unter Vermittlung eines balusterartigen Zwischengliedes (Fig. 37)[58].

Die blosse Scheibe mit dreispältiger Krone, also die reine mesopotamische Form, ist bisher in der egyptischen Kunst bloss einmal nachgewiesen, nämlich von Goodyear[59] an einer Nilgott-Statue im British Museum. Das Motiv findet sich daselbst alternirend gereiht mit unzweifelhaften Lotusblüthen und Knospen, und Goodyear hat auch keinen Augenblick gezögert, dieses Beispiel als genügenden Beweis für den egyptischen Ursprung des Granatapfel-Motivs anzusehen, indem er es einfach als Samenkapsel des echten Lotus erklärt. Mit Rücksicht auf die bisherige Vereinzelung dieser Erscheinung in der egyptischen, gegenüber dem häufigen Vorkommen in der assyrischen Kunst, möchte ich mit der bedingungslosen Zustimmung zu Goodyear's Ansicht wenigstens so lange zögern, bis über das Alter der betreffenden Statue genügende Aufklärung vorliegt. Dass ein ursächlicher Zusammenhang des mesopotamischen Granatapfels mit gewissen Erscheinungen in der egyptischen Kunst auch mir nicht bloss nicht ausgeschlossen, sondern sogar wahrscheinlich dünkt, habe ich schon unter Hinweis auf Fig. 37 ausgesprochen.

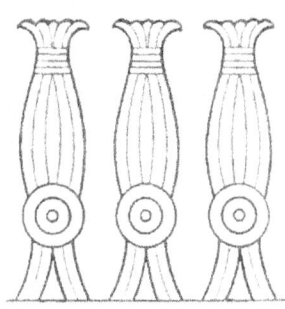

Fig. 37.
Egyptisches Bekrönungs-Muster.

Der auf Rundbogen gestellte Granatapfel findet später Verwendung namentlich an den sogen. kyrenischen Vasen, was ich an dieser Stelle nur deshalb vorzeitig berühre, weil die Rundbogen an jenen Vasen in der Regel in zwei einander überschneidenden Reihen angeordnet sind. Auch das Motiv der einander *überschneidenden Bogenlinien* scheint nämlich bereits in der assyrischen Kunst geübt worden zu sein, wie ein Fragment bei Layard I. 84, Nr. 13 beweist. Wir hätten darin ein neuerliches Zeugniss für das Bestreben der assyrischen Künstler zu erblicken, in ihr Pflanzenornament vermehrten Schwung und Bewegung zu bringen.

Das gebräuchlichste ornamentale Motiv der Assyrer ist neben dem Flechtband die *Rosette* gewesen. Ihr Aufkommen und ihre Bedeutung in der altegyptischen Kunst wurde bereits auf S. 52 erörtert. Was die assyrische Rosette häufig von der altegyptischen unterscheidet, ist die

---

[58] Lepsius II. 130, II. 126, III. 21.
[59] A. a. O. 181. Fig. 125.

Musterung der Blätter der ersteren in querlaufendem Zickzack (Fig. 38, im unteren Streifen), das, wie wir schon an anderen Beispielen (Fig. 36) gesehen haben, für die assyrische Farbmusterung überhaupt charakteristisch ist. Die Vermuthungen der technischen Erklärer, dass die Rosette aus der getriebenen Metallarbeit hervorgegangen wäre, sind schlechterdings unbeweisbar[60]). Wenn sich die Rosette in der assyrischen Kunst nicht so deutlich als pflanzlichen Ursprungs giebt, wie in der egyptischen Kunst, wo sie häufig mit einem langen Stiel ausgestattet erscheint, so lässt sich dies schon aus der Neigung zu weiter-

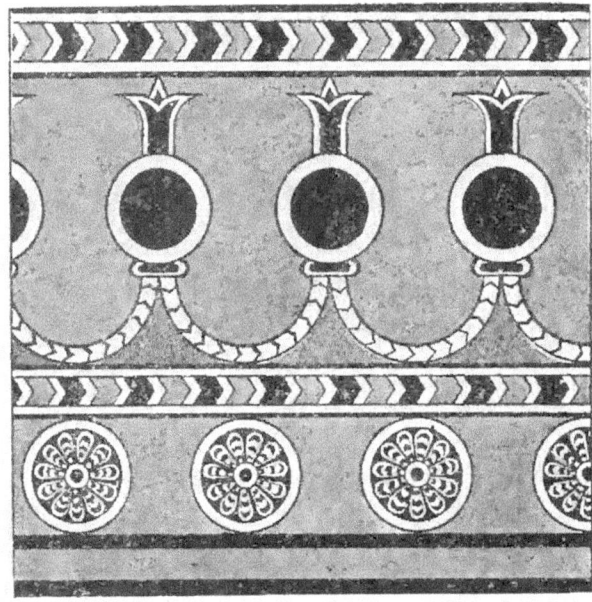

Fig. 38.
Assyrisches Bordürenmuster.

gehender Stilisirung erklären, die sich in gleicher Weise auch an der assyrischen Lotusblüthe im Profil und an der Palmette äussert.

Am Schlusse dieser Uebersicht über die altmesopotamische Pflanzenornamentik muss noch eines Motivs gedacht werden, dem bisher meines Erachtens eine weitaus ungebührende Bedeutung und Verbreitung beigemessen worden ist: des sogen. *heiligen Baumes*. Ein solcher „Baum" war das geeignetste Mittel für die Trennung zweier im „Wappenstil" gegenübergestellter Thiere. Die hohen symbolischen Bezüge, die man in das Motiv vielfach hineingedeutet hat, mögen beim ersten, für uns

---

[60]) Rosettenartige Motive finden sich übrigens schon unter den Höhlenfunden der Dordogne in Bein gravirt (Fig. 6).

2. Mesopotamisches.

unkontrollirbaren Aufkommen desselben, maassgebend gewesen sein; späterhin war die Grundbedeutung gewiss eine dekorative, was auch die Herübernahme in die verschiedensten anderen Stile, insbesondere in die griechischen (Blumenvase!) beweist. An dieser Stelle interessirt uns nur das Verhältniss des *heiligen Baumes* zur Entwicklung der Pflanzenornamentik.

Der Baum in seiner natürlichen Erscheinung ist in der Regel nicht durch eine verhältnissmässig so weitgehende symmetrische Gestaltung seiner nackten Grundform ausgezeichnet wie die kleine Pflanzenstande. Er hat auch deshalb in der Ornamentik eigentlich niemals eine umfangreichere Verwendung gefunden. In der altegyptischen Kunst sind die Bäume dort, wo sie um ihrer gegenständlichen Bedeutung willen, z. B. zur Bezeichnung eines Gartens (Tell el Amarna), eingeführt werden mussten, in naturalistisch gedachter, wenn auch schematisch ausgeführter Symmetrielosigkeit dargestellt. Die Assyrer gebrauchten in solchen Fällen wenigstens für die Darstellung von Palmenwedeln den symmetrischen Palmettenfächer. Was uns aber als vermeintlicher heiliger Baum der Assyrer entgegentritt (Fig. 39)[61], verdient gar nicht die Bezeichnung eines Baumes. Es ist dies vielmehr ein möbelartig zusammengesetztes Gebilde, bestehend aus zwei viereckigen Schäften, die so wie an den assyrischen Möbeln mittels Hülsen[62] unter einander verbunden sind. Der untere Schaft wächst aus einer abge-

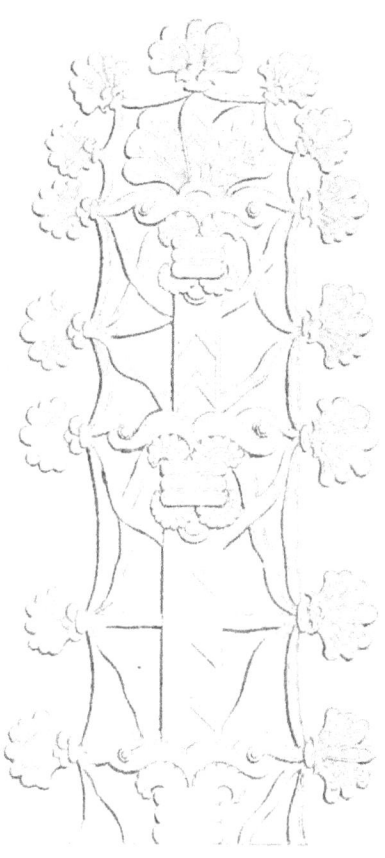

Fig. 39.
Sogen. heiliger Baum der Assyrer.
Stein-Skulptur aus Nimrud.

kürzten (fächerlosen) Palmette empor, der obere Schaft ist bekrönt mit einer Palmette mit Fächer[63]. Die Hülsen sind zusammengesetzt aus je

---

[61] Nach Layard, Ninive I, 7.

[62] Eine solche Hülse aus Metall, die zweifellos als verbindende Heftel gedient hatte, gefunden zu Nimrud, ist abgebildet bei Layard I, 96; ihre Anwendung illustrirt z. B. das Tabouret auf dem Relief bei Layard I, 5.

[63] Die assyrische Palmette dient ebenso wie der egyptische Lotus und „Papyrus" zur Charakterisirung der freien Endigung. Besonders beweisend

7*

zwei fächerlosen Palmetten[64]), von denen die eine aufwärts, die andere abwärts weist, ganz genau in derselben Funktion zur Bezeichnung des Ansatzes, wie wir sie an der abgekürzten egyptischen Palmette beobachten konnten.

Zeigt schon der Schaft keinerlei Eigenschaften eines Baumstamms, so erhalten wir auch von dem denselben umgebenden Palmettengeschlinge keineswegs den Eindruck des Laubes. Es läuft nämlich um den ganzen Baum herum eine Reihe von Palmetten die durch Flachbogen unter einander verbunden erscheinen. Jede Palmette ist (mit Ausnahme der drei obersten) wieder anderseits durch ein Band mit dem Stamme verknüpft. In einzelnen Fällen sind die umlaufenden Palmetten durch Pinienzapfen ersetzt (Layard I. 6), die aber nur mit dem Stamme und nicht unter einander verbunden erscheinen, was besser geeignet wäre dem Ganzen das Aussehen eines Baumes zu geben, wenn der Stamm nicht auch in diesem Falle die möbelartige Verhüllung aufweisen würde[65]).

Wir werden alsbald auf phönikischem Kunstgebiet ein ähnliches Motiv kennen lernen, das man auch schon als Mittelglied zwischen der egyptischen und assyrischen Form desselben aufgefasst hat, was sich aber aus dem Grunde schwer wird beweisen lassen, weil die phönikische Form, wenigstens so, wie wir sie aus Denkmälern kennen, jünger ist als die mesopotamischen *heiligen Bäume*, die sich an der Relief-Figur des Königs Merodach-idin-akhi[66]) bis in das 12. Jahrhundert v. Chr. hinauf verfolgen lassen.

Was die Art der Verbindung zwischen den ornamentalen Blumen- und Knospenformen der mesopotamischen Kunst betrifft, so wurde schon bemerkt, dass dieselbe in der Regel durch fortlaufende Bogenlinien be-

---

für diese Funktion ist das Relief bei Perrot II. Fig. 71, wo in der Mitte oben die von zwei Halbfiguren gehaltenen Stricke in Palmetten endigen, genau so wie die Stricke, mit denen die Gefangenen auf egyptischen Reliefs gefesselt erscheinen, in Lotus auslaufen. Vgl. auch oben S. 95 Fig. 35.

[64]) Der untere Kelch der Hülsen zeigt manchmal eingekerbte Blätter, möglicherweise chaldäischen Ursprungs (vergl. auch hiefür das altchaldäische Relief Perrot II. Fig. 71.)

[65]) Goodyear (S. 175 f.) ist natürlich die Identität der am *heiligen Baume* vorkommenden Blüthenmotive mit den unterschiedlichen Lotusmotiven nicht entgangen. Auch in Bezug auf die Abweisung der so beliebten Hypothese von einem Zusammenhange des heiligen Baumes mit dem arischen Soma oder Hom begegnet er sich vollständig mit meiner Ueberzeugung.

[66]) Perrot II. Fig. 233.

2. Mesopotamisches.

werkstelligt erscheint: die Spiralornamentik fehlt bei den Assyrern so gut wie gänzlich. Zwar das Barthaar sowie das Wellengekräusel erscheint an ihren Kunstwerken durch Spiralen wiedergegeben, aber als ornamentales Motiv, insbesondere als Verbindungsmotiv zwischen pflanzlichen Ornamenten suchen wir die Spirale in der ganzen mesopotamischen Kunst vergebens, was mit Rücksicht auf die Wichtigkeit der Spiralverbindung für die Geschichte des Pflanzenornaments — bei den Egyptern sowohl wie wir gesehen haben, als auch bei den Griechen, wie wir noch sehen werden — nachdrücklich betont werden muss. Als vereinzelte Ausnahme liesse sich allenfalls das obere Randornament an dem Gefässe, das der Fischgott bei Layard II. Taf. 6 in der Hand hält, anführen; es ist dies aber nicht so sehr eine laufende Spiralenreihe als ein ausgeprägter laufender Hund, — ein allerdings mit der Spirale anscheinend nächst verwandtes Ornamentmotiv, das aber in die Klasse der sogen. reciproken Ornamente gehört und seine besondere Ausbildung bekanntlich in der griechischen Kunst gefunden hat[67]).

Wo keine Spiralornamentik, dort kann auch kein öfter wiederkehrendes Bedürfniss nach dekorativer Zwickelfüllung vorhanden gewesen sein. Es ist daher gewiss nicht zufällig, dass die assyrische Kunst das Postulat der Zwickelfüllung, das in der altegyptischen Kunst des Neuen Reiches eine so elementare Bedeutung gehabt hat, nicht kennt. Dieser Umstand spricht ganz besonders eindringlich gegen Sybel's Theorie von der Entlehnung der charakteristischen Ornamentformen des Neuen egyptischen Reiches aus Mesopotamien. Es muss aber auch darum schon in diesem Zusammenhange nachdrücklich betont werden, dass das von den Mesopotamiern vernachlässigte Postulat der Zwickelfüllung, ebenso wie die von den Mesopotamiern nicht minder unbeachtet gebliebene Spiralornamentik bei den Phönikern und Griechen zu grösster Bedeutung gelangt ist.

---

[67]) Ebenso vereinzelt wie dieses assyrische Beispiel des laufenden Hundes aus verhältnissmässig später Zeit, ist dasjenige, das ich aus der altegyptischen Ornamentik beizubringen weiss, nämlich die Bordüre an einer von Adoranten getragenen Tafel bei Lepsius VII. 187, aus der Zeit des grossen Ramses. Die für wissenschaftliche Zwecke nach heutigen Anforderungen vielfach ungenügenden Abbildungen bei Layard und Lepsius lassen namentlich bei so vereinzelten Beispielen Zweifel übrig. — Vgl. auch Owen Jones VII. 16.

3. Phönikisches.

Die Bedeutung der Phöniker für die Entwicklung der altorientalischen Künste scheint weniger in einer selbständigen Fortbildung von nationalem Gepräge zu liegen, als in zwei anderen Umständen, die gleichwohl für die weitere Entwicklungsgeschichte insbesondere der Ornamentik sehr bedeutungsvoll geworden sind. Für's erste haben die Phöniker als seefahrende Kaufleute den Kunstformen egyptischen Stiles, dann auch — obschon in minderem Grade — denjenigen mesopotamischen Stiles, einerseits durch Vertrieb von Original-Erzeugnissen der genannten beiden Völker, anderseits aber auch — und dies ist ganz besonders hervorzuheben — durch Verhandelung phönikischer Imitationen, die grösstmögliche Verbreitung geliehen. Damit hängt unmittelbar auch der zweite Umstand zusammen, der das Dazwischenkommen der Phöniker für die Verbreitung einer an allen Mittelmeerküsten gangbaren Ornamentik so entscheidend gemacht hat: der Umstand nämlich, dass der Rest an gegenständlicher Bedeutung, der den altegyptischen und althaldäischen Mischwesen (Sphinx, Greif u. s. w.) ebenso wie ihren vegetabilischen Motiven (Lotus) noch in der originalen Kunst dieser Völker anhaftete, im Gefolge der für den blossen Handel mit Schmuckgegenständen und Hausrath berechneten Massenfabrikation vollständig verloren gehen musste. Das ursprünglich gegenständliche Motiv wurde unter den Händen der Phöniker schlechtweg zum reinen Ornament.

Auch die Scheidung zwischen Rahmen und Füllung, sowie die Anwendung und Anordnung der Ornamente nach gewissen Regeln, die sich aus dem technischen Werden und der Struktur der zu verzierenden Gegenstände ergeben — dasjenige, was man als „tektonische" Art der Verzierung zu bezeichnen pflegt — hat unter den Phönikern weitgehende Berücksichtigung und Förderung erfahren. Typisch hiefür sind gerade diejenigen Werke phönikischer Kleinkunst, durch die wir bisher noch am besten in Stand gesetzt worden sind, den Eigenthümlichkeiten der Kunst dieses Volkes näher zu kommen: nämlich die Metallschüsseln mit ihren koncentrischen Zonen und ihrer Vertikalgliederung innerhalb der einzelnen Zonen, die zwischen ungeregelter Buntheit und starrer geometrischer Abzirkelung in der Regel die richtige Mitte zu halten weiss.

Nach dem geschilderten Stande der Dinge steht zu erwarten, dass die Phöniker wenn auch nicht zur Entwicklung der maassgebenden Ziele aller antiken Dekorationskunst im Allgemeinen, so doch zur Fortbildung

3. Phönikisches.

einzelner ornamentaler Motive ihr Scherflein beigetragen haben mochten. In der That haben sie sich nicht mit der blossen Bereicherung der mittelländischen Ornamentik durch gleichmässige Heranziehung der aus zwei verschiedenen Fonds entlehnten Elemente (z. B. des assyrischen Flechtbandes neben egyptischem Zickzack) begnügt, sondern auch wenigstens ein Motiv, so viel wir sehen, und zwar eben ein Pflanzenmotiv in einer bestimmten, rein ornamentalen Weise weitergebildet. Es ist dies ein baumartig emporstrebendes, zusammengesetztes Motiv, das wir den phönikischen *Palmettenbaum*[68] nennen wollen.

Das dem phönikischen Palmettenbaum zu Grunde liegende Motiv ist die vertikale In- und Uebereinanderschachtelung von Blüthenkelchen, die zu oberst von einem vegetabilischen Strahlenbüschel bekrönt erscheinen. Sybel[69] hat dieses Motiv als *Bouquet* bezeichnet. Es findet sich nicht selten angewendet in der Kunst des Neuen Reiches von Egypten. Am häufigsten tritt es uns da entgegen als Aufbau mehrerer in einander geschachtelter Blumentöpfe (?), aus deren jedem nach rechts und links Blumen herauswachsen. Daneben finden sich aber auch andere Systeme; uns interessirt hier nur eines darunter, das die nebenstehende aus Prisse[70] entlehnte Figur 40 wiedergiebt. Wir gewahren da eine vertikal über einander aufgebaute Reihe von zwei alternirenden Blüthenformen: die eine, mit abwärts gerichteten Voluten, kennen wir als Lotusblüthe mit Volutenkelch, die andere lässt sich gleichfalls als Volutenkelch mit Füllungszapfen in der Mitte definiren, aber die Voluten sind in diesem Falle nach aufwärts ge-

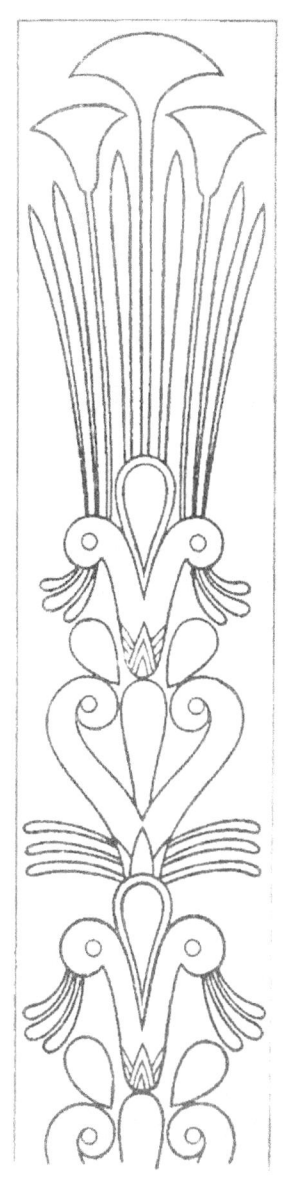

Fig. 40.
Egyptischer Palmettenbaum.

[68] Dass diese Bezeichnung nicht eben geschmackvoll klingt, wird zugegeben; doch war es schwer eine andere Bezeichnung zu finden, die mit der gleichen Verständlichkeit sowohl die Palmette als maassgebendes Element der Form, als auch den anscheinend vorhandenen Bezug auf den „heiligen Baum" zum Ausdrucke brächte.
[69] A. a. O. 24 f.
[70] Ornementation des plafonds: légendes et symboles, XVIII. Dyn.

zogen[71]). Die oberste Bekrönung bildet ein strahlenförmiger Büschel von Schaftblättern und langen Stengeln, die von glockenförmigen Lotusblüthen bekrönt sind. Als bemerkenswerth sind endlich auch noch die tropfenförmigen Füllungen der infolge der Einrollungen entstandenen Zwickel hervorzuheben.

Ein weiteres Beispiel für die Verwendung dieses aus in einander geschachtelten Volutenkelchen zusammengesetzten Motivs findet sich an einem Armband bei Prisse, Choix de bijoux No. 14, und an einer Handhabe bei Goodyear (Taf. IX, nach Champollion). Auch in diesen beiden Fällen ist der aufwärts gerichtete Volutenkelch bekrönt von einem Bündel langstieliger Lotusblüthen. Ein Beispiel, an welchem dieser Volutenkelch mit dem gewöhnlichen Palmettenfächer bekrönt vorkäme, ist mir aus der egyptischen Kunst nicht bekannt geworden. Wir werden daher wenigstens in der egyptischen Kunst die typische Lotuspalmette streng zu scheiden haben von der in Fig. 40 vorliegenden[72]). Das gleiche Motiv treffen wir nun auf phönikischem Kunstboden. Betrachten wir daneben das kypriotische Kapitäl (Fig. 41)[73]). Wir haben da zu unterst den stark ausgeprägten Kelch mit abwärts gekehrten Voluten, darüber den umgekehrten Volutenkelch in mehrfacher Wiederholung, endlich den krönenden vegetabilischen Strahlenbündel. Derselbe Grundgedanke liegt den Palmettenbäumen auf den Metallschüsseln zu Grunde, so z. B. jenen auf der Silberschüssel aus Larnaka, die bei Longpérier, Musée Napoleon III. Taf. 10 abgebildet ist. In letzterem Falle dient der Palmettenbaum zur Trennung von Figurengruppen, die in regelmässiger Alternirung sich wiederholen. In anderen Fällen (Schale aus Amathus in New-York, Perrot & Chipiez

---

[71]) Vgl. oben S. 90.

[72]) Fig. 40 ist in Wandmalerei ausgeführt, also in einer Technik, die ihrer leichten und freien Behandlung halber erfahrungsmässig am ehesten zu Durchbrechungen der gegebenen Formentypen geführt hat. Die zwei anderen angeführten Beispiele sind aber in hartem Material (Metall und Holz) ausgeführt, woraus sich ergiebt, dass wir es da mit einem festbegründeten, nicht bloss flüchtiger, spielender Veranlassung seine Entstehung verdankenden Motiv zu thun haben. Daher geht es auch nicht an, den nach aufwärts gerichteten Volutenkelch einfach als a purely decorative variant, als blosse Umkehrung des abwärts gerichteten Volutenkelches zu erklären, wie Goodyear leichtherzig annimmt (S. 89). Es wäre dann nicht zu begreifen, warum die Variante nicht auch mit dem einfachen Fächer (halbe Vollansicht) verbunden vorkommt.

[73]) Nach Perrot und Chipiez III. Fig. 52.

III. Fig. 547) erfüllt es genau dieselbe Funktion wie der „heilige Baum" auf den assyrischen Reliefs: zur Trennung zweier in absoluter Symmetrie einander gegenüber gestellter Figuren. Man ersieht hieraus, wie die Phöniker dieses ornamentale „Wappenschema" für ihre vorwiegend dekorativen Zwecke zu benutzen wussten. Immer treffen wir aber den aufwärts gerichteten Volutenkelch vereint mit einem Fächer aus

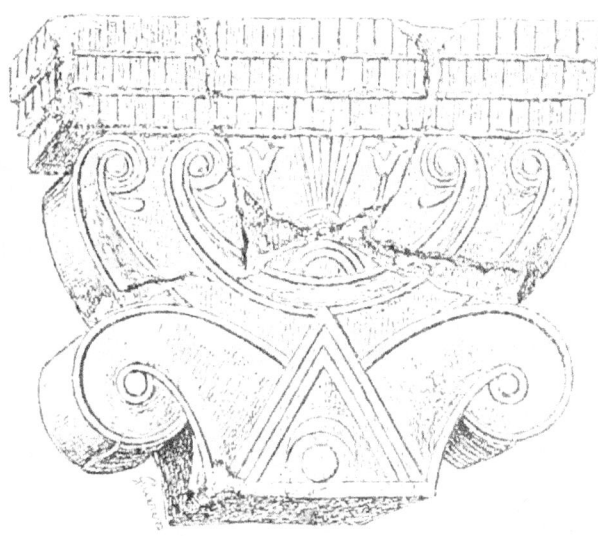

Fig. 41.
Kyprisches Kapital mit Palmettenbaum.

Lotusblumen und Stengeln, niemals mit dem gewöhnlichen Palmettenfächer. Dagegen war die gewöhnliche egyptische Lotuspalmette auch den Phönikern nicht fremd; eine Anzahl von Beispielen hat Goodyear (Taf. XII. No. 4, 5, 8—11, 15) zusammengestellt; also auch auf phönikischem Boden die gleiche scharfe Scheidung zwischen Palmette und Palmettenbaum, wie wir sie schon in der egyptischen Kunst beobachtet haben.

In abgekürzter Form findet man nicht selten den bekrönenden Binsenfächer (ohne Glockenblüthen) zusammen mit dem oberen aufwärts gerichteten Volutenkelch, der den Fächer von unten halbkreisförmig umschliesst. Man pflegt dieses Gebilde, das in der That eine abgekürzte, rein dekorative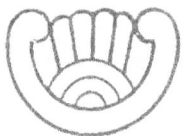

Fig. 42.
Phönikische Palmette.

Fortbildung des Motivs auf phönikischem Boden zu sein scheint, die phönikische Palmette im engeren Sinne zu nennen (Fig. 42).

Hier ist nun der Punkt, wo wir auf die assyrische Palmette zurückgreifen müssen, bei deren Beschreibung (S. 90) wir ihre ursprungsgeschichtliche Erörterung ausdrücklich für diese Gelegenheit vorbehalten haben. Die assyrische Palmette zeigt nämlich eine Vereinigung der beiden in Rede stehenden Motive: der egyptischen Lotuspalmette und des sogen. phönikischen *Bouquet* (oder Palmettenbaums), in der Weise, dass dem aufwärts gerollten oberen Volutenkelch ein einfacher Palmettenfächer aufgesetzt erscheint. Eine solche Vereinigung ist uns weder in der egyptischen noch in der phönikischen Kunst vorgekommen. Die assyrische Palmette ist trotz des aufwärts gerichteten Volutenkelches ein vegetabilisches Einzelmotiv wie die egyptische Lotuspalmette, mit der sie in allem Uebrigen übereinstimmt. Dagegen sind die egyptischen und phönikischen Gebilde mit aufwärts gerolltem Volutenkelch baumartig emporstrebende zusammengesetzte Motive, Uebereinanderstellungen mehrfacher Blüthenkelche mit abzweigenden Zwickelblumen. Ein inniger Zusammenhang der assyrischen Palmette mit den beiden egyptischen Palmettenmotiven scheint mir unzweifelhaft; aber die vermittelnde Zwischenstellung der phönikischen Palmette wird man nicht als so ausgemacht ansehen dürfen, wie z. B. Furtwängler[74]) anzunehmen geneigt ist. Man müsste dann auch den einfachen Fächer der assyrischen Palmette als eine Schematisirung der bekrönenden Lotusbündel des Palmettenbaums ansehen, während alle Wahrscheinlichkeit für den entgegengesetzten Process spricht: für eine dekorative vegetabilische Ausgestaltung des einfachen Fächers zu Gruppen von Lotusstengeln und Blüthen. Das Gleiche gilt doch auch von der Rosette, deren einfachere Formen gewiss älter sind als diejenigen, an denen die einzelnen Blätter etwa durch Lotusblüthen ausgedrückt sind (Goodyear Taf. XX. No. 13). Die Erklärung, wie die Mesopotamier dazu gekommen sein mögen, die von den Egyptern entlehnte gewöhnliche Palmette durch einen aufwärts gerollten Kelch, den sie übrigens gleichfalls auf egyptischen Kunstgegenständen vorgebildet sahen, zu erweitern, bleibt somit erst noch zu liefern.

Im äusseren Aufbau erinnert der egyptisch-phönikische Palmettenbaum, — was wir schon durch die gewählte Bezeichnung angedeutet haben — an den „heiligen Baum" der assyrischen Kunst. Auch an diesem begegneten wir[75]) einem System von Volutenkelchen, mittels derer die den Stamm zusammensetzenden Einzelschäfte unter einander verbunden waren. Die Bekrönung des Ganzen bildet aber wiederum

---

[74]) Samml. Sabouroff, Einl. 10.
[75]) S. 99 Fig. 39.

die assyrische Palmette, und so stossen wir also auch bei der Parallele mit dem „heiligen Baume" schliesslich auf die Palmettenfrage, deren Lösung wir — weil für die Fortführung des Entwicklungsfadens nicht unbedingt nothwendig — diesmal getrost aussetzen können. Die organische Verwandtschaft des phönikischen Palmettenbaumes mit gewissen „Bouquet"-Bildungen aus egyptischen Gräbern ist auch Sybel selbstverständlich nicht entgangen. Entsprechend seiner Theorie spricht er aber diesen Bildungen den egyptischen Ursprung ab und erklärt dieselben[76]) für das „ältere phönikische Bouquet", aus welchem dann das „jüngere phönikische Bouquet", d. i. jenes der Metallschalen, sich auf dem Wege blosser Stilentwicklung im Laufe der Jahrhunderte ergeben hätte. Der egyptische Ursprung von Sybel's „älterem phönikischen Bouquet" wird aber immer klarer, je mehr Beispiele davon aus den Denkmälern der altegyptischen Kunst bekannt werden. So hat es erst vor wenigen Jahren Dümmler auf einer egyptischen Holzkiste im Museum zu Bologna gefunden und abgebildet in der Athen. Mitth. XIII. 302[77]).

Für den Zweck, den ich mir mit dieser Untersuchung gesetzt habe, genügt es, den innigen genetischen Zusammenhang nachgewiesen zu haben, der zwischen den egyptischen stilisirten Blumenmotiven einerseits, den phönikischen und assyrischen andererseits obgewaltet haben muss. Wie das Verhältniss dieser beiden letzteren unter einander beschaffen gewesen ist, mag vorläufig eine offene Frage bleiben; das Wahrscheinliche dünkt mir aber, dass die mesopotamischen Formen ohne Dazwischenkunft derjenigen, die uns an phönikischen Denkmälern erhalten geblieben sind, auf direktem Wege ihre Ableitung aus der egyptischen Kunst gefunden haben. Die Beeinflussung Mesopotamiens durch die uralte egyptische Kultur scheint mir viel früher erfolgt zu sein, als diejenige der Phöniker. Wir brauchen ja mit dieser Beeinflussung Mesopotamiens gar nicht in extrem frühe Jahrtausende zurückzugehen; es genügen hiefür die Zeiten der Thutmessiden und Ramessiden, aus denen uns sichergestellte phönikische Denkmäler nirgends erhalten sind, während eine gleichzeitige verhältnissmässig hohe Kultur in Mesopotamien so ziemlich ausser Zweifel steht. So trägt bereits der Chaldäerkönig des 12. Jahrhunderts, Merodach-idin-akhi Perrot II.

---

[76]) A. a. O. 25.

[77]) Dass die symmetrisch anspringenden Böcke daselbst nicht assyrischen Ursprungs zu sein brauchen, wie noch Dümmler annimmt, ist wohl klar, seitdem wir dieses Motiv in Egypten bereits an Werken der VI. Dynastie angetroffen haben (S. 40).

Fig. 233), auf seinem Gewande den typisch ausgebildeten heiligen Baum und die Rosetten der späteren assyrischen Ornamentik. Vollends, wenn Renan Recht hat mit der Datirung der Inschrift der bekannten, in den Monum. X. Taf. 32 publicirten palestrinischen Silberschale in das 6. Jahrhundert v. Ch., so ergiebt sich bei der nahen stilistischen Verwandtschaft fast aller erhaltenen phönikischen und phönikisch-kypriotischen Kunstdenkmäler für die Blüthe des phönikischen Kunsthandwerks ein ziemlich spätes Datum, kaum viel über das Jahr Eintausend v. Ch. hinauf. Für eine frühere Kunstblüthe bei den Phönikern mangelt es vollständig an Beweisen. Dem Umstande, dass die Kafa (Phöniker) auf egyptischen Wandgemälden den Thutmessiden Vasen als Tribute darbringen, hat nicht nur Sybel, sondern haben auch Andere weit übertriebene Bedeutung beigelegt. Denn selbst in dem unkontrollirbaren Falle, dass die dargestellten Vasen in der That treue Abbilder phönikischer Originalerzeugnisse wären, bleibt es doch noch immer fraglich, ob ihre Ornamentik nicht auf egyptische Wurzel zurückgeht. Wenigstens vermissen wir an dem späteren uns aus Denkmälern bekannten phönikischen Kunsthandwerk gerade die Spirale und die Thierköpfe d. h. jene Elemente, die uns an den Geschenken der Kafa entgegentreten und die wir nicht minder an egyptischen Kunstwerken, wenn auch erst des Neuen Reiches, so häufig wiederkehren sehen. Möglicherweise sind es in der That die Hetiter gewesen, die die egyptischen Kunstformen wenn auch nicht den Griechen, so doch den Mesopotamiern vermittelt haben; freilich konnten es dann gewiss nicht jene rohen, eine ausgebildete höhere Kunst barbarisirenden Bildwerke gewesen sein, die man heute den Hetitern zuschreibt.

Was insbesondere den phönikischen Typus des Palmettenbaums betrifft, so dürfen wir darin eine gefällige ornamentale Weiterbildung einer egyptischen Grundform erblicken, die noch bis in die Zeit der künstlerischen Hegemonie der Hellenen herab auf phönikischem Boden zur Darstellung gebracht worden ist. Als Anknüpfungspunkt für die weitere Entwicklung im Abendlande hat sie augenscheinlich wenigstens dauernd nicht gedient[78]); sie ist aber für diese Entwicklung gerade im 7. und 6. Jahrhundert v. Ch. sehr bedeutungsvoll geworden durch den Umstand, dass der phönikische Palmettenbaum das schon in der alt-

---

[78]) Sybel lässt die griechische *umschriebene*, d. h. oben von einer Kreislinie umzogene Palmette von der phönikischen im engeren Sinne abstammen, was aber gänzlich unstatthaft ist, da jene sich aus dem Lotusblüthen-Knospen-Bande abgelöst hat.

egyptischen Ornamentik des Neuen Reiches zum Ausdruck gelangte Postulat der Zwickelfüllung an den zahlreichen sphärischen Winkeln zur fanatischen Anwendung gebracht hat.

Wenn wir also auf Grund des Vorgebrachten die Stellung der phönikischen Kunst innerhalb der Entwicklungsgeschichte des Pflanzenornaments kennzeichnen wollen, so ist zu sagen, dass das phönikische Pflanzenornament in der Hauptsache in egyptischem Kunstboden wurzelt: dies beweisen insbesondere die Palmettenbildungen mit ihren Zwickelfüllungen. Aber der phönikische Kunsthandwerker und Exporteur schaltete frei und skrupellos mit den Motiven, die dem Egypter in ihrer gegenständlichen Bedeutung geheiligt gewesen waren. Diese Motive werden unter den Händen der Phöniker erst zu rechten Ornamenten von rein oder doch überwiegend schmuckzwecklicher Daseinsberechtigung. Aber auch von den Mesopotamiern entlehnten die Phöniker, was ihnen gut und brauchbar dünkte: von Einzelmotiven das zu Einfassungszwecken so überaus geeignete Flechtband, und im Allgemeinen — was das Allerwichtigste ist — eine schärfere Trennung zwischen Füllung und Rahmen, wobei freilich schwer zu entscheiden ist, in wiefern den Phönikern diesbezüglich nicht ein selbständiges Eigenverdienst zuzuerkennen wäre.

4. Persisches.

Mehr der Vollständigkeit halber als um ihrer Bedeutung willen, muss hier noch der altpersischen Kunst der Achämeniden gedacht werden. Diese Kunst ist nämlich bis zum heutigen Tage vielfach überschätzt worden. Schon der Umstand, dass die Altperser die technische Errungenschaft der Steindecke (mittels Wölbung) ihrer mesopotamischen Vorfahren preisgegeben haben und an ihren Palastbauten zur flachen Holzdecke zurückgekehrt sind, lässt erwarten, dass die Kunst in diesem Reiche keinen aufsteigenden Gang genommen hat[79]. In der That ermangeln die in der altpersischen Ornamentik beliebten Motive fast aller Originalität; sie zeigen aber auch nicht die Vorzüge einer

---

[79] Im Moment, da sie die orientalische Weltherrschaft antraten, waren die Perser sicher kein Kunstvolk. Dass sie es späterhin nicht geworden sind, dafür mag auch der Umstand mitbestimmend gewesen sein, dass dem siegreichen Fortschreiten des Hellenenthums gegenüber der Orient bereits im 6. Jahrh. sich so ohnmächtig fühlen musste, dass er gar nicht mehr ernstlich daran denken mochte, die Rivalität auf künstlerischem Gebiete aufzunehmen.

110   A. Altorientalisches.

Mischkunst. Obzwar die assyrische Wurzel unverkennbar ist, trägt doch die Pflanzenornamentik bezeichnendermaassen ein entschieden egyptisirendes Gepräge; dies lässt sich sowohl an den Lotusblüthen[80]) als auch an den Palmetten (Fig. 43)[81]) wahrnehmen, welch letztere nur den Kelch mit abwärts gerichteten Voluten (allerdings in der mageren assyrischen Form) und nicht die darüber aufsteigenden aufwärts gekehrten Voluten zeigen, und auch in den geringen Dimensionen des Fächers näher der egyptischen als der assyrischen Palmette stehen. An der Ornamentik von Fig. 43 beobachte man auch die nichtassyrische (eher egyptische) Weise, wie die aus mehrfachen Motiven gehäufte Längs-

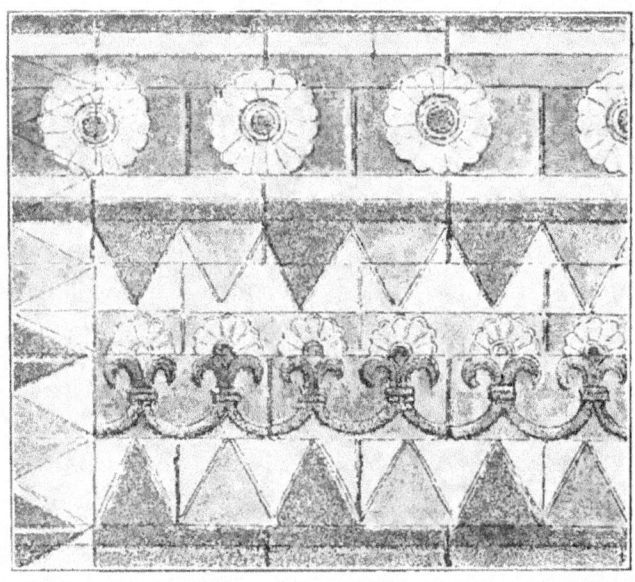

Fig. 43.
Persisches Bordüren-Eckstück. Emailziegel-Dekoration aus Susa.

bordüre (Palmettenreihe zwischen zwei Zickzackbändern, ausserdem noch ein Rosettenband) sich an dem abschliessenden Querstreifen unvermittelt todtläuft. Auch das „Bouquet" oder der „Palmettenbaum" hat in der altpersischen Ornamentik seinen Platz, und zwar gleichfalls nicht in der assyrischen Form des „heiligen Baumes", sondern in jener egyptischen Form, wo vertikal in einander geschachtelte Töpfe (hier in Kelchform) von einem einfachen Palmettenfächer bekrönt erscheinen (Fig. 44)[82]).

[80]) Perrot V Fig. 532 aus Susa; der Schwung der Konturen verräth hier aber bereits griechischen Einfluss.
[81]) Ebenda, auf Taf. XI.
[82]) Nach Perrot V Fig. 316.

4. Persisches.

Wir begegnen also in der altpersischen Pflanzenornamentik einer bereits wohlbekannten Formensprache, ohne neue fruchtbare Ansätze: weder in Bezug auf die Einzelmotive (Lotus, Palmette), noch in Bezug auf ihre Verbindung unter einander (Bogenlinien mit Hefteln und Volutenkelch). Auch haben wir es in der persischen Kunst bereits vielfach mit griechischem Einfluss zu thun, was ganz natürlich erscheint, wenn man bedenkt, dass die Aufrichtung der persischen Weltmacht erst vom Jahre 538 v. Ch. datirt. Dass den Griechen die Perser als Inbegriff alles Orientalischen gegolten haben, ist nur aus dem Umstande zu erklären, dass die Perser die alleinigen Universalerben ihrer Kultur-

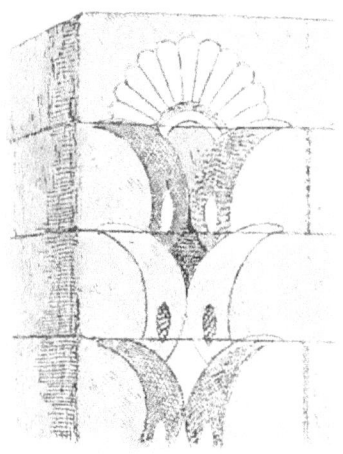

Fig. 41.
Persischer Palmettenbaum. Emailziegel-Dekoration aus Susa.

vorfahren auf asiatischem Boden gewesen sind, — freilich Erben die das empfangene Talent nicht gemehrt, sondern eher gemindert haben. An den Vorzügen und dauernden Errungenschaften der altorientalischen Künste haben unter allen Kulturvölkern des Alterthums die Perser den geringsten Antheil gehabt. Sie waren eben so glücklich, Zeitgenossen der griechischen Kunstblüthe zu sein, durch die sie verewigt und den späteren Geschlechtern traditionell als Typen alles orientalischen Wesens überliefert worden sind. Die Wirkung davon ist noch in der römischen Kaiserzeit zu spüren, und mag auch ein Wesentliches beigetragen haben zur landläufigen Ueberschätzung, deren sich die sassanidische Kultur und Kunst zu erfreuen hat.

B. Das Pflanzenornament in der griechischen Kunst.

Wir haben die Entstehung und Entwicklung der Pflanzenornamentik bei den altorientalischen Kulturvölkern verfolgt bis zu dem späten Momente herab, da der bewegliche hellenische Geist seine zunächst friedliche Eroberung des Ostens bereits begonnen hatte. Wie auf allen übrigen Gebieten des Kunstschaffens sehen wir auch auf demjenigen der Ornamentik die griechische Kunst spätestens in hellenistischer Zeit den Orient in Besitz nehmen. Zweifellos war die abendländische Dekorationsweise bereits lange vor den Perserkriegen sowohl in ihren Grundprincipien als in ihren Einzelmotiven gegenüber der orientalischen die vollkommenere, stärkere geworden. Das Ziel, das schon der altorientalischen Ornamentik im Allgemeinen vorgeschwebt hatte und dem sich die im Laufe der Geschichte einander ablösenden Kulturvölker des Alten Orients, zwar mit stufenweisem Fortschritt, aber schliesslich doch nur in unvollkommener Weise genähert haben, — dieses Ziel wurde zuerst und allein von den Griechen erreicht: nämlich jene harmonische, dem inneren Wesen eines jeden Kunstwerks und seinen äusseren Entstehungs- und Zweckbedingungen entsprechende Ausstattung mit Verzierungsformen, jene „tektonische" Scheidung zwischen stofflichem Grund und schmückendem Ornament, zwischen statisch Wirksamem und Indifferentem, zwischen Rahmen und Füllung, welche allmälig bewusst durchgeführte Scheidung die gesammte Kunstentwicklung der Mittelmeervölker (einschliesslich Nordasiens bis jenseits des Iran, das ja gleichfalls allezeit nach dem Mittelmeere und nicht nach dem Osten Asiens gravitirte) von derjenigen in der grossen ostasiatischen Kulturwelt anscheinend grundsätzlich unterscheidet.

Die schönste und bedeutungsvollste Errungenschaft der hellenischen Ornamentik, nach der schon die altorientalische Kunst gestrebt hatte, ist die rhythmisch bewegte Pflanzenranke; in ihr gipfelt das Verdienst der Griechen um die Entwicklung des Pflanzenornaments. Die vegetabilischen Einzelformen, wie sie uns etwa in der griechischen Kunst nach Beendigung der Perserkriege ausgebildet entgegentreten, erscheinen dagegen durchwegs über jeden Zweifel hinaus von den früheren, den altorientalischen Stilen, übernommen und wurden von den Griechen lediglich unter Absicht auf Erreichung vollkommenster formaler Schönheit ausgestattet. Beides — sowohl die echt hellenische Ranke als das stilisirte vegetabilische Einzelornament von orientalischem Ursprung, aber in hellenischer Ausgestaltung und Vollendung — ist für alle folgenden Stile, bis auf den heutigen Tag, das Um und Auf aller idealen Pflanzenornamentik geblieben. Wie dasselbe zu Stande gekommen ist, soll im Nachstehenden wenigstens zu entwerfen versucht werden.

Die ersten Anfänge einer national-griechischen Kunst sind mit den heutigen Mitteln noch ebenso wenig bestimmt zu fixiren, als die Anfänge des griechisches Volkes, als einer ethnographischen Einheit. Die allerältesten Kunstdenkmäler, die hierfür in Betracht kommen können, lassen sich heutzutage nur in sofern als griechische bezeichnen, als der Boden auf dem sie gefunden worden sind, in der hellen historischen Zeit von Griechen bewohnt gewesen ist. Es sind dies die aus den ältesten Schichten von Hissarlik und Cypern stammenden Funde: meist keramische Objekte mit rein geometrischer Verzierung. Mit Rücksicht auf das vollständige Fehlen einer Pflanzenornamentik an diesen ältesten Funden[1]), erscheint ein näheres Eingehen darauf für unseren Zweck überflüssig. Eine unzweifelhafte Pflanzenornamentik findet sich dagegen in der sogen. mykenischen Kunst und diese werden wir daher zum Ausgangspunkte unserer Betrachtung machen müssen.

1. Mykenisches.

Die Entstehung der Ranke.

Die älteste Kunst, an deren auf dem Boden des späteren Hellas ausgegrabenen Denkmälern uns ein unzweifelhaftes Pflanzenornament entgegentritt, ist die sogen. mykenische Kunst. Hinsichtlich der Frage, welchem Volke die Pfleger und Träger dieser Kunst angehört haben mochten, gehen die Meinungen heute noch weit auseinander. Die Einen rathen auf einen echt hellenischen Stamm, die Anderen auf die Karer, die Dritten auf Grund der weiten Verbreitung der Fundstätten der hierher gehörigen Denkmäler auf ein Mischvolk, das die Inseln und die umliegenden Festlandküsten bewohnt hätte, wie es übrigens auch der Zusammensetzung des späteren hellenischen Volksbegriffs entspricht. Angesichts solchen Zwiespalts der Meinungen

---

[1]) Goodyear allerdings (S. 381) will das Vorbild der ältesten kyprischen, d. i. der gravirten Dreieck- und Zickzackornamentik, gleichfalls in den egyptischen Lotusblüthen-Reihen erblicken: eine allzugewagte Behauptung, die sich bloss unter Berücksichtigung von Goodyear's radikaler Theorie von einer einzigen Quelle für alle späteren Kunstformen verstehen lässt.

114   B. Das Pflanzenornament in der griechischen Kunst.

müssen wir davon absehen, unserer Betrachtung der mykenischen Kunstdenkmäler, oder, genauer gesagt, des an denselben zu Tage tretenden Pflanzenornaments einen bestimmten ethnographischen Ausgangspunkt zu Grunde zu legen. Wir wollen versuchen diese Kunst ausschliesslich von denjenigen Gesichtspunkten aus zu charakterisiren, die uns im Zusammenhange der gestellten Aufgabe interessiren; vielleicht wird sich uns daraus umgekehrt die Möglichkeit ergeben, auf die ethnographische Frage Rückschlüsse zu ziehen.

Eine Charakterisirung der mykenischen Kunst nach allen ihren Seiten hin ist bisher nicht geliefert, ja nicht einmal versucht worden. Die Ursache hiefür liegt zweifellos darin, dass bei der Betrachtung der bezüglichen Denkmäler neben vielem Bekannten manches Fremdartige aufstösst, dessen Einreihung in die hergebrachte Schablone des orientalischen Ursprungs nicht recht gelingen will, und das anderseits auch mit späterer hellenischer Weise keinen augenfälligen Zusammenhang aufweist. Aus verschiedenen Gründen glaubt man ein hohes Alter für die Blüthezeit dieser Kunst, jedenfalls mehrere Jahrhunderte vor dem Jahre Eintausend annehmen zu sollen; damit lassen sich wiederum Funde von so vorgeschrittener technischer und künstlerischer Beschaffenheit, wie etwa der Becher von Vaphio, anscheinend schwer vereinbaren.

Goodyear allerdings trägt auch hinsichtlich der mykenischen Kunst keine Bedenken, sie durchaus egyptischem Ursprunge zuzuweisen[1a]. Von den ornamentalen Motiven der mykenischen Kunst lässt er nur dem Tintenfisch eine selbständige, von Egypten unabhängige Bedeutung zukommen, und selbst diese eine Ausnahme scheint ihm an Werth sehr viel eingebüsst zu haben, seitdem zwei mykenische Vasen mit Tintenfischen auf egyptischem Boden gefunden worden sind. Nun ist doch im Allgemeinen die vorherrschende Tendenz der klassischen Archäologie eine orientfreundliche; wenigstens haben Ausführungen, die, wie etwa diejenigen Milchhöfer's, ein europäisch-autochthones nichtorientalisches Moment in der mykenischen Kunst zu wesentlicher Geltung bringen wollten, bisher wenig entgegenkommende Aufnahme gefunden. Es muss also der Sachverhalt doch nicht so klar und überzeugend daliegen wie er Goodyear erscheint, wenn wir wahrnehmen, dass dieser Forscher mit seiner radikalen Theorie vom ausschliesslich egyptischen[2]) Ursprunge

---

[1a]) A. a. O. S. 311 ff.

[2]) Die egyptische Kunst wird ja auch zur altorientalischen im weitesten Sinne gezählt.

1. Mykenisches.

der mykenischen Kunst wenigstens vorläufig noch isolirt dasteht. Es existirt in der mykenischen Ornamentik eine ganze Reihe von Motiven ausser dem Tintenfische, die man auf originelle Erfindung des mykenischen Kunstvolkes zurückzuführen versucht hat. Darunter befinden sich auch solche von offenbar vegetabilischer Grundbedeutung, womit wir auf unser eigentliches Thema gebracht werden.

Die mykenische Kunst hat von Pflanzenornamenten einen sehr reichlichen Gebrauch gemacht. Indem wir uns der Erörterung der wichtigsten und am häufigsten vorkommenden unter diesen Motiven zuwenden, wollen wir analog dem Vorgange, den wir bei Besprechung des altorientalischen Pflanzenornaments beobachtet haben, wiederum zuerst die Blüthen-, Knospen- und Blattmotive für sich betrachten, und in zweiter Linie die Art ihrer Verbindung unter einander, und ihrer dekorativen Verwendung zur Flächenmusterung überhaupt in's Auge fassen.

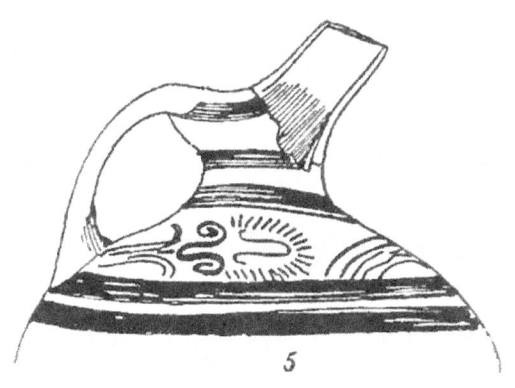

Fig. 45.
Obertheil einer mykenischen Kanne.

Was zunächst die vornehmsten Blüthenmotive betrifft, so ist ihre Betrachtung in der That geeignet Goodyear's Anschauung zu bestätigen. Unmittelbare Copien egyptischer Vorbilder mit allen wesentlichen Einzelheiten treffen wir darunter zwar fast nirgends, aber ein wechselseitiger Zusammenhang ist doch in den meisten Fällen unverkennbar. Und zwar ist es insbesondere der Volutenkelch, der den Zusammenhang so recht augenfällig macht (Fig. 45)[29]. Diesbezüglich hat schon vor Goodyear Furtwängler den Sachverhalt richtig erkannt[3]. Nur hat letzterer als Vorbild diejenige Form des Volutenlotus im Auge gehabt, die ausser dem Volutenkelch bloss eine zäpfchenförmige Füllung des inneren Zwickels enthält (Fig. 20); der an Fig. 45 sichtbare Fächer, der die Blüthe nach oben im Halbkreis abschliesst, musste infolgedessen Furtwängler als selbständige Zuthat (Staubfäden) erscheinen. Eine solche Annahme wird aber entbehrlich, wenn wir als Vorbild von Fig. 45 die egyptische Lotuspalmette (Fig. 16, 19) annehmen, die ausser Voluten-

---

[29] Furtwängler u. L. Myken. Vasen 81.
[3] Sammlung Sabouroff 9, Mykenische Vasen 60.

kelch und zwickelfüllendem Zäpfchen auch den Palmettenfächer, also sämmtliche an der Blüthe von Fig. 45 zu beobachtenden Einzeltheile enthält[4]). Egyptischer Kunstweise entspricht ferner das Ineinanderschachteln von Kelchen, das Alterniren von abwärts und aufwärts gerollten Voluten, wobei zu oberst die bekrönende Blume[5]). Auch einfache dreiblättrige Lotusprofile sind nicht selten, z. B. neben Volutenkelchen zu Zwickelfüllungen verwendet an einem goldenen Diadem[6]). Volutenkelchformen mit blosser Zwickelfüllung oder bekrönendem Palmettenfächer in strengerer Ausführung als in der flüchtigen Vasenmalerei treffen wir an Schmucksachen[7]). Gleichfalls an Goldschmiedesachen finden wir das Dreiblatt mit mehr oder minder volutenartig gekrümmten Kelchblättern unter Beigabe von Eigenthümlichkeiten in der Detailzeichnung, die auf die Absicht naturalistischer Behandlung schliessen lassen[8]), worauf weiter unten in anderem Zusammenhange zurückzukommen sein wird. Endlich ist noch ein mit Voluten ausgestattetes vegetabilisches Motiv (Fig. 49) zu erwähnen, das zwar grössere Aehnlichkeit mit einem Blatte als mit einer Blüthenform zeigt, aber der stark betonten Voluten halber dennoch als stilisirte Blüthe aufzufassen sein dürfte, an welcher das zu Grunde liegende Dreiblatt durch Zusammenziehung des mittleren, krönenden Blättchens mit dem Kelche zu einem einheitlichen ungegliederten Ganzen umgebildet erscheint.

Bisher haben wir es mit den Blüthen in Seiten- oder halber Vollansicht zu thun gehabt, welche Projektionen an den mykenischen Nachbildungen der egyptischen Lotusprofil- und Lotuspalmetten-Vorbilder nicht streng geschieden werden können. Auch die Blüthe in Vollansicht oder die Rosette, hat vielfach Verwendung gefunden, so z. B. am Alabasterfries zu Tiryns, an Wandmalereien ebendaselbst, beiderseits einfach neben einander gereiht in fast geometrischem Charakter, dagegen auf einer bemalten Vase aus dem 6. mykenischen Grabe[9]) in Begleitung eines Zweiges, also in mehr naturalistischer Art.

---

[4]) Volutenkelch und Palmettenfächer ohne vermittelndes Zäpfchen, z. B. Schliemann, Mykenä Fig. 87.

[5]) Schliemann, Mykenä Fig. 86, ganz im Schema des phönikischen Palmettenbaumes gehalten. Eine Auswahl bei Goodyear auf Taf. LIV.

[6]) Schliemann, Mykenä Fig. 281.

[7]) Schliemann, Mykenä Fig. 162, 163, 278, 303.

[8]) Schliemann, Mykenä Fig. 264—266.

[9]) Myken. Thongefässe XI. 54.

1. Mykenisches.

Ausgesprochene Knospenmotive, namentlich in der typischen Alternirung mit Blüthen, wie sie die egyptische Kunst zeigt, hat die mykenische Kunst anscheinend nicht zur Darstellung gebracht. Auch von Blattformen ist nur eine hervorzuheben, die späterhin zu weiter Verbreitung in der dekorativen Kunst gelangt ist: das sogen. Epheublatt (Fig. 46)[10]. Goodyear (S. 161 ff.) hat auch für dieses Motiv Vorbilder oder doch Parallelen aus egyptischem Kunstgebiet beizubringen gewusst, wie schon auf S. 51 angedeutet wurde.

Die Uebersicht der wichtigsten Blüthenmotive, die in der mykenischen Kunst vorkommen, hat also ergeben, dass in der That die Vorbilder derselben, wie schon Furtwängler und Goodyear wollten, in den Voluten-

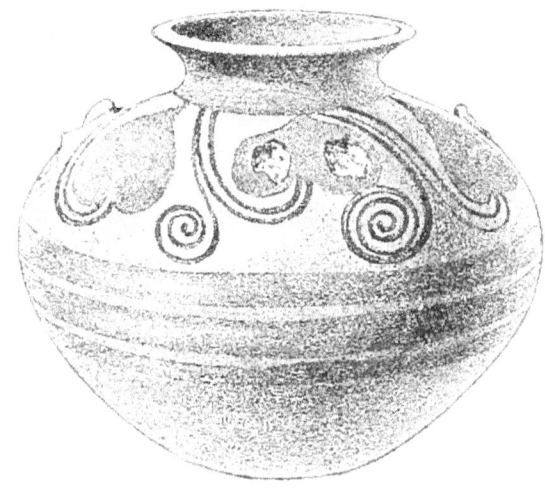

Fig. 46.
Töpfchen mit „Epheublatt"-Ornament auf der Schulter. Mykenisch.

kelchformen der altegyptischen Lotustypen zu suchen sein werden. Von einer Charakterisirung der Art und Weise, in welcher die Entlehnung erfolgt ist, wollen wir vorläufig absehen und nur so viel feststellen, dass die Entlehnung in keinem einzigen Falle als eine sklavische bezeichnet werden konnte. Wir wenden uns nun der Betrachtung desjenigen zu, was sich mit Bezug auf die sonstige Ausstattung der geschilderten Blüthentypen, insbesondere mit Bezug auf die Vereinigung mehrerer Blüthen auf einem und demselben Grunde sagen lässt.

Einfaches Nebeneinanderreihen findet sich nicht bloss bei den Rosetten, die z. B. auf den Diademen geradezu den Uebergang zu starren, aus dem Kreise heraus konstruirten geometrischen Motiven darstellen. Auch die Volutenkelchformen sehen wir sehr oft um den Bauch

---

[10] Myken. Vasen XVIII. 124, XXI. 152, XXVII. 208.

118 B. Das Pflanzenornament in der griechischen Kunst.

oder die Schulter eines Gefässes herum in einfacher Wiederholung neben einander gestellt, und zwar senkrecht zur Zone, auf welcher sie fussen, gerade so wie an den egyptischen Lotusblüthen-Knospen-Friesen. Ein höchst bemerkenswerther Unterschied gegenüber der egyptischen Weise ergiebt sich aber sofort, wenn die einzelnen Blüthenmotive mit einem längeren Stiele ausgestattet werden. Während in der egyptischen Kunst die langen Schäfte steif und gerade emporstarren, sind die flexiblen Stengel in der mykenischen Kunst in der Regel mehr oder minder schräg seitwärts geneigt (Fig. 47)[11], wodurch eine Bewegung zum Ausdrucke gebracht erscheint, die nicht in der Axenrichtung des Gefässes liegt und eben dadurch die Aufmerksamkeit des Beschauers hervorruft. Das Gleiche lässt sich am Zweige mit dem Ephenblatte Fig. 46 beobachten. Es ist dies offenbar die gleiche Ten-

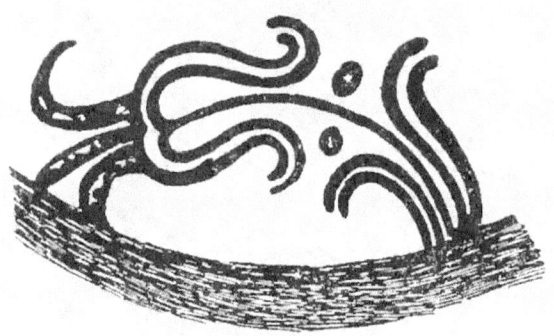

Fig. 47.
Mykenisches Vasenornament.

denz, die auch den Rosetten vielfach an Stelle der steifen, strahlenförmigen Anordnung eine schräge Richtung ihrer Blätter gegeben hat (Fig. 48)[12]. Die zu Grunde liegende Tendenz vermögen wir nur nach ihrem Effekte zu beurtheilen; war der letztere in der That beabsichtigt, so war das Ziel der „mykenischen" Künstler eine Verlebendigung, Bewegung der vorbildlichen steif stilisirten egyptischen Motive.

Ein anderes Beispiel, das zu dem gleichen Ergebnisse führt (Fig. 49)[13] ist von einer Vasenscherbe aus dem Ersten Grabe entlehnt. Hier sehen wir zwar die neben einander gereihten Pflanzenstengel parallel zur Axe des Gefässes gestellt. Wodurch sich aber auch in diesem Falle ein

---

[11] Myken. Vasen XIII. 82, XVIII. 121, XX. 142.

[12] Schliemann, Mykenä Fig. 459, ferner namentlich an den Diademen z. B. Schliemann, Mykenä Fig. 282, 358.

[13] Furtwängler u. Löschcke, Myken. Thongefässe II.

1. Mykenisches.

grundsätzlicher Unterschied gegenüber der egyptischen Weise kundgiebt, ist der Umstand, dass die Stengel, von denen die leise geschweiften Schilfblätter und Volutenblüthen rhythmisch abzweigen, nicht steif und gerade emporstarren, sondern sich in sanfter Wellenbewegung in die Höhe schlängeln. Es äussert sich darin offenbar dieselbe Neigung für die geschwungene Linie, die wir auch an Fig. 46 und 47 bevorzugt

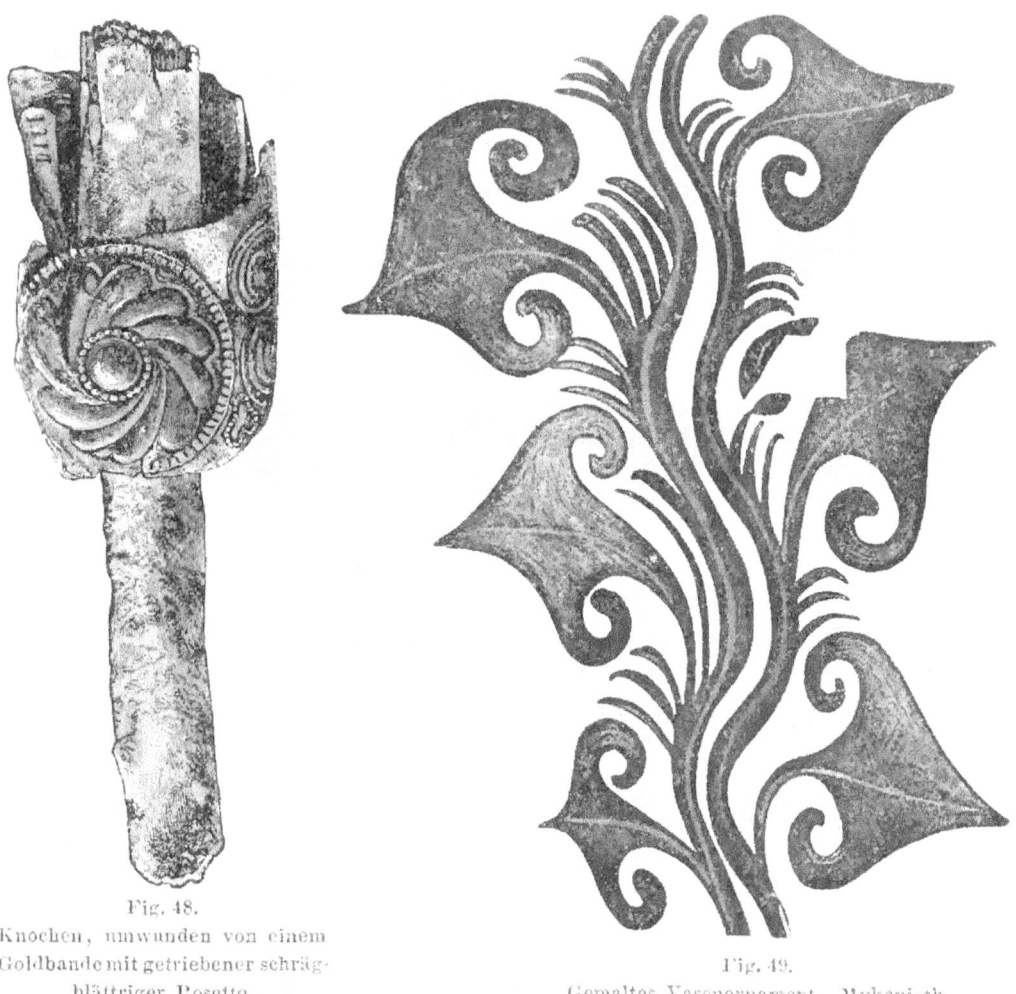

Fig. 48.
Knochen, umwunden von einem Goldbande mit getriebener schrägblättriger Rosette.
Aus dem Ersten mykenischen Grabe.

Fig. 49.
Gemaltes Vasenornament. Mykenisch.

sahen, derselbe leitende freie Zug in der Zeichnung, und auch der gleiche künstlerische Effekt. Die gekrümmte Linie, welche die Egypter überwiegend bloss in den geometrischen Configurationen (Spirale) zur Anwendung gebracht haben[14]), wurde von den „mykenischen"

[14]) Solche Ausnahmen wie der Weinstock, der, in der egyptischen Ornamentik ungebräuchlich, offenbar bloss um einer gegenständlichen Bedeutung willen Darstellung gefunden hat, bei Prisse a. a. O., Jarres et Amphores, be-

120   B. Das Pflanzenornament in der griechischen Kunst.

Künstlern auf das vegetabilische Ornament übertragen[15]). Die Kurven der altegyptischen Kunst (z. B. die Bogenlinien) sind starr und leblos gegenüber der freien Art und Weise, in welcher dieselben in der mykenischen Kunst geführt erscheinen.

Wenn noch ein Zweifel daran übrig bliebe, dass die geschilderte Tendenz in der mykenischen Kunst eine durchaus maassgebende und wesentliche gewesen ist, so muss er schwinden angesichts der Thatsache, dass diese Kunst die überhaupt einzig möglichen wahrhaft künstlerischen Verbindungsarten gefunden hat, in welche sich vegetabilische Motive innerhalb eines Fries-

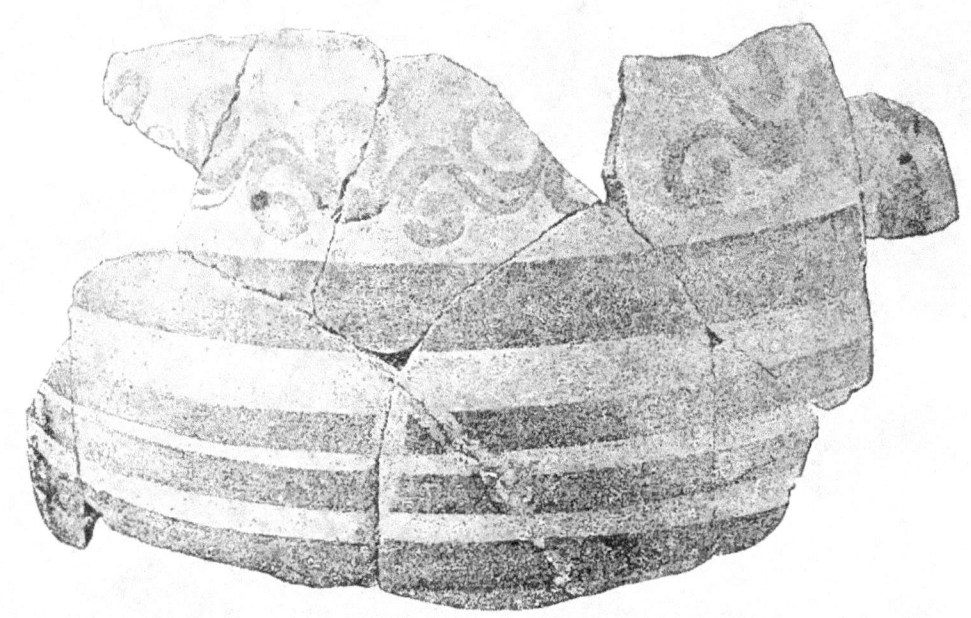

Fig. 50.
Topfscherbe, verziert mit aufgemalter fortlaufender Wellenranke. Mykenisch, gefunden auf Thera

streifens vermittels der geschwungenen Linie bringen lassen. Müssen wir nämlich angesichts der Fig. 46 und 49 bekennen, dass die „mykenischen" Künstler die Ersten gewesen sind, welche die lebendig und frei bewegte Pflanzenranke erfunden haben, so lässt sich ferner auch der strikte Nachweis führen, dass dieselben auch die beiden innerhalb einer Bordüre möglichen und daher für ewige Zeiten giltigen Wellenrankenschemen bereits gekannt und zur Anwendung gebracht haben.

weisen nur die Regel. Auch wo die Blüthen über den senkrechten Stengel etwas geneigt sind, verräth sich ein zu Grunde liegendes starres Schema.

[15]) Weitere Beispiele dafür u. A. aus dem Vierten Grabe: Myken. Thongefässe VI. 30, 31, 32, 34.

1. Mykenisches.

Das eine ist die *fortlaufende Wellenranke* (Fig. 50)[16]. Diese besteht in einer fortlaufenden Wellenlinie, von welcher in der Mitte einer jeden Auf- oder Abwärtsbewegung eine schwach eingerollte Rankenlinie nach der entgegengesetzten Richtung (nach rückwärts) abzweigt. An diese Abzweigungen sind zwar keine Blüthen-, Knospen- oder Blattmotive angesetzt, aber der vegetabilische Grundcharakter wird völlig klar, wenn wir Fig. 46 zum Vergleiche heranziehen, wo die gleiche Ranke an einem Zweige sitzt, der als solcher durch das Ephenblatt in unzweifelhafter Weise gekennzeichnet erscheint. Auch das auf Taf. VI. 34 der Myken. Thongefässe abgebildete Fragment aus dem Vierten Grabe dürfte zu einer ähnlichen Wellenranke wie Fig. 50 zu ergänzen sein. Dass auch die reine geometrische Spirale dieses Schema übernommen haben möchte, lag nahe. Wenigstens ein Beispiel hiefür findet sich bei Schliemann, Mykenä Fig. 460 auf der äussersten Scheibe links unten (aus dem Ersten Grabe), wofern sich der Zeichner diesfalls keine willkürliche Freiheit gestattet hat. Ja, ich würde mich nicht einmal viel dagegen sträuben, wenn Jemand behaupten wollte, dass die egyptische Spirale den Anstoss zur Schaffung der fortlaufenden Wellenranke gegeben hat: das Maassgebende bliebe immer der Umstand, ob die Egypter selbst, oder die „Mykenäer" es gewesen sind,

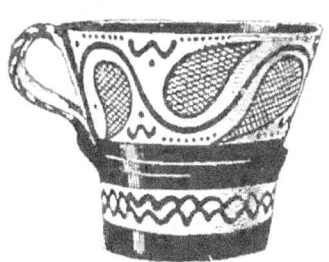

Fig. 51.
Becher aus Megara. Mykenisch.

die diesen entscheidenden Schritt gethan haben. Es ist aber mit Gewissheit anzunehmen, dass auch grössere vegetabilische Einzelmotive auf fortlaufende Wellenranken aufgereiht worden sind: zum Beweise dessen betrachte man nur noch einmal Fig. 49, wo der geschwungene Stengel ja nichts anderes ist als eine Wellenranke, von der die paarweisen Schaftblätter und die grösseren mit Voluten versehenen Blätter abzweigen; nur konnten sie hier in freierer Bewegung gehalten werden, weil sie in diesem Falle eben nicht in das schmale Band einer Bordüre gebannt sind[17].

---

[16] Myken. Vasen XII. 79, auf Thera gefunden, von Furtwängler und Löschcke ihrem zweiten mykenischen Vasenstil zugeschrieben.

[17] Man vergl. auch Furtwängler und Löschcke, Myken. Thongefässe IV. 19: das Hauptmotiv ist in diesem Falle eine Wellenlinie, in deren Kehlungen je ein Kreis mit einem eingeschriebenen fächerförmigen Zweige sitzt. Ferner erblicke ich eine fortlaufende Wellenranke in der Dekoration eines Bechers aus Megara (Fig. 51), den Löschcke im Arch. Anzeiger 1891, S. 15

122   B. Das Pflanzenornament in der griechischen Kunst.

Die fortlaufende Wellenranke ist in der hellenischen Kunst eines der allergewöhnlichsten Motive geworden, und ist es durch alle folgenden Stile hindurch bis auf den heutigen Tag geblieben. Und doch ist dieselbe in der altorientalischen Kunst nicht nachweisbar. Angesichts der Einfachheit des Schemas ist man versucht an das Ei des Columbus zu denken. Blicken wir aber zurück auf die altorientalischen Stile, wie diese sich zu analogen Aufgaben verhalten haben, so sehen wir deutlich ein, wie nach mannigfachem Tasten und Versuchen erst die „mykenischen" Künstler die erlösende Formel gefunden haben. An der reciproken Gegenüberstellung gereihter Pflanzenmotive haben sich schon die Egypter versucht. Ihre reifste Schöpfung nach dieser Richtung war der Bogenfries (Fig. 22), dem sie einen zweiten gegenüberstellten (Fig. 23), um dem Postulat der Reciprocität, des Aus- und Einwärtsweisens eines Bordürenmusters Genüge zu leisten. Die Asiaten sind ebenfalls über diese Lösung nicht hinausgekommen[18]). Erst den „mykenischen" Künstlern gelang es durch die Erfindung des Schemas der fortlaufenden Wellenranke einerseits die Einseitigkeit des einfachen Bogenfrieses (Fig. 22), anderseits die unschöne Steifheit des gedoppelten, sozusagen reciproken Bogenfrieses (Fig. 23) zu brechen, und die Motive abwechselnd nach oben und unten weisend auf eine durchlaufende Verbindungslinie aufzureihen. Dagegen hat man höchst bezeichnendermaassen bis jetzt kein einziges Beispiel eines vegetabilisch charakterisirten Bogenfrieses in der mykenischen Kunst gefunden. Es ist dieser Umstand um so bezeichnender, als die Mykenäer sowohl den Rundbogen als den Spitzbogen in fortlaufender Friesform sehr wohl gekannt und insbesondere an getriebenen Metallbechern zur

---

publicirt hat. Löscheke glaubt das Ornament von den Nautilus-Darstellungen ableiten zu sollen. Ich sehe eine Wellenlinie, in deren Buchten mandelförmige, seitwärts geschwungene Knospen oder Blätter sitzen, ohne gleichwohl durch einen Stengel mit der Wellenlinie verbunden zu sein; die kleinen Schlangenlinien mit Punkt dienen offenbar zum Abschlusse der Zwickel.

[18]) Bei Perrot und Chipiez a. a. O. III. Fig. 576 D ist ein mit der Wellenranke verziertes Geschmeide abgebildet, das aus Curium stammt und von Perrot phönikischem Ursprung zugewiesen wird. Dieses Beispiel hat wohl auch Böhlau im Auge, wenn er (Jahrb. 1888 S. 333) zum böotischen Beispiel einer Wellenranke (siehe Fig. 80) von kyprisch-griechischen Goldschmiedesachen spricht, die das in Rede stehende Motiv zur Schau tragen. In Anbetracht der Vereinzelung und des dem allgemeinen Charakter nach gewiss späten Entstehungsdatums dieses Geschmeides kann man dasselbe in der That nur mit Böhlau griechischem Ursprunge zuweisen.

1. Mykenisches.

Anwendung gebracht haben[19]). Auch auf Vasen ist der geometrische Bogenfries nicht selten[20]).

So einfach also das Schema der fortlaufenden Wellenranke sich vom Standpunkte unserer heutigen Uebersicht über das vergangene Kunstschaffen darstellen mag, ist es doch zu jener Zeit eine Errungenschaft gewesen, die wir als epochemachend in der Geschichte der Ornamentik bezeichnen dürfen. Und nicht genug damit: die mykenische Kunst hat auch die zweite künstlerisch mögliche Variante des Wellenrankenmotivs, die *intermittirende Wellenranke* gekannt und geübt. Der Beweis liegt vor auf einer Vase aus dem Sechsten Grabe (Fig. 52)[21]). Die typische Form, in welcher das Motiv in der späteren griechischen Kunst und in allen späteren Künsten überhaupt, überwiegend gebraucht worden ist, soll gleich nachstehend durch ein Beispiel von einer melischen Vase (Fig. 53 nach Conze, Melische Thongefässe I, 5) illustrirt werden.

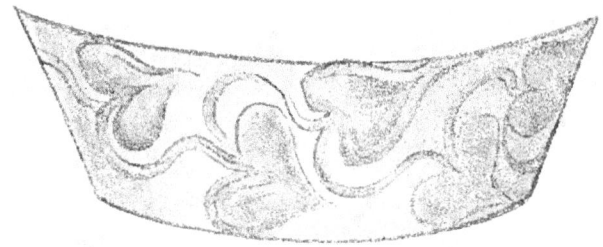

Fig. 52.
Gemalte Epheuranke von einer Vase aus dem Sechsten mykenischen Grabe.

um die Identität desselben im letzten Grunde mit dem mykenischen Beispiel zu belegen. Die Wellenlinie läuft an Fig. 53 nicht in einem ununterbrochenen Flusse fort, sondern erscheint an den Berg- und Thalpunkten unterbrochen durch Blüthenmotive, die sich daselbst in genau derselben Weise ansetzen wie die Lotus-Blüthen und Knospen an die einseitigen Bogenreihen in der egyptischen (Fig. 22) und assyrischen (Fig. 34) Kunst. Die Blüthenformen in Fig. 53 sind ebenfalls unverkennbare Abkömmlinge von egyptischen Vorbildern: dies beweist das spitzblättrige Lotusprofil und die Volutenkelche, die allerdings missverstandener Weise in Kreise transformirt erscheinen, mit Ausnahme der äussersten Blüthe links, wo die Volute als solche noch deutlich zu Tage tritt. Das mykenische Beispiel Fig. 52 unterscheidet sich nun von der eben betrachteten Fig. 53 in Bezug auf das zu Grunde liegende

[19]) Schliemann, Mykenä Fig. 475, 453.
[20]) Z. B. Myken. Thongefässe IV, 17.
[21]) Myken. Thongefässe XI, 56.

124   B. Das Pflanzenornament in der griechischen Kunst.

Rankenschema bloss dadurch, dass an ersterem die Intermittirungen nicht an die Berg- und Thalpunkte verlegt sind. Zu Grunde liegt aber auch der Fig. 52 zweifellos die Wellenlinie, die nur zum Unterschiede von Fig. 53 ungefähr in der Mitte einer jeden auf- und absteigenden Schwingung intermittirt. Und selbst dieser Unterschied ist als wesentlich und charakteristisch nicht genug zu betonen, da er gleichfalls in hohem Grade geeignet ist, dasjenige zu bestätigen, was wir vom Charakter der mykenischen Pflanzen-Ornamentik im Allgemeinen gesagt haben.

Die Kunst, die uns an den melischen Vasen entgegentritt, steht bereits im erneuerten Banne eines entschiedenen orientalischen Einflusses, der sich weit unmittelbarer und autoritärer geltend gemacht hat, als der-

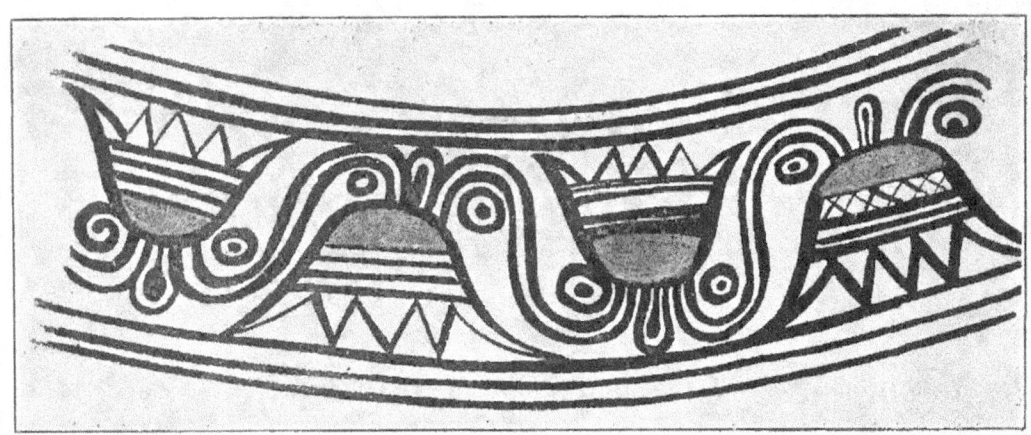

Fig. 53.
Gemaltes Ornament einer intermittirenden Wellenranke von einer melischen Vase.

jenige, dem die „mykenischen" Künstler ihre Blüthenmotive verdankten. Es hängt dies mit Geschehnissen der nachmykenischen Zeit zusammen, deren Erörterung an geeigneterer Stelle nicht vorgegriffen werden darf. Die Errungenschaften der Wellenranke haben nun die griechischen Künstler auch der nachmykenischen Zeit niemals mehr preisgegeben, aber die Stilisirung ist mit dem Eindringen der strengen orientalischen Typen gleichfalls eine strengere geworden. Die Lotusblüthen in Fig. 53 weisen ganz so wie die egyptischen parallel zur Axe des Gefässes entweder aufwärts oder abwärts[22]). An der mykenischen

---

[22]) Struktursymboliker werden freilich dieses Auf- und Abwärtsweisen als feinsinnige Bezugnahme auf die Function des Aus- und Eingiessens auffassen. Dies würde nun allenfalls für den Hals einer Vase passen; Fig. 53

1. Mykenisches.

Wellenranke Fig. 52 manifestirt sich dagegen der freie oder nur innerhalb loser Fesseln sich bewegende Zug, den wir schon wiederholt an Fig. 46—49 u. s. w. hervorzuheben Gelegenheit hatten. Die angesetzten Epheublätter weisen nicht starr nach auf- oder abwärts, sondern erscheinen schräg projicirt, um die einseitige Richtung zu durchbrechen; dabei weisen ihre Spitzen dennoch, wie es dem Schema zukommt, einmal nach oben und dann wiederum nach unten. Die Gefälligkeit des Motivs ist eine bestechende und muss insbesondere denjenigen Wunder nehmen, der die Blüthezeit dieser Kunst in möglichst fernabliegende Zeiten zurückverlegen möchte. An Fig. 53 tritt dagegen das Schema platt und deutlich zu Tage, und es bedarf erst genaueren Zusehens, um uns zu überzeugen, dass es das gleiche Schema ist, das wir auch an Fig. 52 befolgt gesehen haben.

Wenn die abweichende nüchterne Form von Fig. 53 dem Einflusse orientalischer Art der Stilisirung zugeschrieben wurde, so ist damit zugleich gesagt, dass der antike Orient in vorhellenistischer Zeit die intermittirende Wellenranke ebensowenig gekannt hat, wie die fortlaufende Wellenranke, — und um so weniger gekannt haben konnte, als das intermittirende Schema gegenüber dem fortlaufenden eine Weiterbildung und Complication darstellt. Der Umstand dass wir es hier mit einer vegetabilischen Wellenlinie, mit einer wirklichen Pflanzenranke zu thun haben, wofür wir bei Betrachtung der fortlaufenden Wellenranke mangels von Blumen- oder Blätteransätzen an den bezüglichen mykenischen Denkmälern keinen absoluten Nachweis führen konnten, erscheint ausser Zweifel gesetzt durch die „Epheublätter", in welchen die Wellenranke in Fig. 52 intermittirt.

Es wurde schon früher erwähnt, dass Goodyear[23] für eine ganz ähnliche Stilisirung der Lotusblätter (S. 51) in der egyptischen Kunst Beispiele anzuführen weiss, und deshalb das *Epheublatt* einfach auf altegyptischen Ursprung zurückführt. Was gegen einen solchen Zusammenhang zu sprechen scheint, ist der Umstand, dass das „Epheublatt" in der mykenischen Kunst gerade immer in solcher Behandlung entgegentritt, die gar nichts Egyptisches an sich hat. Von dem specifisch mykenischen Charakter des Zweiges Fig. 46 war schon früher die Rede; das gleiche gilt womöglich in erhöhtem Maasse von Fig. 52. In der späteren grie-

befindet sich aber auf der Schulter einer solchen (Fig. 66). Auch in dieser Beziehung haben die Nachredner Semper's viel zu viel hineingedeutet.

[23] a. a. O. S. 161 ff.

chischen Kunst ist das Epheublatt von der geschwungenen Ranke meist unzertrennlich; wo es lose gereiht vorkommt, dort zeigt es höchst charakteristischer Massen sehr frei bewegte Formen, wofür ein sprechendes Beispiel auf der Schulter einer bei Salzmann, Nécropole de Camiros Taf. 47 publicirten Vase. Auch die nicht seltenen etruskischen Beispiele von „Epheublättern", die Goodyear's Scharfblick nicht entgangen sind, treten gewöhnlich in Begleitung von geschwungenen Rankenstengeln auf. Was aber doch wieder andererseits eine Entlehnung aus egyptischem Gebiete als das Wahrscheinlichste erscheinen lässt, ist der Umstand, dass es ein in der Geschichte der Ornamentik bis zu diesem Punkte und noch lange nachher unerhörtes Ereigniss bedeuten würde, wenn man ein so unbedeutendes Ding wie ein Blatt an und für sich, um seiner selbst willen, unter die Zierformen aufgenommen hätte. Es erscheint daher immer noch als das Wahrscheinlichste, dass das „Epheublatt" als Blüthenform aus fremdem Kunstbesitz von den „mykenischen" Künstlern übernommen wurde.

Wir fassen nunmehr das Ergebniss zusammen. In der mykenischen Kunst begegnet uns überhaupt zum ersten Male eine frei bewegte Pflanzenranke zu dekorativen Zwecken verwendet. Ferner ist die mykenische Kunst, so viel wir sehen können, die Wiege der fortlaufenden sowie der intermittirenden Wellenranke gewesen, d. h. derjenigen zwei Pflanzenrankenmotive, die der griechischen Kunst, und zwar dieser zuerst innerhalb der ganzen antiken Kunstgeschichte, ganz besonders eigenthümlich gewesen sind. Wer vorschauend sich der entscheidenden Rolle bewusst ist, welche das Rankenornament in der Folgezeit, in der hellenistischen und in der römischen Kunst, dann im Mittelalter namentlich in der saracenischen[23a]), endlich in der Renaissancekunst bis auf den heutigen Tag gespielt hat, wird erst voll ermessen, welche epochale Bedeutung jener Zeit und jenem Volke beigemessen werden muss, wo dasselbe zum ersten Male nachweislich geübt wurde. Das Motiv der frei bewegten Pflanzenranke ist in diesem Lichte betrachtet ein überaus sprechender Ausdruck für den griechischen Kunstgeist überhaupt. Ebenso wie dieser die uralt egyptischen Blüthenmotive nach den Gesetzen des

---

[23a]) Die intermittirende Wellenranke ist u. A. noch heute das gebräuchlichste Bordürenmotiv an persischen Teppichen. Da kein assyrisches oder achämenidisches Denkmal über die einseitigen Bogenreihen hinausgekommen ist, wird es wohl für niemand Unbefangenen mehr einen Zweifel leiden, dass dieses Motiv erst mit der hellenistischen Invasion in das Festland von Asien gelangt ist.

Formschönen in der denkbar gefälligsten Weise umgebildet hat, so hat er auch die vollkommenste Weise der Verbindung zwischen diesen Blüthen gefunden: die im wohllautenden Rhythmus verfliessende Ranke. Kein Vorbild in der Natur konnte auf das Zustandekommen der Wellenranke unmittelbaren Einfluss üben, da sie sich in ihren beiden typischen Formen, insbesondere in der intermittirenden, in der Natur nirgends findet: sie ist ein frei aus der Phantasie heraus geschaffenes Produkt des griechischen Kunstgeistes.

Von diesem Gesichtspunkte aus gewinnen wir aber eine neue, fundamentale Anschauung von der geschichtlichen Stellung der mykenischen Kunst überhaupt: die mykenische Kunst erscheint uns hiernach als der unmittelbare Vorläufer der hellenischen Kunst der hellen historischen Zeit. Das Dipylon und was sonst dazwischen lag, war nur eine Verdunkelung, eine Störung der angebahnten Entwicklung. Und wenn es einen Zusammenhang giebt zwischen kunstgeschichtlichen Beobachtungen und ethnographischen Verhältnissen, so werden wir den Rückschluss wagen dürfen, dass das Volk, welches die mykenische Kunst gepflegt hat, mögen es nun die Karer oder sonstwelchen Namens gewesen sein, — dass dieses Volk eine ganz wesentliche Componente des späteren griechischen Volksthums gebildet haben muss. Die zweite grosse Staffel der Kunstgeschichte, welche die voralexandrinische Kunst der Hellenen repräsentirt, — die „mykenischen" Künstler haben sie bereits erklommen. Wenn Puchstein in den Säulen des Atridenschatzhauses die wahren protodorischen Säulen erblickt hat, so werden wir in der Ornamentik der mykenischen Vasen und Goldsachen die wahre protohellenische Ornamentik sehen dürfen, ebenso wie in der Kriegervase, dem Becher von Vaphio u. s. w. die unmittelbaren Vorläufer jener Darstellungen rein menschlicher Thaten und Vorgänge, wie sie die reife hellenische Kunst auch auf gewöhnlichen Alltagswerken dem Auge vorzuführen gesucht hat.

Die erörterte Bedeutung des Rankenornaments, insbesondere der Wellenranke, in der mykenischen Kunst ist, wie es scheint — bisher nicht genügend erkannt worden. Der einzige, dem meines Wissens das Vorkommen der Wellenranke in den vor- und frühgriechischen Stilen Anlass zu einigen Bemerkungen gegeben hat, ist J. Böhlau[24]) gewesen, der das Schema der fortlaufenden Wellenranke, wie es sich an einigen von ihm untersuchten böotischen Vasen findet, ganz richtig mit dem

---

[24]) Jahrb. des deut. archäol. Inst. 1888, S. 333.

mykenischen Beispiel Fig. 50 in Verbindung gebracht und dasselbe als specifisch griechisch erkannt hat, ohne die Sache weiter zu verfolgen. Goodyear ist das Vorkommen der fortlaufenden Wellenranke in der mykenischen Kunst augenscheinlich entgangen, nicht aber die intermittirende Variante auf der Vase Fig. 52. Er giebt auch zu, dass dies ein Motiv, und zwar — wie er meint — das einzige Motiv sei[25]), das der mykenischen und der späteren griechischen Kunst gemeinsam gewesen ist. Einen kausalen Zusammenhang zwischen beiden durfte er aber nicht zugestehen, kraft des Vorurtheils, in dem er hinsichtlich des Allgemeincharakters der mykenischen Kunst und ihrer Träger befangen ist. Die „Mykenäer" sind in Goodyear's Anschauung karische Söldner gewesen, kriegerische Beutemacher, die in Egypten aus Anschauung etwas erlernt haben, und es zu Hause schlecht und recht nachmachten. Das tiefer liegende künstlerische Moment kam, wie auch sonst in der Regel in Goodyear's Buche, bei dieser Beurtheilung gar nicht in Rechnung. Eine Erklärung für die konstatirte Gemeinsamkeit musste aber von ihm gleichwohl geliefert werden.

Diese Erklärung Goodyear's lautet dahin, dass das Motiv von Fig. 52 in der griechischen Kunst erst vom 5. Jahrhundert ab vorkommt, (was schon durch das melische Beispiel Fig. 53 widerlegt erscheint), dass Zwischenglieder fehlen und daher eine beiderseitige Entlehnung aus einem dritten Gebiet angenommen werden müsse. Als dieses dritte Beispiel bezeichnet Goodyear Cypern und zwar auf Grund einer bei Cesnola, Cyprus S. 145 abgebildeten Steinvase und eines daselbst auf S. 190 publicirten Terracotta-Sarkophags. Keines der beiden Beispiele zeigt aber eine intermittirende Wellenranke, und überdies sind beide zweifellos griechischen Ursprungs. Die Steinvase enthält Epheublätter auf einen geraden Stengel aufgereiht; die als Palmette gestaltete Henkelattache lässt über den griechischen Ursprung dieses Stückes keinen Zweifel. Der Sarkophag enthält allerdings die Epheublätter auf eine fortlaufende (nicht auf eine intermittirende) Wellenranke aufgereiht; dieselbe macht aber einen völlig ausgeprägt griechischen Eindruck, und da Cesnola selbst über das Alter sich nicht ausspricht, auch die Fundumstände keinen wie immer gearteten Schluss zulassen, so kann auch dieses Beispiel nicht für einen Beweis des Vorkommens der Wellenranke in der phönikisch-kyprischen Kunst angesehen werden. In der Kritiklosigkeit, die Goodyear in dieser Frage bekundet, wurde

---

[25]) A. a. O. 314.

1. Mykenisches.

er offenbar vollends bestärkt durch den Umstand, dass Flinders Petrie im Jahre 1890 zwei Beispiele von Wellenranken im Typus von Fig. 52 in Egypten gefunden haben soll, datirbar in die Zeit der 19. oder den Beginn der 20. Dynastie. Selbst wenn sich die Identität dieser zwei Beispiele mit dem intermittirenden Typus von Fig. 52 herausstellen sollte, wäre dies mit Rücksicht auf das massenhafte mykenische Geschirr, das in Egypten (namentlich von Petrie) gefunden wurde, nicht entscheidend für egyptischen Ursprung. Zwischen dem bornirten egyptischen Kunstgeist und demjenigen der sich in der griechischen Pflanzenranke ausspricht, liegt eben eine ganze Welt.

Der freie naturalistische Zug, der sich im Rankenornament ausspricht und dessen Vorhandensein in der mykenischen Kunst Goodyear schlankweg leugnet, lässt sich bei aufmerksamer Beobachtung auch an gewissen Einzelmotiven der mykenischen Blüthenornamentik beobachten. Wir haben schon vorhin (S. 115 f.) gesehen, dass die „Mykenäer" die gebräuchlichsten Voluten-Blüthenmotive nicht sklavisch nach dem egyptischen Typus kopirt, sondern mehr oder minder frei nachgebildet haben. Möglicherweise haben sie in der That bei der Einzeichnung der Palmettenfächer an Staubfäden gedacht, die Furtwängler darin erblicken will. Es würde sich darin eine naturalisirende Tendenz

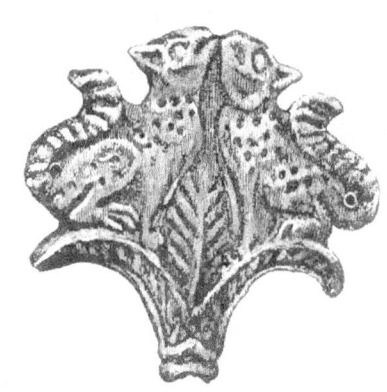

Fig. 54.
Getriebenes Goldplättchen. Mykenisch.

aussprechen, die das seiner formalen Schönheit (oder symbolischen Bedeutung?) halber übernommene Motiv der verständlichen Wirklichkeit, der realen Pflanzennatur anzunähern bestrebt gewesen wäre. Der Nachweis dafür, dass bei der Nachbildung der egyptischen Volutenmotive eine solche Tendenz vorhanden gewesen ist, lässt sich in der That wenigstens an einem Typus führen, dessen Diskussion seinerzeit (S. 116) für diese Gelegenheit vorbehalten wurde.

Es ist dies das Motiv des reinen *Dreiblattes*, woran zwei mehr oder minder volutenförmig gestaltete Blätter als Kelch dienen, aus welchem sich das dritte Blatt als krönende Zwickelfüllung erhebt. Als Beispiel diene das Goldblech Fig. 54[26]) mit affrontirtem Pantherkatzen-Paar über

---

[26]) Schliemann, Mykenä Fig. 266. Weitere Beispiele ebendas. Fig. 87, 264, 265, 470.

130 B. Das Pflanzenornament in der griechischen Kunst.

dem Dreiblatt. Die einzelnen Blätter zeigen eine deutliche vegetabilische Stilisirung mit Mittelrippe und divergirenden Seitenrippchen. Diese Stilisirung ist den analogen egyptischen Lotus-Dreiblättern[27] fremd. Man könnte daher versucht sein das mykenische Dreiblatt, wie es in Fig. 54 entgegentritt, für eine selbständige mykenische Erfindung zu halten, wenn sich der Zusammenhang desselben mit egyptischen Vorbildern nicht monumental nachweisen liesse.

Den Ausgangspunkt für diesen Nachweis bildet die berühmte, in Stein skulpirte Decke von Orchomenos (Fig. 55 nach Schliemann,

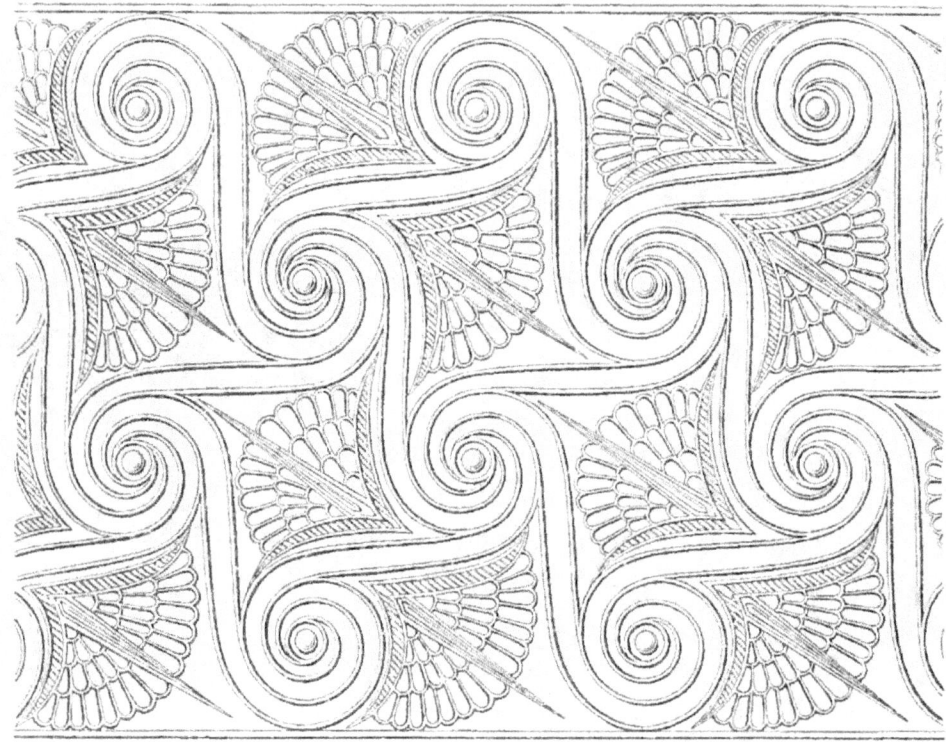

Fig. 55.
Skulpirtes Deckenornament von Orchomenos.

Orchomenos Taf. 2). Wer den entwicklungsgeschichtlichen Faden der Ornamentik, soweit wir ihn bisher entrollt haben, sich gegenwärtig hält, dem wird auf den ersten Blick insbesondere die daran (Schliemann, ebendas. Taf. 1) durchgeführte entschiedene Scheidung zwischen Innenfeld und Bordüre auffallen. Doch müssen wir die Erörterung dieses Punktes vorläufig verschieben und vor Allem jene Umstände in's Auge fassen, welche einen unmittelbaren Zusammenhang des vorliegenden

---

[27] Z. B. Fig. 20 in Skulptur, aber auch in der minder strengen Malerei.

1. Mykenisches. 131

Deckenmusters mit egyptischen Vorbildern zu beweisen geeignet sind. Es ist dies namentlich die Musterung in Spiralen, deren je vier immer an einem mittleren Auge zusammenlaufen. Genau dasselbe Schema finden wir wieder an einer gemalten egyptischen Deckendekoration (Fig. 56)[28]. Die vier sphärischen Zwickel, die durch je vier benachbarte Spiralen gebildet erscheinen, sind in letzterem Falle mit je einem Zwickellotus ausgefüllt, so dass in der Mitte noch Raum bleibt für eine Rosette. Dagegen ist am mykenischen Beispiel Fig. 55 immer nur einer von je vier Zwickeln ausgefüllt, aber das zur Füllung desselben verwendete Motiv ist zweifellos ebenfalls einem gleichgearteten egyptischen Vorbilde entlehnt. Auch das mykenische Füllungsmotiv zeigt nämlich die Grundform eines aus drei langen und spitzen Blättern gebildeten Blumenprofils; die dazwischen eingezeichneten Blätter sind in Fig. 56 allerdings von spitzer Form, in Fig. 55 dagegen abgerundet, welche Abweichung aber keineswegs als eine wesentliche gelten darf, da auch für diese Art der Stilisirung des Zwickellotus ein egyptisches Vorbild vorliegt, nämlich die Lotuspalmette, die in der egyptischen Kunst zur Zwickelfüllung in spiralengemusterten Bändern unterschiedslos neben dem spitzblättrigen Lotusprofil verwendet vorkommt. Das

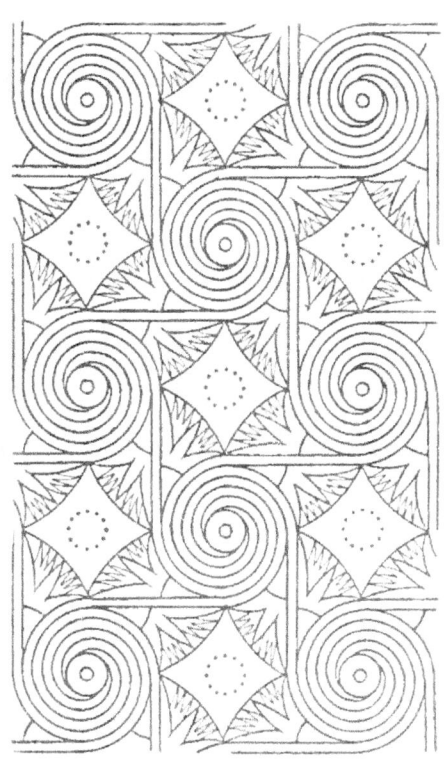

Fig. 56.
Gemaltes egyptisches Deckenmuster.

Zerfallen der den Fächer an Fig. 55 bildenden abgerundeten Blätter in je vier Zonen ist nicht minder egyptisch und könnte vielleicht mit der technischen Herstellung[29] zusammenhängen. Als ein wesentliches Moment muss aber die Schraffirung der beiden Kelchblätter betont werden, die sich den Spiralen sphärisch anschmiegen. Das dritte, füllende Spitzblatt ist nicht quer schraffirt, sondern der Länge nach durch Furchen gegliedert.

[28] Prisse d'Avennes, Ornementation des plafonds, postes et fleurs, No. 3.
[29] Vielleicht waren die durch Stege begrenzten Zellen dazu bestimmt Emailpasten aufzunehmen.

9*

132   B. Das Pflanzenornament in der griechischen Kunst.

Wenn man von der Schraffirung der Kelchblätter absieht, so trägt das Ganze einen ziemlich strengen Charakter, was auch in dem Umstande wohlbegründet ist, dass die Kopie des zu supponirenden egyptischen Vorbildes offenbar in recht genauer Weise erfolgte.

Die konstatirte Genauigkeit der Uebertragung mochte vielleicht damit zusammenhängen, dass die Decke von Orchomenos in Steinrelief ausgeführt worden ist. Freiere Bewegung war erst dann ermöglicht, wenn es sich um Ausführung in einer freieren Technik z. B. in Wandmalerei handelte. Hiefür haben wir ein Beispiel aus Tiryns (Fig. 57)[30], das uns in trefflicher Weise dazu dienen wird, den Process der weiteren Verarbeitung des Motivs durch die mykenischen Künstler zu verfolgen. Das Grundschema ist hier das gleiche wie in Orchomenos: Spiralen

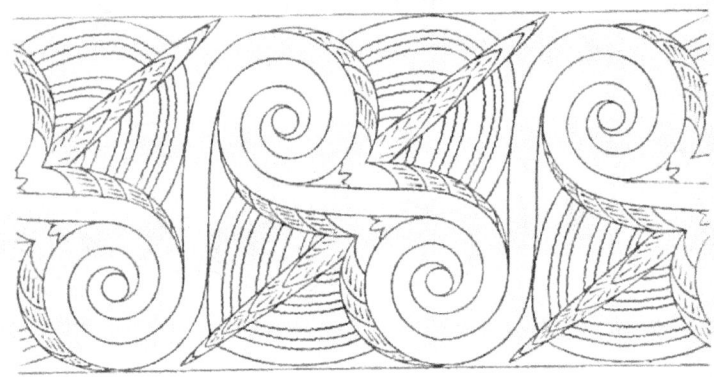

Fig. 57.
Ornamentale Wandmalerei aus Tiryns.

mit Zwickellotus[31]; dazu im Saum Rosetten und zu äusserst die zahnschnittartigen Stäbchen, ebenfalls genau wie an der Decke von Orchomenos. Uns interessirt hier vornehmlich der Zwickellotus. Von den drei spitzen Blättern, die das Gerippe desselben bilden, sind hier nicht bloss die beiden seitlichen durch Schraffirung gleichsam als gerippt charakterisirt, sondern auch das füllende mittlere Blatt: also ein zweifellos naturalisirender Zug, den wir an denselben Typen in der egyptischen Kunst nirgends vorfinden. Hinsichtlich des Palmettenfächers hat es sich der Maler sehr bequem gemacht, indem er nicht die einzelnen radianten Blätter, sondern die der Breite nach angeordneten

---

[30] Schliemann, Tiryns Taf. V.
[31] Da es sich hier um eine schmale Bordüre handelt, setzen an jedem Auge nur je zwei Spiralen ab, was natürlich die Identität beider Muster nicht alterirt.

Zonen von Fig. 55 mit Strichen angegeben hat. Dagegen ist der Zwickellotus in Fig. 57 gegenüber Fig. 55 um den dreiblättrigen Ansatzkelch im innersten Spiralenwinkel vermehrt, was nach früheren Auseinandersetzungen (S. 65) wiederum einem echt egyptischen Postulat entspricht.

Die gefiederten Lotusprofil-Blätter in Fig. 57 nun, die einerseits mit denjenigen von Fig. 55 auf's Engste zusammenhängen, dürften andererseits wohl als die nächsten Verwandten jener gefiederten Dreiblätter angesehen werden, die uns an Fig. 54 begegnet sind. Der naturalisirende Zug, der sich an den Goldblättchen gleich Fig. 54 ausspricht, tritt auch an der Wandmalerei Fig. 57 zu Tage, deren egyptisches Vorbild ausser Zweifel stünde, auch wenn uns die Decke von Orchomenos nicht zu Hilfe käme. Diese letztere (Fig. 55) zeigt uns das egyptische Vorbild verhältnissmässig am reinsten kopirt: aber selbst hier konnten wir an der Schraffirung der seitlichen zwei Spitzblätter eines jeden Zwickellotus die beginnende Neigung zur naturalistischen Charakterisirung beobachten. Auch diese Neigung ist eine echt griechische, die durch Dipylon und orientalisirende Stile lediglich verdunkelt wurde, und zwar so nachhaltig verdunkelt, dass sie erst in der perikleischen Zeit, die auch schon in so vielen anderen Beziehungen die unmittelbare Vorläuferin der hellenistischen gewesen ist, wiederum zu mächtiger und gestaltender Geltung gelangte. Zum Beweise dessen nenne ich, der weiteren Schilderung der Entwicklung vorgreifend, die gesprengte Palmette und den Akanthus.

Also nicht so sehr die pflanzlichen Motive selbst, sondern ihre Behandlung ist es, wodurch sich ein selbständiges Kunstschaffen an den Ueberresten der mykenischen Kultur kundgiebt. Gerade die in dieser Kunst gebräuchlichsten Blüthenmotive liessen sich auf dem Wege der Vergleichung auf die alten egyptischen Typen mit Volutenkelch zurückführen. Wasserpflanzen darin zu erblicken, wie bisher vielfach angenommen wurde, halte ich nicht für gerechtfertigt. Man hat dabei augenscheinlich die schmalen Schilfblätter im Auge gehabt, wie sie z. B. an Fig. 49 vom undulirenden Hauptstamme abzweigen. Solche schilfartige Blätter finden sich aber auch an egyptischen Vorbildern, z. B. an Fig. 40 in der Bekrönung alternirend mit Lotus. Der Unterschied zwischen diesem egyptischen und jenem mykenischen Beispiel beschränkt sich im Wesentlichen bloss darauf, dass die Schilfblätter dort gerade und selbständig emporsteigen, hier dagegen von einem gemeinsamen Stamme abzweigen: es ist also wiederum eine verschiedene Behandlung der gleichen Grundmotive, die

134   B. Das Pflanzenornament in der griechischen Kunst.

— wie wir gesehen haben — das Verhältniss der mykenischen zur egyptischen Pflanzenornamentik überhaupt kennzeichnet.

Zweifellos enthält aber die mykenische Ornamentik auch eine Reihe von Motiven, deren Ursprung wir aus der egyptischen Kunst abzuleiten nicht im Stande sind, und die wir daher, vorläufig wenigstens, als Originalschöpfungen dieser Kunst ansehen müssen. Vor Allem sind dies Motive animalischer Natur, was ja um so begreiflicher erscheinen wird, wenn wir uns erinnern, dass der Mensch allenthalben[32] am frühesten die Lebewesen aus seiner Umgebung, sei es plastisch, sei es zeichnerisch, auf einer Fläche nachzubilden versucht hat. Den küsten- und inselbewohnenden „Mykenäern" wird der essbare, vielleicht einen Hauptbestandtheil ihrer Nahrung gebildet habende Tintenfisch oder der Polyp[33] näher gestanden sein als etwa der Ibis oder die Brillenschlange. Der Tintenfisch ist denn auch dasjenige — und zwar das einzige — Motiv, dessen Originalität Goodyear (S. 311) den Trägern der mykenischen Kunst zugesteht; er verweist hiebei auch recht überzeugend auf die Bedeutung, die dieses Seethier noch heute für die Bevölkerung der Levante besitzt. Selbständige Entstehung mag man ferner den Schmetterlingen[34] einräumen, deren Stilisirung (Kopf und Fühler) sich als ein gemeinsames Produkt egyptischer und mykenischer Weise darstellt. Aber auch ein anscheinend vegetabilisches Motiv finden wir in der mykenischen Kunst (Fig. 58)[35], wofür es wohl recht schwer fallen dürfte ein egyptisches Vorbild beizubringen, dem vielmehr ein naturalistischer Ckarakter innezuwohnen scheint. Die Projektion stellt sich dar in halber Vollansicht, hat aber mit der egyptischen Palmette augenscheinlich nichts zu thun. In der Akanthus-Palmette werden wir eine verwandte Bildung kennen lernen; für die Herstellung eines beiderseitigen Zusammenhangs fehlen aber alle Zwischenglieder. Es gewinnt somit den Anschein, dass dieses pflanzliche Motiv, ebenso wie der Tintenfisch und der Schmetterling, im

---

[32] Wie die Troglodyten in der Dordogne, vgl. S. 21.

[33] Der Polyp auf assyrischen Reliefs (Layard, Monuments I. 71) hat gewiss auch selbständige gegenständliche Bedeutung und weder mit dem mykenischen Polypen noch mit etwaigen egyptischen Vorbildern kunstgeschichtlich irgend etwas zu thun.

[34] Schliemann, Mykenä Fig. 243; von Insekten haben die Egypter die Heuschrecke zur Darstellung gebracht: Prisse d'A., Ornementation des plafonds bucrânes unten.

[35] Goldblättchen bei Schliemann, Mykenä Fig. 249, dann Fig. 247, 248, 250.

weiteren Verlaufe der Kunstentwicklung auf griechischem Boden verschwunden und den strenger orientalisirenden Motiven Platz gemacht hat.

Die Bedeutung, welche der Spirale in der egyptischen Kunst für die Fortbildung der Pflanzenornamentik eingeräumt werden musste, zwingt uns, auch auf ihre Stellung in der mykenischen Kunst näher einzugehen, trotzdem dieses Motiv von Haus aus ein geometrisches ist

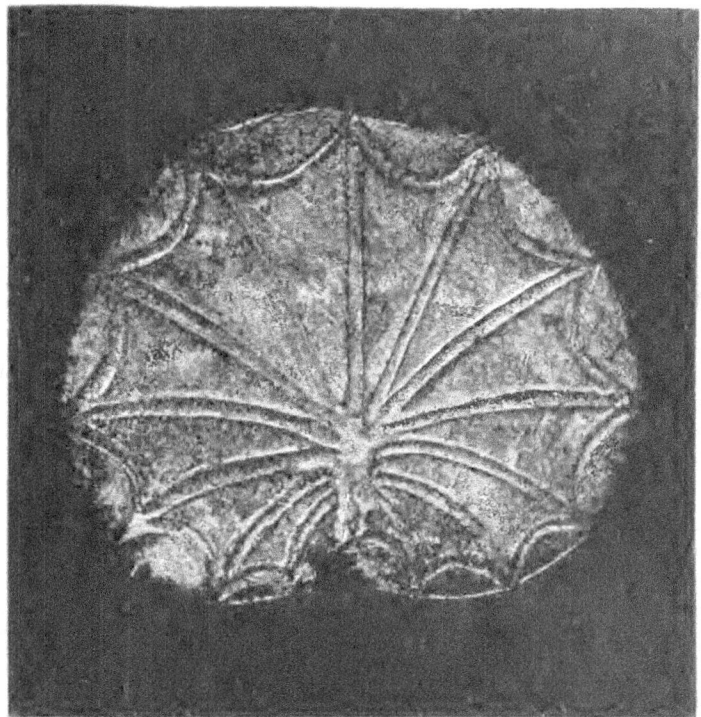

Fig. 58.
Gestanztes Goldplättchen. Mykenisch.

und daher um seiner selbst willen in einer Untersuchung über das Pflanzenornament keinen Raum beanspruchen könnte.

Eines der einfachsten Spiralenmuster in Bordürenform bietet die Wand eines hölzernen Kästchens (Fig. 59)[36]. Die fortlaufende Spirale windet sich hier um ein mittleres Auge, ähnlich wie das egyptische Beispiel, Fig. 25, wo das Auge mittels einer Rosette verziert erscheint. Das Grundelement ist beiderseits ein geometrisches, bandartiges: in Fig. 25 ist es gemalt, in Fig. 59 im Holze vertieft zu denken. Soweit wäre die Uebereinstimmung in allem Wesentlichen aufrecht: einen bemerkenswerthen Unterschied ergiebt erst die Betrachtung der Zwickelfüllung.

[36]) Schliemann, Mykenä Fig. 222.

136 B. Das Pflanzenornament in der griechischen Kunst.

An dem mykenischen Kästchen ist diese Füllung vielleicht eine völlig zufällige, gar nicht beabsichtigte, denn das sphärische Dreieck ist bloss durch die Furchen hervorgebracht, welche dazu nöthig waren, um einerseits die Spiralwindungen, anderseits den Aussensaum der Kästchenwand zu begrenzen. Man könnte in diesem Falle in der That sagen, dass das Zwickeldreieck durch die „Technik" bedingt sei: gewiss eine der allerprimitivsten Zwickelfüllungen[37]). Wir begegnen derselben bezeichnendermaassen auch bei den neuseeländischen Maori: vgl. Fig. 28 an der äussersten Windung rechts oben die Dreiecke, die auch nichts anderes sind als Zwickelfüllungen der Spiralen. Dagegen zeigt die egyptische Wandmalerei, Fig. 25, den ausgesprochenen Lotuskelch in

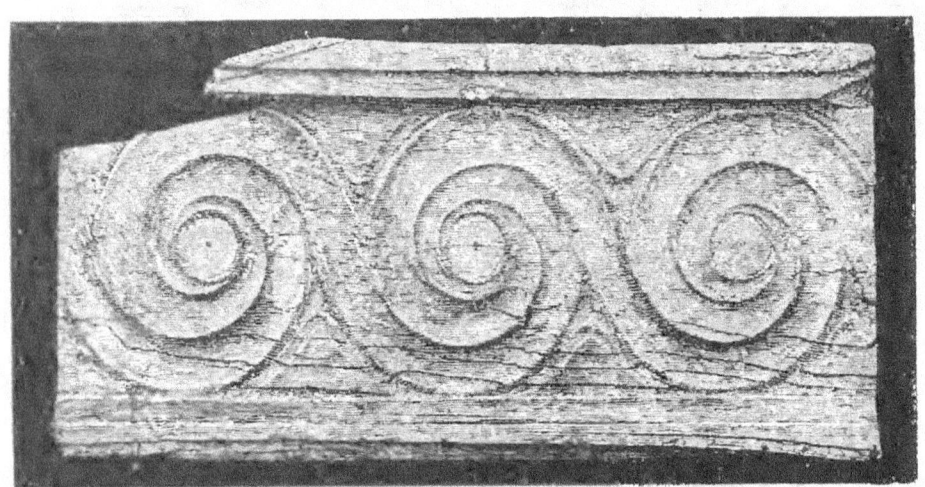

Fig. 59.
Geschnitzte Wand von einem Holzkästchen. Mykenisch.

Profil zur Zwickelfüllung verwendet. Man ist sich bereits einer künstlerischen Nothwendigkeit bewusst geworden, das neutrale Zwickelfeld mit einem ornamentalen Motiv auszufüllen.

Die mykenische Spiralornamentik ist auch über blosse bordürenartige Streifenverzierungen hinausgegangen. Zwei neben einander herlaufende Spiralen, die in ihrem Con- und Divergiren eine fortlaufende Reihe herzförmiger Configurationen bilden, zeigt die Vase bei Furtwängler u. Löscheke, Myken. Thongef. I, ohne jede Zwickelfüllung. Das gleiche Motiv, aber bereits mit Zwickelfüllung nach egyptischer Art, unter geometrischer Schematisirung der Zwickelpalmette

[37]) Die in der mykenischen Kunst öfter wiederkehrt: in Stein Tiryns Taf. IV, aber auch in Wandmalerei ebenda Taf. Xa, auf Vasen Myken. Thongefässe IV. 14, an einem Goldknopf bei Schliemann, Mykenä Fig. 422.

1. Mykenisches. 137

finden wir auf der Vase bei Furtwängler u. Löschcke, Myken. Vasen XII. 58. Legte man noch mehrere solcher Spiralen nebeneinander, so konnte man ganze Flächen damit überkleiden, wie dies an der goldenen Brustplatte, Fig. 60*), der Fall ist. Das gleiche Schema haben wir in der egyptischen Ornamentik durch Fig. 26 kennen gelernt. Der beiderseitige Unterschied beruht auch hier in der Zwickelfüllung. Die mykenische Brustplatte weist diesbezüglich ovale Motive auf, die sich mit den tropfenförmigen Zwickelfüllungen der egyptischen Kunst (Fig. 20)

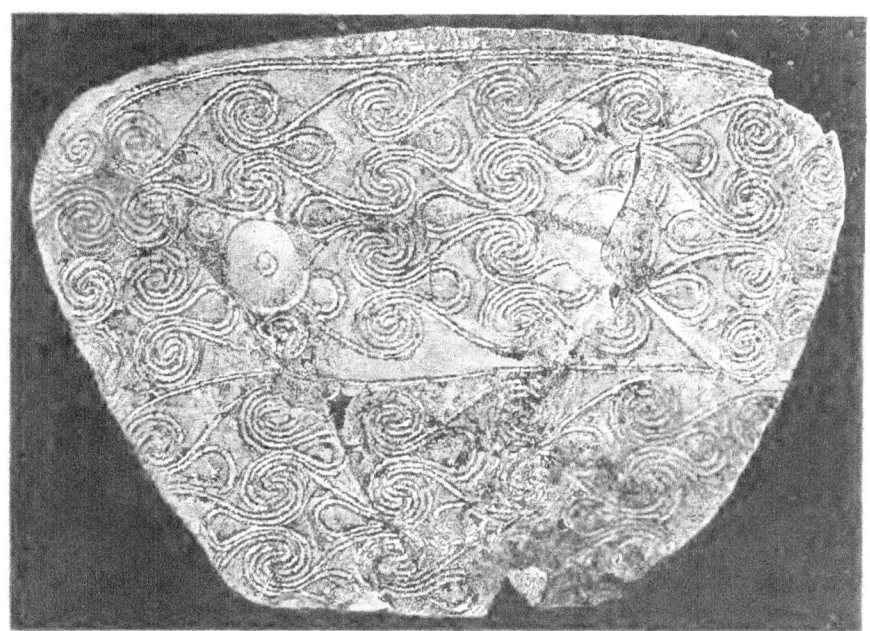

Fig. 60.
Goldene Brustplatte mit getriebenen Verzierungen. Mykenisch.

in Verbindung bringen lassen. Die egyptische Wandmalerei verwendet dagegen wiederum die typischen Zwickellotusblüthen.

Stellt sich nach dem bisher Gesagten die mit dem Zwickellotus ausgestattete Spirale als die specifisch egyptische Form derselben heraus, so ist doch daran zu erinnern, dass auch diese in der mykenischen Kunst nachgewiesen ist, wofür einfach bloss auf Fig. 55 und 57 verwiesen zu werden braucht. Die Uebereinstimmung dieser beiden Muster mit dem egyptischen, Fig. 56, ist eine so weitgehende, dass wir trotz einzelner Abweichungen im Detail an dem Zusammenhange zwischen beiden nicht länger zweifeln zu dürfen glaubten. Eine ganz ähnliche

*) Nach Schliemann, Mykenä Fig. 458.

Verwendung der Spirale finden wir ferner auf der steinernen Grabstele bei Schliemann Mykenä, Fig. 140, in diesem Falle aber bezeichnendermaassen ohne Zwickelfüllung. Es ergiebt sich daraus der Schluss, dass die „Mykenäer" das Postulat der Zwickelfüllung nicht als ein absolutes angesehen haben. Das Gleiche bestätigt der Rückverweis auf Fig. 59 und die hiezu citirten verwandten Beispiele.

Ist es nach all dem Gesagten nothwendig anzunehmen, dass die Mykenäer das Ornamentmotiv der Spirale von den Egyptern übernommen haben? Die Nachahmung egyptischer Spiralmuster ist zwar durch die Decke von Orchomenos über jeden Zweifel hinaus erwiesen: genügt dies aber, um das Aufkommen des Motivs selbst in der mykenischen Kunst auf Anlernung aus egyptischen Vorbildern zurückzuführen? Es ist überaus schwierig, eine entscheidende Antwort auf diese Frage zu geben. Ich muss mich daher darauf beschränken, meine Bedenken dagegen zu äussern, dass man heute schon, auf Grund der blossen Vergleichung der vorliegenden beiderseitigen Denkmäler, eine vollständige Abhängigkeit der mykenischen von der egyptischen Spiralornamentik behauptet, wie sie z. B. Goodyear über alle Zweifel erhaben ansieht.

Ich denke dabei keineswegs an die vielfach beliebte Ableitung der Spirale aus materiell-technischen Nothwendigkeiten, am wenigsten an die Drahtspirale, die zu diesem Behufe am häufigsten herangezogen wird. Weit eher könnte man diesbezüglich an die textile Schnur denken, die auf einen Untergrund aufgelegt und mit Ueberfangstichen befestigt erscheint. Die fortlaufende Schnur führt in solchem Falle sehr natürlich zu spiraligen Einrollungen, aus denen sie den Ausgang selber finden muss. Diese spiraligen Schnürchenstickereien bilden noch heute die Hauptverzierung der Tracht der Balkanbewohner und weiter in Kleinasien und Syrien, d. h. in solchen Ländern, die sämmtlich wenigstens in der zweiten Hälfte des ersten Jahrtausend v. Chr. dem Hellenismus anheimgefallen waren. Wir werden später sogar Beispiele kennen lernen (Fig. 87), dass specifisch altgriechische Ornamentmotive mittels der Schnürchenstickerei bis auf den heutigen Tag auf der Balkanhalbinsel dargestellt werden. Dies Alles berechtigt uns noch keineswegs, den Ursprung der Spirale auf die Technik der Schnürchenstickerei zurückzuführen. Die Schnürchenstickerei mochte sich des Motivs der Spirale als des ihr zusagendsten gern bemächtigt haben: die erste Schaffung desselben kann trotzdem auf das freie menschliche Kunstwollen zurückgehen. Dasjenige, was mich vor Allem zögern

1. Mykenisches.

lässt, die mykenische Spirale auf ausschliesslichen Anstoss von egyptischer Seite zurückzuführen, ist vielmehr der Umstand, dass die mykenische Kunst eine mit der Spirale sehr verwandte Ornamentik gebraucht hat, welche in der egyptischen, soviel wir sehen, nicht in Verwendung stand.

Das Element der Spiralornamentik in der mykenischen wie auch in der egyptischen Kunst ist das *Band*[39]. In der mykenischen Kunst kommt aber das Band nicht bloss in Spiralwindungen, sondern auch zu

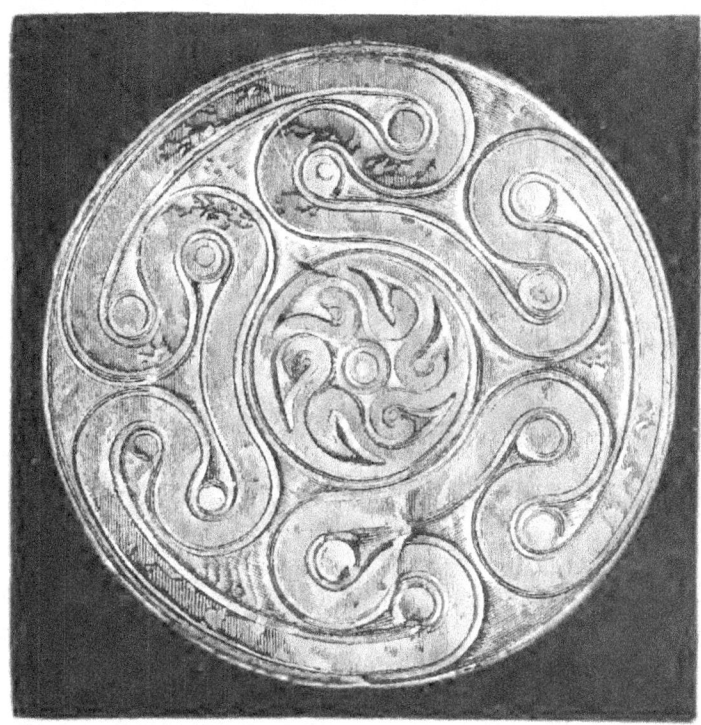

Fig. 61.
Goldplättchen mit getriebenen Verzierungen. Mykenisch.

anderen Configurationen angeordnet vor. Namentlich getriebene Goldplättchen (Fig. 61)[40] zeigen diese Bandornamentik. Als charakteristisch

---

[39] Bei der herrschenden Neigung überall hinter den primitiven Verzierungsformen die Einwirkungen der Textilkunst zu vermuthen, halte ich es für nöthig ausdrücklich zu betonen, dass mit der oben gebrauchten Bezeichnung „Band" durchaus keine Bezugnahme auf die Vorbildlichkeit eines textilen Bandes verknüpft zu denken ist. Das „Band" ist in diesem Fall nur eine besonders körperlich zur Darstellung gebrachte Linie. Bandornamentik in diesem Sinne treffen wir bei Völkern (Maori), die niemals ein textiles Band gekannt haben.

[40] Schliemann, Mykenä Fig. 245.

140   B. Das Pflanzenornament in der griechischen Kunst.

ist hiebei hervorzuheben, dass die Windungen der Bänder immer klar nebeneinander gelegt sind im Gegensatze zu den „Bandverschlingungen" der „nordisch-frühmittelalterlichen" Kunst. Sollte nicht auch diese Regelmässigkeit, so wie der rhythmisch undulirende Verlauf der mykenischen Bandornamente auf Rechnung des in der mykenischen Kunst latenten klassischen Kunstgeistes zu setzen sein[41])?

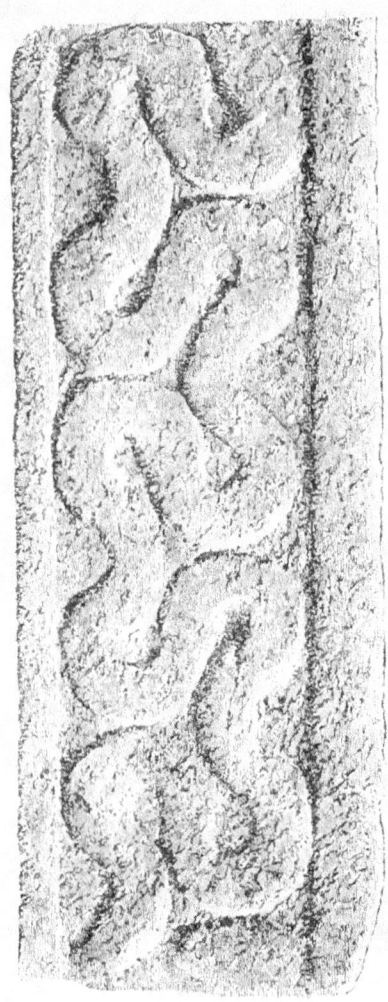

Fig. 62.
Skulpirtes Bandornament von einem Grabstein.

An Fig. 61 ist ferner der Umstand zu beachten, dass die einzelnen Bandwindungen um *Augen* herumgelegt sind. Aehnliches haben wir allerdings auch in der Spiralornamentik der Egypter (S. 72) wahrnehmen können. Wenn nun die Mykenäer ihre Spiralen um Augen laufen liessen (Fig. 59), so läge es zwar am nächsten, diesen Umstand ebenso wie das Motiv der Spirale selbst auf Rechnung egyptischen Einflusses zu setzen. Hingegen kennen wir um Augen gerollte *Bänder* aus der egyptischen Kunst nicht. Könnte da das Auge an Beispielen wie Fig. 61 nicht ebenso selbständig zur Anwendung und Geltung im Künstlerischen gelangt sein, wie etwa die sphärischen Zwickeldreiecke in Fig. 59?[42]).

Von mykenischen Bandmustern möge noch dasjenige von einer steiner-

[41]) Das spätere griechische Labyrinth bildet hievon nur eine scheinbare Ausnahme, da in diesem Falle das Räthselhafte beabsichtigt war; um so bezeichnender ist hiebei der Umstand, dass das griechische Labyrinth die Verschlingungen verschmäht, wogegen die „nordischen" Labyrinthe ihren wirren Charakter hauptsächlich dem vielfachen Sichkreuzen und Untereinanderverschwinden der Bänder verdanken.

[42]) In diesem Lichte betrachtet könnte auch das mesopotamische Flechtband (Fig. 28, S. 88), das sich gleichfalls um ein Auge rollt, sowohl von egyptischen als von mykenischen Bildungen unabhängig sein. Verwandte aber keineswegs gleichartige Beispiele aus mykenischem Bereich sind bei Schliemann, Mykenä Fig. 359, Myken. Vasen XXXIV. 338.

1. Mykenisches. 141

nen Grabstele (Fig. 62)[42] Erwähnung finden. Das reciproke Muster, zu welchem hier das Band zusammengelegt erscheint, ist ein höchst einfaches; und doch welcher künstlerische Abstand von den gewöhnlichen starren Zickzacksäumen der egyptischen Füllungen! Ja, selbst das wellenförmige Band, also die allereinfachste Bandconfiguration, findet sich auf mykenischen Vasen, z. B. Myk. Thongef. X. 46, nicht aber seine Transponirung in's Eckige, d. i. das Zickzack. Daher weist der ganze bisher zu Tage geförderte Denkmälerschatz aus dem Bereiche

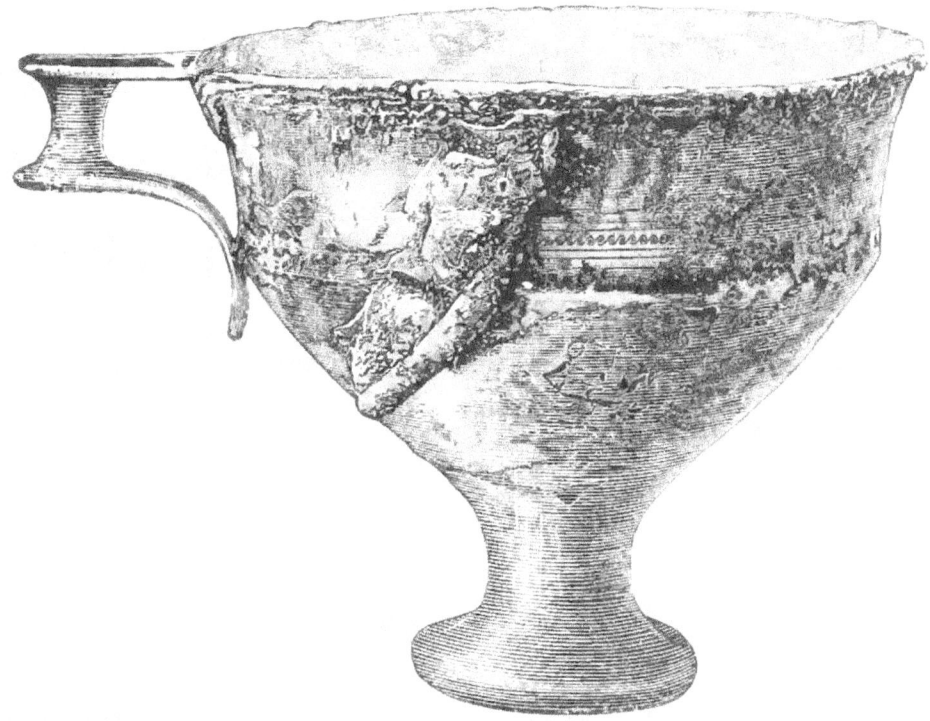

Fig. 63.
Becher aus vergoldetem Silber. Mykenisch.

der mykenischen Kunst kein Beispiel eines eckigen Mäanders auf, wohl aber den laufenden Hund, d. i. die abgerundete Form des Mäanders (Fig. 63)[44]; der laufende Hund in der Mitte dieses Bechers ist in solchem Sinne betrachtet ein reciprokes Bandornament wie dasjenige in Fig. 62 und bedarf zu seiner Ableitung nicht erst der Dazwischenkunft der egyptischen Spirale[45].

[42] Schliemann, Mykenä Fig. 142.
[44] Vergoldeter Becher bei Schliemann, Mykenä Fig. 348.
[45] Auch die S-förmigen Windungen, die in der Mitte von Fig. 61 den Kreis ausfüllen, sowie die Triquetren (z. B. Mykenä Fig. 138, 139) u. dgl. sind aus der Bandornamentik abzuleiten. — Für eine Verwendung der Spirale zur

142　B. Das Pflanzenornament in der griechischen Kunst.

Ich glaube also in der Spirale nur eine besondere Art der Bandornamentik erblicken zu sollen. Das Bandornament ist aber ein aus der gekrümmten Linie heraus konstruirtes geometrisches Ornament, das eine höhere, vielleicht die höchste Stufe des geometrischen Stils darstellt, und bereits eine besondere Kunstbegabung zur Voraussetzung zu haben scheint. Von Naturvölkern, welche die Spiral- und Bandornamentik bis auf die neuere Zeit gepflogen haben, sind die neuseeländischen Maori besonders hervorzuheben. Die Bedeutung, die der Kunst dieses Volkes für die Entwicklungsgeschichte der Künste in ihren primitiven Stadien zuzuschreiben wäre, falls dasselbe in der That — wofür aller Anschein spricht — seit unvordenklichen Zeiten isolirt und auf sich selbst gestellt geblieben ist, wurde schon auf S. 75 erörtert. Goodyear[46]) zwar hält malayischen Einfluss auf Neuseeland für wohlbezeugt, ohne sich aber darüber des Näheren zu verbreiten oder auch nur, was er doch sonst in ähnlichen Fällen thut, zu citiren. Die Spirale spielt in der Ornamentik der Maori eine so überwiegende Rolle, dass der malayische Einfluss — sollte die Spirale in der That seinem Einflusse zuzuschreiben sein — ein sehr tiefgreifender gewesen sein müsste. Wie lässt sich nun damit der Umstand zusammenreimen, dass auf Neuseeland kein Metallgegenstand gefunden wurde? Die Abgeschnittenheit vom Verkehr mit der südasiatischen Inselwelt muss hienach schon mindestens viele Jahrhunderte, wo nicht Jahrtausende lang gewährt haben. Und wie kamen die Malayen zur egyptischen Spiralornamentik? Goodyear nimmt zu diesem Behufe einen malayischen Zwischenhandel zwischen Egypten und Indien an, wofür jedoch keinerlei Beweise vorliegen. Haben aber die Maori in der That, wie es nach ihrer „Steinkultur" zu schliessen allen Anschein hat, die Spiralornamentik selbständig entwickelt, etwa in der Weise, dass sie kraft ihrer Kunstbegabung auf der Stufenleiter der Kunstentwicklung zur höchsten Ausbildung des geometrischen Stils, zur dekorativen Verwendung der Kreislinie gelangt sind[47]), so ist auch die Möglichkeit vorhanden, dass die „Mykenäer"

Flächenfüllung, wie sie uns z. B. auf dem Goldblatt bei Schliemann, Mykenä Fig. 246 entgegentritt, und die mit der Bandornamentik von Fig. 244, 245 ebendaselbst völlig parallel läuft, hat die egyptische Kunst gleichfalls kein Beispiel. Mit dieser Art der Spiralenornamentik möchte ich die charakteristischen Verzierungen der Vasen des Furtwängler-Löschcke'schen vierten Stils (Myken. Vasen XXXVI. 370, 371) in Verbindung bringen.
　[46]) A. a. O. S. 373.
　[47]) Aber darüber hinaus ebensowenig wie die Inkaperuaner, von denen wir auch nur eine geometrische und eine animalische Ornamentik kennen,

1. Mykenisches.

schon vor der Berührung mit der altegyptischen Kulturwelt dieselbe Ornamentik gebraucht und fortgebildet haben, und nach erfolgter Berührung von den verwandten egyptischen Bildungen Anregung und Befruchtung empfangen, anderseits aber auch eine ihrem individuellen Kunstgeiste entsprechende Fortbildung daran geknüpft haben. Entschieden abzuweisen wäre nur die Hypothese, dass die Egypter das Spiralmotiv aus der mykenischen Kunst entlehnt hätten. Die Egypter waren zweifellos in „mykenischer" Zeit das höher stehende Kulturvolk und es existirt kein Beispiel in der Geschichte, dass ein solches Volk von einem niedriger stehenden jemals eine so maassgebende Anleihe gemacht hätte.

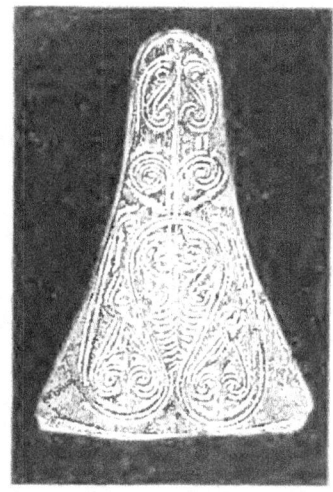
Fig. 64.
Getriebenes Goldplättchen. Mykenisch.

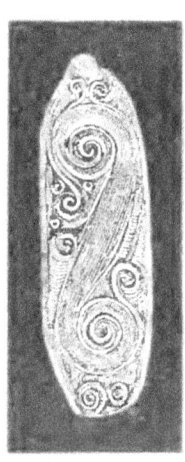
Fig. 65.
Getriebenes Goldplättchen. Mykenisch.

Im Anschlusse an die Erörterung der Parallele mit der neuseeländischen Spiralornamentik[18] soll noch eine besondere Art der **Verwendung des Spiralmotivs in der mykenischen Kunst** zur Sprache gebracht werden, die gleichfalls ihre Parallelen in der neuseeländischen Kunst hat, aber anderseits auch mit der späteren griechischen Rankenornamentik bemerkenswerthe Analogien aufweist. Man sehe das Ornament des Goldblattes Fig. 64[19]. Die Mitte der

vielleicht eben aus dem Grunde weil ihnen eine Pflanzenornamentik nicht im entscheidenden Momente von Aussen her zugemittelt worden ist.

[18] Die Musterung von Bandstreifen mit isolirten Spiralen, z. B. in der Art, wie wir es an der neuseeländischen Fruchtschale Fig. 29 gesehen haben, findet sich in übereinstimmender Weise auch an einer Wandmalerei zu Tiryns, Schliemann, Taf. VIe.

[19] Schliemann, Mykenä Fig. 305, S. 230.

144 B. Das Pflanzenornament in der griechischen Kunst.

grösseren unteren Hälfte nimmt eine Configuration ein, die aus zwei zusammentretenden Doppelspiralen gebildet ist; nach unten reihen sich an jede der beiden Spiralen koncentrisch gezeichnete, immer kleiner werdende Schraffirungen an. Wenn man die beiderseitigen Schraffirungen zusammen als ein Ganzes betrachtet, so geben sie mit ihrem Fächer eine Art *Palmette*, deren Kelch die beiden darüber zusammentretenden Voluten bilden. Das solchermaassen zu Stande gekommene palmettenartige Motiv ist aber keineswegs das Ursprüngliche; die Schraffirungen kehren nämlich auf mykenischen Goldsachen häufig wieder, dienen aber immer als eine Art Zwickelfüllung für bloss einfache Spiralen, so dass sie sozusagen Halbpalmetten bilden. Man vgl. z. B. Fig. 65[50]). Hier zweigen von einer grossen Doppelspirale kleinere Spiralen ab; wo diese letzteren mit den Umgrenzungslinien, sei es der grösseren Spirale, sei es der Peripherie des ganzen Plättchens, Zwickel bilden, sind diese letzteren koncentrisch zur Windung der betreffenden Spirale mit parallelen, sich verjüngenden Schraffen ausgefüllt.

Dasselbe System zeigen nun einmal neuseeländische Spiralzwickel: so einige unten an der äussersten Windung in Fig. 28, ferner besonders charakteristisch an den Nasen der Köpfe Fig. 31 und 32, wo je zwei solcher Spiralen fächerartig genau zu der gleichen Palmette zusammen treten, wie wir es an Fig. 64 gesehen haben. Zur Erklärung dieses Motivs bei den Maori vermag ich nichts Anderes anzuzuführen, als das Postulat der Zwickelfüllung; dies scheint wenigstens aus Fig. 28 hervorzugehen, wo die gebrochenen (nicht im Halbkreis gekrümmten) Schraffen mit Dreiecken (vgl. Fig. 59) abwechseln.

Ferner lässt sich für diese Erscheinung aber auch eine höchst bemerkenswerthe Analogie mit der späteren griechischen Rankenornamentik (siehe Fig. 125, 127) verzeichnen. Auch an den späteren Palmettenranken, wie sie sich namentlich unter den Vasenhenkeln aufgemalt finden, überziehen die freien Rankenlinien symmetrisch die Fläche und rollen sich zu Spiralen ein, die von Palmettenfächern gekrönt sind; wo aber für ganze Palmetten kein Raum ist — etwa in einem spitz zulaufenden Zwickel — dort hat die Halbpalmette Platz, mit bloss einer Volute und einem halben Fächer. Der Unterschied zwischen dem mykenischen und dem reifhellenischen Motiv besteht hauptsächlich darin, dass der Fächer der späteren griechischen Palmette analog der egyptisch-

[50]) Schliemann, Mykenä Fig. 369, vgl. auch Fig. 418, 484, 487, 488, 491. Ähnliches vermuthe ich als der Ornamentik einiger Vasen des sogen. vierten Stils zu Grunde liegend: Myken. Vasen XXXVII. 378, 379, 382.

asiatischen, die ihr unmittelbares Vorbild gewesen ist, aus geraden, aus dem Kelche herausstarrenden Strahlen besteht, während der Fächer an den mykenischen Beispielen im Halbkreis gefiedert erscheint[51]). Die Verwendung der freibewegten Ranke mit selbständig angesetzten Blüthen zum Zwecke der Flächenfüllung, anstatt der starren egyptischen Spiralbänder mit bloss zwickelfüllenden Blüthen, ist — wie wir im weiteren Verlaufe sehen werden — eine wesentliche, klassische Errungenschaft der reifen griechischen Kunst gewesen. Ich stehe nicht an, Fig. 64 und 65 als Vorläufer dieser Entwicklung zu betrachten, Vorläufer, für welche auf altorientalischem Boden ebensowenig ein Vorbild vorhanden war wie für die Wellenranke und die gesammte freie Rankenornamentik überhaupt.

Die Einführung der lebendigen Pflanzenranke in die Ornamentik stellt sich somit als ein wesentlicher Fortschritt dar, den die mykenische Kunst an die ihr dem Alter nach überlegene egyptische geknüpft hat. Der Fortschritt nach dieser Richtung war zugleich ein bleibender, wie wir sehen werden, was deshalb besonders zu betonen ist, weil die meisten sonstigen Eigenthümlichkeiten der mykenischen Ornamentik, die Band- und Spiralmuster, die Tintenfische und Schmetterlinge der späteren griechischen Kunst fehlen, und auch die Entwicklung der Blüthenformen nicht an die mykenischen Umbildungen der egyptischen Typen, sondern neuerdings an original-orientalische Typen geknüpft hat. Die mykenischen Rankenornamente bilden dagegen, wie gesagt, eine dauernde Errungenschaft. Von diesem Gesichtspunkte aus lässt sich auch manches Andere besser begreifen, was uns an der mykenischen, scheinbar primitiven Kunst überraschend Vorgeschrittenes und Vollkommenes begegnet. Wenn diese Punkte auch nicht die Pflanzenornamentik im Besonderen betreffen, so hilft doch das Eine das Andere aufzuklären, und deshalb wollen wir die Betrachtung der mykenischen Kunst nach der angedeuteten Seite hin noch weiter verfolgen.

Solchen Zeugnissen einer vorgeschrittenen Entwicklung begegnen wir innerhalb der mykenischen Kunst sowohl auf dem Gebiete des rein Dekorativen als auf demjenigen der figürlichen Darstellungen.

In Bezug auf die Dekoration im Allgemeinen ist einmal zurückzuweisen auf die skulpirte Decke von Orchomenos (Fig. 55). Schon

---

[51]) Man vgl. aber damit die leider nicht scharf genug gezeichneten Doppelspiralen in der Bordüre einer der Grabstelen, bei Schliemann, Mykenä Fig. 24. Die Zwickel der Spiralen erscheinen da mit Halbpalmetten von fast saracenisch-abstraktem Charakter gefüllt.

bei der früheren Besprechung dieses überaus aufschlussgebenden Denkmals mykenischer Dekorationskunst wurde der überraschende Eindruck hervorgehoben, den die streng durchgeführte Scheidung zwischen Innenfeld und Bordüre auf den Beschauer ausübt. Die Grundtendenz, die zu dieser Scheidung getrieben hat und welcher sämmtliche an der Entwicklung der Kunstgeschichte betheiligten Mittelmeervölker nachgestrebt haben, wurde schon auf S. 87 gekennzeichnet. Das Ziel konnte natürlich nur schrittweise erreicht werden; wie weit die Egypter davon noch entfernt waren, wurde gleichfalls bereits in ausführlicher Weise dargethan. Erst in der assyrischen Kunst konnten wir ein durchgängiges, anscheinend bewusst durchgeführtes System von Füllung und Rahmen, Innenfeld und Bordüre wahrnehmen. In diesem Lichte betrachtet stellt sich das der Decke von Orchomenos zu Grunde liegende dekorative Grundschema dar als ein Fortschritt gegenüber der sonst vorbildlichen egyptischen Kunstweise und als auf einer Linie stehend etwa mit der Steinschwelle von Ninive (Fig. 34), mit welcher sie sogar unmittelbare Berührungspunkte (die Rosetten zur Besäumung von Innenfeld und Bordüre) gemein hat. Der Zeit nach ist aber die Decke von Orchomenos den bezüglichen assyrischen Denkmälern entschieden voraus. Abgesehen von jener aus der verhältnissmässig späten Zeit der Sargoniden stammenden Steinschwelle sind die ältesten bekannt gewordenen Denkmäler aus den assyrischen Königspalästen nicht vor dem Jahre Eintausend v. Ch. entstanden, während man die Blüthe der mykenischen Kultur in das 16. bis 12. Jahrhundert v. Ch. verlegen will. Noch weniger können die phönikischen Kunstwerke, die gleichfalls die Trennung zwischen struktiver Umrahmung und neutraler Füllung ziemlich streng durchgeführt zeigen, als vorbildlich für die mykenischen Künste angesehen werden, denn nach dem auf S. 108 Gesagten werden wir die Entstehung der phönikischen Metallschalen u. dgl. auch nicht viel früher als in die Zeit der Sargoniden zu setzen haben. Ist aber die mykenische Kultur thatsächlich gleichzeitig mit der Herrschaft der Ramessiden gewesen, aus deren Zeit uns die bei Prisse d'A. abgebildeten egyptischen Wandmalereien mit ihrer vielfach unvollkommenen und tastenden Durchführung der Bordürenumrahmung erhalten sind, so wird man zu dem Schlusse geführt, dass die Mykenäer so wie in dem Einzelmotiv der freibewegten Pflanzenranke auch in dem allgemeinen Schema der dekorativen Raumtheilung und Flächenbrechung wesentlich über die Errungenschaften der Egypter hinaus- und den späteren entscheidenden Thaten der Griechen entgegengekommen sind.

1. Mykenisches.

Im innigsten Zusammenhange mit dem eben Gesagten steht die weitere Wahrnehmung, dass uns an zahlreichen Denkmälern der mykenischen Kunst eine freie, keineswegs mehr ängstliche, sondern mitunter geradezu grosse und kühne Anordnung des Ornaments auf dem Grunde entgegentritt. Man sehe z. B. auf einer Vase aus dem Sechsten Grabe (Mykenische Thongefässe IX. 41), deren Malerei gewiss nicht durch allzu grosse Sorgfalt in der Detailausführung hervorragt, wie sicher und kühn die Vogelfiguren zwischen die zwei abschliessenden Saumstreifen auf den Bauch des Gefässes hingeworfen sind. Das Gleiche gilt von den Löwen, die um den goldenen Becher bei Schliemann Mykenä Fig. 477 herumlaufen, indem sie mit ihren in gestrecktem Laufe dargestellten Leibern genau so viel Raum füllen, als die Kuppe des Bechers zur Verzierung darbot. So ängstlich streifenweise wie die Verzierung der Dipylonvasen ist nun diejenige der bei Prisse d'Avennes a. a. O. abgebildeten egyptischen Gefässe nicht mehr, aber doch wiederum keineswegs so frei und gross hinkomponirt wie auf vielen mykenischen Beispielen. Und dasselbe gilt von den Formen der Gefässe; auch diese verrathen in Mykenä den Zusammenhang mit den späteren griechischen Typen gegenüber den gebundenen Formen der egyptischen Vasen.

Für die herrschende Art der Kunstbetrachtung tritt die Kunst erst dann aus dem Bereiche des wesentlich ethnologischen Interesses in denjenigen der kunsthistorischen Beachtungswürdigkeit, sobald sie den Menschen in seinen Thaten und seinen Leiden zur Darstellung bringt. Während das geometrische, das Pflanzen- und das Thierornament bloss vom Standpunkte des Schmückens betrachtet wird, gewinnen wir an dem mit menschlichen Figuren verzierten Kunstwerk ein gegenständliches Interesse. Die Kunst der Neuseeländer wird trotz ihrer kunstvollen Spiralornamentik bei uns niemals mehr als ein sozusagen exotisches Interesse erwecken, weil dieselbe in der Darstellung der menschlichen Figur nicht über völlig rohe götzenartige Monstra hinausgekommen ist. In der mykenischen Kunst begegnen wir aber vielfach der Darstellung des Menschen, und zwar nicht bloss auf eigens dazu bestimmten Gegenständen, wohin z. B. die Intaglios gehören mögen, sondern in rein dekorativer Absicht, zur Verzierung kunstgewerblicher Gegenstände verwendet.

Dieser Punkt ist sofort zur Kennzeichnung des grundsätzlichen Unterschiedes gegenüber der egyptischen Kunst hervorzuheben. Die

148   B. Das Pflanzenornament in der griechischen Kunst.

Kriegervase z. B. steht in Bezug auf ihren Inhalt bereits vollständig auf dem Boden der späteren griechischen Vasenmalerei; Aehnliches gilt von dem tauschirten Becher mit menschlichen Köpfen, den Tsuntas gefunden hat. Inwiefern die Anfänge der Darstellung menschlicher Figuren bei den „Mykenäern" auf egyptische Anregungen zurückgehen könnten, ist heute schwer zu entscheiden. An egyptischen Zügen fehlt es nämlich auch auf figuralem Gebiete nicht völlig: man beachte nur wie die Stilisirung der menschlichen Figuren auch bei den „Mykenäern" in der von den egyptischen Reliefs sattsam bekannten Weise erfolgt ist, indem der Oberkörper in Vorderansicht, der Kopf und die Füsse dagegen in Seitenansicht gebildet erscheinen. Diese Art der Stilisirung hat auch die charakteristischen „Wespentaillen" der mykenischen Figuren zur Folge gehabt, die noch im Dipylon typisch geblieben sind. Die Anlehnung an egyptische Vorbilder mag sich selbst auf bestimmte Scenen erstrecken. Für den „Gaukler" aus Tiryns bringt Goodyear eine bei Lepsius publicirte Parallele aus einem Mastaba-Grabe. Eine Stierfangscene könnte auch die bei Prisse a. a. O., Amphores jarres et autres vases No. 1 publicirte egyptische Vase enthalten; ein darauf dargestellter mit den Hinterbeinen nach rückwärts ausschlagender Stier zeigt in seiner Haltung die nächste Verwandtschaft mit einem der Stiere auf dem Becher von Vaphio. Und doch wird Niemand den Becher von Vaphio für egyptische Arbeit erklären wollen. Wie individuell sind doch da die Menschen charakterisirt, trotz der egyptisirenden Stilisirung ihrer Oberleiber. Ja das Genreartige in Inhalt und Darstellung, sowie die eingehende Berücksichtigung des Landschaftlichen[52]), wie sie uns auf dem Becher von Vaphio entgegentritt, zeigt uns die mykenische Kunst in einem so freien Verhältnisse zu dem Stoffe, den Natur und menschliches Privatleben darbieten, wie es die spätere griechische Kunst kaum vor der Diadochenzeit wieder erreicht hat. Auch diesbezüglich mochten vielleicht die genremässigen Scenen in den egyptischen Gräbern vorbildlich gewesen sein; wenn aber diese Scenen in der egyptischen Kunst bekanntlich einen streng gegenständlichen, mit dem Leben nach dem Tode zusammenhängenden Beweggrund und dementsprechende Bedeutung hatten, so wird man dem Stierfang auf dem Becher von Vaphio gewiss nur eine dekorative Bedeutung zuerkennen können: in

---

[52]) Dies ist auch Puchstein als nicht orientalisch aufgefallen, bei seiner Besprechung des überaus interessanten Holzplättchens im Berliner Antiquarium (Arch. Anz. 1891, S. 4 f.).

diesem Falle sind es wirkliche Genrescenen. Aehnliches gilt von der Löwenjagd auf der einen tauschirten Dolchklinge; und selbst die sogenannte Nilborde auf der zweiten Dolchklinge braucht nicht mehr als allgemeine Anregung egyptischem Einflusse zu verdanken.

Die auf S. 128 allerdings widerlegte Behauptung Goodyear's, dass die mykenische Kunst gewisse Eigenthümlichkeiten wie die intermittirende Wellenranke (Fig. 52) aus dem Bestande der sogenannten griechisch-kyprischen Kunst entlehnt hätte, veranlasst mich, die Stellung des Pflanzenornaments innerhalb dieser Kunst mit wenigen Worten zu kennzeichnen. Dasselbe lehnt sich eng, weit enger als es in der mykenischen Kunst der Fall war, an die egyptischen Vorbilder an und hat es daher auch zu keiner fruchtbaren Fortbildung gebracht. Phönikische Einflüsse haben daran Nichts geändert. Das Abweichende, specifisch Kyprische, beruht hauptsächlich in dem isolirten Gebrauche der Lotusblüthen u. s. w. gemäss dem jeweiligen dekorativen Zwecke, zu dem dieselben dienen sollten. Das Figürliche steht völlig im Bann der egyptischen Vorbilder. Der Mann auf der vielbesprochenen Vase aus Athienu[53]) ist nicht bloss egyptisirend, sondern — was meines Wissens bisher nicht scharf genug hervorgehoben wurde — ein leibhaftiger Egypter, da zu den schon von Ohnefalsch-Richter[54]) beobachteten egyptischen Eigenthümlichkeiten noch der Schurz zu bemerken ist, den der Mann ganz nach egyptischer Weise um die Hüften des bis auf ein Halsband ganz nackten Körpers herumgelegt trägt. Das Vorkommen eines specifisch griechischen Motivs — der fortlaufenden Wellenranke — auf einem Fundstück aus Cypern wurde schon früher (S. 128) zu erklären versucht. Ein zweites, von Goodyear unbeachtet gebliebenes Beispiel derselben Wellenranke mit spitzoblongen Blättern bietet eine Vase aus Curium, die bei Perrot und Chipiez III. Fig. 506 abgebildet ist[55]). Auch in diesem Falle haben wir es weder mit einer einheimisch-kyprischen Specialität, noch mit phönikisch-egyptischem Einflusse zu thun, sondern mit griechisch-mykenischer Art, wie durch die umgebogenen Epheuzweige auf der Schulter des Gefässes ausser Zweifel gesetzt erscheint. Perrot meint, diese seiner Ansicht nach kyprische Arbeit wäre

---

[53]) Jahrb. des deut. arch. Inst. 1886, Taf. VIII.
[54]) Ebenda S. 79 ff.
[55]) Die Zeichnung bei Perrot ist leider nicht scharf genug gehalten. Es scheint völlig dieselbe Ranke zu sein die wir auf dem Bonner Becher (Fig. 51) angetroffen haben.

verhältnissmässig jungen Datums. Damit mögen sich diejenigen auseinandersetzen, die der mykenischen Kunst ein bestimmtes, und zwar ein möglichst hohes Alter zuweisen zu können glauben.

Jedenfalls lässt sich auch in diesem Falle ebensowenig wie in dem früher erörterten (S. 128) erweisen, dass die epochemachende Erfindung der Wellenranke auf kyprischem Boden vollzogen worden wäre. Die Blüthenmotive auf kyprischen Vasen sind zumeist ohne Verbindung, nach Art von Streumustern in den Raum hineingesetzt. Wo Verbindungen auftreten, gehen dieselben über das von den Egyptern und allenfalls von den Mesopotamiern Erreichte nicht hinaus. Gegenüber den egyptischen Vorbildern liesse sich als Fortschritt höchstens das Ueberschneiden zweier in der gleichen Richtung verlaufenden Bogenreihen anführen, das sich auf kyprischen Vasen des öfteren findet[56] — ein Motiv, das gegenüber der einfachen Bogenreihe vermehrte Lebendigkeit und Abwechslung bedeutet. Ob dieser Fortschritt aber auf Rechnung kyprischen Kunstgeistes zu setzen ist, bleibt vorläufig zweifelhaft; anscheinend am frühesten begegnet es uns in Mesopotamien[57], und seine Fundstätten aus der ersten Hälfte des letzten Jahrtausend v. Ch. liegen weit über die Kultursphäre des Mittelmeeres zerstreut („Kyrenische" Vasen, Kamiros auf Rhodos, anderseits Vulci in Italien).

In der Entwicklungsgeschichte des Pflanzenornaments wird also der griechisch kyprischen Kunst kein selbständiger Platz einzuräumen sein. Sie zehrt vom Erbe der altorientalischen Kunstvölker, der Egypter und Mesopotamier, verwendet phönikische Varianten wie den Palmettenbaum, und übernimmt die wenigen vorkommenden Keime späterer fruchtbarer Entwicklung von den Griechen, angefangen von der „mykenischen" Zeit. Insofern ist diese Kunst in der That eine „griechisch"-kyprische.

2. Der Dipylon-Stil.

Die natürliche Fortentwicklung der mykenischen Ornamentik erlitt eine gewaltsame Störung und Unterbrechung durch das Eindringen eines „geometrischen" Stils, des *Dipylon-Stils*. Dieser Stil ist nicht der geometrische Stil schlechtweg, kann auch keineswegs als Muster eines reingeometrischen Stils gelten. Namentlich in Bezug auf die Gesammtdekoration fehlt ihm die Naivetät der primitiven Stile.

---

[56] Z. B. auf der Vase aus Ormidia, Perrot III. 699, Fig. 507.
[57] Layard, Ninive I. Taf. 84 No. 13.

2. Der Dipylon-Stil.

Es ist etwas Raffinirtes in der Vertheilung der Ornamente. Es herrscht zwar die elementare Eintheilung in Streifen: also ein Schema, über welches die mykenische Kunst weit hinausgekommen war. Aber die Abwechslung der Streifen nach der Breite, die hiebei beobachteten „tektonischen" Rücksichten, die Einfügung figürlicher Scenen, dies Alles verräth eine vorgeschrittenere überlegtere Dekorationskunst, als wir sie in den rein geometrischen Stilen — den nordischen, den ältesten kyprischen, den amerikanischen, den polynesischen — anzutreffen gewöhnt sind. Der Dipylon-Stil lässt sich überhaupt nicht mit einer kurzen Formel abthun. Er ist keine blosse Uebertragung des Runden, wie es in der mykenischen Kunst das Herrschende gewesen ist, in's Eckige. Wir begegnen im Dipylon runden Linien neben eckigen, Kreisen neben Quadraten, rosettenartigen Vier- und Mehrblättern neben Strahlenrosetten.

Wodurch sich das Dipylon als doch noch nicht ausser allem Zusammenhange mit einer naiven, bloss schmucksuchenden Kunststufe erweist, das ist neben der Streifenmusterung der Horror vacui. Namentlich, wo figürliche Darstellungen auftreten, erscheint der gesammte von den Figuren oder dem Beiwerk der Scenen nicht in Anspruch genommene Raum mit Füllmotiven überstreut. Ueber diesen Standpunkt war die „mykenische" Kunst längst hinausgekommen. Das Vorhandensein figürlicher Scenen in der Dekoration scheint zwar an sich Zeugniss von einer höheren Entwicklung abzugeben: aber die Figuren selbst, insbesondere die menschlichen, stehen weit zurück hinter denjenigen, welche die mykenische Kunst geschaffen hat, hinter den charakteristischen, lebendig bewegten Erscheinungen etwa des Vaphiobechers oder auf der Dolchklinge mit dem Löwenkampf. Ob wir nun diese Stilisirung der Figuren im Dipylon für eine originale Errungenschaft seiner Träger, oder aber für Nachbildungen nach dem egyptischen Kanon halten, wofür in der That Manches[58]) zu sprechen scheint: immer gelangen wir auf eine tiefer gelegene Stufe der Kunstentwicklung als diejenige gewesen ist, die bereits von der mykenischen Kunst erreicht worden war.

Als charakteristisch für das Dipylon wird seit Conze[59]) das Fehlen

---

[58]) Namentlich sind die Oberkörper der menschlichen Figuren viel strenger als in der mykenischen Kunst in der Vorderansicht gebildet; über Egyptisches im Dipylon vgl. Kroker im archäol. Jahrb. 1886, S. 95 ff.

[59]) Zur Geschichte der Anfänge der griechischen Kunst, in den Sitzungsberichten der kk. Akad. der Wissensch. phil. hist. Classe LXIV, 2. Heft, 1870.

von Pflanzenornamenten bezeichnet. In der That haben sich, trotz des reichen Materials, das in den seither verflossenen zwanzig Jahren zu Tage gefördert worden ist, nur höchst vereinzelte Beispiele[69]) unzweifelhaft pflanzlicher Motive auf geometrischen Vasen der Dipylonzeit gefunden. Freilich Goodyear, der im fortlaufenden Zickzack bloss verkümmerte Lotusblüthenreihen erblickt, führt den Dipylonstil ebenso gut wie den nordisch-prähistorischen in allem Wesentlichen auf egyptische Wurzel zurück. Aber selbst wenn dem so wäre, würde der Dipylonstil für unsere augenblickliche Aufgabe, für die Darlegung der Entwicklung des Pflanzenornaments und der Pflanzenranke keine positive Bedeutung haben, da an den angeblichen Rückschlag in's Geometrische keine fruchtbare Entwicklung des Pflanzlichen anknüpfen konnte. Der Dipylonstil musste aber nichts desto weniger an dieser Stelle zur Sprache gebracht werden, um die Unterbrechung der „mykenischen" Entwicklung und das Nachfolgende überhaupt zu erklären. Denn selbst auf solchen Punkten des späteren Hellas, wo sich mykenische Ueberlieferungen ziemlich treu erhalten haben, hat sich der Einfluss des Dipylon in tiefgreifender Weise bemerkbar gemacht, so z. B. auf der Insel Melos, auf deren Vasen wir neben unverkennbar mykenischen Ueberlieferungen die füllenden Streumuster des geometrischen Horror vacui, des primitiven Schmückungstriebes finden werden.

Die bisherigen Funde haben ergeben, dass sich die Invasion des geometrischen Stils über alle Landschaften erstreckt hat, wo später Sitze griechischer Kultur und Kunst gewesen sind: am stärksten auf dem europäischen Festlande, in stetig abnehmender Intensität nach Osten hin bis gegen Cypern. Man hat daraus auch eine Antwort auf die ethnographische Frage konstruirt. Die Träger des Dipylon wären hiernach ein Volk gewesen, das nicht aus dem Orient, sondern über europäische Landschaften, also wohl über die Balkangegenden nach Griechenland eingewandert ist. Vielfach hat man hiebei an die Wanderung der Dorer gedacht, was wiederum den folgerichtigen Schluss nach ziehen musste, dass die Träger der mykenischen Kunst in Griechenland die Achäer, also ebenfalls Griechen, gewesen sein müssten. Dies konnten diejenigen nicht zugeben, die in den Trägern der mykenischen Kultur die Karer erblicken wollten. Diese letzteren stützten ihre Annahme hauptsächlich auf Gründe, die ausserhalb der Sphäre

---

[69]) So an einer Vase aus Kameiros, Arch. Jahrb. 1886, S. 135, welchen Umstand schon Furtwängler hervorgehoben hat.

des Kunstschaffens gelegen sind; doch empfanden sie von Ulrich Köhler bis auf Goodyear immerhin die Verpflichtung, auch auf dem Gebiete der Kunst das Ungriechische im Mykenischen, das Griechische im Dipylon darzuthun. Das Erstere fiel anscheinend nicht schwer: haben doch auch wir Gelegenheit gehabt, die zahlreichen Elemente zweifellos egyptischer Herkunft in der mykenischen Formenwelt zu beobachten. Was aber den griechischen Charakter im Dipylon betrifft, so hat den Vertretern dieser Meinung Stadniczka[61]) am bündigsten das Wort von der Lippe weggesprochen. Ihm vertritt der geometrische Stil der eingewanderten Hellenenstämme das Princip strenger Zucht, mittels deren alle Entlehnungen aus dem überquellenden Formenreichthum des Orients, von den „mykenischen" angefangen, zu echt hellenischem Gute umgeprägt wurden.

Ebensowenig wie die Lösung der „mykenischen Frage" nach ihrer ethnographischen Seite kann die Klärung des Verhältnisses zwischen den Trägern der mykenischen und der Dipylon-Kultur hier beabsichtigt sein. Aber es muss daran erinnert werden, dass die Betrachtung des Pflanzenornaments in der mykenischen Dekoration das Vorhandensein specifisch griechischer Errungenschaften ergeben hat, die wir in den altorientalischen Künsten vergebens suchen, und ebenso vergebens im Dipylon. Dass die Träger der Dipylonkultur im späteren Hellenenthum aufgegangen sind, soll darum keineswegs bestritten werden: aber die schöpferischen „Keime des Griechenthums" vermögen wir weit mehr im Mykenischen zu verfolgen, weshalb wir uns vorhin (S. 127) den Schluss verstattet haben, dass die Träger der mykenischen Kultur, mögen dieselben nun Karer oder Achäer gewesen sein, eine sehr wesentliche Componente des späteren hellenischen Volksthums ausgemacht haben müssen.

Wenn es noch eines Beweises bedürfte, dass das Eindringen des geometrischen Stils an Stelle des mykenischen einen Rückschritt, und nichts als einen Rückschritt bedeutet hat, so haben ihn die Griechen selbst damit geliefert, dass sie angesichts der Aussichtslosigkeit, mit diesem Stil etwas anzufangen, sich wiederum an die ursprüngliche Quelle ihrer wichtigsten Zierformen, an den Orient, gewendet haben[62]).

---

[61]) Athen. Mitth. 1887, 24.

[62]) Analoges hatten wir Gelegenheit in der assyrischen Kunst zu beobachten, (S. 93) wo uns auch zur Zeit der Sargoniden reiner egyptisch stilisirte Blumentypen entgegengetreten sind, als an den älteren Denkmälern aus der Zeit des Assurnasirpal u. s. w. Freilich mochten die Gründe da und dort verschiedene gewesen sein.

154   B. Das Pflanzenornament in der griechischen Kunst.

Es ist nun unsere Aufgabe, zu zeigen, wie das Pflanzenornament neben und nach dem Dipylon in der griechischen Kunst wieder zu Ehren kommt, wie es zum Theil die orientalischen Errungenschaften schematisch wiederholt, namentlich aber wie es an die grosse mykenische Errungenschaft, an die freibewegte Pflanzenranke anknüpfend, diese selbst sowie die angesetzten Blüthen im Sinne des Formschönen ausbildet, so allmälig die Fähigkeit gewinnt, grössere Flächen zu überziehen, und endlich auch menschliche und Thierfiguren zur Dekoration heranzieht und sich subordinirt. Da es sich somit um die Schilderung eines fortlaufenden Entwicklungsganges handelt, werden die Formen und die Denkmäler im Allgemeinen in chronologischer Reihenfolge vorgeführt werden. Doch lässt sich die letztere auf einem Gebiete, das so vielfach lokale und individuelle Fortbildungen zeigt, nicht immer streng aufrecht erhalten. Ich erachte es daher für nöthig, auch an dieser Stelle zu betonen, dass es sich hier nicht um einen chronologischen Fixirungs- oder genaueren Datirungs-Versuch der betreffenden Vasengattungen u. s. f. handelt, welche Aufgaben gewiss nicht ausschliesslich auf Grund des Pflanzenornaments gelöst werden könnten. Nur die Stellung der einzelnen zu besprechenden Denkmäler innerhalb der Entwicklungsgeschichte des Pflanzenrankenornaments soll jeweilig nach Möglichkeit genau umgrenzt werden; die auf breitester Basis vorgehende klassische Kunstarchäologie mag daraus jene Schlüsse ziehen, zu welchen sie sich durch Vergleichung mit dem Befund der übrigen Eigenthümlichkeiten der bezüglichen Denkmäler berechtigt glaubt.

3. Melisches.

An die Spitze sind die *melischen* Vasen zu setzen. Das Mykenische tritt in dieser frühgriechischen Vasenklasse noch am deutlichsten zu Tage, und zwar gerade jene Elemente, die in die spätere hellenische Kunst übergegangen sind. Als Beispiel diene Fig. 66, entlehnt aus Conze's melischen Thongefässen (I. 1), wo auch die Details Fig. 67 (Mel. Thong. I. 4) und Fig. 53 (Mel. Thong. I. 5) zuerst publicirt sind.

Wenn wir von den rosettenartigen Gebilden absehen, so begegnen uns an Fig. 66 von Einzelmotiven die beiden grundlegenden Typen des egyptischen Lotus: die spitzblättrige Profilansicht (Fig. 53), sowie die Lotuspalmette (in Fig. 66 unter den Hinterbeinen

3. Melisches. 155

der Pferde). So unverkennbar der egyptische Ursprung, schon des Volutenkelchs halber, so in die Augen springend sind anderseits die

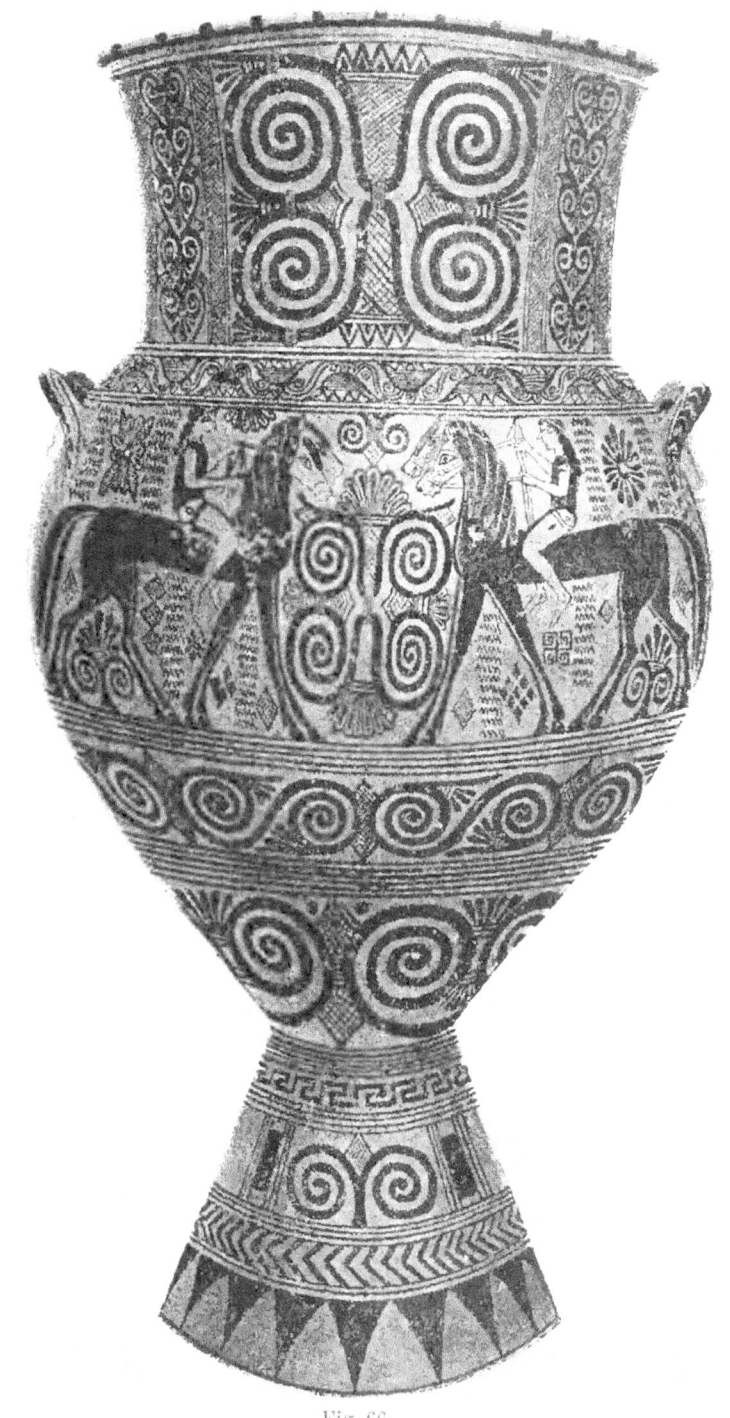

Fig. 66.
Melische Vase.

Unterschiede. Insbesondere die Palmetten unter den Hinterbeinen der Pferde sind weder egyptisch, wegen der stark eingerollten Volute, noch assyrisch, weil ihnen die nach Aufwärts gerollten Voluten fehlen. Die Palmetten in Fig. 66 sind einfach griechisch. Charakteristisch dafür sind die stark eingerollten Voluten des Kelches und die in entsprechender Grösse dazu gebildete Fächerkrone, deren kolbenartig auslaufende Blätter nicht dicht, sondern lose nebeneinander angeordnet sind. Das Motiv der griechischen Palmetten tritt uns da in allen seinen wesentlichen Bestandtheilen fertig entgegen; es fehlt nur noch die feine Abwägung und Durchbildung der Details im reinen Sinne des Formal-Schönen, — ein Process, der erst im Laufe des 5. Jahrhunderts sein Ziel erreicht hat. — In abbreviirter Form wiederholt sich die Volutenblüthe am Fusse (als Doppelvolute mit giebelartiger Zwickelfüllung) und in der gleichen Form in der Mitte des oberen Randes des Figurenfeldes mit den Reitern.

Die Beziehungen dieser beiden pflanzlichen Einzelmotive der melischen Vasenkunst, des Profillotus und der Palmette, zu orientalischen Vorbildern sind stärker ausgeprägt als diejenigen zur mykenischen Ornamentik. Dies gilt insbesondere vom Profillotus; aber auch hinsichtlich der Palmette ist kein mykenisches Beispiel bekannt, an dem ein so regelmässig gestalteter Blattfächer mit dem Volutenkelch verbunden wäre. Wir werden also an erneuerten orientalischen Einfluss denken müssen, entweder an original-egyptischen oder einen abgeleiteten. Wie frei diese melischen Vasenmaler mit den fremden Blüthenmotiven schalteten, beweist nicht bloss die Verbindung des Lotusprofils mit Volutenkelch, wie sie in Fig. 53 links zweifellos kenntlich gemacht ist, sondern namentlich auch die Zusammenstellung zweier grosser Volutenblumen, wie sie die Mitte des Halses in Fig. 66 schmücken. Die Spitzblätter, welche die beiden Blumen bekrönen, stellen den Zusammenhang derselben mit dem spitzblättrigen Profillotus her. Ein ganz ähnliches Gebilde gewahren wir unterhalb, in der Mitte zwischen den beiden Pferden; aber an Stelle der Spitzblätter der Krone sind hier die Blattfächer des Palmettenmotivs getreten. Die Voluten sind übrigens so sehr das Ueberwiegende, Grundlegende des Motivs, dass die beiden von ihnen eingeschlossenen Kelche sich als blosse Zwickelfüllungen darstellen, kaum stärker vorschlagend als die zahlreichen weiteren Zwickelfüllungen, die überall bei der Berührung der Spiralen und bei der Abzweigung von Ranken entstehen. Das Gesammtmuster erschiene somit analog den egyptischen Spiralmusterungen mit Zwickelblumen, wie z. B. Fig. 26, 27. Dass aber der melische Vasenmaler nicht an starre geometrische Spiralen, sondern an lebendiges, vegetabilisches Schlingwerk gedacht hat, deuten die kurzen Rankenzweige an, die sich oben und unten an die Seiten der Voluten ansetzen. Auf diese Rankenzweige wird übrigens noch zurückzukommen sein.

Wir haben nun die Art und Weise zu betrachten, wie an den melischen Vasen die vegetabilischen Einzelmotive unter einander in Verbindung gebracht erscheinen. Das unmittelbar vorher Gesagte hat uns bereits dazu übergeleitet. Im Vordergrunde standen da die Spiralen, wogegen sich die Blüthenmotive bloss als Füllsel darstellten. Das Postulat der Zwickelfüllung erschien an dem gegebenen Beispiel als ein absolutes. Vergleichen wir damit Fig. 67. Wir sehen da zwei neben einander laufende Spiralenreihen; die Zwickel, die je zwei zusammenstossende Spiralen im Innern bilden, erscheinen durch einen Palmettenfächer gefüllt; alle Zwickel, die sich nach Aussen öffnen, sind durch einfache Giebel geschlossen. Das egyptische Vorbild haben wir in Fig. 26 kennen gelernt, ein mykenisches Zwischenglied in Fig. 60. Die weitere Entwicklung hat anscheinend daraus das doppelte Flechtband gemacht (Fig. 68)⁶³), das sich sehr

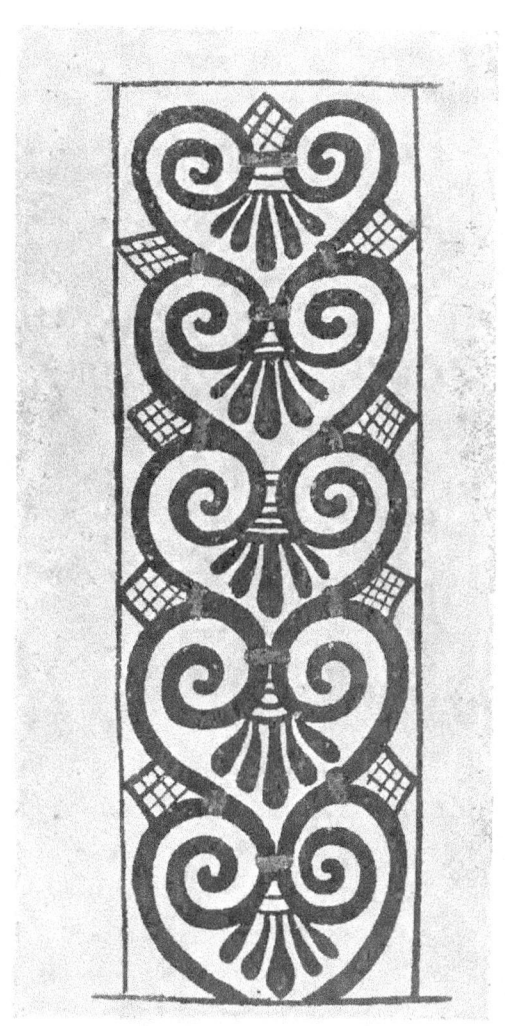

Fig. 67.
Gemaltes Ornament von einer melischen Vase.

häufig an archaischen, bemalten Terracotten, aber selbst noch auf spätrömischen Mosaiken findet.

Keinen wesentlichen Fortschritt über egyptischen Kunstgeist hinaus zeigt ferner derjenige Ornamentstreifen von Fig. 66, der sich unmittelbar

---

⁶³) Von dem Berliner Sarkophag aus Klazomenä. Ant. Denkm. I, 44.

158   B. Das Pflanzenornament in der griechischen Kunst.

über dem Fusse befindet. Wir sehen da neben einander gelegte Doppelvoluten (die beiden auf der Abbildung ersichtlichen nur zur Hälfte sichtbar). Die beiden Zwickel, die eine jede von diesen Doppelvoluten mit sich selbst bildet, sind mit Palmettenfächern gefüllt, die Zwickel dagegen, die durch das Nebeneinanderstossen je zweier Doppelvoluten entstehen, mit einfachen Giebeln.

Es bleiben an der Vase Fig. 66 noch die beiden Ornamentstreifen zu betrachten, die den Figurenfries mit den Reitern oben und unten besäumen. Wir haben diese beiden Säume absichtlich zum Schlusse aufgespart, da dieselben in ihrer Musterung entschieden reingriechischen Charakter zeigen, und zugleich mit mykenischen Vorbildern so enge zusammenhängen, dass wir sie als direkte Zwischenglieder zwischen mykenischen und hellenischen Kunstformen ansehen

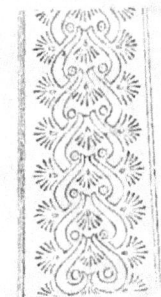
Fig. 68.
Von einem klazomenischen Thonsarkophag.

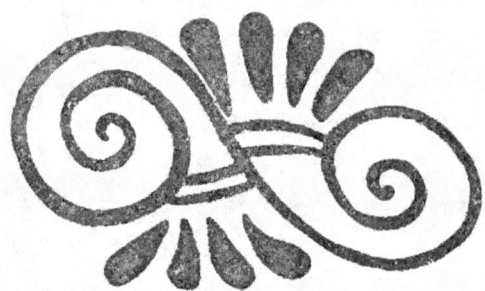
Fig. 69.
Gemaltes Füllornament von einer melischen Vase.

dürfen. Der untere Saum besteht aus neben einander gelegten S-Spiralen; diese wären nun an sich eben so wenig unegyptisch, wie die giebelförmigen Zwickelfüllungen dazwischen. Das Mykenisch-Griechische beruht in den Ranken, die von den Spiralen theils oben, theils unten abzweigen und in den Palmettenfächer-Füllungen, die zwischen diesen Ranken und den Spiralen eingezeichnet sind, und nicht, wie es das egyptische Schema erforderte, in den inneren Winkeln der S-Krümmung. Wie ein Egypter die Zwickel einer S-Spirale gefüllt hätte, zeigt Fig. 69, die gleichfalls von einer melischen Vase (Conze Taf. IV) entlehnt ist und daselbst als Füllsel zwischen den Pferdebeinen dient. Dagegen bildet die abzweigende Ranke mit dem füllenden Fächer in Fig. 66 eine Halbpalmette. Das Motiv der *Halbpalmette*, deren zwei eine ganze Palmette zusammensetzen, ist späterhin in der griechischen Ornamentik ein überaus wichtiges und grundlegendes geworden. An der melischen Vase, Fig. 66, ist es in allem Wesentlichen schon vorhanden;

aber wie wir auf S. 144 gesehen haben, war es bereits in der mykenischen Kunst vorgebildet[64]. Ob nun der melische Vasenmaler das Motiv bewusstermaassen als selbständige Halbpalmette[65]) oder als blosse accidentelle Zwickelfüllung der S-Spirale aufgefasst hat: daran wird nicht zu zweifeln sein, dass wir darin ein Zwischenglied zwischen einer mykenischen und einer reingriechischen Kunstform zu erblicken haben. Der Zweifel, der in dem letzterwähnten Falle noch übrig bleiben könnte: ob nämlich die geometrische S-Spirale oder die vegetabilische Halbpalmette das Hauptmotiv gebildet hat, — dieser Zweifel fällt hinweg bei der Betrachtung des Schultersaums von Fig. 66, in grösserem Maassstabe reproducirt in Fig. 53. Derselbe zeigt abwechselnd einwärts und auswärts gerichtete Profillotusblüthen, die unter einander fortlaufend im Schema der intermittirenden Wellenranke verbunden erscheinen, — einem im Sechsten mykenischen Schachtgrabe zuerst nachgewiesenen Schema, dessen kunstgeschichtlicher Bedeutung wir bereits auf S. 123 f. gerecht geworden sind. Auch hinsichtlich des Verhältnisses dieses melischen Beispiels zu dem erwähnten mykenischen ist auf die citirte Stelle zurück zu verweisen.

Fassen wir also das Ergebniss unserer Betrachtung der Pflanzenornamentik auf den melischen Vasen zusammen. **Das Pflanzenornament steht hier im Wesentlichen noch auf der Stufe der mykenischen Kunst.** Es bewegt sich in der Regel auf der Grenzlinie zwischen Spiralornament und Rankenornament. Die entscheidende Schöpfung der mykenischen Kunst, die ausgesprochene Blumenranke, hat es nicht preisgegeben, aber auch augenscheinlich nicht weiter fortgebildet. Die steife vertikale Stellung der Blumenkelche sowie der Einzelstengel bedeutet eher einen Rückfall in's Egyptische, worauf auch die Stilisirung der Lotusblüthen und Palmetten hinweist. Die Zwickelfüllung ist ein so grundlegendes Postulat geworden, wie sie es in der mykenischen Kunst noch nicht gewesen ist, selbst nicht in der egyptischen, wohl aber, wie es scheint, in der phönikischen. Am wenigsten

---

[64]) Am nächsten scheint dem in Rede stehenden Muster von Fig. 66 die Bordüre der Grabstele bei Schliemann, Mykenä Fig. 24, S. 58 zu stehen.

[65]) Übrigens lässt sich, wie ich glaube, die bewusste Anwendung der Halbpalmette seitens der melischen Vasenmaler monumental erweisen. Die Sphinx auf der melischen Vase Arch. Jahrb. 1887, Taf. XII trägt sie am Haupte als Bekrönung, also in einer Funktion, in welcher späterhin häufig wohl die Palmette gebraucht wurde (Arch. Zeit. 1881, Taf. XIII No. 2, 3, 6), aber nicht die einzelne Spirale.

gewahrt man — beiläufig bemerkt — von assyrischem Einfluss, man wollte denn die Heftel oder die Klammern, wodurch die Spiralranken bei ihrer Berührung in Fig. 66 und 67 zusammengehalten erscheinen, als Zeugnisse dafür ansehen, weil sie sich auch auf assyrischen Bogenfriesen (Fig. 33) finden. Der Rückfall in's „Geometrische" äussert sich namentlich in der peinlichen Auftheilung der gesammten Oberfläche der Vase Fig. 66 in parallele Streifen, und in den zahlreichen Streumustern im Figurenfries. Es ist auch die Möglichkeit nicht abzuweisen, dass derselbe Horror vacui, der diese Streufüllsel hervorgebracht hat, die peinliche Beobachtung der Zwickelfüllung im letzten Grunde zur Folge gehabt hat.

4. Rhodisches.

Die nächste Gruppe von Denkmälern die wir in Betracht zu ziehen haben, sind die sogen. *rhodischen*[66]) Vasen und die mit diesen eng verwandten *Thonsarkophage von Klazomenä*. Das allgemeine Dekorationsschema ist hier zwar im Wesentlichen das gleiche wie an den melischen Vasen: Streifenmusterung und reichliche Streumuster als Füllungen zwischen den menschlichen und Thierfiguren. Wenn aber an den melischen Vasen in Bezug auf das Pflanzen- und Spiralen-Ornament die mykenische Tradition überwog, so tritt diese an der rhodischen Klasse in den Hintergrund und macht Elementen von mehr orientalischem Gepräge Platz. Das Maass der Orientalisirung ist jedoch auch nicht überall das gleiche, und schon die Betrachtung dieses Umstandes allein führt sofort zu einer Scheidung, die freilich nicht ausschliessliche Geltung in Anspruch nehmen kann und will.

Wo nämlich die Blüthenmotive vereinzelt, ohne Vervielfachung und ohne Verbindung mit ihresgleichen vorkommen, dort erscheinen die unverkennbaren, zu Grunde liegenden Volutenkelchblüthen orientalischer, oder, genauer gesagt, egyptischer Schöpfung gewöhnlich sehr frei behandelt und dem jeweiligen Zwecke angepasst. Als Beispiel diene Fig. 70[67]). In diesem Falle handelte es sich um die Aus-

---

[66]) Dass trotz des Hauptfundorts (Kameiros auf Rhodos) diese Vasen auf argivischen, also europäischen Ursprung zurückgeführt werden (vgl. Dümmler im Archäol. Jahrb. 1891, 263 ff.), sei deshalb erwähnt, um es zu rechtfertigen, dass die bemerkbaren stärkeren orientalischen Einflüsse in dieser Vasengruppe von uns nicht ausdrücklich mit der Nähe der Levante in Verbindung gebracht wurden.

[67]) Von einer Schale aus Kameiros (Salzmann, Nécropole de Camirus, Taf. 51).

füllung eines Kreissegments. Infolge dessen wurden die beiden, den Kelch bildenden Voluten (die hier nach assyrischer, aber gleichfalls in Egypten wurzelnder (S. 103) Weise nach aufwärts eingerollt sind) stark in die Länge gezogen, und in den Zwickel dazwischen ein grosser

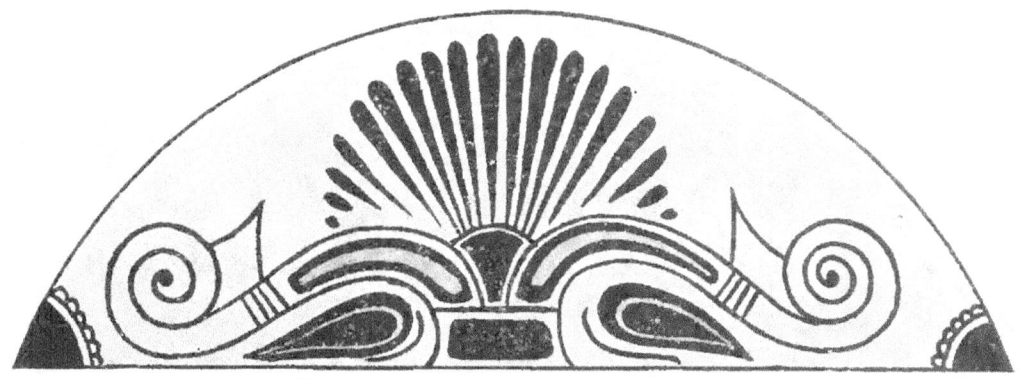

Fig. 70.
Gemalte Verzierung von einem rhodischen Teller.

Fächer eingesetzt. Zu bemerken ist auch die reichliche, ja peinliche Füllung aller übrigen Zwickel innerhalb des Segments. Ein anderes Beispiel giebt Fig. 71. Dieses Motiv bildet die Mitte eines Streifens von einer Oenochoe[65]), woran sich rechts und links in symmetrischer Folge

Fig. 71.
Gemalte Verzierung von einer rhodischen Vase.

Vogelfiguren und Sphingen anschliessen. Hier gewahren wir einen spiralig (also mykenisch-griechisch) eingerollten Volutenkelch, darüber zwei ausladende spitze Kelchblätter, und zwischen diesen einen grie-

[65]) Salzmann Taf. 37.

chischen Palmettenfächer; auch die vier dadurch entstandenen Zwickel erscheinen entsprechend ausgefüllt. Das auf solche Weise zu Stande gekommene Gebilde lässt sich ebenso wenig wie Fig. 70 als unmittelbare Kopie eines orientalischen Vorbildes erklären, wenngleich im letzten Grunde die orientalische Volutenblüthe nicht zu verkennen ist; die Be-

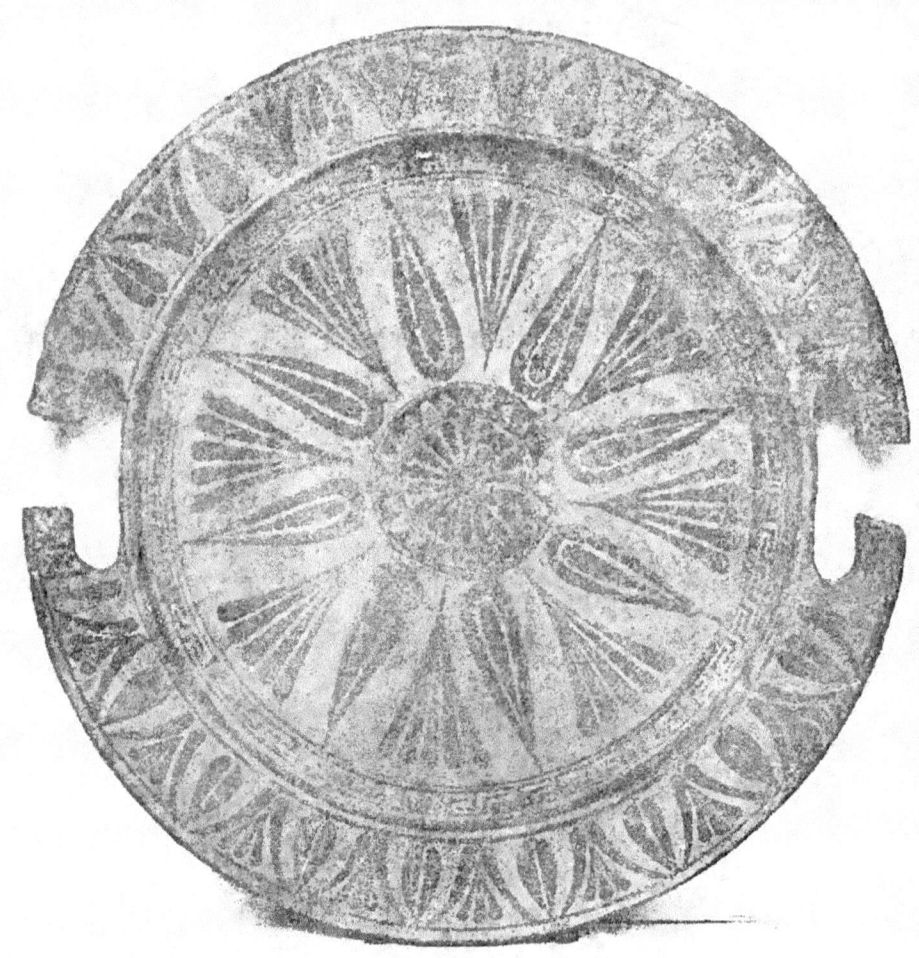

Fig. 72.
Rhodischer Teller mit gemalter Verzierung.

handlung ist eben eine von der orientalischen gründlich verschiedene, mykenische, oder, wenn man will, griechische.

Eine weit strengere Anlehnung an die orientalischen Vorbilder zeigen hingegen in der Regel die Blüthenmotive der rhodischen Vasen, sobald dieselben vervielfältigt neben einander gereiht oder unter einander in Verbindung gesetzt erscheinen. Fig. 72 giebt einen Teller aus Kameiros[69] wieder. Namentlich die Lotusblüthen-Knospen-Reihe

[69] Salzmann Taf. 34.

des Randes erinnert unmittelbar an egyptische Vorbilder. Freilich wenn man näher zusieht, gewahrt man Dinge, die an einem echten egyptischen Beispiel undenkbar sind. Die Silhouette der Lotusblüthen ist hier schon weit flüssiger und eleganter, die Füllung zwischen den zwei ausladenden Kelchblättern ist nicht durch Spitzblätter, sondern durch Palmettenfächer hergestellt (vgl. hiefür Fig. 71). Vollends wenn wir die Mitte des Tellers in Betracht ziehen, wo mit den Knospen blosse Palmettenfächer ohne die in der egyptischen Kunst damit unzertrennlich verbundenen Volutenkelche alterniren, erscheint die nichtegyptische Herkunft des Tellers ausser allen Zweifel gesetzt. Immerhin aber ist zu betonen, dass eine solche strenge Reihung von Lotus-Blüthen und Knospen nach dem egyptischen Grundschema in der ganzen mykenischen Kunst nicht nachgewiesen ist.

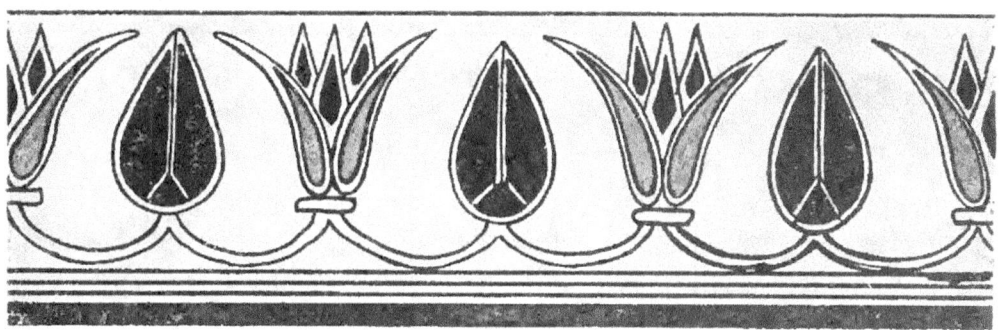

Fig. 73.
Bogenfries mit Lotusblüthen und Knospen von einer rhodischen Vase.

Die einfache Reihung der Lotusmotive, wofür eben ein Beispiel gegeben wurde, scheint gleichwohl selten in der rhodischen Kunst gewesen zu sein. Das geradezu Typische ist dagegen der Bogenfries mit Lotusblüthen und Knospen. Fig. 73 giebt hievon ein Beispiel, dass bezeichnendermaassen von derselben Oenochoe entnommen ist, auf welcher sich die mykenisirende Palmette Fig. 71 vorfindet. Hier ist sogar der Kelch der Lotusblüthen aus Spitzblättern gebildet, also nach egyptischer Weise, entgegen der unegyptischen Verquickung mit dem Palmettenfächer, die wir in Fig. 72 kennen gelernt haben. Allzuviel Gewicht wird man auf eine solche ausnahmsweise engere Anlehnung an orientalische Vorbilder freilich nicht legen dürfen, wie insbesondere die Betrachtung der Oenochoe bei Salzmann Taf. 44 nahelegt, wo unten der Fries von Fig. 73, an der Schulter dagegen ein Bogenfries mit den Motiven von Fig. 72 sich vereinigt findet. Gleichwohl ist das Schema

11*

des Lotusblüthen-Knospen-Bogenfrieses ebenfalls in der mykenischen Kunst nicht nachzuweisen, und erweist sich somit in gleichem Maasse wie die Lotus-Blüthen-Knospen-Reihen als eine nachmykenische Anleihe aus dem egyptisch-orientalischen Kunstfonds.

Obzwar es für unsere Aufgabe ziemlich gleichgiltig ist, ob der zuletzt geschilderte Lotus-Bogenfries unmittelbar aus egyptischer Quelle oder aber aus einer abgeleiteten übernommen worden ist, will ich doch der häufig begegnenden Behauptung, dass wir es da mit einem specifisch assyrischen Motiv zu thun haben, nicht ganz aus dem Wege gehen. Was an dem Bogenfries Fig. 73 für assyrische Herkunft spricht, sind insbesondere die Heftel oder Klammern, mittels welcher die Blüthen[70] an den Bogenlinien befestigt erscheinen (vgl. Fig. 28), in zweiter Linie das Hinwegfallen aller jener kleinen füllenden Rosetten, Knöspchen u.s.w., mit denen die Zwischenräume an den egyptischen Bogenfriesen[71] überladen sind. Diese Eigenthümlichkeiten halte ich aber noch nicht für genügend, um ihr Vorkommen auf rhodischen Vasen aus assyrischer Quelle erklären zu müssen. Die assyrische Kunst ist, wie wir gesehen haben, in allem Wesentlichen eine abgeleitete, die Blüthe, die wir von ihr kennen, eine verhältnissmässig späte und die mykenische in der Entwicklung der Ornamentik nicht erreichende. Die strenger egyptisirenden Bogenfriese, die allein für die in Rede stehenden rhodischen vorbildlich gewesen sein können, finden sich erst in der Zeit der Sargoniden (vgl. S. 93), sind also kaum nennenswerth älter als die rhodischen Beispiele[72].

Auch das Auftreten des *Flechtbandes*, jenes in der mesopotamischen Kunst so weit verbreiteten (S. 89), in der egyptischen dagegen vernach-

---

[70] An der Oenochoe, Salzmann Taf. 44, auch die Knospen.

[71] Fig. 22, wo aber die bei Prisse vollständig abgebildeten Füllsel der Deutlichkeit des Grundschemas zuliebe hinweg gelassen sind.

[72] Der Einfluss der assyrischen Kunst auf die Entfaltung der griechischen wird erst noch näher umgrenzt werden müssen; soviel darf aber heute schon gesagt werden, dass derselbe grösstentheils weit über Gebühr überschätzt worden ist; so auch von Holwerda im Arch. Jahrb. 1890, S. 237 ff. Wenn daselbst u. A. zum Beweise die pränestinische Ciste Mon. ined. VIII. 26 citirt erscheint, so ist dagegen zu sagen, dass die Lotusblüthen an diesem Beispiele steif egyptisirend, die Palmetten gräcisirend, keineswegs aber assyrisch gebildet sind. In der Zeit der Sargoniden war das Kunstschaffen auf nachmals hellenischem Boden übrigens bereits soweit erstarkt und vorgeschritten, dass seinen Trägern und Pflegern das gleichzeitige assyrische Kunstschaffen kaum sonderlich imponirt haben dürfte.

lässigten Motivs, in der rhodischen Kunst könnte man für ein Zeugniss assyrischen Einflusses nehmen. Die mykenische Kunst hat aber das Flechtband anscheinend bereits gekannt (S. 140), zu einer Zeit, aus welcher uns assyrische Denkmäler mit Flechtbändern mindestens nicht erhalten geblieben sind. Und was das rhodische Flechtband streng vom assyrischen unterscheidet, ist die an jenem in der Regel beobachtete Zwickelfüllung in den Aussenwinkeln. Am Euphorbosteller ist dieselbe einfach giebelförmig[73], an zwei Berliner Vasen[74] kreis- bis tropfenförmig, an den Sarkophagen aus Klazomenä[75] durch Palmettenfächer bestritten. Diese fanatische Zwickelfüllung, die wir schon an den melischen Vasen beobachtet haben, ist aber der assyrischen Kunst durchaus fremd. Dagegen findet sich tropfenförmige Zwickelfüllung in den Aussenzwickeln eines Bogenfrieses schon auf mykenischem Kunstgebiet, vgl. Myken. Vasen XIX. 136.

Nach dieser Abschweifung kehren wir zu den Blüthenmotiven der rhodischen Vasen und ihren Verbindungsweisen zurück. Die Spirale, die als verbindendes oder, infolge der ihr eigenthümlichen Zwickelbildung, provocirendes Motiv für Blüthenformen noch in der melischen Kunst eine so grosse Rolle gespielt hat, tritt in der rhodischen Kunst zurück. Darin spiegelt sich der weitere Verlauf der griechischen Pflanzenornamentik wieder: in ihrer selbständigen Existenz ist die Spirale späterhin auf den laufenden Hund beschränkt worden. Wo sie den Blumen als Kelch dient, hält sie sich länger, aber die Blumen werden immer mehr das Maassgebende, an Bedeutung Ueberwiegende. Mit anderen Worten: die Spirale verliert zusehends ihre geometrische Bedeutung und wird zur vegetabilischen Ranke. Dieser Process, in der mykenischen Kunst angebahnt, erscheint in der rhodischen zu weiterem Fortschritte gebracht, und darin ruht die hauptsächliche Bedeutung der rhodischen Klasse für die Entwicklungsgeschichte des Pflanzenornaments.

---

[73] Salzmann Kameiros 53. Die Schliessung eines Zwickels durch einen zweischenkligen Giebel ist offenbar die einfachste Lösung des Postulats der Zwickelfüllung; es ist daher nicht nothwendig die Spitzblätter des Lotus als hiefür vorbildlich zu Hilfe zu nehmen. Am Schild des Menelaus auf demselben Teller sind zwar die Zwickel zwischen den Doppelvoluten mit je drei Giebeln gefüllt, hier ist aber in der That ein spitzblättriges Lotusprofil gemeint, nach Analogie von Fig. 55, 56.

[74] Arch. Jahrb. 1886, S. 139, 140.

[75] Ant. Denkm. I. 45.

166   B. Das Pflanzenornament in der griechischen Kunst.

Nach dem eben Gesagten steht zu erwarten, dass die rhodische Dekorationskunst von dem specifisch griechischen Motiv der Wellenranke bereits umfassenderen Gebrauch gemacht hat. In der That lassen sich mehrfache Beispiele dafür nachweisen.

Von fortlaufenden Wellenranken sind mir drei Beispiele aus rhodisch-klazomenischem Gebiet bekannt geworden. Das erste findet sich an einem Terracotta-Ziegel aus Kameiros, Fig. 74[76]), und ist merkwürdigerweise eckig gebrochen. Auf den ersten Blick wähnt man einen Mäander zu sehen, aber während dieser letztere in seiner typischen

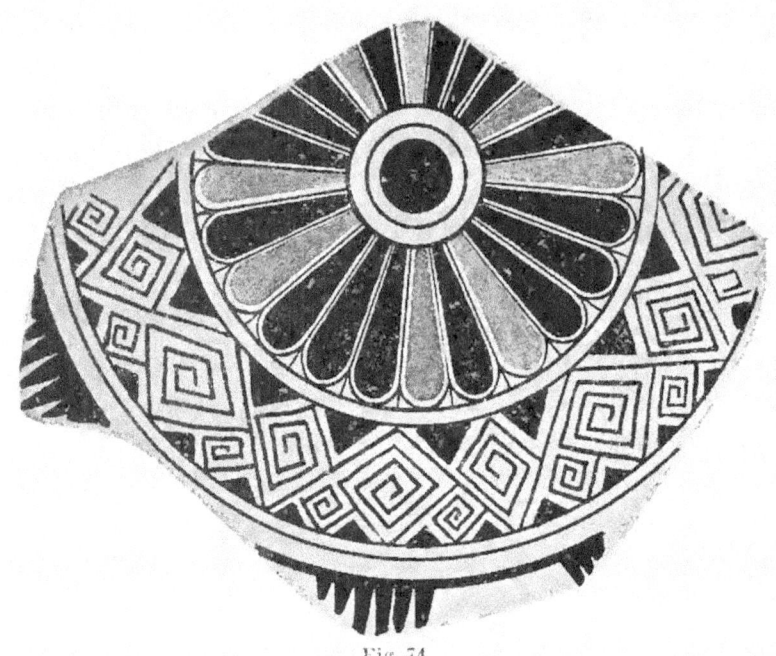

Fig. 74.
Scherbe von einem rhodischen Teller.

Form stets einseitig (egyptisch) ist, laufen die rhombenartigen Einrollungen in Fig. 74 bald von unten nach oben und bald umgekehrt, wie es eben das Charakteristicum der fortlaufenden Wellenranke (Fig. 50) bildet. Den rankenartigen Charakter vervollständigen zum Ueberflusse die kleinen Einrollungen, die sich unten an die grösseren zweigartig anschliessen. Um diese ganz vereinzelte eckige Bildung zu erklären, wird man geneigt sein, den Einfluss des geometrischen Stils heranzuziehen, der die Transponirung des ursprünglich aus der Kreisform construirten Motivs in's Eckige verursacht haben möchte.

Haben wir es in Fig. 74 mit einer blossen Ranke ohne alle weitere pflanzliche Zuthat zu thun, so tritt uns auf der Vase, Fig. 75, (Salzmann

[76]) Salzmann Taf. 29.

4. Rhodisches. 167

46) eine in vollendetem Kreisschwunge gehaltene Wellenranke entgegen, deren Zwickel mit Palmettenfächern gefüllt sind. Diese augenscheinlich einem vorgeschritteneren Stadium der Entwicklung angehörende Amphora ist übrigens aus mehrfachen Gründen merkwürdig, und darf

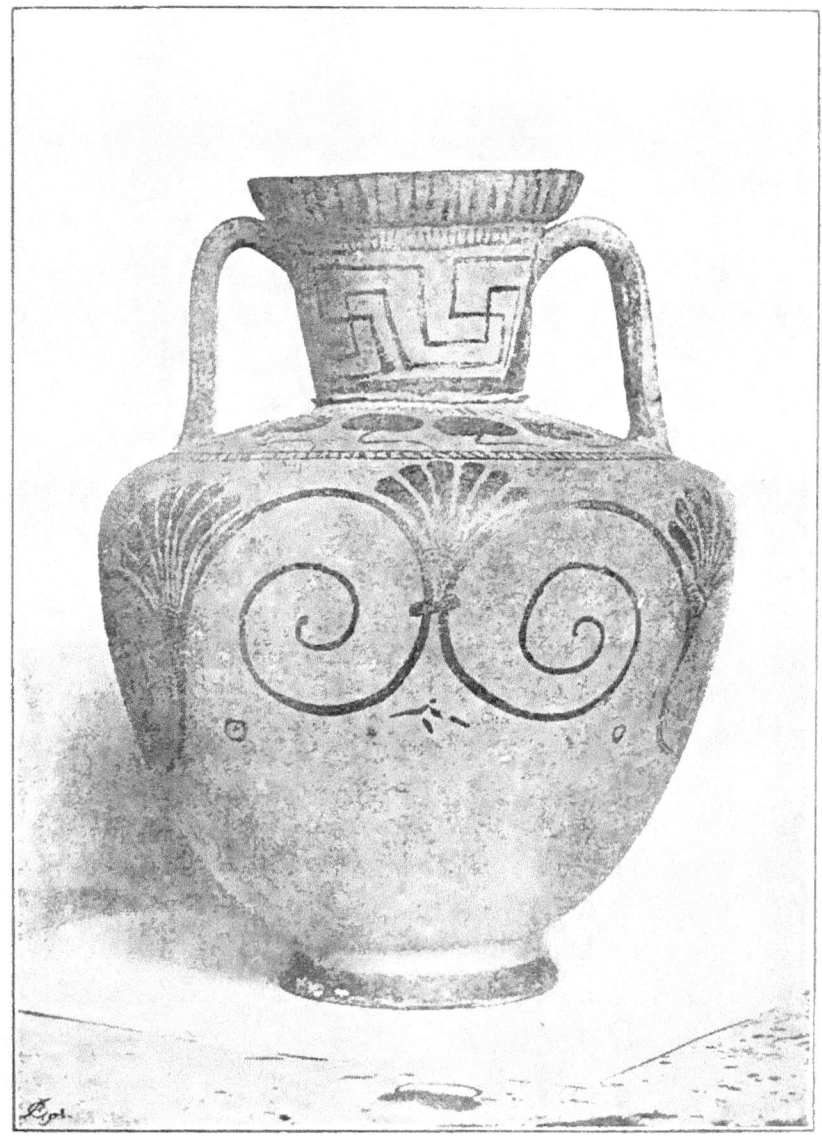

Fig. 75.
Rhodische Amphora.

auf eine Sonderstellung ausserhalb der Reihe Anspruch erheben. Vor Allem scheint eine Rechtfertigung dafür geboten, warum wir das Spiralenmotiv auf dem Bauche dieser Amphora eine Wellenranke genannt haben. Wir sehen nämlich in der Mitte zwei Spirallinien zusammenstossen, die

168   B. Das Pflanzenornament in der griechischen Kunst.

nicht nach Rankenart in einander übergehen, sondern bloss äusserlich, durch eine Klammer, mit einander verbunden sind. Wenn wir aber die beiden Spirallinien rechts und links weiter nach rückwärts verfolgen, bemerken wir beiderseits nach oben abzweigende Einrollungen, wie sie eben dem Schema der fortlaufenden Wellenranke entsprechen. Wir haben es da also nicht mehr mit geometrischen Spiralen, sondern mit Ranken zu thun. Dieselben erscheinen zwar gegenüber den zwickelfüllenden Palmettenfächern noch sehr vorschlagend in der Gesammtdekoration, aber auch die, bloss nach einer Seite (oben) eingezeichneten Fächer[77]) sind grösser gehalten, als es bei bloss accidentellen Füllseln in der Regel der Fall zu sein pflegt.

Lassen wir aber einen Moment das Detail aus dem Auge und betrachten wir die Gesammtdekoration, so werden wir uns erst bewusst, dass wir es da nicht mit der üblichen Streifenmusterung der rhodischen Vasen, dem Erbtheil des geometrischen Stils, zu thun haben, sondern mit einem einzelnen, grossartig hingeworfenen Muster, das für sich genügt, den Bauch der Vase in gefälliger Weise zu schmücken. Die mykenische Kunst war es, die einen solchen grossartigen Zug in der Dekoration entfaltet hat (S. 147): sollen wir nicht auf eine latente Nachwirkung von dieser Seite auch den Anstoss zu der Bildung von Fig. 75 zurückführen? Nicht anders ist das Schultermuster dieser Amphora zu erklären. Wir sehen da gereihte Blättchen von epheuähnlicher Form, etwas schräg projicirt und mit anmuthig geschlängelten Stengeln versehen: worin sich gleichfalls jene Neigung zur lebendigeren Bewegung der pflanzlichen Motive kundgiebt, wie sie (S. 118) die mykenische Kunst gegenüber den altorientalischen Künsten so vortheilhaft auszeichnet. Wir könnten somit das Gefäss — abgesehen von seiner Form — mykenisch nennen, wenn nicht der Hakenkreuz-Mäander am Halse wäre, den die mykenische Kunst nicht kennt, und der somit doch am allerwahrscheinlichsten aus Egypten herübergenommen sein wird. Werden wir uns schliesslich noch der „rhodischen" Stilisirung der füllenden Palmettenfächer bewusst, so werden wir nicht mehr überrascht sein, das übrigens nicht vereinzelt dastehende Gefäss[78]) zusammen mit den übrigen „rhodischen" Thonwaaren in Kameiros gefunden zu haben. Es ist eben in der Hauptsache mykenisch, mit orientalischen Einflüssen, die auf „rhodischen" Sachen nicht ungewöhn-

---

[77]) Unten sind die Zwickelfüllungen bloss diskret angedeutet.
[78]) Nächststehend die Amphora bei Salzmann Taf. 47.

4. Rhodisches.

lich sind, aber ohne Einfluss des Dipylon. Wenn man vom Mangel einer figürlichen Darstellung absieht, so repräsentirt Fig. 75 das anschaulichste Zwischenglied zwischen mykenischer und hellenischer Kunst.

Das vollkommenste Beispiel einer fortlaufenden Wellenranke auf rhodischem Stilgebiete findet sich an dem einen Berliner Sarkophag aus Klazomenä [79]) (Fig. 76). Die Blumenmotive sind hier nicht mehr Zwickelfüllungen, sondern vollendete *Halbpalmetten*. Es wäre dies ein plötzlicher Sprung mitten in die reinste griechische Ornamentik, wenn wir nicht ein melisches Zwischenglied (S. 158) kennen gelernt hätten, das uns auf geradem Wege auf das mykenische Ursprungsgebiet zurückführt. Der zwischen den Undulirungen der Wellenlinie und den spiraligen Einrollungen ihrer Abzweigungen jeweilig freibleibende Raum ist vollständig mit einem halben Palmettenfächer gefüllt, dieser Pal-

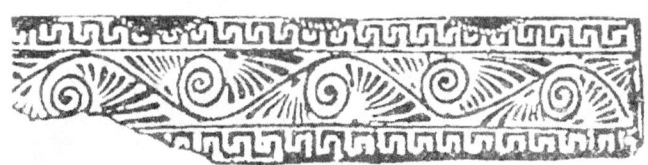

Fig. 76.
Gemalte Verzierung von einem klazomenischen Thonsarkophag.

Fig. 77.
Von einem klazomenischen Sarkophag.

mettenfächer wächst aber nicht aus dem inneren Zwickel heraus, sondern verläuft concentrisch zum Spiralenkelch, analog dem mykenischen Vorbilde Fig. 64. Dass dies nicht bloss uns so erscheint, sondern auch bereits den Verfertigern dieses klazomenischen Sarkophags das Motiv der Halbpalmette vorgeschwebt hat, beweist das Ornament in Fig. 77, das sich auf demselben Sarkophag vorfindet. Es ist dies zweifellos ein Ausschnitt aus einem Lotus-Palmettenband (Fig. 79): in der Mitte wächst der Lotus empor, rechts und links davon ist je eine halbe Palmette sichtbar, die genau dieselbe Form hat wie die Halbpalmetten in Fig. 76[80]).

---

[79]) Ant. Denkm. I. 46.

[80]) Hier muss auch auf das im Grundschema mit Fig. 77 verwandte, aber durch seine vorgeschrittene Bildung fast verblüffende Motiv (birnförmige spiralenbekrönte Lotusblüthe zwischen zwei blattartigen Halbpalmetten) zwischen den zwei Sphingen unterhalb des Kopfstücks des Klazomenischen Sarkophags, Mon. ined. XI, 53, hingewiesen werden. Eine Halbpalmette, die einen selbständigen liegenden Zweig krönt, und deren Seltsamkeit auch Furtwängler aufgefallen ist, findet sich auf einer Berliner Kanne, abgeb. im Arch. Jahrb. 1886, S. 139.

170 B. Das Pflanzenornament in der griechischen Kunst.

Das Schema der intermittirenden Wellenranke ist in so typischen Beispielen wie in Mykenä und Melos in der rhodischen Kunst bisher nicht nachgewiesen. Immerhin lässt sich wenigstens ein Beispiel anführen, an welchem der charakteristische Verlauf des genannten Schemas latent zu Grunde liegt. Fig. 78[81]) zeigt einen Theil des Innenmusters von einem Teller, wo vier umschriebene Palmetten in's Kreuz gestellt und in deren äussere Zwickel vier Palmettenfächer zur Füllung eingesetzt sind. Die umschriebenen Palmetten weisen nach Innen, die füllenden Fächer nach Aussen, so wie die Lotusblüthen auf der melischen Vase Fig. 53; die wellenförmig dahinfliessenden Stengel

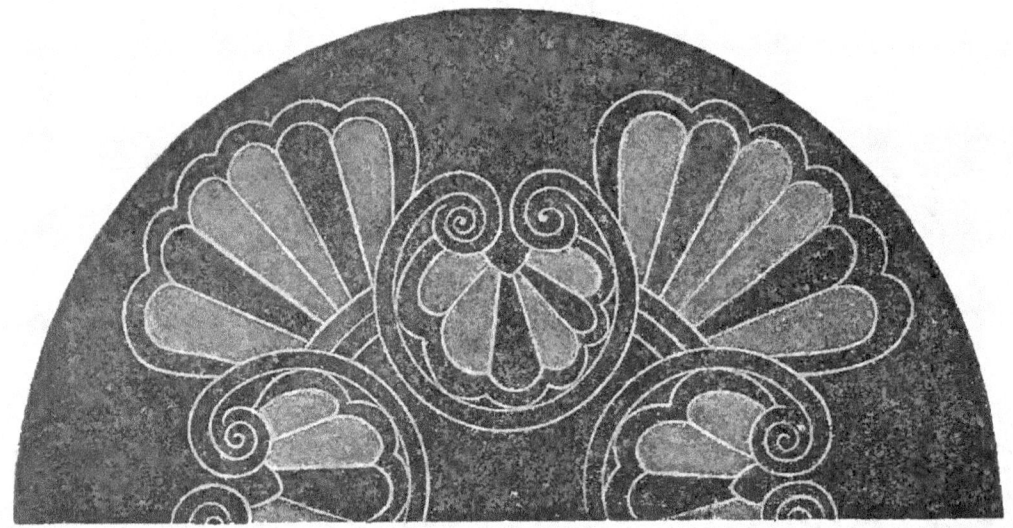

Fig. 78.
Theil eines bemalten rhodischen Tellers.

sind hier allerdings unterdrückt und dies hindert uns auch, das intermittirende Schema völlig klar zu erkennen.

Fig. 78 giebt mir Veranlassung, noch eine bisher unbeachtet gebliebene Seite des rhodischen Pflanzenornaments zur Sprache zu bringen. Ich habe vorhin von *umschriebenen Palmetten* gesprochen, deren kreuzweise Zusammensetzung dem Muster von Fig. 78 zu Grunde liegen soll. Die *umschriebene* Palmette als Kunstausdruck ist nämlich in dieser Darstellung etwas Neues. Nicht aber der Sache nach[82]). Wir hätten bei der Beschreibung von Fig. 78 ebenso gut sagen können, das Muster wäre aus einem im Kreise verlaufenden Bogenfriese mit nach auswärts gekehrten

[81]) Nach Salzmann Taf. 52.
[82]) Die „phönikische" Palmette (S. 105), an welcher die umschreibende Linie den Kelch darstellt, hat aber damit nichts zu thun.

Palmetten gebildet, in deren Volutenzwickel bei ihrem seitlichen Aneinanderstossen kelchfüllende Palmettenfächer, mit der Richtung nach einwärts, eingesetzt wurden. Der geschwungene Kontur des einen Motivs bildet eben zugleich denjenigen des benachbarten, wie es auch den reciproken Ornamenten eigen ist. Das Motiv der *umschriebenen* Palmette hat seine nächste Vorstufe an dem Ornamentband auf der melischen Vase Fig. 66, das um den Bauch unmittelbar über dem Fusse herumläuft (und an Schilde des rhodischen Euphorbostellers). In letzterem Falle sind die Doppelspiralen noch die Hauptsache, die Blüthen blosse Füllungen, in Fig. 78 bereits umgekehrt. Auf die gleiche Wurzel geht offenbar die Verschränkung der Palmette mit dem alternirenden Lotusblüthen-Profil, Fig. 79[83]), zurück, von einem klazomenischen Sarkophag[84]). Es ist zweifellos ein und dieselbe künstlerische Tendenz, die allen diesen Versuchen zu Grunde liegt.

Fig. 79.
Von einem klazomenischen Sarkophag.

Die umschriebene Palmette hat in der späteren Ornamentik (bis in romanische Zeit) eine überaus häufige Verwendung gefunden. Es wäre daher wichtig, den Moment und die Umstände zu fixiren, unter denen sie zuerst aufgetreten ist. Allem Anscheine nach ist dies jedoch schon vor der Zeit geschehen, in welcher die klazomenischen Sarkophage entstanden sind. Auf dem Sarkophage, Ant. Denk. I. 44, ist das Eierstabkyma nämlich bereits völlig typisch ausgeprägt, der vegetabilische Lotus-Knospen-Reihen-Charakter daran vollständig verwischt. Soll dies in der That schon in mykenischer Zeit geschehen sein, wie Goodyear Taf. 55 No. 7 unter Hinweis auf Mykenische Vasen S. 49 Fig. 28 anzunehmen geneigt ist? Jedenfalls sehen wir dann den Process in der rhodischen Kunst mit den neu zugewanderten orientalischen Lotus-Palmettenbändern auf's Neue sich vollziehen. Dass darin ebenfalls ein Keim der nachfolgenden Entwicklung in der korinthisch-attischen Kunst liegt, hat schon Holwerda[85]) bemerkt. Auch dieser Umstand erscheint

---

[83]) Vgl. Fig. 77, die hienach, wie schon betont wurde, nichts anderes ist als ein Ausschnitt aus Fig. 79.
[84]) Monum. ined. XI. 54.
[85]) Arch. Jahrb. 1890, 263.

somit geeignet, die Bedeutung der rhodischen Kunst für die Fortbildung des griechischen Pflanzenornaments zu erhöhen. Centrale Zusammensetzungen von vegetabilischen Motiven, ähnlich wie in Fig. 78, begegnen uns schon in den altorientalischen Künsten, z. B. in der assyrischen (Fig. 34); der bekannte aus je vier Lotusknospen und Palmettenfächern zusammengesetzte Stern, der sich auch in Kameiros[86] gefunden hat, hängt noch eng mit jenen altorientalischen Bildungen zusammen. Aber die richtige Grundlage für die Verschiebung und Verschränkung der alternirenden Lotusblüthen und Palmetten war erst dann gegeben, sobald man sich daran gewöhnt hatte, die Spirale völlig frei zur Kelchbildung zu gebrauchen, und die Blumenmotive sich von blossen Füllungen zu selbständigen Ornamenten emancipirt hatten. Diese Stufe der Entwicklung hat aber, soviel wir heute sehen können, zuerst die „rhodische" Kunst erreicht[87]).

5. Altböotisches. Frühattisches.

Mit der Betrachtung der melischen und rhodischen Vasen haben wir die Entwicklungsgeschichte des Pflanzenornaments über die mykenische Stufe hinaus weiter verfolgt und insbesondere an den Blüthenmotiven des rhodischen Stils und ihren Verbindungsweisen deutlich die Ausgangspunkte für die nachfolgende, unbestritten griechische Entwicklung erkannt. Es ist nun an der Zeit, in der Abwicklung der Fortbildungsgeschichte eine Weile innezuhalten und einige andere Denkmälergruppen zu Worte kommen zu lassen, die zwar keine wesentliche oder gar führende Rolle in der Entwicklung des griechischen Pflanzenornaments gespielt haben, aber durch gewisse Eigenthümlichkeiten uns in Stand setzen, den zurückgelegten Process noch besser zu verstehen und uns von der Stichhaltigkeit der aufgestellten Entwicklungsreihe noch mehr zu überzeugen.

Dies gilt insbesondere von den *böotischen* Vasen, die Joh. Böhlau

---

[86]) Salzmann Taf. 2.

[87]) Als Versuch, und gewiss nur einer unter vielen minder gelungenen Versuchen, ist die Schale aus Kameiros auf Taf. 33 bei Salzmann lehrreich. Mit den Spiralen sind hier ganz zweckentsprechend die Volutenkelche für ebensoviele Palmetten gebildet. Die Ausfüllung der Zwischenräume ist dem Maler aber nicht mehr gelungen: zwei Lotusblüthen war er im Stande anzubringen, mit dem dritten Zwischenraum ist er aber dermassen in die Enge gerathen, dass er sich mit der Einfügung einer Knospe begnügen musste. Dem gegenüber ist die Lösung in Fig. 78 eine klassische zu nennen.

in Arch. Jahrb. 1888 S. 325 ff. beschrieben hat: ja es wird sich zeigen, dass wenigstens an einem Beispiele dieser Vasenklasse sich sogar ein weiterer höchst bedeutsamer Schritt nach vorwärts feststellen lässt. Der Eindruck den der Bearbeiter von diesen Vasen anscheinend bekommen hat, der Eindruck einer in lokaler Isolirtheit befangenen Kunstübung, mag vielleicht richtig sein. Dies schliesst aber nicht aus, dass neben der von Böhlau in den Vordergrund gestellten geometrischen Dekoration auch eine nicht zu unterschätzende pflanzliche sich vorfindet,

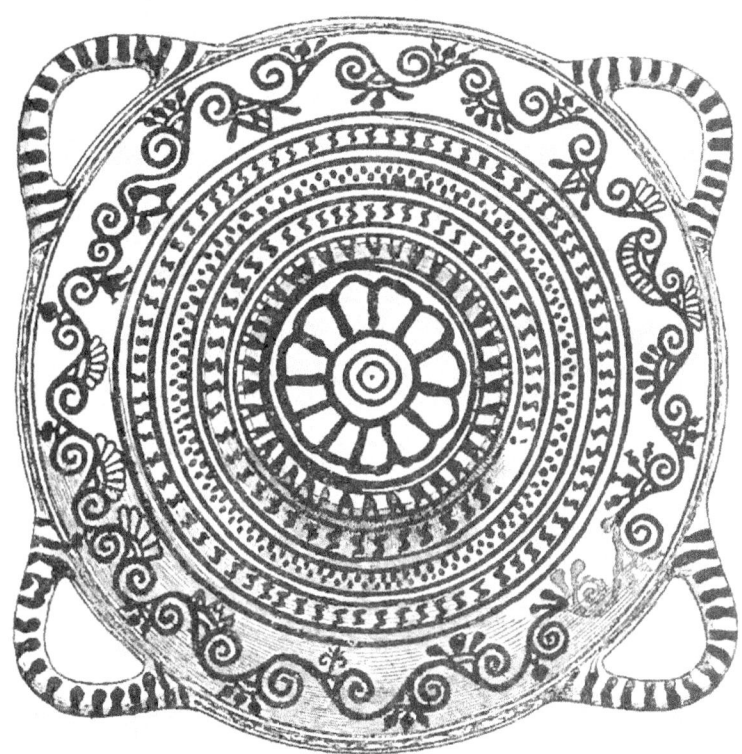

Fig. 80.
Altböotische Schale.

deren „lebendigen vegetabilischen" Charakter übrigens auch Böhlau[57] wenigstens in Bezug auf die Palmette anerkannt hat. Das Lotus-Blüthen- und Knospen-Band bei Böhlau, Fig. 14 S. 338, das derselbe schwer verständlicher Weise mit einem Wellenband nach mykenischer Art verwechselt hat, will ich nur beiläufig erwähnen, ebenso die selbständigen, nach mykenischer Weise an geschweiften Stengeln sitzenden Blumen: Lotusprofile mit drei Spitzblättern und bereits ganz griechisch gebildete Palmetten[58]. Das Wichtigste für unsere Untersuchung ist das

[57] A. a. O. 359.
[58] A. a. O. Fig. 10.

174 B. Das Pflanzenornament in der griechischen Kunst.

Vorkommen der fortlaufenden Wellenranke in nicht weniger als drei Fällen.

Der Rand der Schale Fig. 80 giebt eines davon wieder[90]). Die Wellenranke rollt leicht und sicher um den Rand herum, in die Zwickel sind nach egyptischer Art (also noch nicht nach Art der klazomenischen Halbpalmetten) Zwickelblumen eingesetzt, die im Effekt den Spiralwindungen mit Mühe die Waage halten. Dass wenigstens die in Halbkreis geschlossenen unter diesen Zwickelblumen noch im Stile der Palmetten des Furtwängler-Löschcke'schen mykenischen Vasenstils gehalten sind, hat Böhlau ebenso wie den Zusammenhang mit der Scherbe aus Thera Fig. 50 anerkannt; ich möchte dazu auch die Zwickelblumen mit punktirter Peripherie rechnen.

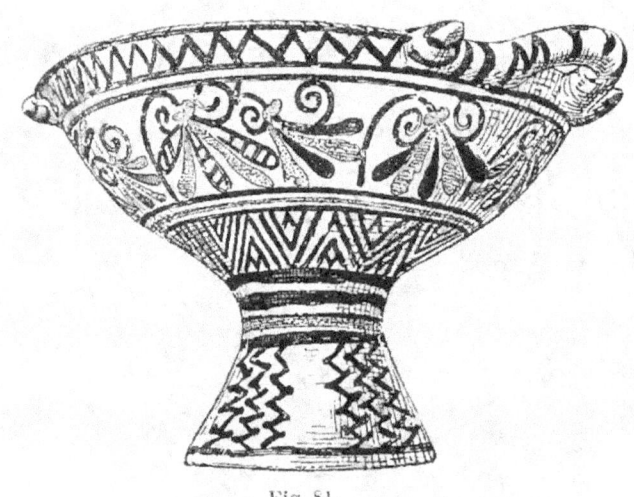

Fig. 81.
Altböotische Schale.

Das zweite Beispiel einer fortlaufenden Wellenranke giebt Böhlau a. a. O. auf S. 335, Fig. 7. Die Zwickelfüllungen sind hier tropfenförmig, ähnlich wie auf der mykenischen Brustplatte Fig. 60, und treten daher gegenüber den Spiraleinrollungen noch mehr in den Hintergrund als an Fig. 80. Bemerkenswerth ist bloss die Klammer, mittels welcher jede Spiralabzweigung am Ansatze mit der fortlaufenden Wellenlinie verbunden erscheint.

Unmittelbar unter Fig. 7 hat Böhlau in Fig. 8 (unsere Fig. 81) das dritte Beispiel einer fortlaufenden Wellenranke abgebildet, das er selbst nicht als solches erkannt hat. Man fasse aber den Zweig in der linken Hälfte des Mittelstreifens in's Auge. Der Stengel steigt vom Boden an

---

[90]) Nach Fig. 5, a. a. O. S. 333.

den oberen Rand, biegt dort um und spaltet sich in zwei durch eine Klammer zusammen gehaltene Spiralen, die einem Palmettenfächer zum Kelch dienen. Die nach rechts ausgreifende Spirale entsendet aber wiederum einen Spiralschössling nach unten und bildet mit ihm einen zweiten Kelch in dem allerdings aus Raummangel bloss ein füllender Dorn Platz finden konnte. Der letztgenannte Spiralschössling endlich entsendet einen gleichen noch weiter rechts nach oben und bildet mit ihm den Kelch für eine Palmette gleich der zuerst genannten. Sehen wir von den Füllungsblumen ganz ab, so erkennen wir unschwer das Schema von Fig. 80, beziehungsweise Fig. 50.

Woran liegt es nun, dass Böhlau den Sachverhalt an Fig. 81 nicht sofort erkannt hat? Vielleicht hat ihn auch die kurze Zweigform beirrt, gewiss aber die überwiegenden Dimensionen der Palmettenfächer gegenüber den Spiralkelchen. Während diese letztere an Fig. 80 und insbesondere an dem zweiten Böhlau'schen Beispiele klar und tonangebend um die Schale herum fliessen, treten sie an Fig. 81 gegenüber den Zwickelpalmetten zurück — mit anderen Worten: die Palmetten werden zur Hauptsache, die Spiralen zur blossen accidentellen Rankenverbindung. Darin kündigt sich der Weg der Zukunft an, während das Motiv der fortlaufenden Wellenranke an sich den Zusammenhang mit der mykenischen Vorstufe herstellt.

Aber auch noch unter einem zweiten Gesichtspunkt ist Fig. 81 für die Entwicklung des griechischen Pflanzen-Rankenornaments bedeutungsvoll: es ist dies das erste Mal, dass sich die Wellenranke von der geschlossenen bordüreartigen Streifenform emancipirt und als selbständiger Zweig[94]) frei hingeworfen erscheint. Dies ist aber das eigentliche Ziel der griechischen Rankenornamentik gewesen: die freie Entfaltung der undulirenden Linien über eine beliebige, nicht bloss auf einen Längsstreifen beschränkte Fläche. Unter diesem Hinblick ist der, wenngleich nicht eben schön gelungene Wellenrankenzweig Fig. 81 historisch weit bedeutsamer, als die auf S. 167 f. gewürdigte Wellenranke Fig. 75. Diese letztere ergiebt sich uns jetzt als die formvollendete Lösung eines schon von der mykenischen Kunst vorgebildeten Motivs, als Abschluss des Entwicklungsprocesses eines

---

[94]) Rankenzweige kennt, wie wir gesehen haben, schon die mykenische Kunst sowie die meisten archaisch-griechischen Stile (auch der in Rede stehende böotische). Es ist der Wellenrankenzweig, der hier zum erstenmale auftritt; allerdings vermöchte man vielleicht selbst hiefür ein mykenisches Vorbild in Fig. 49 erblicken.

176 B. Das Pflanzenornament in der griechischen Kunst.

immerhin noch gebundenen, weil in Streifenform gebannten Motivs im Sinne des höchst erreichbaren Formal-Schönen. Der Rankenzweig Fig. 81 durchbricht das hergebrachte Schema und weist auf neue fruchtbare Wege: wer würde da verlangen, dass die Lösung auf den ersten Wurf gelang?

Einschaltungsweise will ich hier — dem chronologischen Entwicklungsgange vorgreifend — eine spätere böotische Vasenornamentik zum Vergleiche heranziehen, weil sie vielleicht zur Erklärung für die nachgewiesene öftere Verwendung der fortlaufenden Wellenranke in der archaisch-böotischen Kunst beitragen könnte. Bei den Ausgrabungen des Kabirenheiligthums zu Theben hat man nämlich eine Anzahl von Vasenscherben zu Tage gefördert, die auffälligerweise zu allermeist mit der fortlaufenden Wellenranke verziert sind (Fig. 82)[92]. Winnefeld hat nachgewiesen, dass die betreffenden Vasen einer lokal-böotischen Fa-

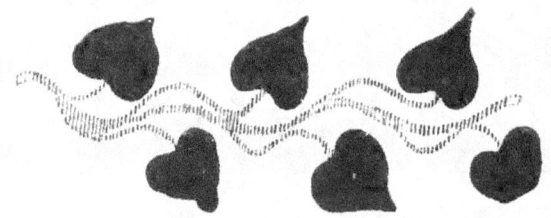

Fig. 82.
Epheuranke von einem späteren böotischen Thongefäss.

brikation angehören und nicht vor dem 4. Jahrhundert entstanden sein können. Zwischen der Entstehungszeit der altböotischen (nach Böhlau 7. Jahrhundert) und derjenigen der Kabirenvasen liegen allerdings mehrere Jahrhunderte, in deren Verlaufe die fortlaufende Wellenranke ein gemeinübliches Bordürenornament der griechischen Kunst geworden ist. Auffällig ist aber an den Kabirenvasen immerhin die exclusive Bevorzugung des fortlaufenden Schemas, das überwiegende Vorkommen der sogenannten Epheublätter, jenes schon in der mykenischen Kunst verbreiteten vegetabilischen Motivs, das Fehlen der „in anderen Vasengattungen häufigsten Ornamentmotive: Mäander und Palmette, Stabornament, Eierstab und Strahlen" (Winnefeld). Nehmen wir dazu jenen bestimmten mykenischen Zug, der sich z. B. in den gekrümmten, die Wellenlinie begleitenden Stengeln der Epheublätter (Fig. 50) ausspricht, so erscheint es in der That wahrscheinlich, dass diese lokal-böotische Vasenornamentik hochalterthümliche Traditionen repräsentirt, wie sie

[92]) Nach Athen. Mitth. 1888, S. 418, Fig. 6.

5. Altböotisches. Frühattisches.

sich unter geringen Concessionen an die namentlich durch das attische Geschirr und die attische Kunst überhaupt geschaffene und zur Mode gewordene griechische Universalkunst bis gegen die alexandrinische Zeit hin bewahrt haben mochten.

Da im Vorstehenden von dem *Epheublatt* die Rede war, halte ich es für gerathen, um Missverständnisse zu vermeiden, nochmals (s. S. 125) den Sinn dieser Bezeichnung zu erörtern. Ich denke dabei ebenso wenig an ein wirkliches Epheublatt, wie bei der Bezeichnung *Palmette* an eine Palme: es ist einfach ein Verständigungsmittel über eine gewisse dekorative Kunstform, von welcher wir nicht wissen, was sich ihre jeweiligen Darsteller darunter gedacht haben. Dies schliesst ja nicht aus, dass man darin — namentlich in der naturalisirenden nachalexandrinischen Zeit — in der That einen Epheu gesehen hat. Das Epheublatt begegnet uns in Egypten, dann in Mykenä, es begegnet uns auf den sogenannten chalkidischen Vasen und nun im Böotien des 4. Jahrhunderts. In letzteren beiden Fällen könnte man dem Motiv — die topographische Nachbarschaft als über alle Zweifel erwiesen vorausgesetzt — die gleiche Bedeutung beigelegt haben: wie aber in Mykenä oder gar in Egypten? Deshalb kann ich mich auch nicht davon überzeugen lassen, dass die Blätter von Fig. 7 bei Winnefeld auf die botanische Species Tamus cretica zurückgehen, viel eher halte ich sie als eine rein stilistische Fortbildung der „Epheublätter". Fig. 9 ebendaselbst zeigt allerdings deutlich Weinblätter und Trauben: wir gelangen damit eben in die naturalisirende Dekorationskunst, wie sie hauptsächlich die Diadochenzeit charakterisirt, aber schon seit dem peloponnesischen Kriege, seit dem Aufkommen des Akanthus, sich in stets zunehmendem Maasse bemerkbar gemacht hat. Gleichwohl ging auch dann noch daneben immer eine stilisirende Richtung einher, die das Weinlaub z. B. fünfzackig bildete[93]) — eine Richtung die in spätrömischer Zeit im Orient wieder entschieden die Oberhand gewann, und sie daselbst wahrscheinlich auch in der Zwischenzeit niemals völlig eingebüsst hatte.

Böhlau's *frühattische* Vasen im Arch. Jahrb. 1887 (S. 33 ff., Taf. 3—5) stehen in Bezug auf die Entwicklung des Pflanzenornaments noch hinter den melischen Vasen. Der Typus der Palmette ist hier noch keineswegs so abgeschlossen, wie wir ihn auf melischem Gebiete (S. 155) getroffen haben. Die Vase auf Taf. 3 bei Böhlau zeigt an den Palmetten

---

[93]) Z. B. auf einem etruskischen Spiegel, Athen. Mitth. 1888, 365.

178 B. Das Pflanzenornament in der griechischen Kunst.

zwar einen losen, aus kolbenartigen Blättern zusammengesetzten Fächer, aber nicht die spiraligen Voluten; Taf. 4 dagegen die genannten Voluten, aber in Verbindung mit einem dicht geschlossenen Fächer von kugelförmigen Blättern. Auch die umschriebenen Palmetten auf Taf. 5 stehen hinter denen an unserer Fig. 66 zurück. Die Hydria bei Böhlau S. 53 zeigt knospenartige Motive auf einen geknickten Bogenfries gereiht, angeblich ein verkümmertes Lotusblumen-Knospen-Band; jedenfalls ist dasselbe für die Entwicklung bedeutungslos. Fig. 23 bei Böhlau zeigt dagegen zwei Doppelspiralen, deren jede in Form eines arabischen Achters verschlungen ist und in Palmetten von ziemlich typisch-griechischer Form ausläuft, während die Zwickel dazwischen mit Palmettenfächern gefüllt sind. Das wäre nun etwas, das sogar über die Freiheit der Rankenführung in der rhodischen Kunst hinausginge, wenn es nicht — wie auch Böhlau bemerkt — in der ganzen Klasse vereinzelt dastünde. Das Motiv ist der Entwicklung nach nicht früher anzusetzen als die gleichfalls von einer altattischen Vase stammende Fig. 83, mit welcher — wie wir sehen werden — eine ganz eigenartige Weiterentwicklung des Pflanzenrankenornaments einsetzt.

6. Das Rankengeschlinge.

Das Material, auf Grund dessen wir heutzutage die Entwicklungsgeschichte des Pflanzenornaments in der älteren griechischen Zeit zu entwerfen im Stande sind, ist in der Hauptsache auf Gefässe beschränkt. Unter diesen sind es wiederum die Thongefässe, welche an Zahl weitaus im Vordergrunde stehen, in zweiter Linie erst die Metallgefässe. Der Unterschied im Material hat zwar, wie ich zu betonen nicht müde werde, nichts Wesentliches zu besagen. Der Lotus oder das Flechtband war gegeben: auf den Thon wurden sie gemalt, in das Metall gravirt. Ein wesentlicheres Hemmniss, um die Entwicklung völlig klar zu erblicken, könnte darin gelegen sein, dass es eben hauptsächlich nur Gefässe sind, die uns zur Untersuchung vorliegen. Es macht sich nämlich in der Verzierung der Gefässe schon in archaischer Zeit das Bestreben geltend, die rein ornamentalen, bloss schmückenden, gegenständlich nichtssagenden Motive einzuschränken und an ihre Stelle figürliche Darstellungen, deren Inhalt der heroischen und der Göttersage entlehnt wurde, treten zu lassen [94].

[94] Woher diese treibende Tendenz in die griechische Kunst gekommen ist, wird man heute schwerlich entscheiden können. In der mykenischen

6. Das Rankengeschlinge.

Bei der reinen Streifendekoration konnte man da kaum stehen bleiben. Es lag in der Natur der Sache, dass die figürlichen Darstellungen immer mehr Raum für sich in Anspruch nahmen, die Thierfriese dagegen und vollends die geometrischen und vegetabilischen Zierformen auf ein zunehmend geringes Maass beschränkt wurden. Wenn wir nun an den rhodischen Vasen deutlich das Bestreben des Rankenornaments nach Ausbreitung wahrzunehmen glaubten, so trat diesem Bestreben jenes andere nach Ausbreitung der figürlichen Scenen hindernd entgegen. Die Ranken konnten sich auf den Vasen nicht frei über grössere Flächen entfalten, weil ihnen der Raum hierfür von den figürlichen Vasenbildern bestritten wurde. Wie war es aber auf anderen Gebieten?

Was uns da sonst noch vorliegt, z. B. kleine Schmuckstücke aus Edelmetall, das läuft in der ornamentalen Entwicklung ganz parallel mit den Erscheinungen auf den Vasen. Wäre uns z. B. etwas von Wandmalereien der betreffenden Zeiten erhalten, so würde sich vielleicht eine weit freiere Pflanzenrankenornamentik, etwa wie sie die hellenistische Zeit kennzeichnet, schon für eine gewisse Zeit vor den Perserkriegen feststellen lassen. Dieser Schluss erscheint nicht zu gewagt, sobald wir beobachten, wie das Pflanzenrankenornament selbst an den Vasen, dort wo ihm noch eine freiere Entfaltung ermöglicht bleibt — an und unter den Henkeln — davon begierig Gebrauch macht. Das uns zur Verfügung stehende Vasenmaterial zeigt uns das Pflanzenrankenornament hauptsächlich in bordürenartige Längsstreifen gezwängt. Von diesen letzteren, als den einfacheren gegenüber den endlosen Flächen, hat aber auch sicher die folgende Entwicklung ihren Ausgang genommen.

Da begegnet uns nun zunächst die lehrreiche Erscheinung, dass das fortlaufende und das intermittirende Wellenranken-Schema nach mykenischem Muster in seiner einfachsten Form dem nach Entfaltung drängenden dekorativen Sinn nicht mehr genügte. Fig. 83 stammt von einer Schüssel aus Aegina[95]), die auf alt-

Kunst, der wir nach dem sattsam Gesagten so viele fruchtbare und grundlegende Keime des späteren Hellenismus verdanken, war sie zweifellos schon vorhanden gewesen (S. 147). Aber auch die Dipylonvasen zeigen häufig figürliche Darstellungen: ob unter mykenischem Einfluss? Und selbst die Orientalen haben die figürliche Composition von den Werken des „Kunstgewerbes" nicht grundsätzlich ausgeschlossen: man denke nur an die Metallschalen!

[95]) Arch. Zeitschr. 1882, Taf. X.

180　B. Das Pflanzenornament in der griechischen Kunst.

attischen Ursprung zurückgeführt wird; genau dasselbe Muster findet sich übrigens an einer in Athen gefundenen Amphora, die auf S. 46 des Textes zu den Antiken Denkmälern Bd. I abgebildet ist. Das Ornament als Ganzes setzt sich zusammen aus Blüthenmotiven und aus Rankenlinien; betrachten wir zunächst die ersteren gesondert für sich.

Wir unterscheiden da zweierlei Motive: Lotusblüthen, gekennzeichnet durch die weitausladenden Seitenblätter, und Palmetten oder besser gesagt blosse Palmettenfächer. Das grössere, wichtigere Motiv sind augenscheinlich die Lotusblüthen; dagegen treten die Palmetten sowohl in der Grösse, als wegen des anscheinenden Mangels des zur selbständigen Palmette unentbehrlichen Volutenkelchs zurück. Die Lotusblüthen sind nun ebenso wie die Palmetten mit der Krone abwechselnd

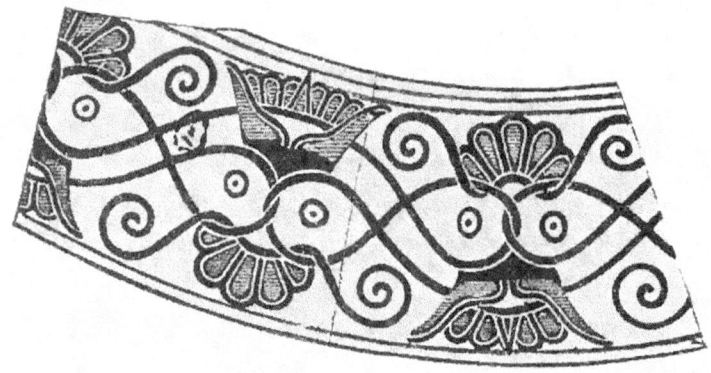

Fig. 83.
Gemaltes Rankengeschlinge von einer Schüssel aus Aegina.

von unten nach oben und von oben nach unten gekehrt, worin wir das intermittirende Wellenrankenschema bereits ahnen. Um dieses letztere vollends sicherzustellen, bedarf es aber des Nachweises einer entsprechenden Verbindung.

Diese letztere erscheint hergestellt durch die schlingenförmig verlaufenden Rankenlinien. An der Stelle nämlich, wo zwei Schlingen ineinander greifen, sitzt immer auf der einen Seite eine Lotusblüthe, auf der anderen eine Palmette. Die zwei Schlingen vertreten auf solche Weise die Stelle von zwei Spiraleinrollungen eines Volutenkelchs, indem sie für eine darüber sich erhebende Blüthe den Kelch bilden. Man lösche jenen Theil der Rankenlinien, der sich durch die Lotusblüthen hindurch schlingt und dieselben halbirt, ferner die bloss raumfüllenden Spiralen, die sich beiderseits an die Palmetten ansetzen, so gewinnt man das nackte Schema der intermittirenden Wellenranke, an deren Berg- und Thalpunkten Lotusblüthen ansetzen. Die Palmetten sind blosse accessorische Zwickelfüllungen der von der Ranke gebildeten Kelche.

Die Stichhaltigkeit der gegebenen Erklärung des Motivs springt noch mehr in die Augen an Fig. 84, das von einem Bronzetäfelchen im Berliner Antiquarium[96]) entlehnt ist. Hier haben wir in der That das nackte intermittirende Schema: die Lotusblüthen setzen einmal oben und dann unten ganz einfach, ohne alle Vermittlung durch Spiralvoluten oder Schlingenkelche, an die zwei von rechts und links zusammentreffenden Stengel an; die Schlingen, welche letztere vor ihrem Absetzen an der Lotusblüthe bilden, sind eine Bereicherung des Motivs und stellen den Zweck, den man mit dem ganzen Motiv verfolgte, erst recht deutlich in's Licht. Hier beirren uns auch nicht mehr die Bänder, von denen die Lotusblüthen durchzogen und halbirt sind,

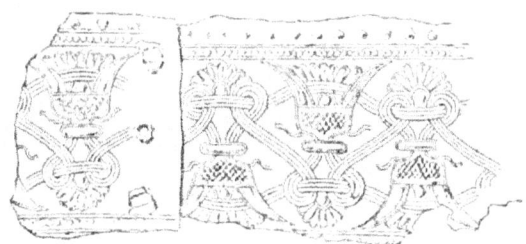

Fig. 84.
Verziertes Bronzetäfelchen im Berliner Antiquarium.

da sie hier nicht so wie an Fig. 83 die intermittirende Wellenlinie durchkreuzen, sondern an beiden Seiten für sich getrennt verlaufen. Die Palmetten endlich geben sich hier vollends unverkennbar als blosse Zwickelfüllungen.

Zweierlei haben wir an dem solchergestalt in seinem Wesen festgestellten Motiv besonders vermerkt: erstens die in der Richtung alternirende Paarung von Lotusblüthen und füllenden Palmettenfächern, zweitens die Bereicherung der verbindenden Wellenrankenlinien durch Schlingen, wozu noch die völlig als dekorative Superfötation angehängten Bänder kommen. Die Paarung von Lotusblüthen und Palmetten in alternirender Richtung, also das Motiv, das in der herrschenden Kunstterminologie als *gegenständige Lotusblüthen und Palmetten* bezeichnet wird, ist uns im Wesen nicht mehr neu. Sie findet sich schon auf dem melischen Beispiel Fig. 53; nur ist hier anstatt des Palmettenfächers ein blosser Zapfen zur Zwickelfüllung

---

[96]) Arch. Anz. 1891, S. 125, Fig. 12 c.

182   B. Das Pflanzenornament in der griechischen Kunst.

verwendet, was an der wesentlichen Uebereinstimmung des Grundmotivs nichts ändert.

Zum leichteren Verständniss des Sachverhaltes gebe ich in Fig. 85 das Ornament eines gleichfalls in Berlin verwahrten und in Theben gefundenen Bronzeplättchens[97]), das zwischen dem melischen (Fig 53) und dem frühattischen (Fig. 83, 84) Beispiele die Mitte hält[98]). Man vgl. ferner bei Brunn-Lau, Die griechischen Vasen, Taf. VIII, das Halsornament von No. 1 mit No. 5 derselben Tafel, dann ebenda Taf. XI 6, 7, welche schon der weiteren Entwicklung angehören. Der Schlusspunkt dieser Entwicklung war so wie derjenige der attischen Ornamentik gegen das 5. Jahrh. hin überhaupt die Lossagung vom Schwulste der schmuckfreudigen archaischen Zeit, die Beschränkung auf wenige und vereinfachte Motive von rein ornamentaler Wesenheit, freilich unter freiester

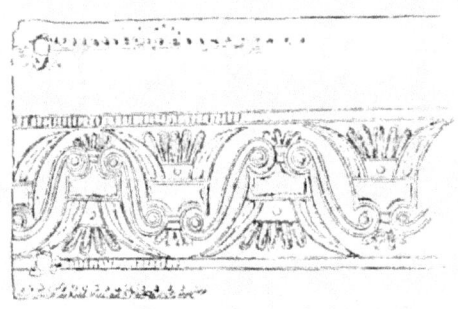

Fig. 85.
Verziertes Bronzetäfelchen im Berliner Antiquarium. Aus Theben.

Beherrschung der Darstellungsmittel und vollendeter Ausgestaltung im Sinne des Formalschönen. Als Beispiel einer intermittirenden Wellenranke mit *gegenständigen* Lotusblüthen und Palmetten, ohne alle Spiralwindungen, Verschlingungen und Volutenkelche, möge Fig. 86 nach Brunn-Lau XI. 8 dienen, das noch nicht dem freiesten Stile angehört.

Kehren wir nochmals zu Fig. 83 zurück. Neu ist daran, wie wir gesehen haben, eigentlich bloss die Verschleifung der intermittirenden Wellenlinie in ein ohne Unterbrechung fortlaufendes Band; dies wird ermöglicht durch die Bildung von Schleifen, deren je zwei im Zusammenstossen immer den Kelch für die anzusetzenden Blüthenmotive bilden.

---

[97]) Arch. Anz. 1891, S. 124, Fig. 12a.
[98]) Die Augen, um die sich in Fig. 85 die kelchbildenden Wellenrankenlinien an jedem Lotusansatz herumwinden, geben auch Auskunft über die Kreise, in die sich in Fig. 53 die meisten kelchbildenden Voluten umgewandelt haben.

6. Das Rankengeschlinge.

Wir haben das Aufkommen dieses Motivs aus einem Bestreben nach reicherer Ausgestaltung des bordürenartigen Rankenstreifens zu erklären gesucht, und zwar auf Grund der geraden Entwicklung aus dem gegebenen Vorbilde der intermittirenden Wellenranke, wofür Fig. 84 wohl jede weitere Beweisführung überflüssig macht. Es ist dies aber nicht der erste Erklärungsversuch, den man für dieses Motiv aufgestellt hat. Dasselbe hat nämlich schon um seines augenfälligen Zusammenhanges mit dem *gegenständigen* Palmetten-Lotus-Band die Aufmerksamkeit einiger Forscher erregt. Am bündigsten und entschiedensten hat sich Holwerda im Arch. Jahrb. 1890, S. 239 f. darüber ausgesprochen.

Es ist fast selbstverständlich, dass Holwerda's Erklärung an irgend eine Technik anknüpfen musste. Diesmal fiel die Wahl auf eine Metall-

Fig. 86.
Gemalte Rankenverzierung. Griechisch.

technik. „Die durchsetzenden Schlingen waren die genaue Nachahmung von Metalldrahtgeflechten, deren Muster sich noch mit voller Sicherheit erkennen lassen. Es war dieses ganze, sehr künstlich" (in der That!) „erfundene Geflecht aus einem einzigen Metalldraht hergestellt, dessen beide Enden, wenn das Ornament um einen Gegenstand herum gelegt wurde, an einem Punkte zusammentrafen, welches aber durch seine Windungen alle Elemente des Ornaments aufzunehmen geeignet war." Die Blüthenmotive denkt er sich dann aus Metallblech ausgeschnitten und an den Draht angelöthet. Ich will nun gar nicht in Abrede stellen, dass einmal ein ostmittelländischer Goldschmied in jenen Jahrhunderten die Lotusblüthen und Palmetten etwa aus Metall getrieben und die Schlingranken in Filigran darauf gelöthet haben möchte. Aber der sonderbare technische Vorgang, wie ihn Holwerda schildert, müsste erst monumental erwiesen werden, und vollends die Entstehung eines bestimmten Ornamentmotivs aus solcher Wurzel wird selbst derjenige

184   B. Das Pflanzenornament in der griechischen Kunst.

kaum ernst nehmen können, der von der technisch-materiellen Entstehung der Urmotive im Allgemeinen vollständig überzeugt ist.

Ich habe dieses Beispiel aus zahllosen anderen, wo der Metall-, Textil-, Stein-Stil u. s. w. zur Erklärung älterer griechischer Ornamentformen herhalten musste, deshalb gewählt, weil es besonders geeignet ist zu zeigen, in welch abstruse Folgerungen sich Forscher, deren hohe Verdienste um die Wissenschaft der klassischen Archäologie im Uebrigen völlig unbestritten sein sollen, verlieren, sobald sie sich auf den gefährlichen Weg der Spürsuche nach Techniken begeben. Es würde die Grenzen dieses Buches in's Unabsehbare erweitern, wenn ich hinsicht-

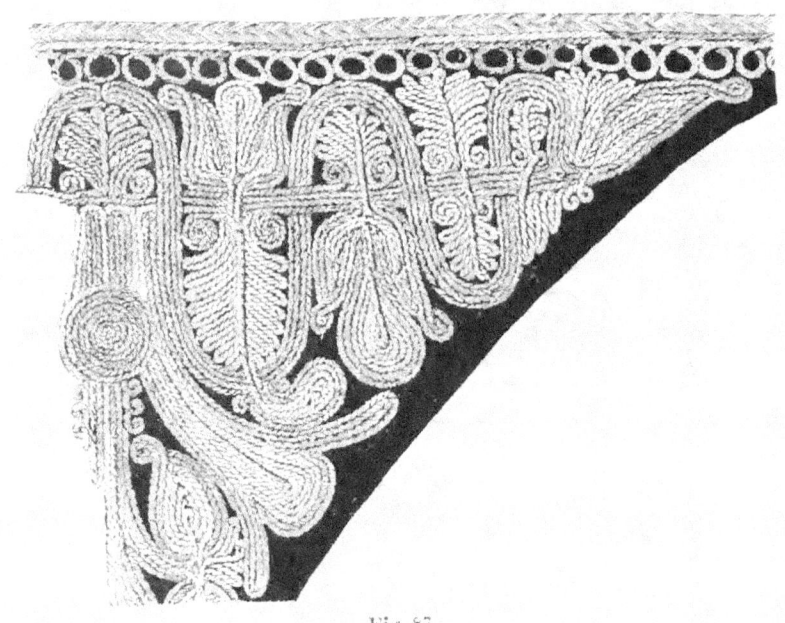

Fig. 87.
Schnürchenstickerei.   Aus Ragusa.

lich eines jeden Motivs, das hier zu Sprache gebracht wird, auf die bereits von anderer Seite versuchten „technischen" Erklärungen Rücksicht nehmen würde. Nachdem ich mich aber nun einmal hinsichtlich des obigen Falles in eine eingehendere Erörterung eingelassen habe, so sei es mir gestattet dabei noch etwas zu verweilen und eine andere „technische" Parallele dazu vorzubringen, die sich den Anhängern der technisch-materiellen Ableitungstheorie, zu denen ich selbst allerdings nicht zähle, vielleicht besser empfehlen möchte als die von Holwerda versuchte.

Fig. 87 zeigt einen Zwickel von der Weste eine Kleinbürgers aus einer süddalmatinischen Stadt. Der Stoff ist blaues Tuch, die Stickerei ist in aufgelegten Gold- und Silberschnürchen ausgeführt. Was dem

6. Das Rankengeschlinge.

Auge des Archäologen sofort in's Auge springen wird, ist das Ornament, das sich in der oberen Hälfte gegen das schmale Ende hinzieht. Es ist nämlich das leibhaftige „gegenständige" Palmetten-Lotus-Band; selbst das Band, das sich undulirend dazwischen schlingt, erinnert an Fig. 83. Die technische Ausführung, die diesem gestickten Ornament zu Grunde liegt, ist in der That diejenige, die Holwerda seinen Schlingdrähten zu Grunde legt. Es handelt sich darum mit fortlaufendem Faden ein bestimmtes Ornament auf die Fläche hin zu zeichnen. Der geübte Sticker wird die Fäden so legen, dass er niemals hinsichtlich der Verbindung mit dem benachbarten Ornament in Verlegenheit kommt. Das in Fig. 87 vorliegende Stück zählt ausnahmsweise nicht zu den gelungensten: die meisten unter diesen Schnürchenstickereien von der Balkanhalbinsel sind nämlich vollendet in der Zeichnung und meisterhaft in der Mache. Der Verbreitungsbezirk geht aber über die Balkanhalbinsel hinaus und umfasst auch die griechischen Inseln und zum Theil Kleinasien bis nach Syrien. Die Ornamente sind beschränkt an Zahl und eigenartig: an denjenigen von der Balkanhalbinsel tritt die specifische saracenische Tünche zurück und das Autochthon-Byzantinische, oder sagen wir gleich, das Antike unverkennbar hervor. Ich hege daher auch keinen Anstand in Fig. 87 einen Epigonen des archaischen gegenständigen Palmetten-Lotus-Bandes zu erblicken. Das verbreitetste Saumornament am Balkan ist daneben die fortlaufende Spirale, die sich kreisförmig ein- und vom Mittelpunkte wieder ausrollt, völlig nach mykenischer Weise (Fig. 59). Historisch betrachtet, kann das Ornament am Balkan nicht überraschen: in der Schnürchenstickerei hatte man besondere Veranlassung strenge daran festzuhalten, da begreiflichermaassen kaum ein anderes über die blosse Wellenlinie hinausgehendes Muster sich für Saummuster aus aufgelegten Schnürchen so vortrefflich eignete. Immerhin wäre das Eindringen des auch anderwärts in Gebrauch gebliebenen oder wieder gekommenen einfachen Spiralmotivs von aussen her nicht undenkbar. Das Motiv von Fig. 87 ist aber ein höchst eigenartiges, das in solcher Stilisirung und individuellem Charakter seit archaischer Zeit niemals mehr in der internationalen Kunst, auch nicht in der römischen zur Darstellung gebracht worden ist. Die italienische Renaissance, die ja auf dem Wege über Venedig die Balkanküsten nachweislich stark beeinflusst hat, kannte das Motiv nicht; auch im Empire, das ja zuerst wieder archaisch-griechischen Formen Gefallen abgewann, ist es nicht nachzuweisen. Nur in einer Volkskunst konnte es sich durch die Jahrtausende so unverändert erhalten haben, und dies ist in Epiros am allerwenigsten unwahrscheinlich. Uebrigens spielt ja auch in den Silberinkrustationen in Holz, die z. B. in Bosnien bis auf den heutigen Tag erzeugt werden, die ausgemachte griechische Palmette und die strenge Rankenführung die Hauptrolle.

Was könnte sich daraus für unser altattisches Muster Fig. 83 ergeben? Da haben wir ein nächstverwandtes Muster, ausgeführt zwar nicht in einer „Metalltechnik", aber doch in einer „textilen Technik". Während Holwerda's Metalldraht- und Blech-Löthung völlig in der Luft hängt, haben wir hier einen monumentalen Beweis dafür, dass die betreffende Technik das Schlingmuster mit „gegenständigen" Blüthen wenigstens in neueren Zeiten gebraucht hat. Wäre es etwas Ungeheuerliches, den alten Griechen die Schnürchenstickerei zu vindiciren? Wie sind denn die laufenden Hunde zu erklären, die an den Säumen der gemalten Himatien und Chitons hinlaufen? Gewiss sind die Streumuster und Thierfiguren etc. auf diesen Gewändern gemäss den antik-egyptischen und taurischen Funden überwiegend als gewirkt anzunehmen; warum soll aber der laufende Hund am Saum nicht in Schnürchenstickerei ausgeführt gewesen sein, genau so wie noch heute die Spiralsäume albanesischer Westen? Es wäre wenigstens ein halbwegs palpables Zwischenglied vorhanden, das sich zwischen das fertige Ornament und die supponirte Technik einschieben liesse.

Und doch würde ich auch einen solchen Schluss noch für viel zu gewagt halten, ja ich halte ihn geradezu für falsch und verfehlt. Auch dem in Schnürchenstickerei ausgeführten Muster liegt eine künstlerische Conception des ausführenden Menschen zu Grunde. Von selbst hat sich die Linie nicht zu Schlingen zusammengeschoben. Gerade so wie wir heute für jeden kunstgewerblichen Entwurf, in jedem Material, selbst für die plastische Ausführung, eine Zeichnung schaffen, uns in linearen Umrissen das Bild des fertig zu stellenden Gegenstandes vor Augen führen, ebenso und nicht anders verfuhr der archaische Künstler.

Die Grundlage seiner schöpferischen Thätigkeit muss ebenfalls eine zeichnerische gewesen sein: von diesem Gesichtspunkte betrachtet, war es ihm aber gewiss natürlicher das Geschlinge aus den ihm bereits durch die nationale Tradition oder durch erworbene fremde Gegenstände bekannt und vertraut gewordenen Ranken mit dem Pinsel auf Thon zu malen oder mit dem Stift zu graviren, als aus Drath zusammenzulöthen oder aus Schnürchen auf einen Gewandstoff hinzulegen. Wenn wir dann schon durchaus von einer Technik reden sollen, so wäre es diejenige der Malerei, der Zeichnung mit dem Pinsel, der Ritzung mit

6. Das Rankengeschlinge. 187

dem Griffel u. s. w. Aber weder Pinsel noch Griffel schaffen automatisch, sondern werden geführt von der menschlichen Hand, und diese von der künstlerischen Eingebung, die Anerworbenes und geistig Erschautes zusammenbringt und daraus in unwiderstehlichem Drange ein Neues gestaltet.

Man ist aber mit dem Motiv von verschlungenen Rankenbändern mit zwickelfüllenden Blüthen über die fortlaufende Längsstreifenform hinausgegangen und hat dasselbe dazu benutzt, um abgeschlossene Compositionen daraus zu gestalten. Als Beispiel gebe ich in Fig. 88[39])

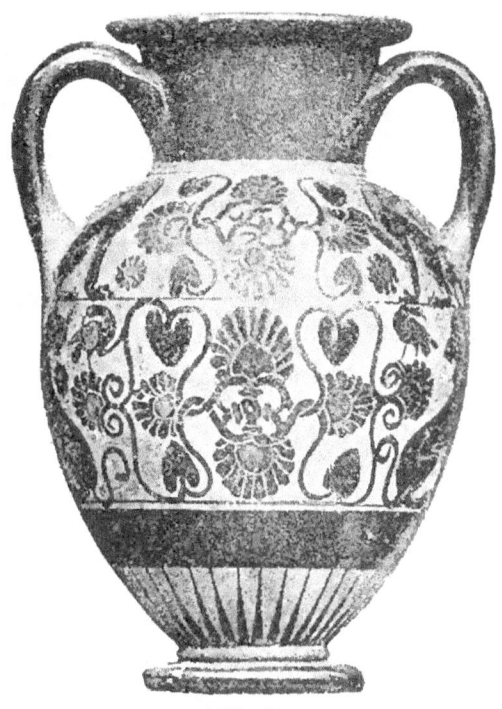

Fig. 88.
Sog. chalkidische Vase.

eine sogen. chalkidische Vase, für welche Klasse das Motiv besonders charakteristisch ist. Die Rankenbänder gehen hier von einem festen Mittelpunkt aus, verschlingen sich unter theilweiser Anwendung von Klammern, divergiren nach oben und unten; im oberen Streifen endigen sie in sogen. Epheublätter, im unteren intermittiren sie in solchen Blättern und laufen in einen Spiralkelch aus, auf dessen zwickelfüllendem Palmettenfächer ein Vogel sitzt.

Wir haben also in der That eine Verschlingung von regel-

---

[39]) Masner, Die Sammlung antiker Vasen und Terracotten im k. k. österr. Museum No. 219, Taf. III.

mässig undulirenden Ranken vor uns, in deren Zwickel füllende Palmettenfächer eingestellt sind. Die Verwandtschaft mit Fig. 83 springt somit in die Augen; der Unterschied liegt bloss darin, dass es in Fig. 83 galt eine struktiv einfassende, fortlaufende Bordüre zu schaffen, während Fig. 88 eine selbständige Füllung darstellen sollte, die in sich abgeschlossen werden musste. Im Epheublatt an den Intermittirungspunkten drückt sich am deutlichsten die Brücke aus, die von Fig. 83 zu Fig. 88 führt.

Was die Beurtheilung dieses Motivs bisher über Gebühr beeinflusst hat, sind die zu beiden Seiten desselben in symmetrischer Gegenüberstellung angeordneten Thierfiguren. In Fig. 88 sehen wir oben zwei affrontirte Löwen, unten Löwe und Panther adossirt, die erwähnten Vögel aber wieder affrontirt, durchweg mit umgewandten Köpfen, was ein reiches Spiel des Rhythmus hervorbringt. Es ist das Schema des „Wappenstils", das wir vor uns haben. Was nun den vermeintlich textilen Charakter desselben anbelangt, verweise ich auf das im 2. Capitel über diesen Gegenstand Gesagte. Ausserdem hat man aber das ganze Schema als aus dem Orient herübergebracht erklärt, im Gefolge der berüchtigten persisch-orientalischen Textilkunst. Es ist nun ohne Weiteres zuzugeben, dass die Thierfiguren entschieden orientalisches Gepräge aufweisen: insbesondere die Thierspecies selbst, sowie das Auflegen der Tatze auf die Palmette. Das Schema war aber auf griechischem Kunstboden schon bekannt vor der Entstehung der chalkidischen und verwandten Vasen. Die melischen Vasen (Fig. 66) zeigen es auf Hals und Bauch, und zwar ohne orientalische Bestien und mit einem Spiralrankenmuster von dem auch Holwerda[100]) zugiebt, dass es nicht assyrisch ist. Lässt sich aber das Rankengeschlinge auf Fig. 88 nicht mit orientalischen Vorbildern in Verbindung setzen?

Man hat diesbezüglich Mehrfaches herangezogen. Einmal Assyrisches, was schon der Thierfiguren halber näher liegt. Hier ist es der „heilige Baum", in dem man den Ausgangspunkt erkennen wollte. Der heilige Baum trägt auch Palmetten an der Peripherie und seine Zweige sind oft durch Klammern zusammengehalten. Damit ist aber die Analogie auch schon erschöpft. Der heilige Baum entfaltet sich von unten aus, eben wie ein Baum aus einer Wurzel; das chalkidische Rankengeschlinge krystallisirt sich um einen centralen Punkt. Der heilige Baum ist ein Mittelding zwischen Baum und Möbel, das chalkidische Ranken-

---

[100]) A. a. O. 238.

geschlinge hat nichts von beiden, sondern ist eine nach rein dekorativen Grundsätzen erfolgte Verschlingung von gefällig geschwungenen Linien. Die assyrischen Palmetten sind überdies, wie wir gesehen haben, nicht bloss anders im Detail gestaltet, sondern am heiligen Baum auch selbständige Ansätze, etwa gleich Früchten, an Fig. 88 dagegen grösstentheils offenbare Zwickelfüllungen. Noch weniger lässt sich der phönikische Palmettenbaum in Parallele setzen, der eine Ineinanderschachtelung von Kelchen in der vertikalen Richtung des Baumwuchses darstellt, wogegen an Fig. 88 jede Betonung einer bestimmten Richtung vermieden ist.

Eher liessen sich Analogien für das Geschlinge auf egyptischem Boden finden. Es sind dies die bei Prisse d'Avennes abgebildeten Plafonds (Fig. 27): das grundlegende Muster bilden schmale Bänder und Schnüre, die sich zumeist spiralig einrollen, aber auch vielfach verschlingen. Daneben spielt das zwickelfüllende Lotusblumenornament die entscheidende Rolle. Unmittelbare Parallelen zu dem chalkidischen Muster sind zwar keineswegs nachzuweisen: die Möglichkeit will ich übrigens nicht schlankweg bestreiten, dass diese egyptischen Plafondmalereien im Allgemeinen auf die Schaffung des chalkidischen Musters von Einfluss gewesen sein könnten[1]). Der Geist aber, in dem es durchgeführt erscheint, ist griechisch, die Ranke ist griechisch, die Blüthenmotive sind gräcisirt.

Das in Rede stehende Muster wurde bisher stets als *chalkidisch* bezeichnet; in der That hat es über diese Vasenklasse hinausgegriffen. Fig. 88 bezeichnet nur den Typus: das Muster wurde aber vielfach variirt. Ja man hat es sogar mittels Reihung zur Musterung von Bordürestreifen herangezogen, wie z. B. an dem „protokorinthischen" Salbgefäss Arch. Zeit. 1883 Taf. X, 1, allerdings in weniger glücklicher Weise. Es war eben eine lebhaft aufstrebende Zeit, die sich in den verschiedensten Combinationen versuchte.

Die geschichtliche Bedeutung des chalkidischen Rankengeschlinges beruht darin, dass hier die Ranke zum ersten Male verwendet erscheint, um der Füllung einer neutralen Fläche zum Grundmuster zu dienen. Im mykenischen Stil geschah dies bloss mit der Spirale; die Ranken waren beschränkt auf Bordürestreifen. Die Vorstufen des Gebrauches von Fig. 88 begegneten uns auf meli-

---

[1]) Dies könnte auch von den durchgeschlungenen Bändern in Fig. 83 und 84 gelten, da dieselben nicht zum intermittirenden Grundschema gehören.

schen Vasen²). Mit Rankenzweigen wurde auch schon Aehnliches versucht: im Rhodischen (Fig. 70), im Böotischen (Fig. 81). Die vorgeschrittenste unter den bisher beobachteten Lösungen war die chalkidische, und an diese hat auch, wie wir sehen werden, die weitere Entwicklung angeknüpft.

Zwar die Stelle, die wir es an den chalkidischen Vasen einnehmen sehen, konnte es nicht behaupten. Das chalkidische Rankengeschlinge als Füllung hatte, wie wir gesehen haben, seinen eigentlichen Platz als Mittel zwischen flankirenden Thierfriesen. In dem Maasse als der künstlerische Zug der Zeit zur Einführung von figürlichen Compositionen in die Gefässverzierung hindrängte, traten die Thierfriese zurück und wurde auch das Rankengeschlinge überflüssig. Aber eine Stelle gab es doch an der Vase, wohin die figürlichen Scenen sich nicht erstreckten und wo somit das reine Ornament Zuflucht finden konnte. Es ist dies die Gegend um und unter dem Henkel, und an dieser Stelle hat sich auch in der That das Rankenornament wenigstens an den Vasen — leider unserem einzigen Untersuchungsmaterial — weiter entwickelt, und zwar, wie wir sehen werden, unter deutlicher Anknüpfung an das centrale Rankengeschlinge, aber unter zunehmender Verfeinerung der Ranken und Emancipirung der Blüthen, die aus blossen Zwickelfüllungen zu selbständigen Gebilden werden.

Bei den kleinen symmetrischen Rankenornamenten, die häufig anstatt des complicirteren chalkidischen Schemas die Trennung in der Mitte zwischen den affrontirten Thieren bewerkstelligen³) und die sämmtlich auf das symmetrische Zusammentreten zweier kurzer geschwungener Ranken, mit Zwickelfüllung durch Lotus oder Palmette (auch gegenständig) zurückgehen, will ich mich nicht aufhalten, da sie entwicklungsgeschichtlich kaum höher zu stellen sind als etwa die rhodische Füllranke Fig. 70.

Bevor wir uns aber zur Betrachtung des Processes wenden, der zur vollständigen Befreiung der Ranke von dem geometrischen Spiralbandcharakter geführt hat, wodurch sie erst befähigt wurde, beliebige Flächen in unbeengtem, das Maass bloss in sich selbst suchendem Schwunge zu überziehen, wollen wir vorerst die Entwicklung betrachten, die dieselbe in dem gebundenen Streifenschema der fortlaufenden Bordüre genommen hat.

---

²) Fig. 66, vgl. das eben vorhin darüber Gesagte.
³) Z. B. Brunn-Lau VIII. 6.

7. Die Ausbildung der Ranken-Bordüre (des Ranken-Frieses).

Die älteste, seit der egyptischen Thutmessidenzeit nachweisbare Art der Verbindung von vegetabilischen Ziermotiven — der Bogenfries — ist auch in der griechischen Kunst fortdauernd in Gebrauch geblieben. Es ist sozusagen eine der ewigen Formen, zu denen die dekorative Kunst immer wieder wird zurückkehren müssen. Fig. 89 zeigt eine sogen. *kyrenische* Schale, in deren Mitte von Henkel zu Henkel sich ein Bogenfries zieht. Die nach egyptischer Weise alternirenden Einzelmotive sind birnförmige Blüthen mit dreispältiger Krone, und einfache Knospen. Das Schema erinnert in seiner Gesammterscheinung

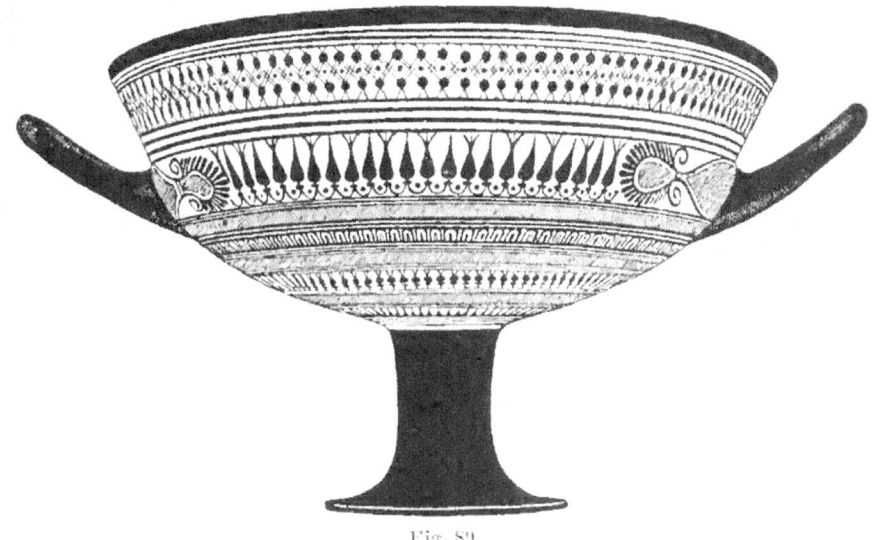

Fig. 89.
Kyrenische Schale.

an die egyptischen (und überhaupt altorientalischen) Beispiele; im Einzelnen sind aber mehrfache Abweichungen erkenntlich. Die dicken Stengel der altorientalischen Vorbilder (Fig. 22, 33), die sich auch noch auf rhodischen Vasen (Fig. 73) finden, haben feinen elastisch geschwungenen Rankenlinien Platz gemacht, was wir wohl unbedenklich auf Rechnung griechischen Dekorationsgeistes setzen dürfen. Die Heftel kannten zwar auch schon die Vorbilder, und die raumfüllenden Punkte in den Bogenfeldern sind nur analog den an gleicher Stelle und zu gleichem Zwecke verwendeten Rosetten in der egyptischen Kunst (Fig. 22, in welcher Reproduktion aber die Rosetten und anderes Füllsel der Deutlichkeit des Grundschemas zuliebe weggelassen wurde) aufzufassen. Wesentliche Veränderungen bemerken wir aber auch an den vegetabilischen Einzelformen, insbesondere an den Blüthen.

Es ist hier der Platz, um über die Fortbildung der altorientalischen, genauer gesagt, der egyptischen Blüthenmotive in der griechischen Kunst überhaupt einige Worte einzuschalten. An der Knospe war allerdings nicht viel zu ändern; die Palmette erfordert, als eine ganz specielle Projectionsform, eine gesonderte Betrachtung, die sie weiter unten an geeigneter Stelle finden wird. Hier soll nur von dem Motiv der Lotusblüthe selbst die Rede sein. Wenn man nicht annehmen will, dass alle kunstübenden Mittelmeervölker im Alterthum spontan das dreiblättrige Profil zur Darstellung von Blüthen in der Seitenansicht erfunden und gewählt haben, so muss man nothgedrungenermaassen alle diese Formen — direkt oder indirekt — auf egyptischen Ursprung zurückführen, da, wie wir gesehen haben, die Egypter, soweit die Denkmäler zurückreichen, weitaus die Ersten gewesen sind, die den dreiblättrigen Kelch (mit eingeschalteter vielblättriger Krone) für das Lotusprofil geschaffen und verwendet haben.

Inwiefern nun die Mittelmeervölker, die das Motiv der dreiblättrigen Profilblüthe übernahmen, sich dabei auch der Bedeutung des Lotus bewusst gewesen sind und dieselbe mit ihren Imitationen des Motivs verknüpft haben, ist heute nicht mehr zu entscheiden. Von den Griechen etwa des 6. Jahrhunderts aber wird man es bestimmt verneinen können: ihnen war die Lotusblüthe gewiss kein hieratisches Symbol, sondern ein blosses Dekorativ, da wir in ersterem Falle doch gewiss irgendwelche schriftliche Anhaltspunkte dafür erhalten hätten. Die Stilisirung der Lotusblüthen konnte somit zu dieser Zeit wohl nur mehr unter künstlerischen Gesichtspunkten erfolgen. Solcher künstlerischer Gesichtspunkte sind in der That viele denkbar, und nachdem einmal die Tradition durchbrochen war, man vor einer Modifikation der überlieferten Form nicht mehr zurückscheute, war für die Neubildungen eigentlich gar keine Grenze mehr gegeben. Wir müssen uns vielmehr wundern, dass die Griechen bei ihren Umbildungen wenigstens zunächst noch so viel Maass bewahrt haben.

Eine dieser Umbildungen liegt vor in den Blüthen des Bogenfrieses von Fig. 89. Die dreispältige Blüthe ist unverkennbar und darin beruht eigentlich in der Hauptsache die Verwandtschaft mit dem egyptischen Lotusprofil. Der kyrenische Lotus ist nach oben stark eingezogen; dies kommt zwar auch an egyptischen Beispielen vor (Fig. 37), aber diese letzteren laden dann doch oben wieder in eine ausgesprochene Kelchform aus, während die kyrenische Blüthe sich birnförmig zu einem engen Halse schliesst und dann erst die krönen-

7. Die Ausbildung der Ranken-Bordüre.

den drei Blätter strahlenförmig entsendet. Halten wir nun damit Lotusblüthen zusammen wie in Fig. 83, 85. Man möchte auf den ersten Blick kaum geneigt sein, darin das gleiche Grundmotiv zu erkennen, wie in Fig. 89. Und doch liegt dasselbe auch den Figg. 83 und 85 zu Grunde. Das mittlere von den drei Blättern ist eben an den letzteren nicht deutlich als Kelchblatt hervorgehoben, sondern mit den die Krone bildenden Blättern vereinigt: die ausladenden seitlichen Kelchblätter stehen wiederum dem egyptischen Typus ganz besonders nahe.

Die untere Partie ist ferner ebenfalls beiderseits ganz verschieden gebildet: an Fig. 89 in tropfenförmiger Rundung, an Fig. 83 und 85 doppelbogig ausgeschnitten. Letzterer Umstand hängt aber mit dem Voluten- (oder Schlingen-)Kelch zusammen, auf welchen die Blüthe gestellt ist, während an Fig. 89 kein Kelch vorkommt. Der Volutenkelch ist nun keine nothwendige Beigabe der Lotusblüthe: wir treffen ihn erst verschämt an assyrischen Beispielen (Fig. 34), namentlich aber an griechischen, infolge der Verquickung mit der Spiralrankenornamentik. Wo das griechische Lotusprofil, auf einen Kelch aufgesetzt, vorkommt, dort ist dasselbe auch in seinem unteren Theile entsprechend gestaltet[1]: wo der Kelch hinwegfällt, ist auch der untere Theil der Blüthe rund, ja mitunter sogar in convexen Doppelbogen ausladend (Fig. 104—106).

Entwicklungsgeschichtlich hängen alle diese vielgestaltigen Variationen des Profillotus auf's Engste unter einander zusammen. Damit soll nicht gerade gesagt sein, dass sich die Griechen nicht ganz konkrete Species von Blumen darunter gedacht haben: doch wird die Entscheidung hierüber heute gerade so schwierig, wo nicht unmöglich sein, wie hinsichtlich der neueren persischen Dekorationsflora. Wenn also Dümmler in einer Variante der dreispältigen Blüthe[2] eine Rose erblicken will, so mag er vielleicht Recht haben: viel zweifelloser dürfte aber das Recht des Kunsthistorikers sein, die betreffende Blüthe als *Lotus in Seitenansicht* zu bezeichnen, womit zwar nicht die Bedeutung des Motivs bei den darstellenden Griechen, wohl aber seine kunstgeschichtliche Stellung mit grösster Wahrscheinlichkeit zum richtigen Ausdrucke gebracht erscheint.

Nach dieser allgemeinen Bemerkung über die freie Behandlung der Lotusblüthe in der griechischen Kunst kehren wir zur Betrachtung

---

[1] Z. B. an den attischen Simen, Ant. Denkm. I. Taf. 50. — Vgl. uns. Fig. 98.
[2] Römische Mitth. 1888. Taf. VI. S. 161.

194   B. Das Pflanzenornament in der griechischen Kunst.

der vegetabilischen Bordürenformen zurück und verweilen noch bei der ersten, bisher genannten: beim Bogenfries. Eine lebendigere Variation desselben, die auch die assyrische Kunst (S. 97), dann die kyprische (S. 150) kannte, wurde erzielt, sobald man zwei Bogenfriese einander überschneiden liess. Eine Beigabe in specifisch griechischem Geiste waren ferner die Bogenlinien, die man — namentlich an blossen

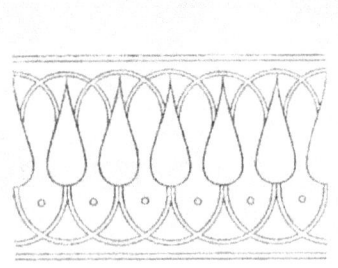 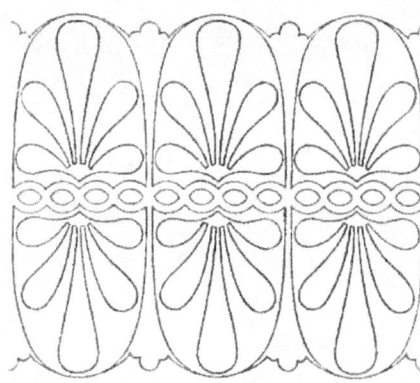

Fig. 90.   Fig. 91.
Gemalte griechische Vasenornamente.

Knospenfriesen (Fig. 90)[6] — von Spitze zu Spitze laufen liess, so dass sie der entgegen gesetzten Bogenreihe des Frieses die Wage hielten und die einseitige Richtung desselben aufhoben.

Ein zweite Art von streifenförmiger Verbindung vegetabilischer Motive geht aus vom Flechtband (Fig. 91)[7]. Das Schema tritt uns fertig schon an den Sarkophagen von Klazomenä entgegen (Fig. 92)[8]:

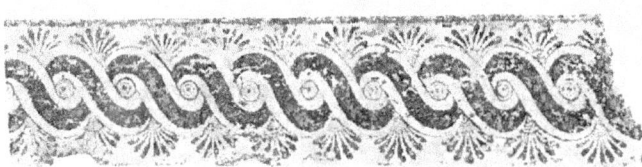

Fig. 92.
Von einem klazomenischen Sarkophag.

in letzterem Falle ist aber das Flechtband die Hauptsache, die Palmettenfächer blosse accessorische Zwickelfüllungen. In Fig. 91 ist das Flechtband auf ein sehr Geringes zusammen geschrumpft; die Blüthen-

---

[6] Es ist aber auch möglich, dass die Einzelelemente als Blüthen gedacht sind, deren seitliche Kronenblätter unmittelbar in die verbindenden Bogen übergehen.

[7] Dieses Beispiel ist auch lehrreich für die Variirung des Lotusprofils.

[8] Ant. Denkm. I. Taf. 45.

7. Die Ausbildung der Ranken-Bordüre. 195

motive sind die Hauptsache geworden und sollen nicht mehr Zwickelfüllungen sein, was sich schon darin deutlich ausspricht, dass nicht jeder äussere Zwickel des Flechtbandes, sondern nur jeder zweite durch eine Blüthe gefüllt erscheint. Das Aufsetzen eines Lotus oder eines Palmettenfächers auf zwei Schlingen, anstatt auf einen Volutenkelch war ja auch sonst gebräuchlich, wofür bloss auf die Fig. 83, 84 zurück gewiesen zu werden braucht.

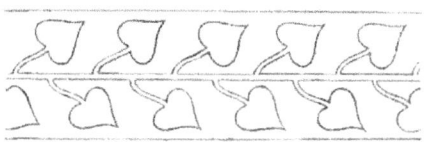
Fig. 93.
Gemaltes griechisches Vasenornament.

Ein drittes Medium zu friesartiger Aufreihung vegetabilischer Einzelmotive bildete die einfache gerade Linie: also der *Blätterzweig*. In älterer Zeit waren es gewöhnlich „Epheublätter", späterhin, in der naturalisirenden Periode, Lorbeerblätter, womit man den Zweig besetzte. Specifisch griechisch ist die häufig vorkommende Schwingung der Blattstengel (Fig. 93).

Die vierte Art bildet die Wellenranke, und zwar in der schwarzfigurigen Zeit vornehmlich die intermittirende Wellenranke.

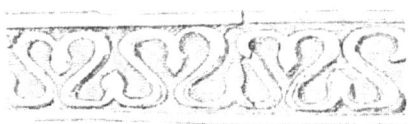 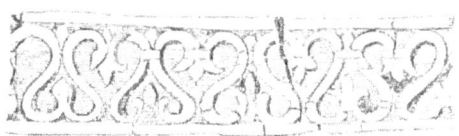
Fig. 94.   Fig. 95.
Verzierungen einer etruskischen Elfenbeinsitula aus Chiusi.

Die Kelche an den Intermissionsstellen fallen häufig hinweg, so dass die Motive genau so unvermittelt an die Rankenstengel ansetzen wie zu Mykenä (Fig. 52). Einer Verkümmerung der Blüthenformen (Fig. 94)[2] begegnen wir an der bekannten Elfenbeinsitula aus Chiusi; dass in diesem Falle thatsächlich das intermittirende Schema zu Grunde liegt, beweist Fig. 95, wo die zur Intermission verwendeten Blüthen deutlich mit dem dreispältigen Profil charakterisirt erscheinen. Das Stück ist übrigens so merkwürdig, dass es von ornamentgeschichtlichem Standpunkt eine besondere Besprechung verdiente.

[2] Mon. ined. X. 39a.

Ich schliesse daran sofort eine Skizze der Fortentwicklung der Blumenrankenfriese in der rothfigurigen Zeit, soweit daran nicht schon eine ausgesprochen naturalisirende Tendenz zu Tage tritt. Diese Tendenz wird am nachdrücklichsten markirt durch das Aufkommen des Akanthus, das wir etwa um 430—450 v. Chr. ansetzen können. Doch haben sich die strengeren stilisirten Formen noch viel länger gehalten, insbesondere in den besäumenden Bordüren,

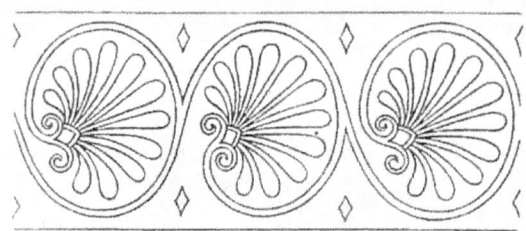

Fig. 96.
Gemaltes griechisches Vasenornament.

deren knappe Enge einer freieren Behandlung von vornherein nicht günstig war.

An den rothfigurigen Vasen, für deren Beurtheilung wir allerdings fast ausschliesslich auf das attische Produktionsgebiet angewiesen sind, begegnen wir einer zunehmend spielenden Behandlung, nicht bloss der überkommenen Motive, sondern auch ihrer Verbindungen. Dabei sind die Typen selbst eigentlich auf wenige beschränkt. Die fortlaufende Wellenranke kommt wieder in umfassenderen Gebrauch:

Fig. 97.
Gemaltes griechisches Vasenornament.

ihre Windungen sind höchst elegant, die angesetzten Palmetten folgen denselben in einer schrägen Projektion (Fig. 96), die nur durch jeweilige entsprechende Anpassung der Einzelblätter erzielt werden kann. Dieselbe auf lebendigere Bewegung gerichtete Tendenz äussert sich an der intermittirenden Wellenranke (Fig. 97): die Palmetten sind nicht starr und steif nach oben und unten gekehrt, senkrecht zur Richtung des Frieses, wie seit dem melischen Beispiele Fig. 53 allezeit, sondern schräg wie schon in Mykenä (Fig. 52).

8. Die Ausbildung der Ranken-Füllung.

Daneben kommen kompliciertere Formen vor, die aber sämmtlich aus spielenden Kombinationen der überlieferten Formen erklärt werden können[10]. So geht z. B. Fig. 98 auf das einseitige Lotus-Palmetten-Band zurück, unter spielender Vereinigung des Bogenfrieses mit den Schlingenkelchen und der Palmetten-Umschreibung.

Fig. 98.
Gemaltes griechisches Vasenornament.

8. Die Ausbildung der Ranken-Füllung.

Solange die Pflanzenranke sich bloss in der Längenrichtung, in Streifen- oder Friesform, entwickeln konnte, blieb ihr die volle Freiheit der Bewegung versagt. Diese wurde ihr erst dort gegeben, wo sie sich nicht bloss nach der Länge, sondern auch nach der Breite entfalten konnte. An den Thongefässen, die hiefür leider so ziemlich unser einziges Untersuchungsmaterial bilden, ist dies — wie schon früher erwähnt wurde — im Wesentlichen bloss an und unter den Henkeln geschehen. Immerhin lässt sich daran mit genügender Deutlichkeit der Weg verfolgen, welchen die Pflanzenranke genommen hat, um beliebig begrenzte Flächen mit vollkommener Freiheit und dennoch unter Beobachtung der dekorativen Grundgesetze von Rhythmus und Symmetrie zu überziehen. Damit ist zugleich gesagt, dass wir dem End- und Zielpunkte der ganzen Entwicklung zueilen.

Bevor wir aber auf den Schlussprocess selbst eingehen, muss noch einer eigenthümlichen Dekorationsweise gedacht werden, welche anscheinend mit dem vorgeschrittenen Stadium der Entwicklung, dem wir uns nun nähern, wenig zu thun hat. Es ist dies die Art der Grundmusterung auf den *korinthischen* Vasen. Diese Vasen sind grösstentheils mit figürlichen Darstellungen verziert. Zwischen den Figuren bleibt viel Grund frei und da diese Vasengattung der Zeit

---

[10] Es ist dies weniger in der attischen Kunst als in der italischen geschehen, vgl. z. B. die pränestinischen Cisten. Mon. ined. VIII. Taf. 7, 29, 30.

und Technik nach ziemlich archaischen Charakters ist, so kann es uns nicht überraschen, zur Ausfüllung des Grundes Streumuster verwendet zu sehen, wie sie der Dipylonstil in die Kunst auf griechischem Boden gebracht hat, und in der Folge auch der melische, rhodische, frühattische u. s. w. Stil besessen haben. Man wird infolge dessen mit vollem Recht fragen dürfen, aus welcher Veranlassung der korinthische Dekorationsstil nicht in einem früheren Kapitel behandelt worden ist? Die Säumniss war aber eine absichtliche und ist aus dem Grunde erfolgt, weil das korinthische Streumuster in überaus lehrreicher und interessanter Weise die Tendenz zeigt, den Weg zu einem zusammenhängenden Flächenmuster zu finden.

Das Element des korinthischen Streumusters ist die Rosette, ebenso wie an assyrischen Kunstwerken[11]). Möglicherweise ist auch eine Beeinflussung vom Oriente her dahinter zu vermuthen. Was aber gewiss nicht orientalisch ist, das ist die eigenthümliche Verwendung, die der korinthische Stil mit der Rosette vorgenommen hat. Die Rosetten sind da nämlich nicht bloss gemäss dem jeweilig auszufüllenden Raume grösser oder kleiner gebildet — das ist in gewissem Maasse auch an den assyrischen Denkmälern der Fall — sondern ihre Konturen schmiegen sich auch vielfach den Umrissen der menschlichen Figuren, Geräthe u. s. w. an, denen sie unmittelbar benachbart sind. Bei fortgesetzter Vervollkommnung dieses Processes konnte es schliesslich nicht ausbleiben, dass der Habitus einer Rosette an den Füllmotiven vollständig verloren ging und ganz eigenartig verzogene Konfigurationen entstanden, die wir vergebens versuchen würden in dem vorhandenen ornamentalen Formenschatze unterzubringen. Es ist dies aber auch gar nicht nöthig, weil die Ornamente ihre Gestalt sozusagen von den figürlichen Darstellungen, zwischen denen sie eingespannt sind, erhalten haben[12]).

Man nehme als Beispiel die Schale mit dem Reigentanz Fig. 99. Das Streumuster erscheint hier auf die eben beschriebene Weise dazu verwendet, um eine beliebige gegebene Fläche, unter Vermeidung der im Dipylon üblich gewesenen langweiligen geometrischen Liniencombinationen, möglichst vollständig auszufüllen. Darin liegt der Berührungspunkt mit der Aufgabe, welche dem Rankenornamente gestellt war und deren Lösung wir im Begriffe stehen zu verfolgen. Hinzu-

---

[11]) Z. B. Layard I. Taf. 48.
[12]) Masner, die Sammlung antiker Vasen und Terracotten im k. k. österr. Museum, S. 9, Fig. 6; hienach unsere Fig. 99.

8. Die Ausbildung der Ranken-Füllung. 199

gefügt darf noch werden, dass die korinthische Vasengattung eine derjenigen ist, auf denen sich am allerfrühesten eine entschiedene Neigung kundgiebt, überwiegend figürlichen, gegenständlichen Schmuck anzubringen. In diesem Lichte begreift sich auch, warum die korinthischen Vasenmaler nicht bei der Rosette als blossem Streumuster nach assyrischer Weise stehen geblieben sind[13].

Nun wenden wir uns dem Pflanzenrankenornament selbst zu und untersuchen, in welcher Weise dasselbe in der Umgebung der Vasenhenkel sich entfaltet hat.

Auf die Verwendung der Ranke unterhalb des Henkels kann die Stilisirung der Henkelattache in Form einer Palmette von Einfluss

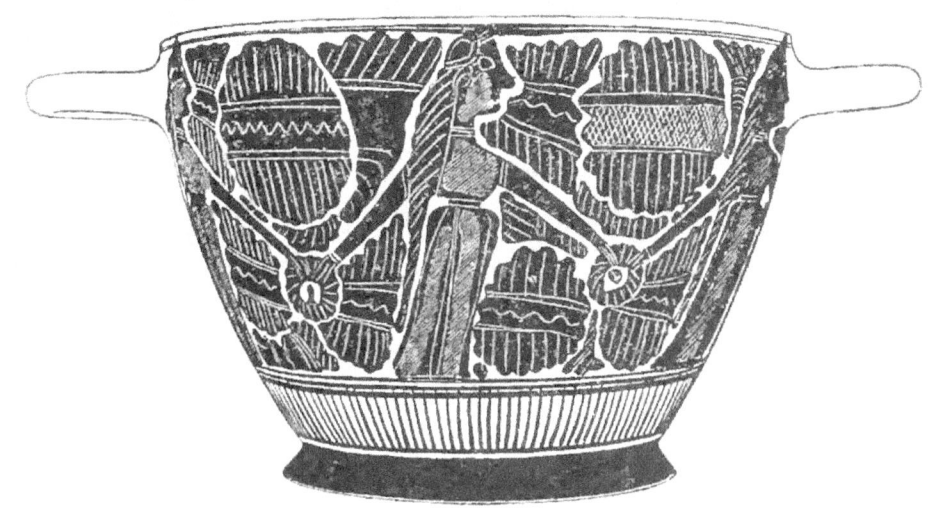

Fig. 99.
Korinthische Schale.

gewesen sein; aber diesen Einfluss als so sicher hinzustellen wie es gewöhnlich zu geschehen pflegt, halte ich nicht für gerechtfertigt. Zweifellos liegt der Palmette, wo sie als Henkelattache vorkommt, die gleiche Empfindung, das gleiche Postulat zu Grunde, wie den unterschiedlichen lotusmässig stilisirten Angriffspunkten an egyptischen (S. 65) und assyrischen (S. 99 Anm. 62) Geräthen u. s. w. Sie findet sich auch frühzeitig auf griechischen Vasen (aber nicht auf der mykenischen Kriegervase) in der Gegend der Henkel aufgemalt, aber seltsamermaassen nicht als Umfassung, Markirung des Ansatzpunktes der Henkel, sondern in

[13] Eine ähnliche Tendenz nach Ausfüllung des Grundes zwischen den Ornament-Ranken befolgten die attischen Vasenmaler vom Ende des 5. Jahrh.: die Stelle der Rosette vertrat hier aber die tropfenförmige Zwickelfüllung, die dann oft nach Bedarf kleksartig verbreitert erscheint.

der Mitte zwischen beiden Ansatzpunkten: so auf Böhlau's „frühattischer" Vase. Arch. Jahrb. 1887, Taf. 4. Allerdings fehlt es aus schwarzfiguriger (und rothfiguriger) Zeit auch nicht an Beispielen, wo die Palmette thatsächlich als ornamentale Verkleidung der Ansatzpunkte des Henkels gelten darf[14]. An der „kyrenischen" Schale Fig. 89 sind die Palmetten von den Henkeln horizontal seitwärts gerichtet. Sei dem aber wie immer: das Entscheidende für uns ist, dass man bei der isolirten Palmette nicht stehen geblieben ist, sondern die Pflanzenranke dazu in Verwendung gezogen hat.

Hierfür war bereits ein geeignetes Motiv vorgebildet, das nicht in gestreckter Längenrichtung zu verlaufen brauchte, sondern in centralem Sinne für sich abgeschlossen werden konnte. Es war dies das Rankengeschlinge, das wir auf S. 187 f. an der Hand des chalkidischen Beispiels

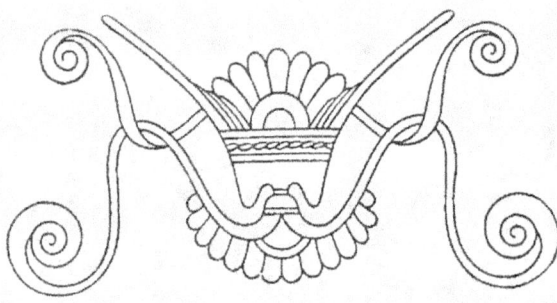

Fig. 100.
Henkel-Ornament von einer korinthischen Schale.

Fig. 88 diskutirt haben. Und in der That hat dieses Motiv in seiner Grundcomposition den Ausgangspunkt wenigstens für eine, allerdings sehr verbreitete und maassgebende Art der Rankenverzierung gebildet, wie sie sich unter und über den Vasenhenkeln in schwarzfiguriger Zeit entfaltet und in rothfiguriger Zeit die freieste Ausbildung erlangt hat.

Fig. 100 ist entlehnt von einer korinthischen Schale im Oesterreichischen Museum (Kat. No. 107). Das Rankengeschlinge ist hier unter dem Henkel auf eine sehr einfache Form reducirt. Es ist eine Ranke mit „gegenständigem" Lotus und Palmette, der Lotus durchzogen von einem zweiten Rankenbande, das sich mit dem ersten verschlingt: die Enden der Ranken sind spiralig eingerollt.

Schwarzfigurig ist auch No. 227 im Oesterr. Museum, wovon Fig. 101 entlehnt ist. Deutlich tritt noch die centrale Anordnung hervor, streng nach symmetrischer Vertheilung, völlig im Geiste des chalkidischen

[14] Die Sammlung antiker Vasen etc. im k. k. österr. Museum No. 217, Taf. II an den Horizontalhenkeln anstatt der Palmetten Rosetten.

8. Die Ausbildung der Ranken-Füllung.

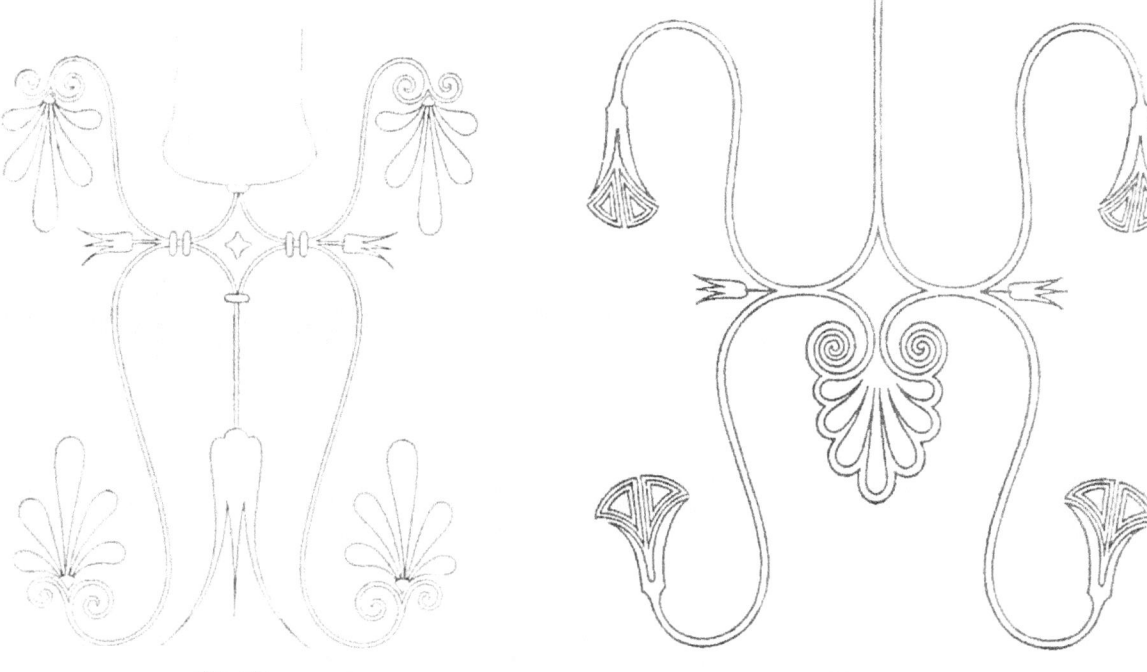

Fig. 101.
Henkel-Ornament von einer
griechischen Amphora.

Fig. 102.
Henkel-Ornament von einer Amphora.

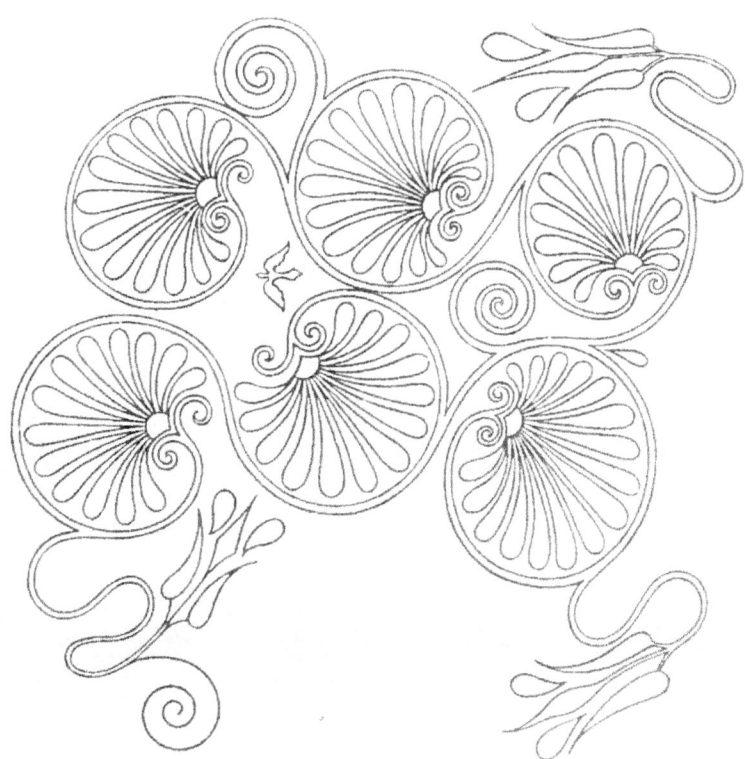

Fig. 103.
Henkel-Ornament von einer Amphora.

Rankengeschlinges Fig. 88, aber unter weit feinerer und eleganterer Behandlung der Details, sowohl der subtil gezeichneten Blüthen, als der langen dünnen Ranken.

Fig. 102 stammt von einer Vase[15]), an welcher schwarzfiguriger (am Halse) und rothfiguriger (am Bauche) Stil sich vermengen. Das Geschlinge trägt noch deutlich den Typus von Fig. 100 zur Schau.

Dagegen tritt uns mit dem noch von einer spät-schwarzfigurigen Vase (der Nikosthenes-Gruppe)[16]) stammenden Beispiel Fig. 103, ein wesentlich Neues entgegen. Der centrale Bezug ist unterdrückt, die

Fig. 104.
Henkel-Ornament von einem Stamnos.

Symmetrie keineswegs peinlich beobachtet. Eine einzige Ranke ist es, die hin und herläuft und jedesmal drei Einrollungen aufweist: davon zweigen zwei Spiralranken und drei Lotusblüthen ab, diese letzteren an reich geschwungenen Stengeln. Wo zwischen den beiden äussersten Einrollungen links etwas mehr Grund frei blieb, erscheint ein fliegender Vogel eingesetzt.

Das ist viel des Neuen auf einmal und verdient näher betrachtet zu werden. Das Auffälligste ist das Herausspringen aus der Sym-

[15]) Masner, Sammlung ant. Vasen etc. im österr. Mus. No. 319, (Dike und Adikia).

[16]) Ebenda No. 234.

8. Die Ausbildung der Ranken-Füllung. 203

metrie. Dies hat man sicherlich — nicht bloss zu Nikosthenes' Zeit, sondern auch später — als Durchbrechung der künstlerischen Schranken angesehen, denn eine Nachfolge in so entschiedener Richtung lässt sich selbst in vorgeschrittener rothfiguriger Zeit nur vereinzelt beobachten. Aber bezeichnend ist der Versuch immerhin für die Tendenz, die zu jener Zeit geherrscht hat, — die Tendenz, die ererbten Fesseln zu sprengen, das Rankenornament frei zu entfalten. Nur ist der Vasenmaler von Fig. 103 darin für seine Zeit entschieden zu weit gegangen.

Fig. 105.
Henkel-Ornament von einer nolanischen Vase.

Das Resultat, wie es in Fig. 103 vorliegt, ist auch kein sonderlich befriedigendes. Besser haben die Aufgabe die rothfigurigen Vasenmaler gelöst, die den Rankenzweig kranzartig um den Henkel herumgelegt haben (Fig. 104).[17] Selbst die sogen. nolanischen Vasen mit den einzelnen Zweigen unter jedem Henkel nehmen mehr Rücksicht auf die Symmetrie. In einem Falle[18] fassen die beiden Zweige — je einer unter jedem Henkel — das Vasenbild in der Mitte ein, so dass im Allgemeinen eine Symmetrie wenigstens zwischen den beiden Zweigen unter einander herrscht. In einem anderen Falle (Fig. 105)[19] spaltet sich der Zweig oben in zwei Ranken, die wiederum den zwischen ihnen liegenden Henkel symmetrisch flankiren. Im Uebrigen stehen diese nolanischen Vasen in der That in ihrer asymmetrischen Erscheinung dem Schema von Fig. 103 sehr nahe, bilden zusammen mit diesem und mit den minder seltenen Beispielen gleich Fig. 104 eine Ausnahme, und lassen sich ebenfalls als eine — vom Standpunkte griechischer Kunstempfindung — zu weitgehende Befreiung von den Fesseln der dekorativen Komposition erklären. Dass uns übrigens Fig. 103 an einer Vase aus

[17] Masner, Die Sammlung antiker Vasen etc. im österr. Mus. No. 339.
[18] Brunn-Lau XXV, 2, 2a.
[19] Ebenda No. 3.

dem Kreise des Nikosthenes entgegentritt, kann gerade bei diesem nicht Wunder nehmen, wo wir ja gewohnt sind, mitunter den seltsamsten Kombinationen von Motiven zu begegnen. Kleinere, minder auffällige Durchbrechungen der strengen Symmetrie im Henkel-Rankenornament sind aber in rothfiguriger Zeit sehr häufig gewesen (z. B. Fig. 106)[20]). Der an Fig. 93 beobachtete Versuch lag also sozusagen in der Luft: in der outrirten Fassung, die ihm der Nikosthenes-Kreis gegeben, reizte er nicht zur Nachahmung, aber in maassvoller Anwendung wurde er offenbar als pikant und gefällsam empfunden.

Fig. 106.
Henkel-Ornament von einer attischen Vase.

Entsprach schon das gelegentliche Verlassen der streng symmetrischen Anordnung einer Forderung der Zeit, so war dies noch umsomehr der Fall hinsichtlich der überwundenen centralen Anordnung. Das Ornament entwickelt sich von nun an zwar von einem bestimmten Punkte aus, der aber keineswegs den Mittelpunkt zu bilden braucht, zu dem alles Uebrige in koncentrischer Beziehung steht. Die

---

[20]) Im kaiserl. Münz- und Antiken-Cabinet in Wien, Inv.-No. 608. Die Blüthe, welche unten die Symmetrie durchbricht, ist auch bemerkenswerth wegen der Verbindung des Lotusprofils mit dem geschlossenen Palmettenfächer, die uns daran entgegentritt: also ein egyptischer Pleonasmus, aber unter griechischer Formgebung.

8. Die Ausbildung der Ranken-Füllung.

Ranken entfalten sich vielmehr symmetrisch rechts und links von dem erwähnten Punkte in freier Weise, auf- oder absteigend, wie es eben der zur Verfügung stehende, mit Ornamenten auszufüllende Raum erheischte. Fig. 106 bietet ein Beispiel hiefür: die strenge Symmetrie erscheint gleich in diesem Falle unten kapriciöser Weise durchbrochen durch eine abzweigende Blüthe[21].

Das dritte Neue, das uns an Fig. 103 überraschend entgegentritt, ist der eingestreute fliegende Vogel. Die Thierwelt war zwar der archaischen Dekoration keineswegs fremd, weder Vierfüssler noch Vögel. Aber die spielende Einstreuung eines Vogels in das Rankengezweig war ein neuer überaus fruchtbarer Gedanke, der bekanntlich in der Folgezeit in der dekorativen Kunst die grösste Verbreitung gefunden hat. Völlig neu kann man gleichwohl die Verbindung des vegetabilischen Ornaments mit Thierfiguren in der Zeit des Nikosthenes auch nicht nennen. Es findet sich schon in der archaischen Zeit: auf melischen[22], frühattischen[23] und chalkidischen[24] Vasen. In beiden letzteren Fällen tritt es aber in dem steifen „orientalischen" Schema der absolut symmetrischen Gegenüberstellung (Wappenstil) auf: auf der melischen Vase steht der Vogel auf der Zwickelfüllung eines einzelnen Rankenzweigs. Gefällig und wahrhaft fruchtbar wurde die Vereinigung erst, sobald die Thierfiguren in eine grössere Komposition des Rankenornaments eingesetzt wurden. Vielleicht eines der frühesten Beispiele

---

[21] Für die Entwicklung der Palmettenranken unter den Henkeln der attischen Schalen hat F. Winter kürzlich im Jahrbuch des kaiserl. deutsch. archäol. Instituts VII. 2 Die Henkelpalmette auf attischen Schalen. S. 105 bis 117) eine Reihe aufgestellt, die nicht vom centralen Geschlinge, sondern von den zwei losen Palmettenzweigen der sogen. Kleinmeister-Schalen ausgeht, deren je einer sich an jedem Henkelansatz befindet. Diese zwei getrennten Palmetten werden dann in der Folge mittels einer Ranke untereinander verbunden. Mit fortlaufender Entwicklung wird die Rankenverbindung eine immer reichere, freiere, schwungvollere, völlig gemäss dem Processe, den wir an unserer Entwicklungsreihe (Fig. 100—108) beobachten konnten. — Leider kam die erwähnte Arbeit von F. Winter zu spät, um noch eine eingehendere Berücksichtigung in diesem Kapitel erfahren zu können. Sie behandelt das Palmettenranken-Ornament auf räumlich und zeitlich sehr beschränktem Gebiet und zeigt deutlich die wesentlichen Vortheile, die eine sorgfältige und genaue Beachtung des rein ornamentalen Beiwerks auch für Bestimmung und Datirung der Vasen im Gefolge haben kann.

[22] Conze Taf. IV.
[23] Arch. Jahrb. 1887, Taf. 3.
[24] Fig. 88.

206   B. Das Pflanzenornament in der griechischen Kunst.

hiefür[25]) bietet Fig. 107, entlehnt von einer Vase bei Brunn-Lau XI, 4. Schon die Komposition des Rankenornaments ist hier bemerkenswerth und für schwarzfigurige Zeit überraschend: allerdings entfaltet es sich nicht auf dem beschränkten Raume unter den Henkeln, sondern am Halse einer Amphora. In das vegetabilische Ornament sind nun gleichsam zwickelfüllend zwei Hasen eingestreut, die überdies einander nicht einmal völlig symmetrisch entsprechen.

Das Einstreuen animalischer Wesen in das Rankenornament hat dann in rothfiguriger Zeit entschiedene und bedeutsame Nachfolge gefunden. Fig. 108, nach Archäol. Zeitung 1880 Taf. XI, zeigt das Schulterornament einer noch dem 5. Jahrhundert angehörenden

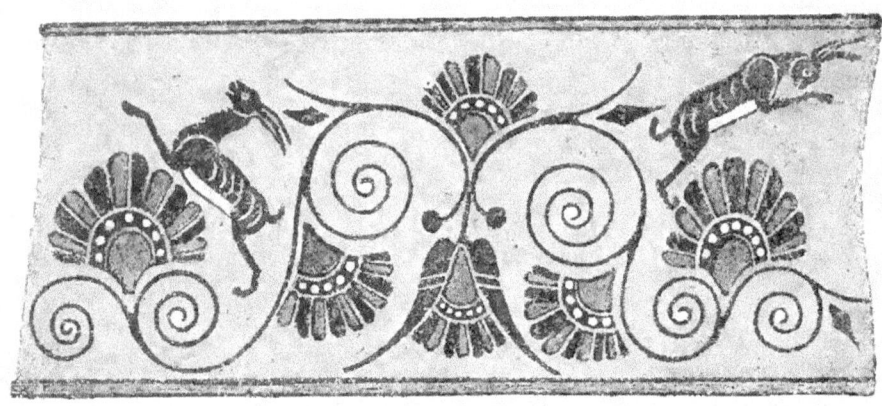

Fig. 107.
Griechisches Vasenornament.

attischen Lekythos: ein Rankenzweig läuft herum und wird von einem schwebenden Eroten mit den Händen gefasst, der in spielender Weise in die Ranke hineingesetzt erscheint. Zu voller Entfaltung und umfassender Anwendung gelangte das Motiv erst in hellenistischer Zeit (z. B. am Hildesheimer Silberkrater). Die ersten Ansätze dazu waren wir aber im Stande, noch bis in die archaische Zeit zurückzuverfolgen und auch die bewegenden Tendenzen klarzulegen, welche auf eine

---

[25]) Was zögern lässt, das Beispiel ohne Weiteres in die Reihe an der ihm durch die Technik angewiesenen Stelle aufzunehmen, sind die mehrfachen daran zu Tage tretenden Singularitäten, worüber auch Brunn im Text S. 24 sich geäussert hat. Die von Letzterem gegebene Erklärung für die Durchbrechung der Symmetrie durch die Hasen glaube ich durch diejenige ersetzen zu sollen, die sich aus dem Gedankengange der obigen Untersuchung von selbst ergiebt.

8. Die Ausbildung der Ranken-Füllung.   207

solche Entwicklung hinarbeiteten. — Tendenzen, die im Wesen der griechischen Dekorationskunst seit mykenischer Zeit begründet lagen.

Soweit das einseitige Material, das uns zur Beurtheilung des Ganges der älteren griechischen Ornamentik zur Verfügung steht, einen allgemeineren Schluss zulässt, war man in der Beherrschung des Pflanzenrankenornaments etwa in der 1. Hälfte des 5. Jahrhunderts an das erstrebte Ziel gekommen: man war im Stande, eine jede gegebene Fläche mit dem Rankenornament in gefälliger Weise zu überziehen, wobei die einzige Schranke in der Beobachtung der Symmetrie im

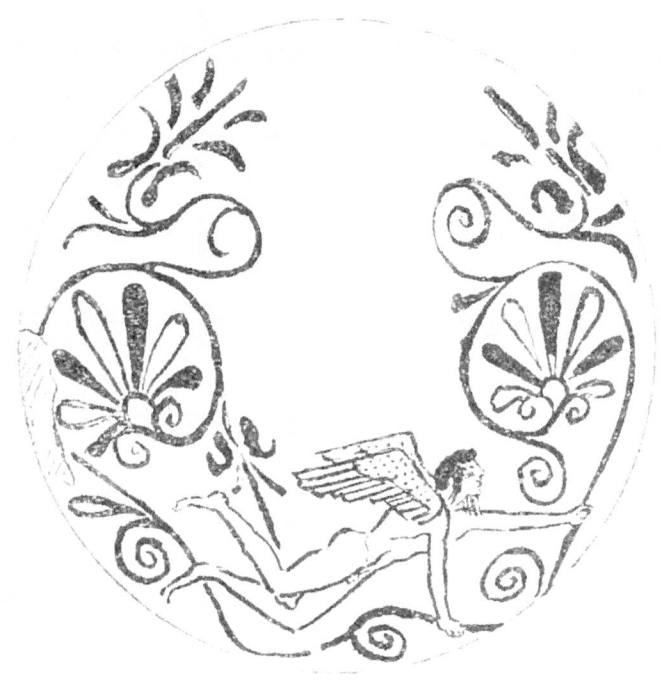

Fig. 108.
Schulterornament von einer attischen Lekythos.

Allgemeinen bestand. Daneben waren kleine Abweichungen von der strengen Symmetrie nicht bloss gestattet, sondern sogar gern angebracht, weil sie den Reiz erhöhten, das Gefühl der Langeweile nicht aufkommen liessen, und dennoch den harmonischen dekorativen Gesammteffekt, der eben die Symmetrie im Allgemeinen forderte, nicht beeinträchtigten. Immerhin blieb der Raum, auf dem sich das Rankenornament in voller Freiheit hätte entfalten können, noch ein sehr beschränkter. An den Vasen war es, wie wir gesehen haben, die Umgebung der Henkel, um die sich das Rankenwerk herumschlängelte. Die grossen Flächen blieben noch immer den figürlichen Darstellungen vorbehalten. So lange der Process der aufsteigenden Entwicklung insbesondere in der Plastik nicht vollendet war, so lange man noch nicht zu Typen gelangt war, welche den Zeitgenossen als unübertrefflicher Ausdruck für die Gestalten der heroischen und der Göttersage erschienen, musste das blosse Ornament nothgedrungenermaassen in der Beachtung zurückstehen, auf untergeordnete Stellen, auf Säume, auf Henkel, Füsse u. dgl. beschränkt bleiben. Auf die verhältnissmässig geringe Aufmerksamkeit, welche Phidias dem Ornament zugewendet hat, wurde ja schon öfter hingewiesen. Als aber die Höhe erreicht war, da drängte sich wiederum die Schmuckfreudigkeit hervor, um nun auch zu ihrem Rechte zu gelangen. Es äusserte sich dies erstens in der Verwendung der geschaffenen figürlichen Typen zu rein dekorativen Zwecken, wie es für die pompejanische Dekoration vor Allem charakteristisch erscheint, ferner in der Verwendung blosser Ornamente, höchstens unter spielender Einstreuung figürlichen Beiwerks, zur Verzierung ausgedehnter Flächen, was in der Zeit vor und bis auf Phidias als zu nichtssagend befunden worden wäre. Dies war der Moment, da die Pflanzenranke zur vollen Entfaltung der ihr innewohnenden Qualitäten gelangen konnte. Dass sie die Befähigung dazu schon aus der Zeit vor dem 4. Jahrhundert v. Chr. mitgebracht hatte, glaube ich im Vorstehenden genügend bewiesen zu haben.

Die Pflanzenranke tritt von nun an in ihrer völlig freien Verwendung auf in Begleitung von Motiven, die der griechischen Dekorationskunst, soweit wir sie bis jetzt betrachtet haben, anscheinend fremd gewesen sind. Es wurde nun zwar schon wiederholt erklärt, dass es innerhalb der vorliegenden, der Entfaltung des Pflanzenrankenornaments im Allgemeinen gewidmeten Untersuchung zu weit führen würde, wenn wir zugleich auch die Entwicklungsgeschichte jedes einzelnen vegetabilischen Motivs der antiken Ornamentik verfolgen wollten. Im vorliegenden Falle handelt es sich aber um das Aufkommen eines Motivs, das in der Geschichte der Pflanzenornamentik in jeder Beziehung als epochemachend bezeichnet werden muss, und der Process, der dazu geführt hat, läuft so parallel demjenigen, der die freie Entfaltung der Ranken zur endlichen Folge gehabt hat, dass wir der Entstehungsgeschichte dieses Motivs ein besonderes Kapitel zu widmen bemüssigt sind.

9. Das Aufkommen des Akanthus-Ornaments.

Die dreispaltige Lotusblüthe in Profil und die Palmette sind so ziemlich die einzigen vegetabilischen Motive gewesen, mit denen die Griechen der archaischen Zeit und bis herab zu den Perserkriegen im

9. Das Aufkommen des Akanthus-Ornaments.

Wesentlichen ihre Dekoration bestritten haben. Eine untergeordnete Rolle haben daneben einige weitere — gleichfalls im antiken Orient nachweisbare — Motive gespielt, die wir als Lotusknospe, Epheublatt und Granatapfel zu bezeichnen pflegen. Natürlich bedingte dieses Verharren bei einer kleinen Auswahl von Motiven nicht auch ein starres Stillehalten bei bestimmten Typen im Einzelnen. Jedes der genannten Motive hat in der Zeit vom 7. bis zum 5. Jahrh. v. Ch. seine eigene Geschichte gehabt, und wenn das Material, das uns heute vorliegt, nicht ausreichend sein sollte, um diese Geschichte in allen Einzelheiten aufzuhellen und sicher zu stellen, so würde es doch meines Erachtens genügen, um einen diesbezüglichen Versuch zu rechtfertigen. Im Rahmen dieser der Pflanzenranke gewidmeten Untersuchung muss ich mich darauf beschränken, mit allgemeinen Worten die Tendenz zu kennzeichnen, welche die Fortbildung der Lotus- und Palmetten-Typen in älterer griechischer Zeit augenscheinlich geleitet hat. Wir vermögen als das Treibende, Gestaltende lediglich die auf das Form-Schöne gerichtete Absicht zu erkennen. Die zwei Grundformeln — der dreispältige, spitzblättrige Kelch und der Fächer über dem Volutenkelch — waren gegeben, ihre Ausgestaltung erfolgte in derjenigen Weise wie sie dem Künstler jeweilig als die gefälligste dünkte. In dieser Tendenz war ein leise naturalisirender Zug bereits eingeschlossen, da dieselbe die steife geometrische Zeichnung der Vorbilder nicht wohl vertrug und nach einer schwungvolleren Belebung verlangte.

Das weitaus wichtigste dekorative Blüthenmotiv wurde im Laufe der Zeit die Palmette. In der rothfigurigen Vasenklasse hat sie die übrigen aus älterer Zeit stammenden Motive nahezu verdrängt. Die Geschichte der griechischen Palmette würde allein ein Buch füllen. Einzelnen ihrer Entwicklungsphasen haben bisher Furtwängler[26]) und Brückner[27]) ausführlichere Erörterungen gewidmet. Die einzelnen Bestandtheile, aus denen sich die griechische Palmette zusammensetzt, sind bis in das 5. Jahrhundert die gleichen geblieben, die wir schon als Komponenten der altegyptischen Palmette kennen gelernt haben: der Volutenkelch, der zwickelfüllende Zapfen und der krönende Fächer. In der Behandlung der einzelnen Theile und in ihrem Verhältnisse zu einander hat freilich die griechische Kunst einschneidende Veränderungen vorgenommen. In der zweiten Hälfte des 5. Jahrh. nun macht sich die

---

[26]) Samml. Sabouroff, Einl. zu den Skulpt. S. 6 ff.
[27]) Ornament und Form der attischen Grabstelen S. 4 ff.

naturalisirende Tendenz, welche die freie Entfaltung der Pflanzenranke so mächtig gefördert hat, auch an den vegetabilischen Einzelmotiven geltend. Es drückt sich dies aus erstens in gewissen Umbildungen der Palmette, die als solche von Niemandem verkannt werden können und auch — soweit mir bekannt — allseits als solche aufgefasst worden sind; zweitens in dem Aufkommen eines ornamentalen Typus von ausgesprochen vegetabilischem Habitus, den man als unmittelbare Nachbildung einer leibhaftigen botanischen Species, des *Akanthus* (Bärenklau) zu betrachten sich längst allgemein gewöhnt hat.

Die Umbildungen der Palmette in der 2. Hälfte des 5. Jahrh. betreffen sowohl den bekrönenden Fächer, als auch die unteren Theile: Volutenkelch und Zapfen. Diese letzteren beiden werden nämlich entweder unmittelbar akanthisirend gegliedert, (Fig. 110), oder sie treten in Verbindung mit dem Akanthus, weshalb sie ihre Besprechung besser im Zusammenhange mit der Erörterung des Akanthus selbst finden werden. Der Fächer der Palmette hingegen behält im Allgemeinen die Selbständigkeit der einzelnen langen und schmalen Blätter, aus denen er sich zusammensetzt, bei; aber die Richtung dieser Blätter die an den egyptischen Vorbildern eine streng radiant-centrale (gleich dem Ausschnitt einer Rosette) gewesen war, wurde nun allmälig eine schwungvollere. Die Blattspitzen starren nicht mehr streng radiant in die Höhe, sondern wiegen sich in leiser Wellenlinie empor und neigen die Spitzen sanft seitwärts, die einen nach rechts, die anderen nach links von dem senkrechten Mittelblatte (Fig. 109[28]); wir wollen diese Bildung die *überfallende Palmette* nennen. Noch charakteristischer für die zu Grunde liegende Tendenz, weil nicht so in der natürlichen Entwicklungslinie liegend, ist die *gesprengte Palmette* (Fig. 110[29]), an welcher die Blätter der Fächers in wellenförmigem Schwunge mit den Spitzen gegen die Mitte des Fächers gekehrt sind.

Diese zweite Form, die mit ihrer geschweiften Spitze der Ausgangspunkt für spätere bedeutungsvolle Fortbildungen im Osten des Mittelmeeres geworden ist, scheint erst im 4. Jahrhundert zu häufigerer An-

---

[28] Von der Rinnleiste des Parthenon-Giebels. Die Anfänge dieser Gestaltung des Blattfächers gehen aber bis in die Zeit vor den Perserkriegen zurück. Vergl. u. a. Ant. Denkm. I. Taf. 38, A 2.

[29] Bekrönung einer Grabstele, nach Quast Erechtheion II. 17. 3. Unter Hinweglassung des grossen unteren Akanthuskelchs. — Das Beispiel zählt nicht zu den frühesten und soll nur dazu dienen, das reife Produkt zu veranschaulichen.

9. Das Aufkommen des Akanthus-Ornaments. 211

wendung gelangt zu sein. Sie stellt sich im Grunde genommen dar als eine Zerlegung der orientalischen Palmette in zwei Halbpalmetten. Die Zusammensetzung der Palmette nach dem herkömmlichen, im Orient geschaffenen Typus hatte etwas an sich, das den geometrisch schematischen Charakter niemals ganz verwinden konnte. Der eingerollte Volutenkelch blieb immer eine Doppelspirale, in deren Zwickel der Zapfen mit dem Fächer bloss äusserlich eingriff. Die gesprengte Palmette hebt sowohl den Volutenkelch als den geschlossenen Fächer auf und bringt zugleich beide in organische Verbindung zu einander. Die gesprengte Palmette zerfällt nicht mehr in ein Oben und Unten (Fächer und Kelch), sondern in ein Rechts und Links (zwei Halbpalmetten).

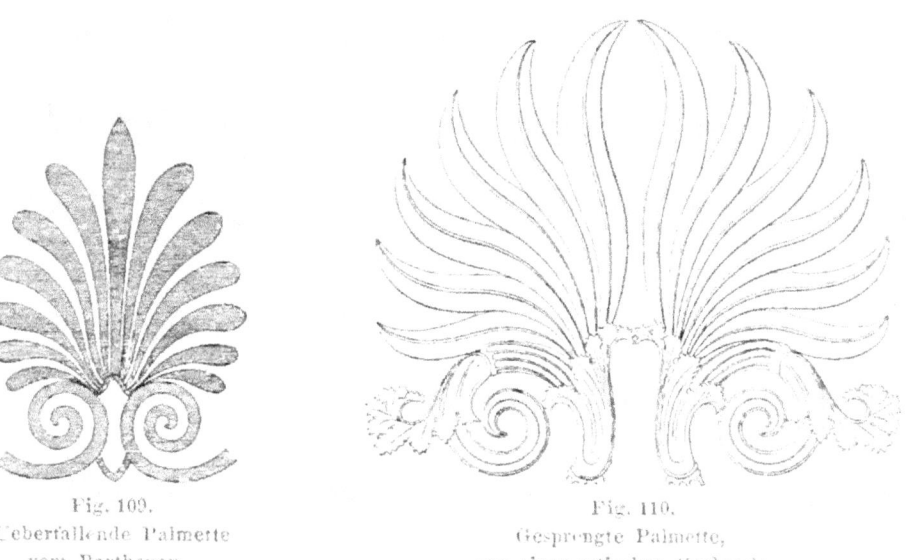

Fig. 109.
Ueberfallende Palmette vom Parthenon.

Fig. 110.
Gesprengte Palmette, von einer attischen Grabstele.

Beiderseits bemerken wir eine Art Gabelranke: von unten steigen zwei Stengel (als solche meist vegetabilisch charakterisirt) auf, gabeln sich jeder alsbald in zwei Ranken, wovon die äussere seitwärts spiralig sich einrollt, die innere in Wellenschwingung aufwärts strebt und hiebei die Form der den Fächer zusammensetzenden langen und schmalen Blätter annimmt. Aehnlich geschwungene, gegen unten entsprechend kleiner werdende Blätter bilden so zu sagen die Zwickelfüllung zwischen beiden Ausläufern der Gabelranke. Mit ihrem symmetrischen Gegenüber bildet nun die Gabelranke die gesprengte Palmette.

Es soll zwar nicht behauptet werden, dass der Process, der zu der Schaffung dieses Motivs geführt hat, in der That in bewusster Weise und in direkter Linie gemäss der eben gegebenen Erklärung sich vollzogen hat; aber dass das Motiv der Rankengabelung den ent-

14*

scheidenden Einfluss dabei geübt haben dürfte, wird man kaum bestreiten können angesichts der grundlegenden Bedeutung, die gerade die Gabelung innerhalb der griechischen Rankenornamentik gehabt hat. Durch die Gabelung charakterisirt sich ja schon die mykenische fortlaufende Wellenranke (Fig. 50) eben als Ranke und nicht mehr als egyptisirende geometrische Spirale[30]).

Noch weit wichtiger aber als die bisher geschilderten Umbildungen der Palmette war das Aufkommen des Akanthus. Insbesondere wenn man gemäss der allgemein herrschenden Meinung die Entstehung des Akanthusornaments in der That auf die bewusste Nachahmung eines natürlichen Pflanzenvorbildes zurückführt, wird man sich gezwungen sehen, den Moment, in welchem der Akanthus zum ersten Male aufgetreten ist, seiner Bedeutung nach unmittelbar neben denjenigen zu stellen, in welchem die Lotustypen der altegyptischen Kunst geschaffen worden sind. Und selbst wenn wir — das Resultat der nachfolgenden Untersuchung vorwegnehmend — den Akanthus nicht als ein auf Grund der Naturnachahmung neu geschaffenes Dekorationsmotiv, sondern als Produkt eines ornamentgeschichtlichen Fortbildungsprocesses ansehen, werden wir den Moment nicht geringschätzen wollen, in welchem das seither allezeit weitaus zur grössten Bedeutung gelangte vegetabilische Motiv in die Welt gekommen ist.

In der Ueberlieferung der Alten ist der Akanthus auf's Engste verknüpft mit der Entstehung des korinthischen Kapitäls. Dies geht wenigstens aus der Erzählung hervor, worin uns Vitruv (IV. 1,9,10) schildert, wie sich seine Zeitgenossen die Entstehung des korinthischen Kapitäls dachten. Hienach soll die zufällige Kombination eines Korbes und einer unter demselben dem Boden entsprossenen Akanthuspflanze und die Wahrnehmung des zierlichen Effekts dieser Kombination durch den Bildhauer Kallimachos in Korinth die Veranlassung zur Schaffung des korinthischen Kapitäls gegeben haben. Die begleitenden Umstände der Erzählung sind so bekannt, dass ich sie mir ebenso wie die Citirung der ganzen Stelle in extenso ersparen kann. Der ganzen Erzählung ist der Stempel des Fabulirens — eines, wie man zugestehen

---

[30]) Auch im Vasenornament des 4. Jahrh., das im Wesentlichen bei der ursprünglichen orientalisirenden Form der Palmette, mit mehr oder minder überfallenden Blattfächern, stehen geblieben ist, äussert sich eine unverkennbare Neigung, die im Rankenwerk verstreuten Palmetten in Halbpalmetten zu zerlegen.

9. Das Aufkommen des Akanthus-Ornaments. 213

kann, übrigens nicht der Grazie entbehrenden Fabulirens — in völlig
unverkennbarer Weise aufgedrückt, und ich glaube kaum, dass es
irgend ein Forscher in neuerer Zeit unternommen haben möchte, ihre
Stichhaltigkeit ernsthaft zu vertreten. Furtwängler hat auch schon
(a. a. O. S. 9) ausdrücklich darauf hingewiesen, dass das erste Auftreten des Akanthus nachweislich an Palmetten-Akroterien erfolgt ist,

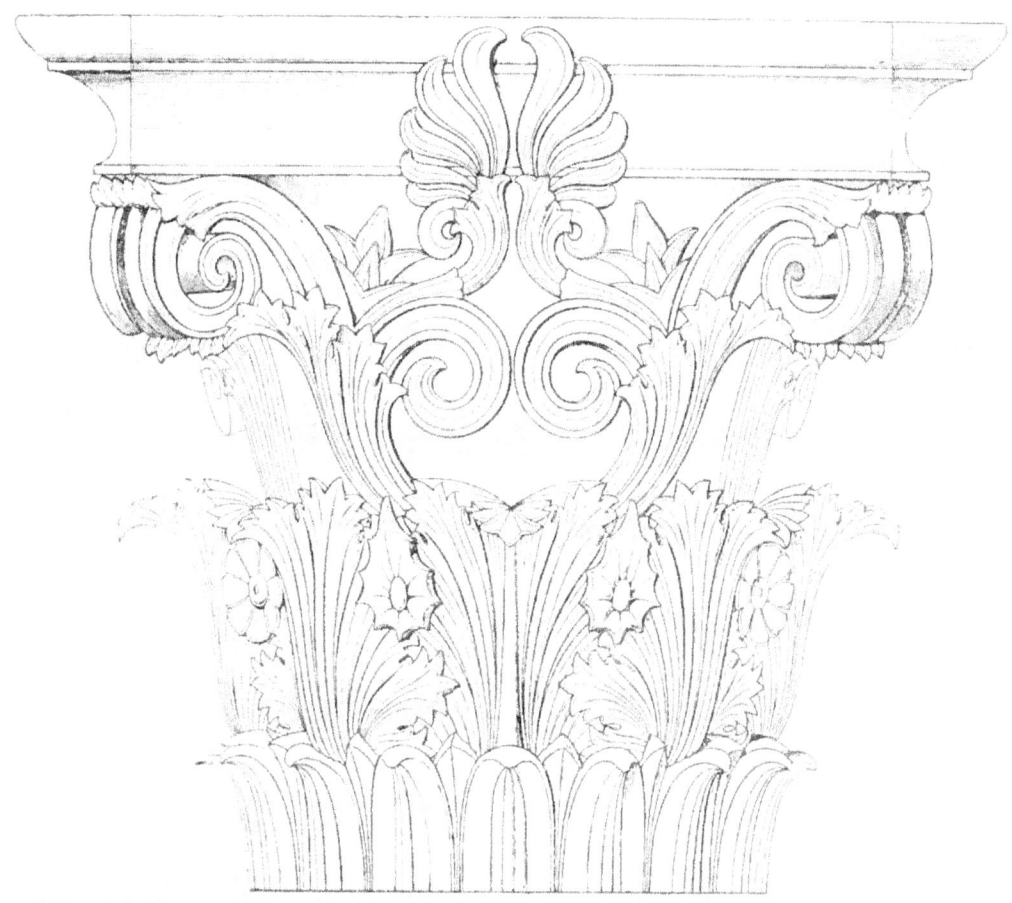

Fig. 111.
Korinthisches Kapitäl vom Lysikrates-Denkmal. Nach Jacobsthal.

zu einer Zeit, da ein korinthisches Kapitäl bisher noch nicht nachgewiesen werden konnte. Brückner scheint der gleichen Meinung zu
sein, da er (a. a. O. 82) sogar die Gründe nennen zu können glaubt,
welche dazu geführt hätten, den Akanthus an den Akroterien der
Grabstelen anzubringen. Dass aber das eigenthümliche ausgezackte
vegetabilische Motiv, das ein so charakteristisches Merkmal des korinthischen Kapitäls ist, in der That gemäss Vitruv's Berichte auf eine
unmittelbare Nachahmung der Acanthus spinosa zurückgeht, daran hat

214 B. Das Pflanzenornament in der griechischen Kunst.

— so viel ich weiss — bis heute noch Niemand[31] zu zweifeln gewagt. Die leidige Folge davon ist, dass über die keineswegs so sonnenklare früheste Entwicklungsgeschichte des Akanthus es vollständig an Vorarbeiten gebricht. Es liegt mir natürlich fern, dieses Kapitel hier in erschöpfender Weise erörtern zu wollen, schon um der ausserhalb meiner Berufssphäre liegenden philologischen Untersuchung willen, die parallel mit derjenigen der Denkmäler einhergehen müsste. Ich kann und will mich auf den Gegenstand nur insoweit einlassen, als es für den

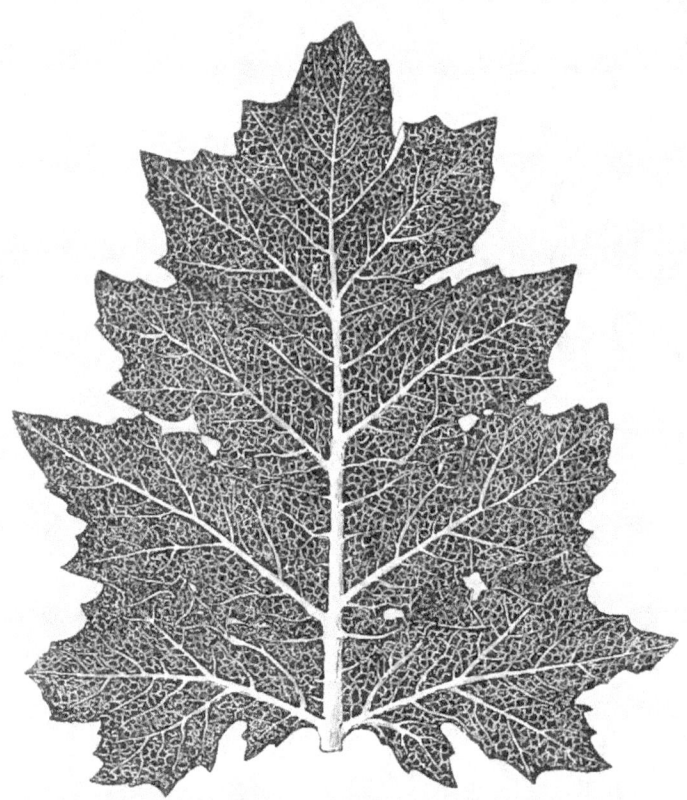

Fig. 112.
Blatt der Acanthus spinosa. Nach Owen Jones.

allgemeinen Gang unserer Untersuchungen über das antike Pflanzenranken-Ornament nothwendig ist. Was sich daraus zweifellos ergeben wird, das ist die dringende Nothwendigkeit, das Kapitel von der Entstehung des Akanthusornaments einmal einer gründlichen Bearbeitung zu unterziehen. Ich hoffe aber auch wenigstens einen Theil der Fachgenossen dahin zu überzeugen, dass der Akanthus nicht im

[31] Auch Boetticher (Tektonik der Hellenen 344) nicht, trotz der Skepsis die er der Anekdote Vitruvs sonst entgegenbringt. Von einer Stackelberg betreffenden Ausnahme wird weiter unten die Rede sein.

9. Das Aufkommen des Akanthus-Ornaments. 215

Wege der unmittelbaren Nachbildung eines Naturvorbildes, sondern infolge eines völlig künstlerischen, ornamentgeschichtlichen Entwicklungsprocesses entstanden ist.

Der Akanthus als plastisches Ornament, wie er sich z. B. am Lysikrates-Monument (Fig. 111) und auch schon an Grabstelen-Akroterien früherer Decennien des 4. Jahrh. darstellt, zeigt eine unläugbare Aehnlichkeit mit dem Blatte der Acanthus spinosa (Fig. 112). Charakteristisch für beide ist die Gliederung in einzelne Vorsprünge, deren jeder seinerseits in eine Anzahl scharfer ausspringender Zacken gegliedert ist; zwischen je zwei Vorsprüngen ist immer eine tiefe rund-

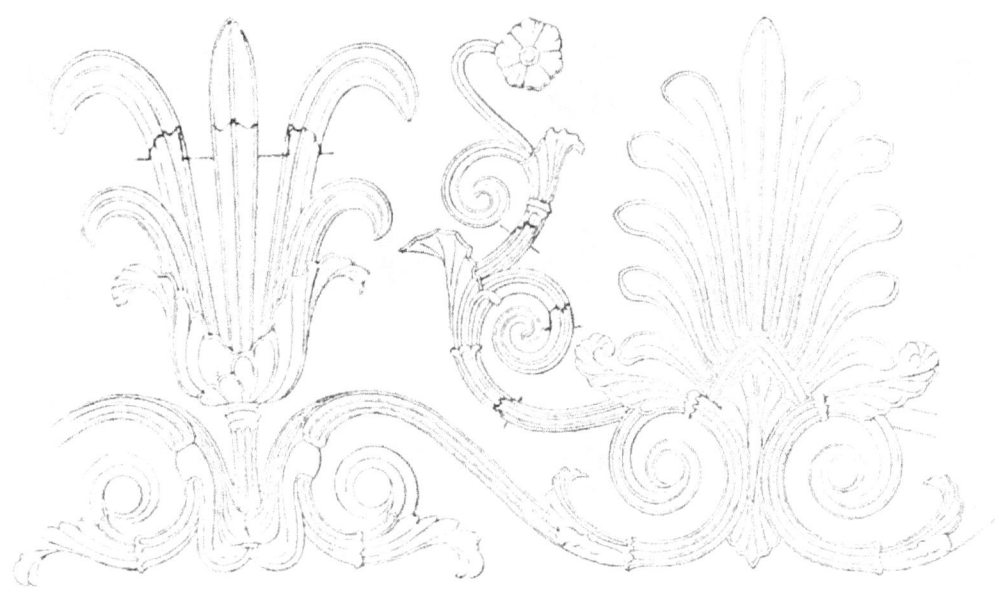

Fig. 113.
Halsverzierung eines Kapitäls von der nördlichen Vorhalle des Erechtheion.

liche Einziehung (die „Pfeifen" des plastischen Akanthus). Gerade diese Gliederung vermissen wir aber an den frühesten Beispielen von Akanthusornamenten.

Betrachten wir Fig. 113 von einem Kapitäl des Erechtheions[32]. Die einzelnen Rippen, in welche sich hier das stets im Profil gesehene Akanthusblatt gliedert, liegen gleichwerthig nebeneinander wie die radianten Blätter einer Palmette. Als Stelen-Bekrönung auf Lekythen aufgemalt, also in flacher Projektion (Fig. 114), erscheint das Blatt ausgeschnitten und mit spitzen Zacken besetzt, etwa wie ein Cactus- oder

[32] Nach Quast l. 7, 2. Auf Grund des Vergleiches mit Gipsabgüssen erschien mir die alte Quast'sche Reproduktion völlig genau und zutreffend.

216   B. Das Pflanzenornament in der griechischen Kunst.

Aloëblatt, wie es eben durch die zeichnerische Projektion bedingt ist. In keinem Falle aber gewahren wir eine Gliederung der Konturen, wie sie der Acanthus spinosa entsprechen würde. Und während die vorspringenden Glieder des Akanthusblattes längs einer Mittelrippe alternirend abzweigen (Fig. 112), gehen dieselben an Fig. 113 sämmtlich von einer gemeinsamen unteren Basis aus, sind also parallel koordinirt mit dem Mittelblatte, zweigen nicht von dem letzteren ab.

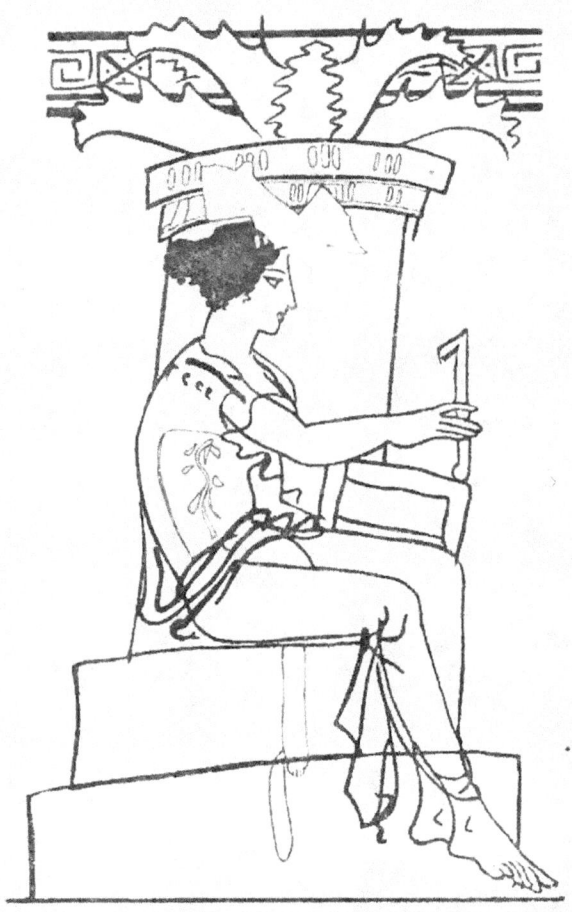

Fig. 114.
Gemälde von einer attischen Lekythos, nach Benndorf Taf. XV.

Dies sind zwei wesentliche Unterschiede zwischen dem Habitus der Acanthus spinosa und der typischen Stilisirung des Akanthusornaments, wie es uns an den ältesten erhaltenen Denkmälern dieser Art entgegentritt. Es wird sich noch reichlich Gelegenheit geben, die Abweichungen im Einzelnen zu erörtern. Es genüge vorläufig, dieselben festgestellt zu haben. Die Schlussfolgerungen, die wir daraus ziehen können, sind zweierlei Art. Entweder wir halten an der Identität des Akanthusornaments mit der Acanthus spinosa fest, und

9. Das Aufkommen des Akanthus-Ornaments.

erklären uns das von der Natur abweichende Aussehen der ältesten Beispiele durch Unbehilflichkeit, weitgehende Stilisirung o. dgl., oder wir geben die Vorbildlichkeit der Acanthus spinosa preis und suchen nach einer anderen Entstehungsursache, einem anderen Ausgangspunkte für die Ausbildung des Akanthusornaments.

Fassen wir zuerst kurz die erstere Möglichkeit in's Auge. Wem der Buchstabe der Ueberlieferung über Alles gilt, dem wird es vielleicht nicht sehr schwer fallen, einen solchen Erklärungsgrund für die in zwei wesentlichen Punkten von der Natur abweichende Stilisirung des Akanthusornaments gelten zu lassen. Der Künstler müsste hienach sozusagen ein abbreviirtes Akanthusblatt geschaffen haben, bei dem nicht bloss die einzelnen vorspringenden Glieder in Wegfall gekommen sind, sondern auch die scharf ausgezackten Konturen unterdrückt wurden. Denn diese scharf ausgezackten Konturen wie sie z. B. an Fig. 114 zu bemerken sind, waren an den frühesten plastischen Akanthus-Darstellungen, wie wir noch im Besonderen sehen werden, gar nicht vorhanden, und machen sich bloss an den Abbildungen geltend, was mit der zeichnerischen Projektion zusammenhängt. Der gemalte Akanthus der attischen Lekythen Fig. 114 zeigt daher die spitzen Zacken am schärfsten ausgeprägt: man vergleiche damit den plastischen Akanthus, Fig. 113, wo die spitzen Zacken als solche gar nicht hervortreten, die einzelnen Glieder oder „Rippen" rundlich endigen, und nur durch die eingekerbten Furchen zwischen je zwei Rippen in der Perspektive des Beschauers eine Spitze im Kontur des Blattes entsteht. Die Kelchblätter der Lotusblüthe links in Fig. 113 machen dies anschaulich[33]). Unten endigen sie in halbrunden Konturen, oben dagegen, wo sie sich überschlagen, zeigen sie in der Perspektive spitze Zacken, wie die seitlichen Blätter an Fig. 114.

Die Stilisirung der Akanthuspflanze wäre hienach mindestens in einer eigenthümlichen, von den naturalisirenden Neigungen jener Zeit wenig berührten Weise durchgeführt worden. Erst allmälig wäre man auf die Wahrnehmung der charakteristischen Eigenschaften der Acanthus spinosa gelangt und hätte dieselben im bezüglichen Ornament zum Ausdrucke gebracht. Zuerst hätten die „Rippen" ihre plastische Gestalt verloren, wären zu Hohlkehlen geworden, zwischen denen die trennenden Grate (nicht mehr Furchen) in spitzen Zacken vorsprangen. Dann wäre man vollends daran gegangen, diese einzelnen spitzen Zacken

---

[33]) Noch besser der perspektivische Blattkelch in Fig. 116.

218   B. Das Pflanzenornament in der griechischen Kunst.

zu vielzackigen Vorsprüngen auszugestalten, womit man endlich der natürlichen Erscheinung der Acanthus spinosa nahegekommen wäre. Das treibende Moment in diesem ganzen Processe könnte man in der wachsenden Tendenz auf Naturalismus erblicken. In dem angedeuteten Entwicklungsgange läge auch durchaus nichts Unwahrscheinliches; das Bedenkliche daran bleibt immer der Ausgangspunkt. Bevor man sich daher einer sagenhaften Tradition zuliebe zu einer solchen Annahme entschliesst, wird es geboten sein, alle übrigen begleitenden Umstände wohl zu erwägen, und nach etwaigen anderen Erklärungsgründen Umschau zu halten.

Was erstlich diese begleitenden Umstände der Tradition von der Nachahmung des natürlichen Akanthus in der griechischen Kunst des 5. Jahrhunderts betrifft, so wäre eine Untersuchung derselben zum grösseren Theile Sache der philologisch-historischen Forschung. Eine erschöpfende Erörterung dieser Umstände wäre ich ausser Stande zu liefern und will mich daher darauf beschränken, meine diesbezüglichen Bedenken in kurzen Worten am Schlusse des ganzen Kapitels vorzubringen.

Dagegen will ich ungesäumt daran gehen, meine Anschauung darüber zu entwickeln, wie das Akanthusornament — weitab von jeglicher unmittelbarer Naturnachahmung — aus rein ornamentalen Motiven heraus, wenn auch unter dem Einflusse naturalisirender Tendenz entstanden sein dürfte.

Das Akanthusornament ist meines Erachtens ursprünglich nichts anderes als eine in's plastische Rundwerk übertragene Palmette, beziehungsweise Halbpalmette: in Fig. 113 und 114 sind es durchweg Halbpalmetten. Die einzelnen Blätter, die den Fächer bilden, entwickeln sich in Fig. 113 nicht längs einer Mittelrippe, wie an der Acanthus spinosa, sondern von einer gemeinsamen unteren Basis wie an der Palmette; sie sind an der Wurzel schmal und verbreitern sich gegen das Ende, wo sie rundlich abschliessen: alles wie am Palmettenfächer. Was an dem Akanthusblatt gegenüber dem flachen Palmettenfächer eigenthümlich erscheint, ist der elastische Schwung der nach auswärts gekrümmten Spitze. Dies ist eben an der flach projicirten Palmette nicht wohl möglich; inwieferne es dennoch wenigstens Andeutung gefunden hat, werden wir weiter unten bei Betrachtung des Rankenornaments in hellenistischer Zeit sehen. Uebrigens erscheint auch die herkömmliche geradblättrige Palmette (etwa nach dem Parthenonschema) an Grabstelen mit überhängender Spitze nach vorn ge-

9. Das Aufkommen des Akanthus-Ornaments.

krümmt, weil es in solchem Falle die plastische Ausführung ermöglichte, und die allgemeine Kunsttendenz es erforderte. Dieselbe Neigung zur schwungvollen Ausbiegung der Spitzen liegt übrigens auch der gesprengten Palmette zu Grunde, und hiemit haben wir meines Erachtens der Berührungspunkte genug, die das Gekrümmtsein des Akanthusornaments bei der versuchten Ableitung von der Palmette erklären.

Parallel mit Vollpalmetten und Halbpalmetten lassen sich Akanthusvollblätter und Akanthushalbblätter unterscheiden. In Fig. 113 haben wir es bloss mit letzteren zu thun. Sind dieselben nichts Anderes als plastisch-vegetabilische Umbildungen von Halbpalmetten, so werden wir sie auch an der gleichen Stelle, in der gleichen Function innerhalb des Rankenornaments angebracht erwarten müssen. Und dies ist in der That der Fall. Man fasse einmal in Fig. 113 die Ranke in's Auge die links von der grossen Palmette sich wellenförmig in die Höhe windet. Ueberall wo eine Gabelung stattfindet — und nur dort — erscheint ein Akanthushalbblatt eingezeichnet. Nur befindet es sich nicht gleich dem Halbpalmettenfächer in dem Zwickel zwischen den beiden sich gabelnden Ranken, sondern noch unmittelbar vor der Gabelung um den Rankenstengel herum geschlagen. Es handelte sich eben um eine Umsetzung des Palmettenfächers in ein plastisch-vegetabilisches Gebilde. Die lebendig spriessende Pflanzennatur kennt aber kein Postulat der Zwickelfüllung. Man muss daher darauf bedacht sein, den im Flachornament zwickelfüllenden Fächer nunmehr bei der Umsetzung in's Plastisch-Vegetabilische auf eine andere, dem Pflanzenhabitus natürlichere Weise anzubringen, als im Wege einer Einschiebung zwischen die beiden Ranken. Und in der That kann man sich kaum eine bessere und glücklichere Lösung denken, als die Verhülsung, wodurch sowohl ein durch die künstlerische Tradition gleichsam kanonisch gewordenes Ornamentmotiv beibehalten, als auch eine gefällige Gliederung der Ranke selbst herbeigeführt erscheint. Schon am Erechtheion wurde dann diese Verhülsung mittels Akanthushalbblattes an Stellen übertragen, wo eine ausgesprochene Rankengabelung nicht stattfindet: so unten an den S-Spiralen sowie an den Kelchblättern der Lotusblüthe in Fig. 113.

Zum Wesen einer Palmette gehört nebst dem Fächer auch der Zapfen und vor Allem der Volutenkelch. Ist der Akanthus in der That ein Derivat von der Palmette, so werden wir auch nach diesen beiden Theilen zu fragen haben. Wie wurden dieselben in's Plastische übertragen? Für den Volutenkelch weise ich hin auf die hülsenartige Anschwellung der Rankenstengel an allen jenen Stellen, wo die Akan-

220   B. Das Pflanzenornament in der griechischen Kunst.

thushalbblätter in Fig. 113 ansetzen. Der Zapfen war lediglich Zwickelfüllung: diese fiel in der plastischen Gestaltung des (nun nicht mehr flachen) Volutenkelches zu einem kreisförmigen (weil um den Rankenstengel umlaufenden) Kelche hinweg, und damit auch die Veranlassung zur Einfügung eines Zapfens. Und auch die Hülsen der Akanthusblätter sind in der Folgezeit, als ihre ursprüngliche Bedeutung in Vergessenheit gerathen war, als unwesentlich in Wegfall gekommen.

Wem die soeben gegebene Erklärung für den Wegfall des Volutenkelches an der plastischen Palmette (d. i. dem Akanthus) nicht genügt, den verweise ich auf das Ornament an der Einfassung der berühmten Thür des Erechtheions (Fig. 115). Hier erscheint die plastische Palmette sozusagen wiederum in's Flache übertragen. Niemand

Fig. 115.
Lotusblüthen-Palmetten-Band in Karniesprofil, von einem Gebälkstücke des Erechtheion.

wird daran zweifeln können, dass uns hier ein Lotus-Palmetten-Band vorliegt. An der Basis liegen S-Spiralen, die im Aneinanderstossen Kelche bilden: in diese Kelche sind alternirend dreispaltige Profil-Lotusblüthen und Palmetten als Füllungen eingesetzt. Aber nur am Ansatze der Lotusblüthen bilden die erwähnten Spiralranken wirkliche Kelche: gerade an den Palmetten, für die der Volutenkelch geradezu als wesentlich gilt, sind ihre Enden nicht kelchartig umgeschlagen, sondern verlaufen unmittelbar in die Mittelrippe der Palmette. Die Erklärung dafür liefert eine nähere Betrachtung der Stilisirung, welche die Palmette in diesem Falle erfahren hat. Die concaven Einbuchtungen an der Peripherie belehren uns, das wir es da mit einem Akanthusvollblatt zu thun haben; nur wurde dasselbe hier sozusagen wieder in's Flache zurückübersetzt, genau wie es auf den Lekythen (Fig. 114) gemalt vorkommt. An diese malerische Art der Stilisirung hat — wie schon angedeutet wurde — die weitere Entwicklung vornehmlich an-

9. Das Aufkommen des Akanthus-Ornaments.

geknüpft, wie es den zunehmend malerischen Tendenzen der griechischen Skulptur der nachperikleischen Zeit vollkommen entspricht. Wir brauchten die Palmetten in Fig. 115 nur vom Grunde loszulösen und frei sich krümmen zu lassen: dann müssten wir sie schlankweg als Akanthus bezeichnen. Im vorliegenden Falle sind sie aber Palmetten, wie ihre Alternirung mit dem Lotus schlagend beweist. Und noch auf eine lehrreiche Analogie sei bei dieser Gelegenheit hingewiesen. Die damalige griechische Kunst hatte bereits ein Beispiel zu verzeichnen für die Uebertragung eines — übrigens nächstverwandten — flachen Blumenornaments in die Plastik: nämlich den Eierstab als Reproduktion des Lotusblüthen-Knospen-Bandes. Nun sehen wir Aehnliches, wenngleich auf Umwegen, sich vollziehen mit dem Lotus-Palmetten-Bande.

Ich habe die Palmetten in Fig. 115 als Uebertragung des Akanthus in's Flache bezeichnet. Es muss aber hinzugefügt werden, dass die Palmetten in das Karniesprofil des Thürrahmens zu liegen kamen und daher nicht in einer Ebene liegen, sondern einer geschwungenen, echt akanthusmässigen Fläche sich anschmiegen. In dem erörterten Bande waren es zum Unterschiede von Fig. 113, wo wir es bloss mit halben Akanthus-Palmetten zu thun hatten, ganze Palmetten (Akanthusvollblätter). Dieselbe Thür des Erechtheions zeigt übrigens am krönenden Gebälke auch halbe Akanthus-Palmetten (Akanthushalbblätter) in der gleichen Stilisirung.

Ist diese Stilisirung in der That, wie es allen Anschein hat und wie u. a. die gemalten Lekythen beweisen, eine Rückübertragung der plastischen Palmette in's Flache unter malerisch-perspektivischen Gesichtspunkten, so ist sie jedenfalls später erfolgt, als das Aufkommen des Akanthus, d. h. der plastischen Palmette selbst. Deshalb braucht die Thür des Erechtheions noch nicht jünger zu sein, als die nördliche Säulenhalle, von welcher Fig. 113 stammt, da ja beide Arten eine Zeitlang neben einander hergehen konnten. Es ist überhaupt bezeichnend für die Rührigkeit und die Schaffensfreudigkeit der griechischen Künstler jener ganz einzigen Zeit, dass sie mit denselben Motiven die in ihrer ursprünglichen Heimat durch Jahrtausende hindurch fast in einer unveränderten typischen Gestaltung belassen worden sind, in verhältnissmässig kurzer Zeit so Vieles, Verschiedenes und doch Bedeutungsvolles, anzufangen gewusst haben. Diese Bewegungslust, die Neigung zum freien Schalten und Gestalten mit dem Ueberlieferten und Anerworbenen, ist auch seither ein Erbtheil der westlichen Angehörigen der Mittelmeerkultur geblieben, während die orientalischen Völker trotz der gründlichen Durchsetzung mit dem Hellenismus im Wesentlichen konservativ geblieben sind, auch in ihrer Ornamentik.

In Fig. 115 erscheint der Akanthus vollkommen gleichwerthig mit der Palmette, als Palmette selbst verbraucht. Es ist dies eine Ausnahme in unserem Denkmälervorrathe aus der frühesten Zeit des Akanthus, da demselben fast in allen übrigen Fällen eine ganz bestimmte Funktion als Akanthushalbblatt zugewiesen erscheint. In Fig. 113 sind die Hauptmotive abwechselnd Lotusblüthen und flache Palmetten[33]): der Akanthus ist auf untergeordnete Stellen verwiesen, und bildet einerseits die Füllung der Gabelranken, wovon schon früher die Rede war, andererseits den Kelch der Lotusblüthen. Diejenigen, die trotz allem bisher Vorgebrachten an der Vorbildlichkeit der Acanthus spinosa festhalten, werden kaum in der Lage sein, irgend einen Beweggrund zu nennen, der die griechischen Künstler veranlasst haben konnte, gerade den Ranken- und Blüthen-Kelchen die Form des Akanthus zu geben. Wir haben wenigstens für die Rankenkelche eine Erklärung in der Analogie mit den zwickelfüllenden Halbpalmetten des flachen Rankenornaments der Vasen geboten. Für die akanthisirende Bildung des Kelches der Lotusblüthen hält es schwerer einen unmittelbaren Veranlassungsgrund namhaft zu machen, da seine beiden Blätter auch in der plastischen Ausführung ebenso gut glatt belassen werden konnten. Die geschwungene Linie der Kelchblätter eignete sich aber ganz besonders für eine akanthisirende Profilirung, weit mehr als die steife volle Palmette. Dies wird auch der Grund sein, warum volle Palmetten in akanthisirender Stilisirung uns in den ersten Stadien der Entwicklung so selten begegnen. Als Akroterien der Grabstelen sind sie zwar mit dem oberen Rande etwas vorgeneigt; dieser Schwung war aber offenbar ein viel zu sanfter, weshalb man selbst in vorgeschrittener Zeit (4. Jahrh.) die Akroterien-Palmetten in der Regel in der flachen Projektion beliess, und lediglich durch die gesprengte Form derselben dem naturalisirenden Zuge der Zeit Rechnung trug. Ich halte es daher in der That für ganz gut möglich, dass die akanthisirende Bildung der plastischen Palmette nicht an einer vollen Palmette, sondern an einer

---

[33]) Der Zapfen dieser letzteren ist plastisch nach Palmettenform gegliedert, und die einzelnen Blätter des Fächers oben etwas ausladend herausgearbeitet: also gleichfalls der strikte Uebergang von der Palmette zum Akanthus, bedingt durch die plastische Form, was auch in der Abbildung Fig. 113 zum Ausdrucke kommt.

9. Das Aufkommen des Akanthus-Ornaments.

halben, also kelchförmigen, zuerst versucht worden ist. Es würde dies mit den Wahrnehmungen Furtwängler's stimmen, der das früheste Auftreten des Akanthus an Grabstelen gleich der karystischen (Sammlung Sabouroff, Skulpt. Taf. VI) und der venetianischen (ebenda S. 7) beobachtet haben will, — in beiden Fällen als Akanthuskelch genau in der Weise wie an Fig. 113, d. h. als gerippter Kelch für übersteigende glatte Kelche oder Blätter.

Die Ornamentik des Erechtheion ist allem Anscheine nach für die primitive Entwicklung des Akanthus von grösster Bedeutung ge-

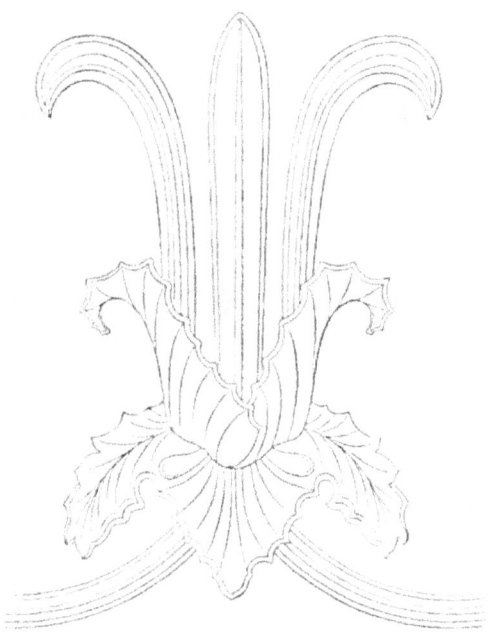

Fig. 116.
Von einem Pilasterkapitäl der östlichen Vorhalle des Erechtheions.

wesen. Wo dieser letztere auftritt, an den Säulenhälsen, am Architrav, an den Thüreinrahmungen: überall zeigt er leise Variirungen, deren jede eine gesonderte Besprechung verdiente, und die sich sämmtlich im Sinne des Gesagten erklären lassen. Nur eine Variante (Fig. 116)[34] will ich hier im Besonderen erwähnen, da dieselbe eine überaus bedeutsame Erscheinung bildet. Die Lotusblüthe zeigt hier nicht nur den akanthisirenden Profilkelch aus zwei Blättern, wie in Fig. 113, sondern unter diesem noch einen anderen aus drei Akanthusblättern gebildeten perspektivischen Kelch. Die offenbar perspektivische Projektion ist es, die das Motiv so bemerkenswerth macht in der

[34] Quast, Erechtheion I. 6. 1.

Zeit seines nachweisbar ersten Auftretens; die Erfindung war übrigens eine so gefällige, dass sie für alle Folgezeit beibehalten wurde und in allen Renaissancen der Antike eine Rolle gespielt hat. Das mittlere Blatt stellt sich dar als der reine, abwärts gekehrte Palmettenfächer, der mit dem Blatte der Acanthus spinosa (Fig. 112) gar nichts gemein hat. Die seitlichen Blätter sind dagegen nicht halbe Akanthus-Palmetten, wie man erwarten möchte, sondern in perspektivischer Verkürzung gebildete ganze Akanthus-Palmetten. Hier findet sich auch der deutliche Uebergang von Blatt zu Blatt mittels der rundlichen „Pfeifen", wie sie am späteren entwickelteren Akanthusblatt (Fig. 111) den Uebergang zwischen den einzelnen ausspringenden Gliedern vermitteln. Dass hierauf die Gliederung der Acanthus spinosa einen Einfluss gehabt haben könnte, wird man schwerlich behaupten wollen: der perspektivische Kelch in Fig. 116 trägt doch sonst nichts zur Schau, was mit der Acanthus spinosa mehr Verwandtschaft zeigen würde, als Fig. 113—115, und darf als reines Produkt künstlerischer Erfindung, allerdings unter Neigung zu grösserer Annäherung an die natürlichen lebendigen Pflanzenformen im Allgemeinen, bezeichnet werden.

Wir haben bis jetzt bloss die ältesten Akanthus-Beispiele vom Erechtheion (und zwei Grabstelen S. 223) in Erörterung gezogen: es obliegt uns nun, darüber hinausgehend anderweitige Denkmäler aus dem 5. Jahrh. heranzuziehen und an denselben die Stichhaltigkeit der versuchten Ableitung des Akanthusornaments von der plastischen Palmette zu erproben. Dies gilt namentlich von jenem Denkmal, das bisher fast einstimmig als das älteste Beispiel eines korinthischen Kapitäls und vielfach auch als Ausgangspunkt für die Entwicklung des Akanthus angesehen worden ist: das Kapitäl von Phigalia. Dieser seiner Bedeutung hätte es — möchte es scheinen — entsprochen, dasselbe anstatt der Beispiele vom Erechtheion an die Spitze der ganzen Untersuchung zu stellen. Diese Unterlassung glaube ich aber mit gutem Grunde rechtfertigen zu können. Das korinthische Kapitäl von Phigalia ist keineswegs eine so bekannte Grösse, dass man mit ihr so sicher rechnen könnte, wie es allerdings gewöhnlich zu geschehen pflegt. Das Original ist heute anscheinend verschollen, zu Grunde gegangen. Zur Zeit da es nachweislich noch existirte, befand es sich bereits in sehr zerstörtem Zustande. Nicht einmal ein Gipsabguss davon scheint bewahrt worden zu sein. Wir sind daher für seine Beurtheilung auf die zeichnerischen Reproduktionen angewiesen. Da fällt schon auf, dass die Abbildungen in den verschiedenen Handbüchern sehr beträcht-

9. Das Aufkommen des Akanthus-Ornaments.

lich von einander abweichen. Geht man aber der Ueberlieferung nach, so kommt man zu dem Resultate, dass alle Abbildungen in letzten Grunde auf zwei Originalaufnahmen zurückgehen, die eine von Donaldson bei Stuart and Revett, antiqu. of Athens, Taf. 9. Fig. 3 des Tempels von Bassae, die andere von Stackelberg in dessen „Apollotempel zu Bassae" S. 44 (Fig. 117).

Die Aufnahme von Donaldson empfiehlt sich scheinbar als die vertrauenswürdigere, da sie das Original in seinem verstümmelten Zustande tale quale wiedergiebt. Dagegen hat Stackelberg dasselbe augenscheinlich in integrum restaurirt. Die beiden Aufnahmen weichen in vielen Punkten wesentlich von einander ab: insbesondere der Akanthus

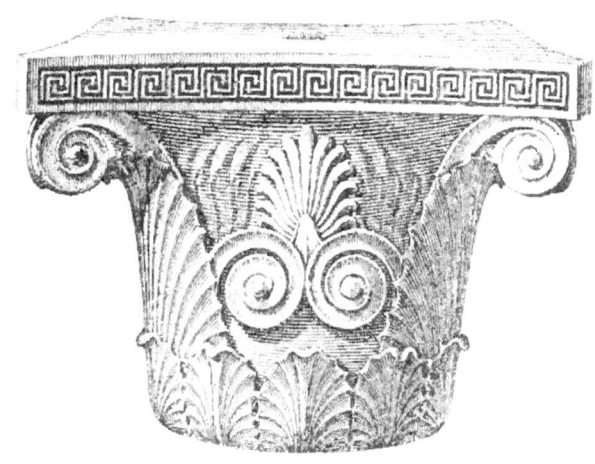

Fig. 117.
Kapitäl von Phigalia.

ist da und dort gründlich verschieden gebildet. Nähere Betrachtung lehrt, dass die weiche lappige Bildung des Akanthus bei Donaldson nur auf Rechnung einer flüchtigen skizzenhaften Zeichnung gesetzt werden kann[35]). Dagegen erscheinen die einzelnen Blätter bei Stackelberg (Fig. 117) völlig ebenso wie am Erechtheion gebildet. Und zwar sind es hier Akanthusvollblätter, die um die Basis des Kapitäls herum gereiht sind, und auch die untere Parthie der aufsteigenden Volutenstengel verkleiden. Jedes einzelne Akanthusblatt zeigt hier den aus plastisch gewölbten Blättchen zusammengesetzten Fächer. Ich möchte

---

[35]) Daher möchte ich auch auf den zwickelfüllenden Akanthus in dieser Abbildung kein Gewicht legen, obzwar derselbe in seiner offenbaren Gleichwerthigkeit mit der zwickelfüllenden Palmette so recht besonders geeignet wäre, die ursprüngliche Identität von Palmettenfächer und Akanthus zu bestätigen.

226 B. Das Pflanzenornament in der griechischen Kunst.

daher unbedingt der Stackelberg'schen Reproduktion den Vorzug geben, zumal sich der Autor auch im Texte auf S. 42 über die Form der Blätter ausspricht und damit beweist, dass er sich dieselben genau angesehen hat: „Die Blätter des Säulenknaufs sind weder vom Oelbaum, noch Akanthus, sondern vielmehr von einer konventionellen Form, einer Wasserpflanze im Steinsinn nachgebildet". Es ist überraschend, wie nahe gerade dieser erste Beobachter und Beurtheiler dieses Kapitäls der Erkenntniss des wahren Sachverhaltes gekommen ist. Selbst mit der Wasserpflanze trifft er, wenngleich wahrscheinlich unbewusst, das Richtige, da ja die Palmette auf den Lotus zurückgeht. Der Zusatz „im Steinsinn" verräth aber deutlich, wie Stackelberg schon intuitiv das plastische Moment als das formbereitende für die Stilisirung dieser „konventionellen Form" erkannt hat[36]).

Am Kapitäl von Phigalia haben wir es durchweg mit vollen Akanthus-Palmetten zu thun. Der Akanthus kommt aber auf demselben Bauwerke auch in Kelchform wie am Erechtheion vor, für die wir die halbe Palmette als zu Grunde liegend erkannt haben. Stackelberg[37]) giebt ein Simastück auf S. 45, einen Stirnziegel auf S. 101. Damit stimmen die Aufnahmen von Donaldson[38]) überein, worin wir wohl einen neuerlichen Beweis dafür erblicken können, dass auch das Kapitäl die gleiche Stilisirung des Akanthus gezeigt haben wird. Besonders deutlich ist der Stirnziegel a. a. O. Fig. 4 auf Taf. 5 gezeichnet: hier sieht man nämlich mit vollster Deutlichkeit, dass die ausspringenden spitzen Zacken der gezeichneten Konturen am plastischen Original in der That eingekerbte, also zurückspringende Furchen bedeuten und dass das Vorspringende in letzterem Falle die Blattrippen des Fächers sind.

Neben den architektonischen Ziergliedern und den Akroterien der Grabstelen kommen für die älteste Geschichte des Akanthus hauptsächlich die bemalten attischen Lekythen in Betracht. Es hängt bekanntlich mit dem Sepulkralcharakter dieser Vasengattung zusammen, dass gewöhnlich in der Mitte des — gleichfalls auf Bestattung und Todtenkult bezüglichen — Bildes eine Grabstele sich befindet, zu deren

---

[36]) Die Reproduktionen nach Donaldson haben die ursprüngliche Gestalt des Kapitäls noch mehr verballhornt. So sehen wir z. B. bei Durm, Baukunst der Griechen, an der Basis eine doppelte Reihe von Akanthusblättern, die in der vollkommen ausgebildeten Weise des Lysikrates-Monuments stilisirt erscheinen.

[37]) Apollotempel zu Bassae.

[38]) Stuart und Revett. Taf. 4 und 5.

9. Das Aufkommen des Akanthus-Ornaments. 227

Rechten und Linken die Handlung sich entfaltet. Die Grabstelen sind bekrönt mit Akroterien. Da ist es nun vor Allem schon merkwürdig, dass ein einfaches Palmettenakroterium, wie an den erhaltenen Originalen in Stein, sich nur ausnahmsweise vorfindet, z. B. Benndorf, Griech. und sicil. Vasenbilder Taf. 14. Es treten in der Regel neben Palmetten Akanthusblätter auf, und zwar in einer solchen Vermehrung und Anordnung, wie es an einem Grabstelen-Akroterium in Stein noch nicht beobachtet worden ist. Deshalb glaubte man auch dieses Auftreten des Akanthus auf den gemalten Grabstelen als „noch ganz unvermittelt und ohne organische Verbindung über, unter oder neben die nach alter Weise gebildeten Voluten" bezeichnen zu sollen (Furtwängler a. a. O. S. 8).

Es scheint mir aber mindestens fraglich, ob man für die Mehrzahl dieser gemalten Stelen überhaupt die im Original erhaltenen viereckigtafelartigen Steinstelen mit Palmetten-Akroterien wird als vorbildlich betrachten dürfen. Nach der convex nach oben ausgebauchten Linie zu schliessen, in welcher die Simse (Fig. 114) und die um den Schaft der Stele herumgeschlungenen Tänien gezeichnet sind, wird man nicht mehr an einen viereckigen tafelartigen Pfeiler, sondern an eine runde Säule denken müssen[38]. Wo dagegen ein viereckiger Grabpfeiler durch die dreieckige Form des Akroterions als solcher gekennzeichnet ist, sind die Simse ganz horizontal gezeichnet[40]; ein deutlicher Beweis, dass sich der Zeichner in dem ersteren Falle bei der krummen Führung der Linie auch etwas gedacht hat, und dieses Etwas kann nichts anderes gewesen sein als die Voraussetzung eines runden Schaftes. Diese Thatsache ist zu greifbar und unumstösslich, als dass man mit dem blössen Hinweise darauf, dass sich cylindrische Grabstelen nicht im Original erhalten haben, einfach darüber hinweggehen könnte[41]. Haben

---

[38]) Vgl. z. B. Benndorf a. a. O. Taf. 25; Arch. Zeit. 1885, Taf. 3; Robert, Thanatos Taf. 1.

[40]) Z. B. Benndorf a. a. O., Taf. 18—20.

[41]) Halbcylindrische Stelenschäfte sind übrigens ausdrücklich bezeugt; vgl. Conze, Attische Grabreliefs No. 59, Text S. 20. — In diesem Zusammenhange darf ich auch auf die Darstellung auf einer Lekythos verweisen, die vor Kurzem aus dem Nachlasse weil. des Diplomaten und Orientreisenden Grafen Prokesch-Osten in den Besitz des k. k. österr. Museums in Wien gelangt ist. Die Grabstele ist hier zwar viereckig gestaltet, mit geraden Simsen, trägt aber oben einen Stuhl mit einem Korb darunter. Die Stele kann somit unmöglich tafelartig gedacht gewesen sein, sondern es muss ein Pfeiler von quadratischem Grundriss dem Maler vorgeschwebt haben. Ob es nun solche

228   B. Das Pflanzenornament in der griechischen Kunst.

wir aber einen Säulenschaft vor uns, so ist seine Bekrönung nicht mehr ein einseitiges Akroterium, sondern ein kreisrunder Kapitälknauf. Man betrachte unter diesem Hinblick insbesondere die Stelenbekrönung Fig. 118 (nach Taf. 3 der Arch. Zeit. 1885), wo die fünf bekrönenden

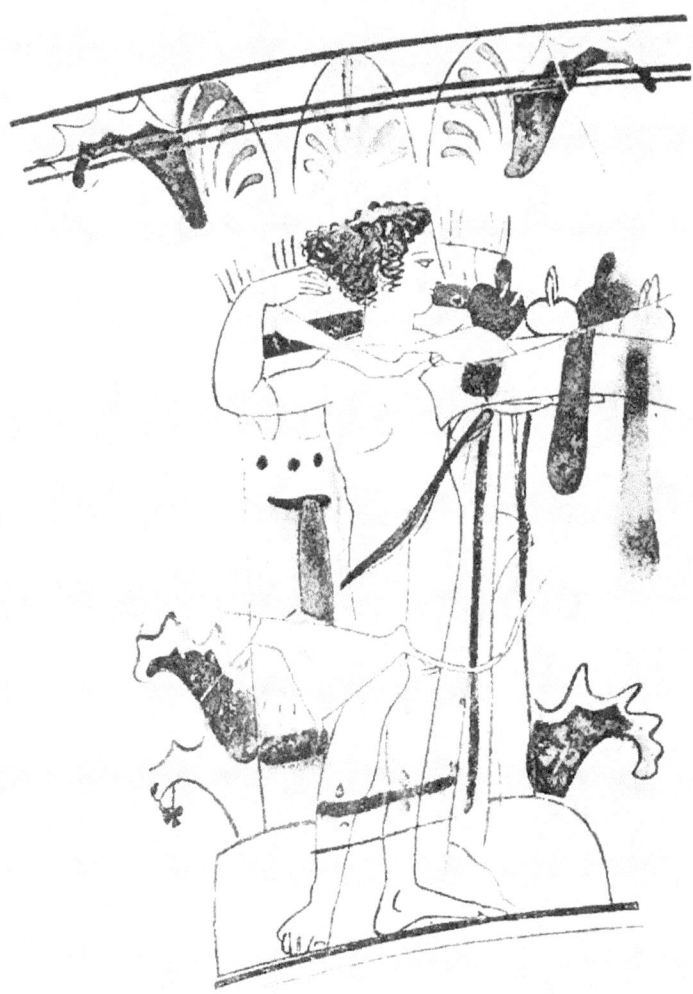

Fig. 118.
Von einem Gemälde auf einer attischen Lekythos.

Motive schon in der perspektivischen Art der Darstellung das Herumgereihtsein auf halbkreisrundem Grundrisse ausser Zweifel gesetzt er-

pfeilerartige Stelen in der That gegeben hat oder nicht, diese Frage kommt im vorliegenden Falle gar nicht in Betracht: in der Vorstellung des Malers haben sie existirt, diese Pfeiler mit vier Fronten; und das Gleiche werden wir von den Stelen in cylindrischer Säulenform annehmen dürfen. — In K. Masner's Katalog der Sammlung antiker Vasen etc. im k. k. österr. Museum hatte die Lekythos nicht mehr Aufnahme finden können; eine Publikation derselben von seiten des genannten Autors ist in Kürze zu erwarten, weshalb ich darauf verzichtete, hier eine Abbildung davon zu geben.

scheinen lassen. Dann erklärt sich aber auch die Vermehrung und anscheinend unorganische Nebeneinandersetzung der Akanthusblätter. Diese Grabstelenkapitäle mit Akanthus auf den attischen Lekythen würden dadurch zunächst herangerückt an das Kapitäl von Phigalia, und wären als unerlässliche Hilfsglieder zur Feststellung der Anfänge des korinthischen Kapitäls überhaupt zu betrachten.

Wie so manches Andere aus dem Darstellungsinhalte der Lekythos-Malereien wird auch dieser Punkt von Seite der Specialforschung erst noch seine vollständige Aufklärung finden müssen. Uns handelt es sich aber im vorliegenden Falle bloss um die Klarstellung des Verhältnisses zwischen Palmette und Akanthus. In Fig. 111 haben wir nur Akanthusblätter von der Seite gesehen (also Akanthushalbblätter) und in der

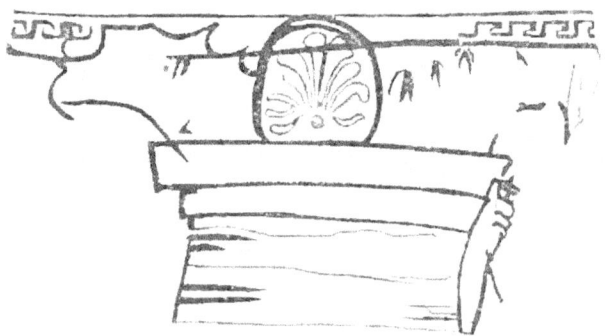

Fig. 119.
Von einem Gemälde auf einer attischen Lekythos.

Mitte eins in der Vorderansicht (Akanthusvollblatt). Fig. 119 (Benndorf a. a. O. XXII, 2) zeigt dagegen zwischen zwei Akanthushalbblättern in der Mitte eine Palmette in der traditionellen Flachstilisirung. Aber auch die seitlichen Halbblätter finden sich gelegentlich durch ausgesprochene flache Halbpalmetten ausgedrückt: vgl. Fig. 120, nach Stackelberg, Gräber der Hellenen, XLIV, 1[42]). Der Schluss hieraus kann nicht anders lauten, als dass flache und Akanthus-Palmetten als gleichwerthig gebraucht erscheinen, dass dieselben somit ursprünglich gleichbedeutend und identisch gewesen sein müssen. Schliesslich verweise ich noch einmal auf Fig. 118: in der Mitte eine volle flache Palmette in der Vorderansicht, ihr zu Seiten zwei gleichfalls flache Palmetten, aber perspektivisch gedacht, daher nicht mehr in der vollen Vorder-, aber auch noch nicht in der ausgesprochenen

[42]) No. 2 auf derselben Tafel zeigt eine flache Palmette in einem dreiblättrigen, unbehilflich perspektivisch gezeichneten Akanthuskelche steckend.

230   B. Das Pflanzenornament in der griechischen Kunst.

Seitenansicht, endlich zu äusserst an den Flanken die Palmetten in reiner Seitenansicht, daher akanthisirend gebildet.

Auch die Betrachtung des gemalten Akanthus auf Lekythen scheint also zu beweisen, dass derselbe zunächst mit besonderer Vorliebe in der Seitenansicht, in der Projektion der Halbpalmette zur Darstellung gebracht wurde, parallel mit der plastischen Kelchform an den architektonischen Ziergliedern. Dass die spitzen Stacheln der Konturen bloss durch die perspektivische Nachzeichnung der Einkerbungen hervorgebracht sind und ursprünglich nicht einen spitzstacheligen Blattkontur reproduciren sollten, beweist auch Fig. 114[43]), wo die Auszackungen der übrigens höchst skizzenhaft gezeichneten Mittelpalmette keineswegs die accentuirten Stachelendigungen vom Kontur der Seitenblätter aufweisen. Das Resultat unserer Untersuchung des gemalten Akanthus stimmt somit völlig überein mit Demjenigen, was sich uns aus der Betrachtung der plastischen Akanthus-Denkmäler der frühesten Zeit ergeben hat.

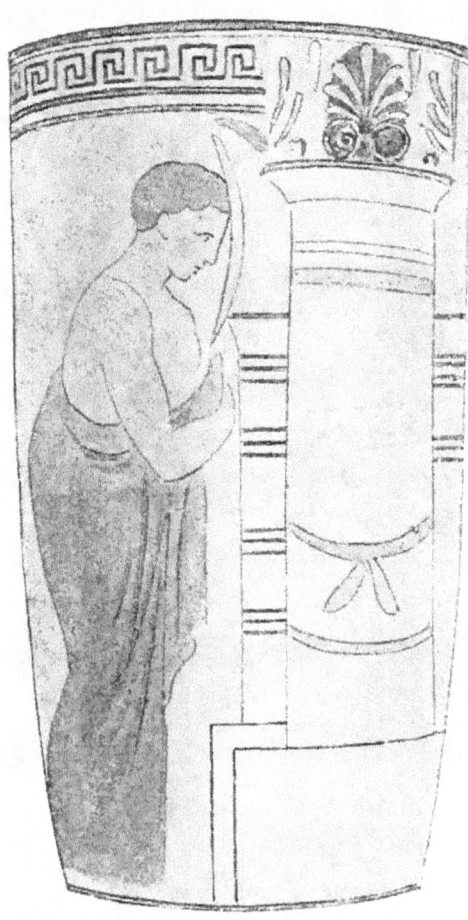

Fig. 120.
Malerei am Bauche einer attischen Lekythos.

Ich glaube im Vorstehenden den Nachweis geliefert zu haben, dass es ganz gut möglich ist, die Entstehung des Akanthus auf dem Wege der natürlichen künstlerischen Entwicklung abzuleiten, ohne dass man zu der Annahme einer plötzlichen, in der griechischen Kunst in so unvermittelter Weise bis dahin nicht dagewesenen Nachbildung einer natürlichen Pflanzenspecies greifen müsste. Was die Kritik der Vitruvianischen Erzählung überhaupt betrifft, so muss — wie wiederholt betont wurde — die endgiltige Entscheidung hierüber insolange vertagt werden,

---

[43]) Vgl. auch Benndorf a. a. O. Taf. 25.

9. Das Aufkommen des Akanthus-Ornaments. 231

als nicht auch von philologischer Seite diesbezügliche Untersuchungen gepflogen sein werden. Nur in allgemeinen Umrissen möchte ich andeuten, dass mir wenigstens die Glaubwürdigkeit jener Ueberlieferung schon äusserlich wenig gestützt erscheint. Es sähe den Römern der Vitruvianischen Zeit — nach Analogie auf so vielen anderen Gebieten — ganz ähnlich, wenn sie sich auch die Entstehung des Akanthus sozusagen in rationalistischer Weise zurecht gelegt hätten. Doch scheint in der That die äusserliche Verwandtschaft des ausgebildeten Akanthusornaments mit der Acanthus spinosa schon von den Griechen bemerkt worden zu sein. Es würde auch für die ursprüngliche Auffassung der Griechen vom Wesen des Akanthus noch sehr wenig besagen, wenn Theokrit, also ein Dichter des 3. Jahrh. v. Chr., in der viel citirten Stelle Jdyl. I. 55 in der That ein Ornament im Auge hätte, was mit Rücksicht auf seine Bezeichnung des Akanthus als eines *feuchten* nicht zwingend nöthig erscheint. Vor Allem aber werden wir fragen: welche schwerwiegende Ursache möchte es gewesen sein, die veranlasst hat, gerade den Akanthus als Ornament in Stein nachzunahmen? Denn so ist der aufkeimende Naturalismus im griechischen Kunstsinn nach der Zeit der Perserkriege nicht zu verstehen, dass man sich zu unmittelbarer Imitation der Naturwesen gedrängt gefühlt haben sollte. Die überlieferten Kunstformen galt es zu beleben, aber nicht lebendige Naturformen in lebloses Material umzusetzen. Es hätte also ein äusserer Anstoss vorhanden gewesen sein müssen, der die Einführung der Akanthuspflanze in die Zahl der vegetabilischen Kunstformen herbeigeführt hat, — ein Anstoss etwa gleich demjenigen, der die Egypter veranlasst hat zur Schaffung ihrer Lotustypen.

Brückner ist der Einzige, der in offenbarer Erkenntniss der Nothwendigkeit eines solchen Nachweises eine bestimmte Erklärung dafür versucht hat. „Wie heute noch, wucherte um Tempel und Gräber der Akanthus; für die Gräber bezeugen dies die Darstellungen der weissgrundigen Lekythoi (Benndorf II, Griech. und sicil. Vasenb. Taf. 11). Wenn also die Plastik des 5. Jahrhunderts den alten Palmettenschemata als belebendes Element den Akanthus hinzufügte, so trat die Stele mit der Landschaft, die sie umgab, in engere Beziehung: sie verwuchs geradezu mit ihr"[4]."

Ob nun dieser von Brückner angeführte Umstand ein ausreichender Grund gewesen sein möchte, um daraufhin ein völlig neues, künstlerisch

---

[4] Brückner a. a. O. 82.

überaus bedeutsames Element in die Dekoration einzuführen, darüber wird man mindestens verschiedener Ansicht sein können. Aber die Voraussetzung, auf welche Brückner seine Vermuthung aufbaut, ist nachweisslich eine unzutreffende: Was Brückner als wuchernden Akanthus auf den Lekythosmalereien ansieht, ist in der That ein Akanthus-Ornament, das zur „tektonischen" Hervorhebung des unteren Säulenansatzes dient[44a]). Diese Funktion entspricht dem auf S. 65 ausführlich erörterten Postulat, und ist völlig identisch mit der Funktion des Blattkelches am unteren Ansatz der Vasenkörper[44b]). Es findet sich nämlich ausschliesslich an dieser Stelle (Fig. 118), oberhalb der Basis, und am allerdeutlichsten an dem von Brückner citirten Beispiel bei Benndorf a. a. O. Taf. 14. Der Akanthus am unteren Säulenschafte ist da vollkommen gleichwerthig mit dem krönenden auf den „Akroterien", d. h. als blosses Ornament, nicht als Darstellung einer Pflanze gemeint. Damit soll nun keineswegs bestritten werden, dass schon im 5. Jahrh. der Akanthus um Tempel und Gräber gewuchert hat: aber dass das Vorhandensein dieses Unkrauts den Athenern so sehr aufgefallen wäre, dass sie es für würdig erachtet hätten, zur Dekoration ihrer Grabstelen ausdrücklich herangezogen zu werden, das scheint durch die Lekythos-Malereien mit Nichten bewiesen. Auch in diesem Falle hat man moderne Verhältnisse auf Vorgänge aus antiker Zeit zu übertragen versucht: die Suche nach „neuen" Ornamenten in der natürlichen Flora ist ein echtes Produkt modernster Kunstempfindung, zum Theil auch moderner Kunstrathlosigkeit. Das ornamentale Kunstschaffen in der Antike ging ganz andere, wesentlich künstlerischere Wege, als ein mehr oder minder geistloses Abschreiben der Natur.

Der entwickelte Akanthus mit fortgeschrittener Blattgliederung lässt sich also gerade auf den ältesten Denkmälern, die hier in Betracht kommen, nirgends nachweisen. Was am Akanthus-Ornament Aehnlichkeit mit der Acanthus spinosa begründet, ist erst im Verlaufe der weiteren Entwicklung dazu gekommen. Freilich hat sich diese Entwicklung wie die Akroterien der Grabstelen beweisen, verhältnissmässig rasch vollzogen, und zwar — was kaum zufällig sein wird — in der Plastik und nicht in der Malerei. Diesen Umstand hat auch Brückner

---

[44a]) Flache Palmetten der traditionellen Form in der gleichen Funktion z. B. Mon. ined. VIII. 10. In Stein plastisch bei Perrot und Chipiez III. 79, Fig. 28.

[44b]) Akanthus an einer Vase in gleicher Funktion (bezeichnendermaassen plastisch!) bei Stephani, Compte rendu 1880, Taf. IV. 8.

bereits gebührend hervorgehoben: „Es ist bezeichnend für die attische Ornamentmalerei und lässt sich übereinstimmend an der Ornamentmalerei der attischen Thonvasen erweisen, dass die bloss gemalten Muster, soweit sie erhalten sind, nur äusserst schüchtern den Akanthus angeben".

10. Das hellenistische und römische Pflanzenrankenornament.

Im Akanthus haben wir das wichtigste vegetabilische Motiv kennen gelernt, das eine neuaufgekommene naturalisirende Tendenz in der griechischen Kunst, allem Anscheine nach nicht vor der Mitte des 5. Jahrhunderts, geschaffen hat. Auch mit der schematischen Profilblüthenform des Lotus hat man sich auf die Dauer nicht begnügt. Der dreiblättrige Kelch erfuhr Umbildungen (z. B. in Glocken-, Dolden-, Birnform), die sich vom ursprünglichen egyptischen Typus weiter entfernten, als es die übrigen altorientalischen Stile sowie der archaische griechische jemals gethan haben. Auch anscheinend neue Blüthenformen kamen auf, die sich als unverkennbare Versuche perspektivischer Projektion darstellen. Dass auch diese Motive auf ornamentgeschichtlichem Wege aus gegebenen Elementen heraus entstanden sind, lässt sich bisher bloss vermuthen: einer Entscheidung hierüber müsste eine besondere Untersuchung des Gegenstandes vorangehen. Das Material, wofür die unteritalischen Vasen eine Hauptquelle bilden dürften[45], ist leider daraufhin noch nicht einmal gesammelt und gesichtet, geschweige denn bearbeitet. Das Interesse für die hellenistische Kunst datirt ja im Wesentlichen erst seit den Ausgrabungen von Pergamon. Die Würdigung des Dekorativen in dieser Kunst hat namentlich an Theodor Schreiber einen verständnissvollen und eifrigen Anwalt gefunden. Es stünde lebhaft zu wünschen, dass die Lücke zwischen der attischen Vasenornamentik des 4. Jahrh. und der pompejanischen Ornamentik möglichst bald gründlich und systematisch ausgefüllt würde. Der Untersuchung, welche wir angestellt haben, erübrigt nur noch die Aufgabe zu zeigen, wie die hellenistische Kunst, kraft ihrer vorwiegend dekorativen Tendenzen, die griechische Rankenornamentik endlich an das Ziel geführt hat, dem dieselbe seit Jahrhunderten beharrlich zugestrebt hatte.

[45] Die Uebersetzung von naturalisirenden Blumentypen in das „Flachornament", die Schaffung vegetabilischer „Flachmuster", die man gewöhnlich für eine specifische Errungenschaft der mittelalterlichen Orientalen anzusehen pflegt, verdient in ihrer Durchführung auf den Halsverzierungen der unteritalischen Vasen allein schon eine Monographie.

224   B. Das Pflanzenornament in der griechischen Kunst.

Sofern dieses Ziel die Ausgestaltung der an den Rankenlinien haftenden pflanzlichen Einzelmotive betraf, war dasselbe spätestens in perikleischer Zeit thatsächlich erreicht. Der Akanthus bedeutet den äussersten Punkt, bis zu welchem sich das Pflanzenornament der Natur nähern durfte, ohne in kopistenhafte Abhängigkeit von dieser letzteren zu gerathen.[46] Die Veränderungen, Fort- und Umbildungen, die uns an den Blüthenmotiven des hellenistischen und römischen Rankenornaments entgegentreten, sind nicht als Krönungen des vorangegangenen Werdeprocesses, sondern als Keime, Ansätze für darauf folgende fundamentale Neugestaltungen anzusehen. Was der hellenistischen Kunst für die Vervollkommnung des Rankenornaments noch zu leisten übrig blieb, das betraf nicht die Behandlung der Einzelmotive, sondern das Maass, die Ausdehnung des Verwendungsgebietes, das man der Ranke überhaupt einzuräumen hatte.

Die gleichsam physische Vorbedingung zu einer umfassenderen Verwendung — die freie künstlerische Handhabung des Rankenornaments — hatte eigentlich schon die schwarzfigurige Vasenmalerei erfüllt. Es handelte sich im Grunde nur mehr darum, dem Rankenornamente den erforderlichen Raum zur vollen Entfaltung seiner Qualitäten zur Verfügung zu stellen. Dies geschah in der hellenistischen Zeit. Nicht als ob es dieser Zeit um blosse Befriedigung des Schmuckbedürfnisses, und nicht auch um die Lösung hoher künstlerischer Probleme zu thun gewesen wäre. Diese Probleme lagen aber überwiegend auf dem Gebiete der Architektur: den monarchisch-orientalisirenden Gedanken der Bauherren der Diadochenzeit genügte das einfach-edle Säulenhaus nicht mehr. Der Massenbau und die Wölbung beschäftigten die Phantasie dieses Zeitalters, ganze Städte wurden im Nu gegründet, und Prachtbauten gleich dem Sarapeion in Alexandrien aufgeführt, in denen der Skulptur und Malerei die bloss dienende Rolle des Schmuckbereitens zukam. Die Ziele der Skulptur und Malerei mussten daher vorwiegend dekorative werden, und damit war für die gefällige schmiegsame Ranke die richtige Zeit gekommen.

Von den Prachtbauten und Dekorationen der Diadochen hat sich

---

[46] In pompejanischer Zeit hat man allerdings vereinzelt auch Blumen in fast völlig natürlichem Habitus und zwar anscheinend nicht um einer gegenständlichen Bedeutung willen, sondern zu rein dekorativen Zwecken an die Wände gemalt; aber dies war augenscheinlich bloss eine vorübergehende Episode: die natürlichen Blumenabbildungen verschwanden in der späteren Kaiserzeit wieder aus der Dekoration; Palmetten und Akanthus dagegen sind geblieben.

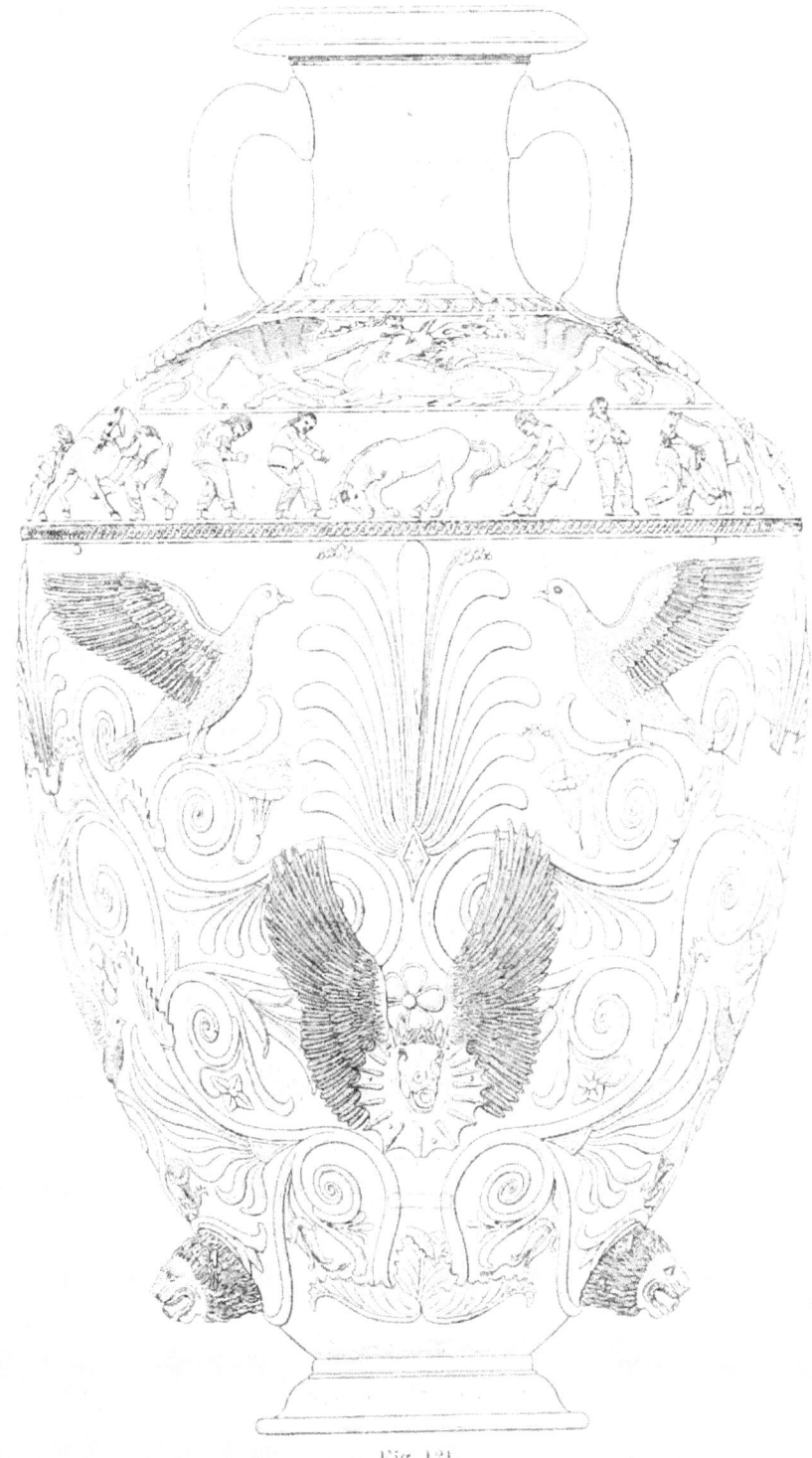

Fig. 121.
Silberne Amphora in der Eremitage.

236   B. Das Pflanzenornament in der griechischen Kunst.

leider so gut wie Nichts erhalten. Wir müssen die einzelnen Stücke mühsam zusammensuchen, aus denen wir uns die Vollendung des Entwicklungsprocesses der griechischen Pflanzenranke zu rekonstruiren vermögen. Ein vortreffliches Beispiel für die Dekoration des ganzen Bauches einer Vase mittels des Rankenornaments bietet die Nikopol-Vase in der Eremitage Fig. 121[47]). Wir sehen hier nur eine Seite der Vase; auf der anderen Seite ist die Dekoration eine völlig ähnliche. Der Figurenfries der attischen Vasen des 5. Jahrh. ist hier auf ein schmales Schulterband beschränkt; den weitaus grössten Theil der Oberfläche füllt das Rankenwerk. Unten gewahren wir einen Kelch von drei Akanthusblättern: einem vollen en face zwischen zwei halben in Profilansicht. Aus dem Kelche steigen zwei Rankenstengel empor und verbreiten sich in symmetrischer Weise, indem sie in undulirender Bewegung dem oberen Rande zustreben. Der Akanthus kommt auch an den Ranken wiederholt vor: als plastische Halbpalmette dient er da zur Hülse der Rankengabelungen und zum Kelch der Lotusblüthen und Palmetten: also in der schon am Erechtheion festgestellten Stilisirung und Funktion. Neben den plastisch-perspektivischen Halbpalmetten begegnen wir aber auch den traditionellen flach-abstrakten: sie sind geschwungen und zum Theil von dem gesprengten Palmettentypus entlehnt. Auch die Blüthenformen sind mehrfach die alten flachen Palmetten, zum Theil zeigen sie aber Neigung zu perspektivischer Bildung und naturalisirenden Zuthaten. Dieses Nebeneinander von flach-abstrakten und plastisch-perspektivischen Formen scheint für die hellenistische Ornamentik besonders charakteristisch gewesen zu sein, da es sich auch an den Halsverzierungen der unteritalischen Vasen überaus häufig beobachten lässt. — An der Nikopol-Vase wären ausserdem noch besonders zu vermerken die eingestreuten Vögel, die als leichtschwebende Lebewesen zu solchem Zwecke besonders geeignet waren, und mit halbentfalteten Flügeln dargestellt erscheinen. Die elegante Bewegung der Ranken ist anscheinend völlig frei; die trotzdem eingehaltene Symmetrie macht sich dem Auge nicht vordringlich bemerkbar.

Die griechische Kunst hatte aber nicht umsonst Jahrhunderte hindurch danach gestrebt, in der höchsten Aufgabe aller Skulptur und Malerei, in der Darstellung der menschlichen Figur, das Vollkommenste zu leisten. Die menschliche Figur wurde schliesslich auch in die Dekoration eingeführt. Es war eine der hellenistischen Künstler würdige

---

[47]) Nach Stephani Compte rendu 1864, Taf. 1.

10. Das hellenistische und römische Pflanzenrankenornament. 237

Aufgabe, die menschliche Figur mit dem Rankenornament in geeignete Verbindung zu bringen. Einen Vorläufer hiefür aus der attischen Kunst des 5. Jahrh. hatten wir schon in Fig. 108 kennen gelernt. Verhältnissmässig einfach war die Lösung, sobald es sich um bordürenartige Streifen, um eine Friesform handelte. Ein vortreffliches Beispiel für hellenistische Behandlung einer solchen Aufgabe bietet das

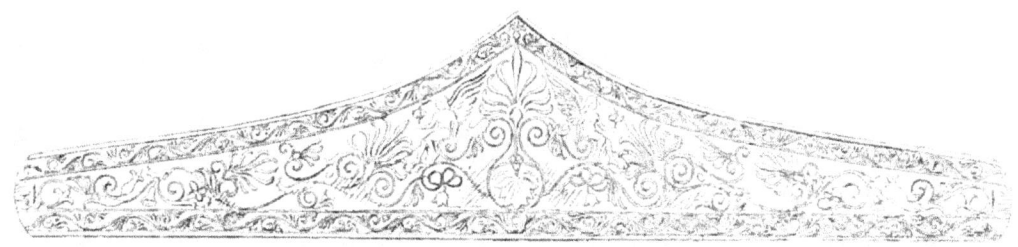

Fig. 122.
Golddiadem aus Eläa.

Diadem aus Eläa Fig. 122⁴⁸). Die zu beiden Seiten der Mittelpalmette sitzenden Jünglingsfiguren sind als geflügelte Eroten gestaltet; die Dekorationsflora steht in der stilistischen Behandlung völlig nahe der Nikopol-Vase. Lehrreich ist auch der Vergleich der das Diadem umziehenden fortlaufenden Wellenranke mit Halbpalmettenfächer-Füllungen, mit dem Saume von einem klazomenischen Sarkophag Fig. 76:

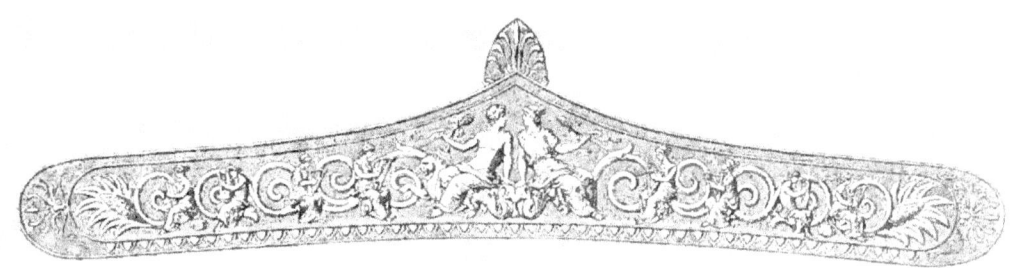

Fig. 123.
Golddiadem aus Abydos.

einerseits Identität des Grundschemas, anderseits Wandlung in der Stilisirung der füllenden Halbpalmetten-Fächer infolge der inzwischen zum Durchbruch gelangten Tendenz nach lebhafterer Bewegung.

Reichere Verwendung von menschlichen Figuren findet sich an dem Diadem aus Abydos Fig. 123⁴⁹): in der Mitte auf einem Doppel-

⁴⁸) Nach Archäol. Zeit. 1884, Taf. VII. 1.
⁴⁹) Nach Blätter f. Kunstgew. V. 4, vgl. auch Arch. Zeit. 1884, Sp. 93. 94.

238   B. Das Pflanzenornament in der griechischen Kunst.

kelch aus Akanthus, Dionysos und Ariadne, beiderseits auf den Rankenwindungen sitzend musicirende Figuren. Das Motiv, in welches die Ranken an beiden Enden auslaufen, hat in der hellenistischen und später in der orientalischen Kunst eine grosse Rolle gespielt. Es ist wohl dasselbe, das Jacobsthal[50]) mit einer in Griechenland heimischen Pflanze, dem Dracunculus vulgaris, identificirt hat. Abgesehen von principiellen Bedenken scheint mir die Verbreitung des Motivs, namentlich über orientalischen Kunstboden, gegen jene Zuweisung zu sprechen. Aehnliche Motive, augenscheinlich als Palmen gedacht, finden sich schon in der egyptischen Kunst der Pharaonenzeit dargestellt. Ich gebe als Beispiel Fig. 124 nach Lepsius III. 69, vgl. ebenda III. 95. An Fig. 123 giebt sich das Motiv als gleichsam zwickelfüllender Abschluss der Ranke. Man sieht, dass in der Friesform eine Combination von Figuren und Rankenwindungen verhältnissmässig leicht gefunden war. Das Gleiche gilt

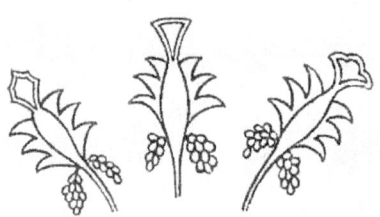

Fig. 124.
Stilisirte Baumkronen. Altegyptisch.

von Pilasterfüllungen, wofür eines der glänzendsten Beispiele in der Villa Hadriana (Canina VI. 172) gefunden wurde. Schwieriger gestaltete sich die Lösung, sobald es sich um die Einstreuung von Figuren in eine grössere mit Rankenwerk überzogene Fläche handelte. Ein vollendetes Beispiel hiefür liefert der Hildesheimer Silberkrater[51]) Als Figuren sind Putten gewählt, offenbar ob ihrer schwebenden Leichtigkeit und Possirlichkeit, wodurch sie sich besser als Erwachsene zu den heiteren spielenden Zwecken der Dekoration eigneten. Dazu das kleine Seegethier, die Krebse, Seepferdchen, Fische, auf welche ein Theil der Putten mit Poseidons Dreizack Jagd macht, während andere sich behaglich in den Rankeneinrollungen wiegen. Die Entstehung des Hildesheimer Silberkraters wird von Einigen in römische Zeit verlegt. Selbst wenn dem so wäre, wird man nicht zweifeln können, dass der seiner Dekoration zu Grunde liegende Gedanke — die freie Ranken-

---

[50]) Arch. Zeit. 1884, Sp. 70.
[51]) Holzer, der Hildesheimer antike Silberfund, Taf. III. 1.

entfaltung mit eingestreuten Kinderfiguren — auf hellenistische Eingebungen zurückgeht. Tritt uns doch das System in der ersten römischen Kaiserzeit (Pompeji, Farnesina) allzu vollendet und ausgeprägt entgegen, als dass es zu dieser Zeit nicht schon seine Entstehungsstadien lange hinter sich gehabt haben müsste.

Mit Werken, wie der Hildesheimer Krater, war die Leistungsfähigkeit der dekorativen Pflanzenranke aufs Höchste gesteigert, der Kreislauf erschöpft. Auch unsere Eingangs gestellte Aufgabe, die Entwicklung des Pflanzenrankenornaments von seinen frühesten Anfängen in der mykenischen Kunst bis zur reifsten Ausbildung zu verfolgen, erscheint damit gelöst und wir könnten hiemit füglich dieses Kapitel abschliessen. Es wurde aber schon angedeutet, dass in der Detailbehandlung der Ranke und der Stilisirung ihrer anhaftenden Blüthen- und Blättermotive während der hellenistischen und der römischen Kaiserzeit gewisse Veränderungen und Fortbildungen sich vollzogen haben, die man nicht so sehr für Vollendungen des Entwicklungsganges in vorperikleischer Zeit, als vielmehr für die Vorboten und Ausgangspunkte einer künftigen, wesentlich verschiedenen Zielen zustrebenden Stilweise anzusehen hat. Es wird sich daher empfehlen, der hellenistischen Rankenornamentik nach der angedeuteten Richtung noch einige Betrachtungen zu widmen, um für den Augenblick, da wir an die Erörterung des byzantinischen und saracenischen Rankenornaments schreiten werden, den Anknüpfungspunkt sichergestellt und bereit zu haben.

Im Verlaufe des Entwicklungsprocesses der griechischen Rankenornamentik hatte unter allen hiebei in Betracht kommenden Einzelmotiven die Palmette allmälich die grösste Wichtigkeit erlangt. Der Palmettenfächer war es eben, der sich weitaus am besten dazu eignete, genau nach Maassgabe des jeweiligen Bedürfnisses in die Zwickel der Rankengabelungen eingesetzt zu werden. Traten zwei Rankenendigungen in spiraligen Einrollungen zu einem Kelche zusammen, so erhob sich darüber als Füllung der Fächer einer vollen Palmette. Handelte es sich nur um die Abzweigung eines Schösslings vom Hauptstamme der Ranke, so war mit diesem Schössling bloss eine spiralige Einrollung, die Hälfte eines Kelches gegeben, über welchem dann als Füllung bloss ein halber Palmettenfächer nothwendig war. Geschah endlich die Rankengabelung unter sehr spitzem Winkel, so genügte ein kleiner ($1/4$—$1/2$) Ausschnitt aus dem Fächer einer vollen Palmette.

Als im Laufe des 5. Jahrhunderts eine lebhaftere Bewegung, ein ersichtliches Bestreben nach Verlebendigung in die Darstellung des Pflanzenornaments gekommen war, knüpften die wichtigsten und entscheidendsten Versuche nach dieser Richtung an die Palmette an. Es erfuhren zwar auch die Profil-Blüthentypen naturalisirende Veränderungen; dauernd und klassisch erwiesen sich aber eigentlich bloss diejenigen, die sich an der Palmette vollzogen.

Als die nächste dieser Veränderungen haben wir das Aufkommen der gesprengten Palmette kennen gelernt. Die dauernde Bedeutung, die dieses Motiv für die spätere Entwicklung gewonnen hat, beruht in der daran vollzogenen Zweitheilung des Palmettenfächers. Das Postulat der Zwickelfüllung hatte bereits — wie wir gesehen haben — das Motiv der Halbpalmette nothwendigermaassen in die Welt gebracht, das nun alsbald seiner ganzen Funktion nach als das wichtigere, verwendbarere und daher auch zukunftsreichere gegenüber der vollen Palmette erscheinen musste. Die gesprengte Palmette trägt diesem Umstande volle Rechnung, indem sie den einheitlichen Fächer preisgiebt und sich unzweideutig als Produkt der symmetrischen Zusammensetzung zweier Halbpalmetten kundgiebt.

Der nächste und entscheidende Schritt geschah mit der Schaffung eines plastisch-perspektivischen Palmettentypus, der uns im sogen. Akanthus vorliegt. Und zwar haben wir auch hier zu unterscheiden zwischen dem Akanthusblatt, das der vollen Palmette entspricht, und der sogen. Akanthusranke, die aber nichts anderes ist als das längs einer Ranke dahinlaufende Akanthusblatt in halber, d. h. in Profilansicht, und die daher als plastische Halbpalmette erklärt werden darf. Wir haben (S. 219) das erstere Motiv als *Akanthusvollblatt*, das zweite als *Akanthushalbblatt* bezeichnet.

Vom Ende des 5. Jahrhunderts an laufen beide Projektionen, die flach-abstrakte und die plastisch-perspektivische, neben einander her. So begegneten sie uns gemeinsam auf der Nikopolvase, und dass das Gleiche auf den unteritalischen Vasen des 4. und 3. Jahrh. zu beobachten ist, wurde auch schon erwähnt. Ein weiteres Beispiel haben wir in einem Diadem aus Eläa (Fig. 122) kennen gelernt. Gleichwohl finden sich noch Jahrhunderte lang nach dem Aufkommen des Akanthus Verzierungen, die bloss von der flachstilisirten Palmettenranke bestritten sind, und zwar bezeichnendermaassen unter den Henkeln der Vasen, wo ja das reine Ornament seit jeher seine Zufluchtstätte hatte, während auf den Hals zum Theil sich die figürlichen Darstellungen erstrecken, mindestens ein menschlicher

10. Das hellenistische und römische Pflanzenrankenornament. 241

Kopf, häufig aber auch eine ganze Figur den Mittelpunkt der Dekoration bildet, wodurch sich dann auch die Heranziehung des plastisch-perspektivischen Akanthus rechtfertigt. Untersuchen wir nun vorerst einmal

a. Die flache Palmetten-Ranke.

Was uns an Fig. 125[32]) entgegentritt, ist im Grunde nichts anderes, als ein von den attischen Vasen des 5. Jahrh. her wohlbekanntes System von Palmettengeranke: unten eine grosse Palmette, umschrieben von zwei Rankenlinien, die sich über dem Scheitel der Palmette in wellenförmigen Schwingungen nach rechts und links symmetrisch ausbreiten, die zahlreichen, hierdurch entstehenden Zwickel gefüllt mit ganzen Palmetten, Halbpalmetten und Fächer-Ausschnitten. Und doch lassen sich bei näherem Zusehen einige Eigenthümlichkeiten beobachten, die den attischen Palmettenranken des 5. Jahrh. theils gar nicht, theils nur in weit minderem Grade eigen gewesen sind.

Für's Erste die sorgfältige Raumausfüllung. Die Einzelmotive erscheinen so nahe an einander gerückt, dass es unmöglich ist zu verkennen, dass der Vasenmaler möglichst wenig schwarzen Grund freilassen wollte. Den attischen Vasen mindestens der Zeit vor dem peloponnesischen Kriege war ein solcher Horror vacui fremd. Wie haben wir uns diese neue Erscheinung zu erklären? Offenbar aus dem gleichen Grunde, der die analoge Erscheinung im Dipylonstil u. s. w. zur Folge gehabt hat. Ein neuerliches, vermehrtes Schmuckbedürfniss, ein langsam, aber mit Macht vordrängender dekorativer Zug verräth sich augenscheinlich in dieser Sucht, den Grund möglichst ausgiebig mit Zierformen zu mustern. Dies entspricht denn auch dem allgemeinen Charakter der hellenistischen Kunst. Der Zug zur Darstellung des Gegenständlichen, der die griechische Kunst etwa bis in die perikleische Zeit charakterisirt, das überwiegende Streben nach Bemeisterung der menschlichen Körperformen, nach Versinnlichung der das Hellenenthum bewegenden religiösen, sittlichen und politischen Ideen: damit war man im letzten Drittel des 5. Jahrh. auf einen Höhepunkt gelangt, von dem aus es kaum mehr eine Steigerung gab. Nun regte sich wieder die Schmuckfreudigkeit, drängte es wieder nach dem anderen der beiden Pole, zwischen denen sich alles Kunstschaffen bewegt. Der hohen und erhabenen Typen waren genug geschaffen, um Herz und Auge daran zu erfreuen. Die pompejanische Innendekoration

---

[32]) Nach Owen Jones, Taf. XIX. 7.

242 B. Das Pflanzenornament in der griechischen Kunst.

erscheint geradezu charakterisirt durch die spielende Verwendung, die sie mit den von der vorangegangenen grossen Kunstperiode geschaffenen Typen der heroischen und der Göttersage vorgenommen hat. Natürlich bedurfte eine solche Zeit eines ganz anderen Apparates an reinen Schmuckformen, als es derjenige gewesen war, mit dem sich die über-

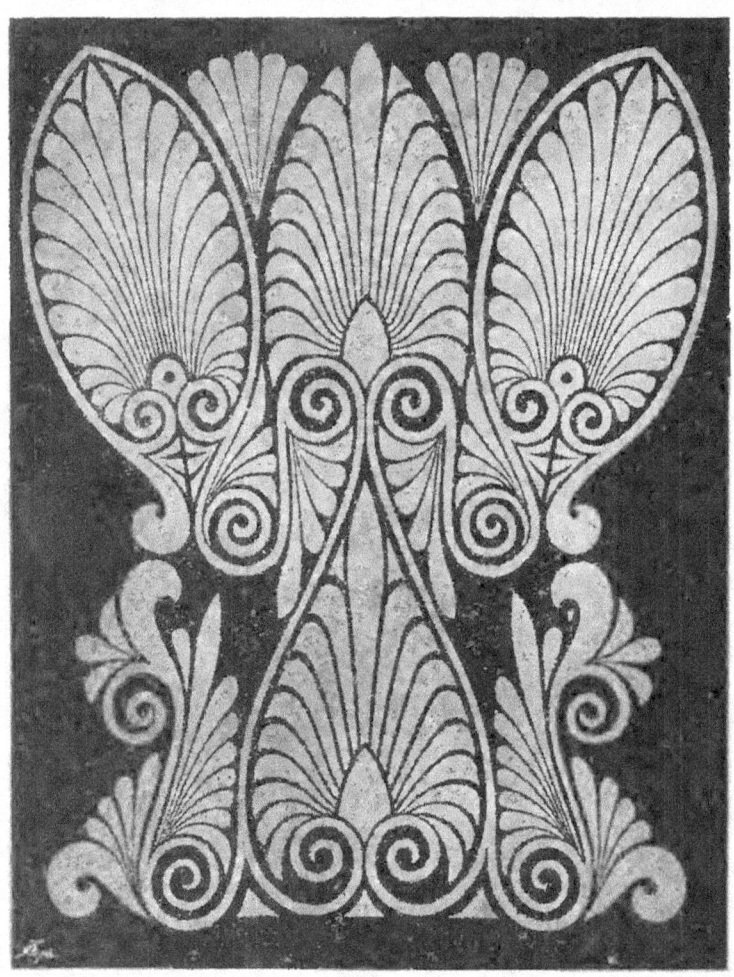

Fig. 125.
Gemaltes griechisches Rankenornament.

wiegend mit figürlich-monumentalen Problemen beschäftigte griechische Kunst des 6. und 5. Jahrh. hatte begnügen können. Mit einem Schlage war aber ein solcher Apparat nicht zu beschaffen; der nächste Schritt bestand daher in einer reichlicheren, üppigeren Verwendung der überkommenen Zierformen. Dieses Stadium sehen wir u. A. in Fig. 125 verkörpert. Hatte sich der attische Vasenmaler etwa der 1. Hälfte des 5. Jahrh. mitunter bloss mit einem einzigen Rankenzweige begnügt, den er unter die Henkel hinwarf, so erscheint nunmehr der ganze von den Henkeln einerseits, der figürlichen Darstellung auf dem Bauche der Vase anderseits freigelassene Raum möglichst mit der Palmettenranke ausgefüllt.

Der eben gekennzeichnete Unterschied von Fig. 125 gegenüber der älteren attischen Weise betrifft die Anwendung des Rankenornaments im Allgemeinen. Die besprochene Erscheinung ist auch mehr als Symptom für den sich nunmehr anbahnenden Tendenzwechsel zu verzeichnen, und nicht so sehr als typisches Beispiel von einer feststehenden Regel. Der grosse Zug in der Führung des Rankenornaments, dem die griechische Kunst seit mykenischer Zeit augenscheinlich zustrebte, verräth sich auch noch — und Dank den gesteigerten Mitteln da erst besonders — an gewissen Kunsterzeugnissen der hellenistischen Zeit, wie an der Nikopol-Vase oder am Hildesheimer Silberkrater. Diese letzteren betrachten wir daher auch als die Repräsentanten der Vollendung des bisherigen Entwicklungsprocesses, während in Zusammenschiebungen des Rankenornaments gleich Fig. 125 sich ein künftiger, anderen Zielen zugewandter Kunstgeist ankündigt.

An dem gegebenen Beispiel treten aber noch einige Eigenthümlichkeiten zu Tage, die das Detail, die pflanzlichen Einzelmotive betreffen. Da wäre einmal die Verdickung zu vermerken, die den Ausläufern der Ranken verliehen erscheint. Man war augenscheinlich bestrebt, diesen Ausläufern gegenüber den feinen spiraligen Einrollungen ein körperliches Aussehen zu geben. Man beachte namentlich die Ausläufer der unteren Ranken, die gegen die Mitte zu nach aufwärts verlaufen: einerseits eine Rankenspirale, anderseits das verdickte, nacktschneckenartige Ende, dazwischen drei füllende Blätter eines Fächerausschnitts. Der verdickte Ausläufer sollte offenbar nicht zur blossen Kelchbildung, gleich der Spiralranke, dienen, was dazu auffordert, in dem ganzen Motiv eine frei auslaufende Halbpalmette zu erkennen.

Das „freie Auslaufen" dieser Halbpalmette wurde absichtlich betont, weil uns in Fig. 125 auch mehrfache Halbpalmetten entgegentreten, die sich nicht als freie Endigungen darstellen, sondern von deren Scheiteln die Ranken weiterlaufen. Darin beruht eine dritte wesentliche Eigenthümlichkeit, die wir an dem in Rede stehenden Rankenornament zu verzeichnen haben. Verfolgen wir z. B. die Rankenlinie, die an der unteren centralen Palmette rechts hinaufläuft. Ueber dem Scheitel der besagten Palmette — wo sie mit der von links herankommenden Rankenlinie einen Kelch bildet, über dem sich dann die obere centrale Palmette erhebt — wendet sie sich nach rechts und biegt nach abwärts um, indem sie zugleich einen Spiralschössling entsendet. In den Zwickel zwischen dem letzteren und der Hauptranke selbst ist der Fächer einer Halbpalmette eingezeichnet, deren (halben) Kelch eben der erwähnte Spiralschössling bildet. Gewiss ist die ursprüngliche Bedeutung dieses Halbpalmettenfächers bloss diejenige einer accessorischen Zwickelfüllung gewesen. Aber im vorliegenden Falle ist das Verhältniss zwischen Spiralkelch und Fächer bereits ein so entsprechend gewähltes, drängt sich die Konfiguration einer Halbpalmette dem Auge bereits so zwingend auf, dass wir unmöglich annehmen können, es wäre dies dem Vasenmaler entgangen und von ihm nicht beabsichtigt gewesen. Aber verfolgen wir die Fortsetzung: die Ranke läuft von der Spitze (dem Scheitel) der eben konstatirten Halbpalmette weiter, biegt wieder nach aufwärts um, bildet zuerst eine neuerliche Halbpalmette, umschreibt dann eine volle Palmette und endigt in eine freie Halbpalmette mit verdicktem und energisch auswärts gekrümmtem Scheitel.

Zweierlei haben wir aus dem Gesagten besonders zu vermerken. Erstlich den Umstand, dass so augenscheinliche, vegetabilische Blüthen- oder Blattmotive wie die Halbpalmetten an eine Ranke in der Weise angesetzt werden, dass sie nicht die freien Endigungen bilden, sondern von ihren Spitzen oder Scheiteln die Ranken weiterlaufen. Darin bekundet sich ein entschiedenes Abweichen von einem Grundgesetze der Natur, nach welchem die Blätter und Blüthen regelmässig die Bekrönung der Stiele bilden. Zweifellos hat die Ornamentik das Recht zu solchen Abweichungen, aber es ist doch überaus wichtig zu beobachten, wann und in welcher Weise dies zuerst geschehen ist. Ein rein künstlerischer Process ist es augenscheinlich gewesen, der dazu geführt hat. Wir haben das Maass der Berücksichtigung des Postulats der Zwickelfüllung bei allen antiken Künsten, von der egyptischen Kunst angefangen, verfolgt, und es kann keinen Zweifel leiden, dass dieses Postulat allmälig zur Herausbildung der *unfreien* Halbpalmette, wie wir sie nennen wollen, geführt hat. Ich glaube auch nicht, dass der Vasenmaler von Fig. 125 sich den Sachverhalt so gedacht hat, dass in der That die Spitze, das Scheitelende der Halbpalmette den Ausgangspunkt für die weiterlaufende Ranke bilden sollte. Den strikten Beweis hiefür werden wir an der Hand der plastischperspektivischen Halbpalmette, d. i. des Akanthushalbblatts führen können, das ursprünglich geradezu daraufhin stilisirt worden ist, um

10. Das hellenistische und römische Pflanzenrankenornament. 245

nicht als in der Ranke aufgehend, als *unfrei* zu erscheinen. Was aber das gegebene Beispiel für die künftige Entwicklung so überaus wichtig macht, das ist der Umstand, dass daran in der zeichnerischen Projektion Formen vorliegen, aus denen eine spätere, dem Naturalismus abgekehrte und die ursprüngliche vegetabilische Bedeutung des Ornaments absichtlich verkennende Kunst ein mehr oder minder abstraktes Gebilde schaffen konnte und in der That geschaffen hat, mochte auch der griechische Maler dieser Vase noch gar nicht daran gedacht haben, dass er mit seiner Stilisirung ein die Natur vergewaltigendes, ein antinaturalistisches Schema von Pflanzendekoration geschaffen hat.

Ferner ist noch einmal hinzuweisen auf die Scheitelenden der freien Halbpalmetten, deren verdickte körperliche Form bereits an früherer Stelle Erörterung gefunden hatte. Es erübrigt uns daran noch die starke Krümmung nach Aussen in's Auge zu fassen. Diese Krümmung konnte sich naturgemäss bloss an den freien Halbpalmetten so energisch äussern; es ist aber wichtig zu vermerken, dass auch die unfreien Halbpalmetten die Neigung zeigen, den Scheitel umzubiegen. Es ist der Geist der gesprengten Palmette, der sich darin ausdrückt, und dem allerdings an der

Fig. 126.
Gemaltes griechisches Rankenornament.

unfreien Halbpalmette schon durch die undulirende Bewegung der Ranke Vorschub geleistet wurde. Ein sehr lehrreiches Beispiel für die Tendenz der Halbpalmetten nach einer Krümmung ihrer Scheitelspitzen nach Aussen bietet auch Fig. 126[53]), wo übrigens der Fächer der mittleren Halbpalmetten durch Unterdrückung der einzelnen Blätter zu einem sphärischen Dreieck zusammengezogen und dadurch fast arabesk geometrisirt erscheint.

Die Wichtigkeit die wir der Gestaltung des Palmettenrankenornaments, wie sie uns in Fig. 125 entgegentritt, nach dem Gesagten beimessen müssen, dürfte es rechtfertigen, wenn in Fig. 127[54]) noch ein

---

[53]) Nach Owen Jones XX. 1.

[54]) Von einer attischen Lekythos im k. k. österreich. Museum f. Kunst u. Indust., Kat. No. 370. — Die Redaction dieses Kataloges durch Dr. K. Masner Die Sammlung antiker Vasen und Terrakotten im k. k. österr. Museum, Wien

246   B. Das Pflanzenornament in der griechischen Kunst.

Beispiel hiefür gegeben wird. Das Schema ist im Grunde das gleiche wie in Fig. 125, aber entsprechend der geringeren zur Verzierung gegebenen Fläche minder reich entwickelt. Dieselbe peinliche Ausfüllung des Grundes, die gleiche Aufreihung von unfreien und Endigung in freie Halbpalmetten. An der inneren Windung war aber für einen wirklichen Halbpalmettenfächer kein Raum, die Stilisirung der Zwickelfüllung läuft hier vielmehr ganz parallel der an dem mykenischen Beispiel Fig. 64 beobachteten. Die freie Halbpalmette mit verdicktem und gekrümmtem Ausläufer zeigt anstatt des Blattfächers das sphärische

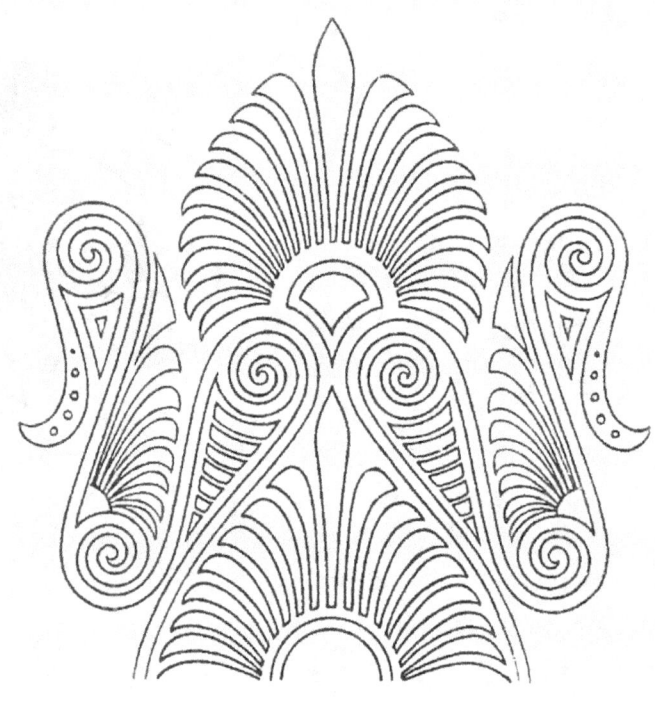

Fig. 127.
Gemaltes Rankenornament von einer attischen Lekythos des 4. Jahrh.

Dreieck wie Fig. 126. Dass der Blattfächer in dieser geometrisirten Form thatsächlich latent vorhanden ist, beweist Fig. 128[55]), wo die Halbpalmette von einer geraden Umrisslinie umzogen und abgeschlossen erscheint, innerhalb deren sich aber der Blattfächer ausdrücklich eingezeichnet findet.

1892) hat sich mir bei der gleichzeitigen Abfassung dieses Kapitels über das antike Pflanzenrankenornament vielfach fördernd und anregend erwiesen, was ausdrücklich hervorzuheben ich meinem genannten Amtskollegen gegenüber als angenehme Pflicht empfinde.

[55]) Nach Stephani Compte rendu 1880, V. 1.

10. Das hellenistische und römische Pflanzenrankenornament. 247

Mit Rücksicht auf den Umstand, dass wir den Fortentwicklungsprocess des flachen Palmettenrankenornaments in hellenistischer Zeit hauptsächlich bloss an der Hand unteritalischer Vasen zu verfolgen im Stande sind, ist es bedeutsam zu erwähnen, dass die Lekythos, von welcher Fig. 127 entlehnt ist, aus Athen stammt, worauf mich Dr. Masner aufmerksam macht: bedeutsam deshalb, weil sich hieraus ergiebt, dass die erwähnten Besonderheiten nicht einen blossen unteritalischen Provincialismus repräsentiren, sondern als weitreichende, weil offenbar organische Fortentwicklung angesehen werden müssen.

Das flache Palmettenornament ist auch während der römischen Kaiserzeit stets in Anwendung gekommen, wenngleich nur in bescheidenem Maasse. Namentlich im römischen Westen dagegen hat das

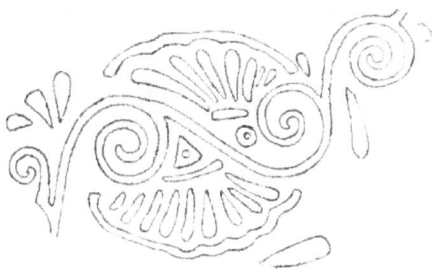

Fig. 128.
Gemaltes griechisches Rankenornament.

plastischperspektivische Palmettenornament des sogen. Akanthus allmälig das entschiedene Uebergewicht erlangt. Aber selbst hier finden wir vereinzelt noch in der spätesten Zeit (Spalato) gesprengte Palmetten von flacher Stilisirung an einer und derselben Ranke alternirend mit akanthisirenden Palmetten. Auch die spiralige Wellenranke ohne alle vegetabilischen Ansätze und Zwickelfüllungen, völlig im nackten Schema des mykenischen Beispiels Fig. 50, ist bis in die späteste Zeit des Römerweltreichs im Gebrauch geblieben[56]. Ja im Osten des Mittelmeeres scheinen die flachen Typen aus der Zeit der ausgehenden attischen Kunsthegemonie, zu welcher Zeit sich eben die künstlerische Eroberung des Orients vollzogen hatte, in konservativer Weise stets bewahrt und mit Vorliebe gebraucht worden zu sein, zum bezeichnenden

[56] So tritt uns anscheinend die Wellenranke auf dem schönen hellenistischen Diadem aus Abydos (Fig. 123) entgegen, doch zeigen die kurzen Seitenschösslinge an der ersten Windung rechts und links von der Mitte akanthisirende Stilisirung. Es liegt somit eine Akanthusranke vor, an der nur die buschigen Blätter zu Gunsten der in die Windungen hineingesetzten musicirenden Figuren unterdrückt sind.

Unterschiede von den überwiegend naturalisirenden Neigungen, denen sich der Westen hingegeben hat.

Der Mittelpunkt der künstlerischen Bewegung, und daher auch der ornamentalen Entwicklung lag zunächst nicht im Orient, sondern im Westen. Zweifellos hat das Bekanntwerden mit orientalischen Monumentalwerken vielfach fördernd und befruchtend auf die Ausbildung der hellenistischen Kunst eingewirkt. Aber der entscheidende, der formgebende Faktor war der westliche, der griechische. Haben wir in der That, wie Theodor Schreiber will, den wichtigsten Schauplatz der Heranbildung der hellenistischen Dekorationskunst in Alexandrien zu suchen, so bietet gerade diese Stadt die augenfälligsten Parallelen zu der Kunst, die daselbst ihre Heimstätte gefunden haben soll: eine griechische Gründung auf orientalischem Boden, bewohnt von griechischen Bürgern, regiert von Griechen, aber nach orientalisch-monarchischen Principien. Darin erkennen wir das Spiegelbild der hellenistisch-alexandrinischen Kunst: grosse monarchische Bauherrengedanken (Serapeion), unter Anwendung prunkvollen und kostbaren Materials, kühne technische Proceduren (Wölbung), aber unter Beobachtung griechischer Einzelformen und wohl auch ebenmässig abwägenden griechischen Kunstgefühls.

Der Schluss, der sich aus dieser allgemeinen Betrachtung auf den Entwicklungsgang des Pflanzenrankenornaments ergiebt, lautet dahin, dass die naturalisirende Tendenz, deren mächtiges Anwachsen wir schon in den letzten Jahrzehnten attischer Kunsthegemonie wahrnehmen konnten, auch in der Kunst an den orientalisirenden Diadochenhöfen sich geltend gemacht haben muss. Wir werden daher erwarten, dass das hellenistische Rankenornament der plastisch-perspektivischen Palmette, d. i. dem Akanthus, breiten Eingang gewährt hat. Und zwar handelt es sich hiebei nicht so sehr um das Akanthusvollblatt, wie es um den Calathus des korinthischen Kapitäls herum gereiht erscheint, sondern um das mit der fortlaufenden Rankenlinie fest verwachsene Akanthushalbblatt oder die sog. *Akanthusranke*.

b. Die Akanthusranke.

Nichts ist bezeichnender für die Art und Weise wie man, beeinflusst durch Vitruv's Erzählung jede bessere Einsicht in das wahre Wesen des Akanthusornaments gewaltsam in sich niedergekämpft hat, als der Umstand, dass man längst ganz klar erkannt hat, dass die Akanthusranke in Wirklichkeit nicht existirt und eine blosse Erfindung des ornamen-

10. Das hellenistische und römische Pflanzenrankenornament. 249

talen Schaffensgeistes der Griechen gewesen ist, und dass man trotzdem an der Vorbildlichkeit der Akanthuspflanze keine Zweifel hat aufkommen lassen wollen.

Ist aber der Akanthus gemäss unseren Ausführungen auf S. 218 ff. nichts anderes als die Palmette in plastisch-perspektivischer Projektion, so werden wir ihn sofort auch im Rankenornament an die Stelle der flach projicirten Palmette treten sehen müssen. Vor Allem kommt hier die fortlaufende Wellenranke in Betracht, deren Schema es ja schon mit sich bringt, dass von der Hauptranke fortwährend Seitenschösslinge abzweigen und dadurch spitzwinklige Zwickel entstehen, deren Ausfüllung durch Halbpalmetten-Fächer der griechische Kunstsinn gebieterisch

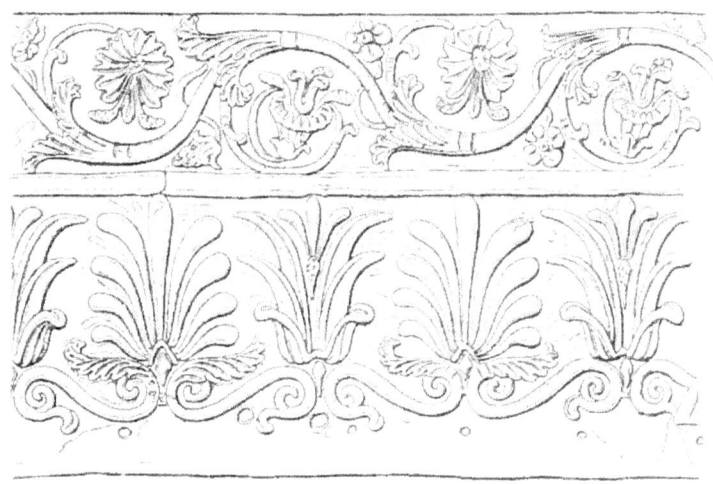

Fig. 129.
Von einer getriebenen Goldplatte in der Eremitage.

forderte. In zweiter Linie werden wir das Auftreten des Akanthus in der intermittirenden Wellenranke in Untersuchung zu ziehen haben.

Frühzeitig erfolgte die Uebertragung des Akanthus auf die fortlaufende Wellenranke auf plastisch verzierten Kunstwerken. Fig. 129 giebt ein Bordürenfragment von einer in Gold getriebenen Arbeit des 4. Jahrhunderts, die Stephani im Compte rendu 1864 Taf. IV publicirt hat. Von den zwei Streifen, in welche die Bordüre zerfällt, interessirt uns hier zunächst der obere[57]). Derselbe enthält eine fortlaufende Wellenranke, deren spiralig eingerollte Seitenschösslinge in je eine naturalisirende Blüthe auslaufen. Jede Rankengabelung, d. i. der Punkt, an welchem ein Seitenschössling abzweigt, ist mit einer Hülse

[57]) Auf den unteren Streifen werden wir bei Besprechung der intermittirenden Akanthusranke zurückkommen.

250 B. Das Pflanzenornament in der griechischen Kunst.

aus zwei Akanthushalbblättern ausgestattet. Gemäss unseren Ausführungen auf S. 219 haben wir darin nichts anderes zu erblicken als Halbpalmetten in plastisch-perspektivischer Projektion. Gleichwie an Fig. 125 erscheinen die Scheitelenden der Palmetten verdickt und nach auswärts gekrümmt; die Rankenabzweigung, deren Zwickel sie zu füllen haben, läuft unterhalb der gekrümmten Scheitelspitze hinweg. Diese energische Auswärtskrümmung ist zugleich ein Beweis dafür, dass die griechischen Kunsthandwerker der hellenistischen Zeit nicht daran dachten, dem vegetabilischen Element der Halbpalmette unnatürlichen Zwang anzuthun, woraus wir wohl berechtigt sind die entsprechenden Rückschlüsse auch auf die flache, scheinbar unfreie Halbpalmette

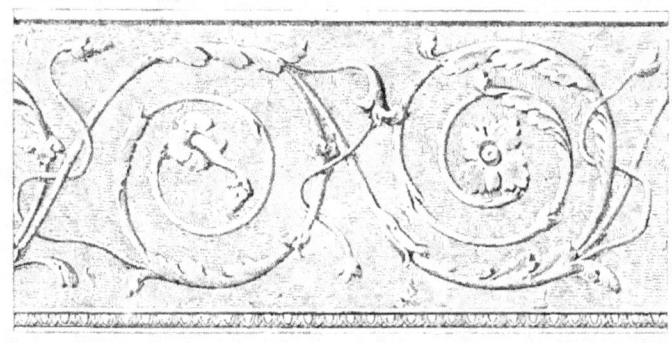

Fig. 130.
Steinerner Relieffries aus Pompeji.

S. 211) zu ziehen, an welcher wir der eigenthümlichen Projektion halber über die eigentlichen Absichten des Vasenmalers im Unklaren geblieben waren.

Als Beispiel römischer Behandlung der fortlaufenden Akanthusranke diene Fig. 130 vom Isisheiligthum zu Pompeji[58]). Der römische Akanthus ist zwar in der Regel schwerer und üppiger, und lässt nicht so viel von den Rankenstengeln frei. Aber das gegebene Beispiel aus einer frühen Zeit der bezüglichen Entwicklung eignet sich gerade seiner verhältnissmässig mageren Behandlung halber besser zu dem Zwecke, die Zusammensetzung der römischen Akanthusranke im Einzelnen aufzuzeigen. Die Ausführung ist eine plastische in Stein, wiewohl zur gleichen Zeit die Wandmalerei bereits den reichlichsten Gebrauch von der Akanthusranke gemacht hat, wovon gleichfalls aus dem Isisheiligthum geradezu klassische Beispiele vorliegen[59]).

[58]) Nach Nicolini, tempio d'Iside X.
[59]) Publicirt bei Nicolini, Owen Jones u. A.

10. Das hellenistische und römische Pflanzenrankenornament. 251

Zunächst einige Worte über die Behandlung des Akanthusblattes als solchen. Diesbezüglich muss an Fig. 130 gegenüber dem typischen griechischen Akanthus vom Lysikratesdenkmal (Fig. 111) die weichere, rundlichere Stilisirung der einzelnen ausspringenden Zacken auffallen. Auch hiefür hat man eine Erklärung gefunden, die an Einfachheit nichts zu wünschen übrig liesse, wenn sie nur nicht so ganz und gar unkünstlerisch wäre. Man hat nämlich diese verschiedene Behandlung des Akanthus im Osten und im Westen — spitzzackig in Athen, rundzackig in Italien — auf eine Verschiedenheit der natürlichen Vorbilder zurückführen wollen, die da und dort dem Künstler zu Gebote standen. Man fand, dass von der Familie der Akanthuspflanzen in Griechenland die Species *Acanthus spinosa*, in Italien dagegen *Acanthus mollis* besonders heimisch wäre. Was natürlicher, als dass die Griechen ihren heimischen dornigen Akanthus, die Italiener dagegen ihren weichblättrigen kopirt und auf die Denkmäler gebracht hätten? Erschien es uns nun schon höchst bedenklich anzunehmen, dass die Athener den auf den Kirchhöfen wuchernden Akanthus auf ihre Grabstelen gebracht haben sollten, so werden wir vollends den Kopf schütteln müssen ob der Zumuthung, dass die italischen Steinmetzen dem Beispiele der griechischen folgend sich ihr heimisches Akanthus-Unkraut mit Lust und Sorgfalt abkonterfeit hätten. Der weicheren Bildung des Akanthus in römischer Zeit liegt vielmehr eine Stilwandlung zu Grunde, die nicht bloss auf Italien beschränkt geblieben ist, sondern sich auch auf die übrigen kunstschaffenden Gebiete des römischen Weltreichs erstreckt hat, wie sich insbesondere an kleinasiatischen Denkmälern monumental erweisen lässt[60]. Aehnliche Wandlungen haben sich, wie wir noch sehen werden, mit dem Akanthus am Ausgange der spätantiken Zeit vollzogen, und gleichermaassen lässt sich der Akanthus der Hochrenaissance von demjenigen des Louis XIV und des Empire streng unterscheiden.

Unterziehen wir nun an Fig. 130 die Wellenranke selbst einer Betrachtung. Wo Seitenschösslinge von der Hauptranke abzweigen, ist jedesmal ein Akanthushalbblatt angebracht, und zwar nur ein Blatt, nicht die Verdoppelung zu einem Kelche wie an Fig. 129. Dagegen sind die Rankenstengel an anderen Stellen von mehr oder minder akanthisirenden Kelchen unterbrochen. Von besonderer Wichtigkeit ist aber der Umstand, dass die Akanthushalbblätter sich auch an

---

[60] Z. B. in Sillyon und Aspendos, bei Lanckoronski, Städte in Pamphylien und Pisidien.

solchen Stellen finden, wo keine Rankengabelung statt hat. Dieser Punkt ist geradezu charakteristisch für die römische Akanthusranke: die Blätter nehmen immer zu an Zahl, die Stellen wo die Rankenstengel frei sichtbar bleiben, schrumpfen immer mehr zusammen, bis in spätrömischer Zeit von ihnen fast gar nichts mehr ersichtlich ist. Bis in die späteste Zeit ist aber regelmässig das Spitzende des Akanthushalbblattes in der bestimmtesten Weise nach auswärts gekrümmt. Das Blatt ist also nicht mit der Ranke verwachsen, sondern soll sich von der letzteren selbständig plastisch abheben.

So viel von der fortlaufenden Akanthusranke. Wir haben nunmehr zu untersuchen, in welcher Weise der Akanthus in das Schema der intermittirenden Wellenranke Eingang gefunden hat. Hier war es weniger die Halbpalmette, als die Palmette, an der sich die Umsetzung in den Akanthus zu vollziehen hatte. Das Material, das uns für die Verfolgung des bezüglichen Processes zur Verfügung steht, stammt fast ausschliesslich erst aus der römischen Kaiserzeit. Doch werden wir kaum fehlgehen wenn wir auf Grund der Beobachtung pompejanischer Beispiele annehmen, dass die Umsetzung der Lotusblüthen und Palmetten mit ihren flachen ungegliederten Fächern in akanthisirende Blattgebilde sich schon in hellenistischer Zeit angebahnt, wo nicht vollzogen haben muss. Gleichwohl scheint auch hier die Umbildung zuerst mit der Halbpalmette oder dem Akanthushalbblatt vorgegangen zu sein. Der Beweis liegt vor am unteren Streifen der Goldplatte Fig. 129. Die alternirenden Lotusblüthen und Palmetten sind zwar nicht nach entgegengesetzten Richtungen gekehrt wie das Schema eigentlich erfordern würde, sondern wie am Bogenfries neben einander gereiht. Aber die Kelche, aus denen sich die Blüthen erheben, sind durch S-förmig geschwungene Rankenlinien gebildet, und dieser Umstand mag es im vorliegenden Falle rechtfertigen, denselben mit der intermittirenden Wellenranke in Verbindung zu bringen.

Der Akanthus tritt nun im unteren Streifen von Fig. 129 bloss an den Palmetten auf, und zwar als zwickelfüllendes Akanthushalbblatt zwischen dem Volutenkelch und dem Fächer. Es ist im Grunde dieselbe schüchterne Verwendung des Akanthus, wie wir sie am Anfange der ganzen Entwicklung, am Erechtheion (Fig. 113) angetroffen haben.

Bevor wir uns zur Betrachtung der ausgebildeten intermittirenden Akanthusranke der römischen Zeit wenden, erscheint es zweckmässig die besondere Bedeutung, die wir diesem Motiv für die weitere Entwicklung der Rankenornamentik beizumessen haben, mit einigen Worten in das gebührende Licht zu setzen. Weit strenger als die fortlaufende Wellenranke hat die intermittirende an dem ursprünglichen Grundschema der archaischen Kunst, und an den ursprünglichen flachstilisirten Blüthentypen festgehalten. Noch weniger als für die fortlaufende ist nämlich für die intermittirende Wellenranke ein unmittelbares Vorbild in der Natur anzutreffen. Epheu und Rebe liessen sich im Gefolge der naturalisirenden Kunstströmung in das fortlaufende Schema übersetzen, wie insbesondere zahlreiche pompejanische Wanddekorationen bezeugen; auch anderes, wahrscheinlich von der künstlerischen Phantasie entworfenes, aber dem natürlichen Pflanzenhabitus sehr nahe kommendes Gezweig findet sich wellenrankenartig eingerollt. Zu solcher weitgehender Annäherung an natürliche Blumengewinde war das intermittirende Schema, als ein reines Produkt künstlerischer Phantasie, von vornherein nicht geeignet. Nur figürliche

Fig. 131.
Gesimsornament vom Oktogontempel zu Spalato.

Motive, Delphine, Füllhörner und dgl. fanden vereinzelt spielende Einstreuung in dieses Schema: was aber die Blüthenmotive betrifft, so haben sich hier die alten stilisirten Formen, flacher und perspektivischer Lotus, bis in die späteste Zeit fast ausschliesslich behauptet. Es liegt auf der Hand, dass in der frühmittelalterlichen Folgezeit, da abermals eine geometrisirende Tendenz die naturalisirende der hellenistisch-römischen Antike abgelöst hatte, die intermittirende Wellenranke mit ihrem strengeren Ductus und ihren verhältnissmässig konservativ gebliebenen Motiven es sein wird, die besondere Verwendung finden und demensprechend unsere hervorragende Beachtung fordern wird.

Gerade an der intermittirenden Wellenranke haben sich, wie gesagt, die uralten flach stilisirten Palmettenmotive am längsten erhalten, — weit länger als an der fortlaufenden Ranke. In der Regel ist es die gesprengte Palmette, die uns da entgegentritt; doch werden wir auch die Palmette mit dem urabkömmlichen radianten Fächer noch an Werken der Kaiserzeit (Fig. 135) antreffen. Beispiele für die Verwendung der reinen Ranke mit flachen Palmetten bieten: aus der früheren Kaiserzeit das Theater von Aspendos, aus der späteren der sog. Jupitertempel zu Spalato (Fig. 131)[61].

Daneben gab es aber — wie schon erwähnt, gewiss seit hellenistischer Zeit — auch akanthisirend gebildete, d. h. plastisch-perspektivisch stilisirte Palmetten. Fig. 132, gleichfalls vom Jupiter-Oktogon zu Spalato entlehnt[62]), zeigt flach stilisirte gesprengte Palmetten, alternirend mit Palmetten von dem Typus mit *überfallenden* Blättern (S. 210), welch

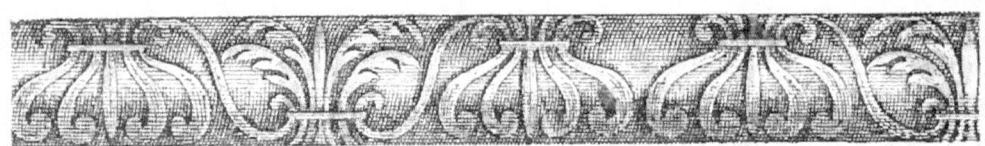

Fig. 132.
Gesimsornament vom Oktogontempel zu Spalato.

letztere aber bereits nicht mehr flach und geometrisch wie an der gesprengten Palmette, sondern akanthisirend gebildet sind. Die verbindenden Rankenlinien hinwiederum zeigen keinerlei vegetabilische Zusätze, geben sich also noch als reine, so zu sagen geometrisirte Rankenlinien.

Einen recht entscheidenden und folgenschweren Schritt sehen wir vollzogen in Fig. 133[63]) vom sogen. Aeskulaptempel zu Spalato. Die Blüthenmotive zeigen den überfallenden Typus, abwechselnd flach und akanthisirend; dagegen hat sich an den verbindenden Rankenschwin-

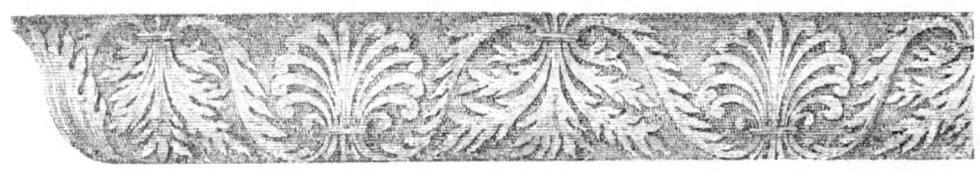

Fig. 133.
Gesimsornament vom sogen. Aesculaptempel zu Spalato.

gungen eine höchst bemerkenswerthe Veränderung vollzogen. Diese Rankenverbindungen geben sich nämlich nicht mehr als bloss geometrisirende Linien, sondern als Akanthushalbblätter[64]).

[61]) Nach Adam, Ruins of the palace of the emperor Diocletian at Spalato, Taf. 37.
[62]) Adam a. a. O. Taf. 30.
[63]) Adam a. a. O. Taf. 46.
[64]) Ein Kleinasiatisches Beispiel hierfür bietet das Nympheum zu Aspendos bei Lanckoronski, Städte Pamphyliens und Pisidiens I. 100.

10. Das hellenistische und römische Pflanzenrankenornament. 255

Und zwar vermissen wir an denselben die auswärts gekrümmten Scheitelenden, (S. 252), so dass das Blatt beiderseits, nicht bloss vom Ansatz sondern auch von dem spitzen Ende weg rankenmässig weiter zu laufen scheint, um schliesslich umzubiegen und den Kelch für die benachbarte Palmette zu bilden. Wir sehen hier somit vollzogen, was uns schon am flachen Halbpalmetten-Ornament der hellenistischen Zeit (Fig. 125, 127) entgegen zu treten schien, aber in der plastisch-perspektivischen Rankenornamentik durch Umstülpen der Halbblatt-Enden bisher stets wieder verneint und beseitigt wurde: das Akanthushalbblatt wird unfrei, es verwächst mit der Ranke, wird selbst zur Ranke indem es deren verbindende Funktion erfüllt. Da letztere Funktion in der Natur nicht den Blättern, sondern den Stielen zukommt, erscheint hiedurch ein antinaturalistischer Zug in der Ornamentik zum unzweideutigen Ausdruck gebracht. Was in der geometrisirenden flachen

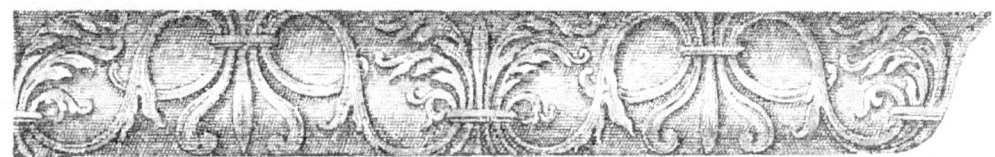

Fig. 134.
Gesimsornament vom Oktogontempel zu Spalato.

Palmetten-Rankenornamentik der hellenistischen Zeit schon angebahnt und wenigstens schematisch begründet worden ist, das sehen wir nun in spätrömischer Zeit, unter dem befruchtenden Einflusse einer allmälig zur Geltung gelangten Reaction nach der geometrischen Seite hin greifbar plastische Formen annehmen.

Betrachten wir noch Fig. 134, abermals vom Jupitertempel zu Spalato[65]. Es ist dies im Wesentlichen eine Wiederholung von Fig. 133: die gleichen Motive[66], und die verbindenden Ranken zu Akanthushalbblättern umgestaltet. Diese verbindenden Halbblätter schwingen sich nicht in gleichmässiger Fiederung von einer Palmette zur anderen, sondern sie gabeln sich in der Mitte. Bemerkenswerth

---

[65] Adam a. a. O. 36.

[66] Der Zug in's Schnörkelhafte, der hier den Kelchblättern der gesprengten Palmetten gegeben erscheint, kehrt am Akanthusornament der Diocletianischen Bauten (z. B. an der Thür des Jupitertempels) öfter wieder. Es ist wohl der gleiche Zug, der z. B. an einer Gruppe von Goldschmiedesachen aus dem Fund von Nagy St. Miklos so charakteristisch entgegentritt.

ist ferner die in der geringen Gliederung dieser gegabelten Akanthushalbblätter sich verrathende Neigung zur Stilisirung in's Flache, Geometrisch-Schematische.

Die gegebenen Beispiele stammen sämmtlich von Bauten der späteren römischen Kaiserzeit. Die vollständige Akanthisirung der intermittirenden Wellenranke in Motiven und Verbindungslinien lässt sich aber schon weit früher nachweisen. Ich gebe zwei Beispiele vom Forum des Nerva. Fig. 135[67]) zeigt von Motiven die alten Lotusblüthen und die Palmetten mit seitlich überfallenden Blättern, diese letzteren in rhythmischer Abwechslung entweder flach oder akanthisirt, wobei allerdings selbst die flach stilisirten Blätter durch das lebendige Umstülpen ihrer keulenartigen Enden eine unverkennbare Neigung zur naturalistischen Bildung verrathen. Die Verbindung ist durchweg durch Akanthushalbblätter hergestellt, zwischen denen Rankenstengel

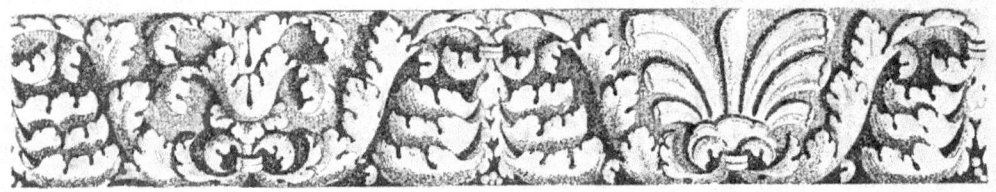

Fig. 135.
Fries vom Nerva-Forum.

gar nicht sichtbar werden. Das Hauptblatt zwar hat die für das römische Akanthushalbblatt typische Krümmung des Spitzendes nach Aussen aufzuweisen, aber darunter läuft kein Stengel, sondern abermals ein Akanthushalbblatt hinweg, das im Ueberfallen mit einem zweiten seinesgleichen den Kelch für das nächste Blüthenmotiv bildet. Sowohl aus dem Kelch wie aus den Verbindungskurven sind die linearen oder bandartigen Rankenstengel verschwunden, und an ihre Stelle die zu solcher Funktion von Natur aus ungeeigneten Akanthushalbblätter getreten.

Den Schlusspunkt der ganzen Entwicklung bietet Fig. 136[68]). Von Blüthen wiederholt sich anscheinend bloss ein Motiv — eine Lotusblüthe — mit alternirenden geringen Varianten. Die Richtung ist eine einseitige, so dass es fast den Anschein hat, als ob uns hier nur ein Bogenfries vorläge. Und doch braucht man nur den Verlauf der

[67]) Moreau, Fragments d'architecture Taf. 14, No. 3.
[68]) Moreau, ebenda, No. 5.

10. Das hellenistische und römische Pflanzenrankenornament. 257

schweren buschigen Akanthusranke zu verfolgen, um das zu Grunde liegende intermittirende Schema zu erkennen.

An Fig. 136 sind nun folgende zwei Punkte von einer für die Folgezeit geradezu fundamentalen Bedeutung: 1. Die obersten Kelchblätter (in Form von Akanthushalbblättern) jeder zweiten Lotusblüthe schlagen oben um und laufen in undulirendem Schwunge, als Wellenranke, abwärts, um unten wieder nach aufwärts zu streben und im Ueberfallen den Kelch für die nächst benachbarte Lotusblüthe zu bilden. Es ist zwar nicht bloss ein einziges Akanthushalbblatt, das jede dieser Verbindungen herstellt, sondern eine Anzahl gleichsam ineinandergeschachtelter Blätter, deren Spitzen jeweilig sorgfältig nach Aussen gekrümmt sind, wie um damit laut darzuthun, dass sie nicht *unfrei* sind, sondern eine selbständige Existenz für sich beanspruchen. Aber das letzte Blatt bildet ganz unzweideutig den Kelch für die nächste Lotus-

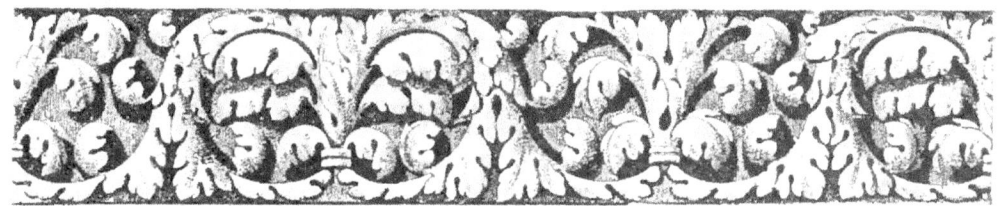

Fig. 136.
Fries vom Nerva-Forum.

blüthe und damit erscheint das ganze Motiv — trotz des bemerkbaren Sträubens gegen dieses Endresultat — in ein in der Natur nicht begründetes und derselben zuwiderlaufendes Schema gebracht. — 2. Jede der eben erwähnten Verbindungen gabelt sich in der Mitte, indem sie einen Blattschössling nach rückwärts aussendet; dieser Schössling läuft aber nicht frei aus wie an Fig. 134, sondern senkt sich nach rückwärts bis zum unteren Ansatze der Lotusblüthe, von deren Scheitel die Verbindung ausgegangen ist und bildet daselbst mit dem von der entgegengesetzten Seite herankommenden Schössling im Ueberfallen einen Kelch. Auch in dieser Funktion erscheint das Akanthushalbblatt an Stelle eines Rankenstengels getreten, so dass wir in solchem Falle bereits mit allem Rechte von einer *Gabelranke* sprechen könnten. Dieselbe umschliesst, umschreibt[69] das eine Blüthenmotiv und

[69] Das seit archaischer Zeit bekannte Motiv der umschriebenen Palmette (S. 170) könnte thatsächlich von Einfluss gewesen sein auf das Aufkommen der Übung, die überfallenden Blätter der Blüthenkrone gleich verbindenden

Riegl, Stilfragen. 17

dient gleichzeitig mit ihrem zweiten Arme zur gefälligen Verbindung mit den benachbarten Blüthen.

Den Zeitpunkt, wann sich die bezüglichen zukunftsreichen Veränderungen zuerst vollzogen haben, genau zu fixiren, kann hier nicht unsere Absicht sein. Erstlich mangelt es hiefür völlig an Vorarbeiten, da die klassische Archäologie es bisher nahezu unter ihrer Würde befunden hat, sich mit der römischen Spätzeit zu befassen, und die Forscher der altchristlichen und byzantinischen Kunstgeschichte einer genaueren Bekanntschaft mit der Antike, zumal mit deren späteren Phasen, zumeist entrathen zu können glaubten. Es dürfte aber überhaupt schon schwer sein, sich über den sachlichen Punkt zu einigen, wo das Neue begonnen hat, im Kunstwollen der spätantiken Zeit bewusste Beachtung und Anwendung zu finden. Die Ansätze hiefür waren, wie wir gesehen haben, mindestens seit dem 4. Jahrh. v. Chr. ge-

Fig. 137.
Wandborde aus bemaltem Stuck. Aus Pompeji.

geben. Namentlich die leichte und flüssige dekorative Wandmalerei mag bereits Freiheiten in der angedeuteten Richtung sich erlaubt haben, zu einer Zeit, da in der architektonischen Dekoration noch kein Raum war für eine Verwendung des Pflanzenornaments nach einem widernatürlichen Schema. Vor Allem wären daraufhin die pompejanischen Dekorationen systematisch und an der Hand der Originaldenkmäler selbst durchzugehen. Soviel hat aber die vollzogene Uebersicht über die Entwicklung der Wellenranken-Friese in der römischen Kaiserzeit wohl zur Gewissheit dargethan, dass die Entnaturalisirung dieses gemeingebräuchlichsten Friesschemas etwa um 400 n. Ch. so weit vorgeschritten war, dass dieselbe zum Ausgangspunkte einer selbständigen Entwicklung werden konnte, sobald einmal durch eine erfolgte politische Zerreissung des Universalreichs auch in die Einheit der römischen Universalkunst Bresche gelegt war.

Ranken weiterlaufen zu lassen. Als Zwischenglied gebe ich oben (Fig. 137) eine Stuckbordüre aus Pompeji, nach Nicolini Descriz. gener. 45.

IV.
Die Arabeske.

Die Arabeske ist das Pflanzenrankenornament der saracenischen Kunst, d. i. der Kunst des Orients im Mittelalter und in der neueren Zeit. Der Gegenstand, den wir in diesem Schlusskapitel zu behandeln gedenken, schliesst sich somit chronologisch wie entwicklungsgeschichtlich unmittelbar an denjenigen, der im vorhergehenden Kapitel seine Erörterung gefunden hat. Ist nämlich unsere eingangs gegebene Definition richtig, so drängt sich schon mit Rücksicht auf das allwaltende Causalitätsgesetz die Vermuthung auf, es müsse zwischen der saracenischen und der ihr zeitlich unmittelbar vorausgehenden antiken Ornamentranke ein genetischer Zusammenhang existiren, welchen im Einzelnen genau und schrittweise nachzuweisen, im Folgenden unsere Aufgabe wäre. Es darf aber nicht verschwiegen werden, dass die bezügliche Definition heutzutage noch keineswegs ein ausgemachtes Gemeingut der kunstforschenden Kreise bildet. Dieser Umstand lässt es empfehlenswerth erscheinen, vorerst einmal ein fertiges, völlig ausgebildetes Beispiel einer Arabeske in Betrachtung zu ziehen, und an der Hand desselben jene bestimmten Eigenthümlichkeiten zu erörtern, welche den Pflanzenranken-Charakter daran trüben und unterdrücken. Damit wird uns zugleich auch erwünschte Gelegenheit geboten sein, die wesentlichsten Einzelmotive des Arabeskenornaments kennen zu lernen, und somit den Grundcharakter dieser bedeutsamen Ornamentgattung scharf zu erfassen, bevor wir an die eigentliche Untersuchung der Frage nach ihrer historischen Abkunft schreiten.

Da es also nun einmal durch die Umstände geboten erscheint, an den Anfang das Ende zu stellen, so wählen wir gleich ein allerspätestes, halbmodernes Beispiel (Fig. 138), eine dekorative Wand-

260 Die Arabeske.

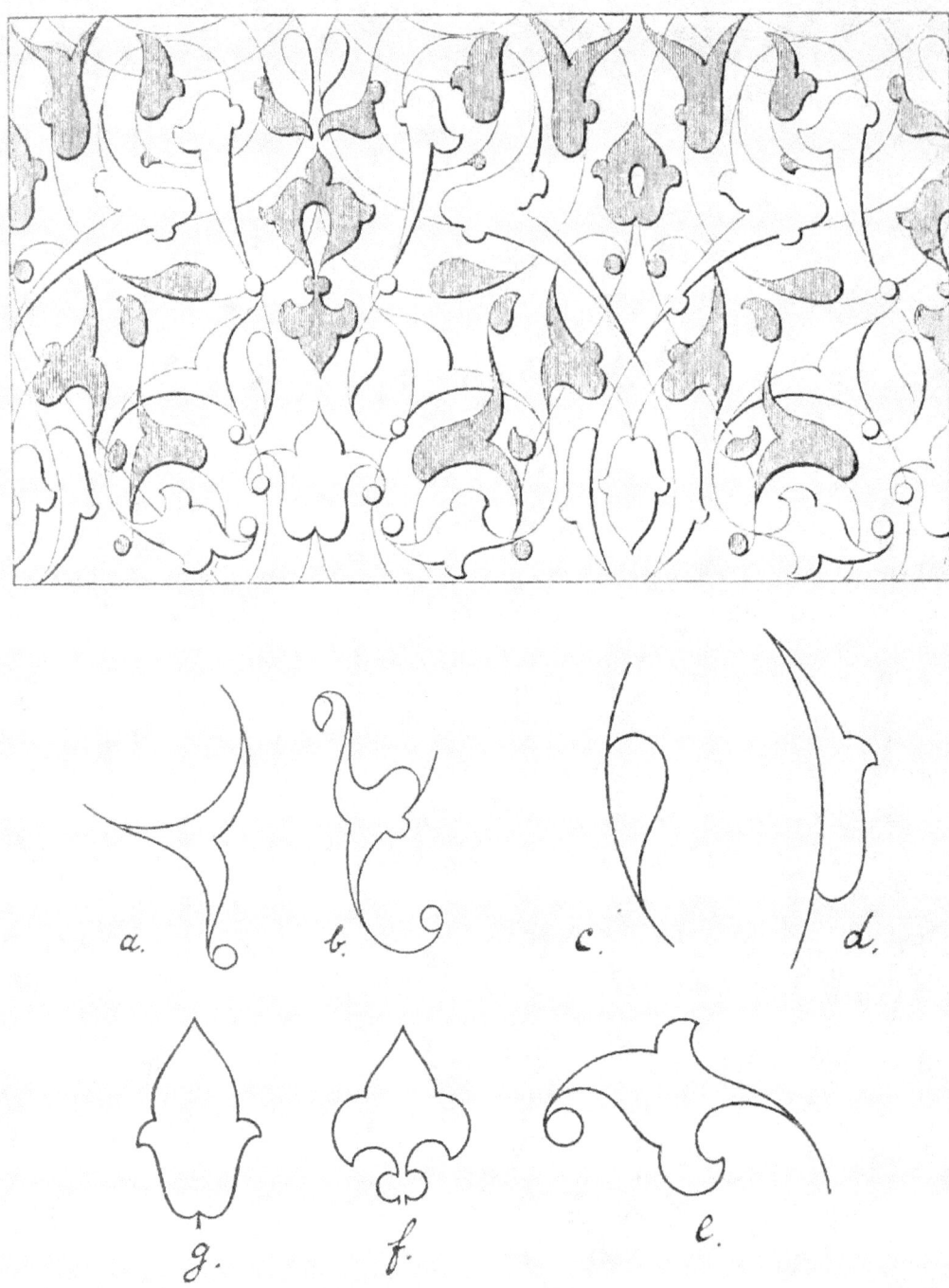

Fig. 138.
Arabeske von einer modernen Wandmalerei, aus Stambul.

malerei[1]) aus des Sultans Abdul Aziz Palaste von Tscheragan. Wir gewahren da ein Spiel von feinen, spiralig eingerollten oder doch bogenförmig verlaufenden Linien, an denen gewisse breitere Motive haften.

[1]) L'architecture ottomane, peintures murales III.

Die Konturen dieser Motive bewegen sich gleichfalls in Kurven. Wir unterscheiden darunter einige wenige Haupttypen, die in mehrfachen Varianten[2]) immer wiederkehren:

a, b, ein zweispältiges Motiv;

c, d, ein in seiner einfachsten Form fast tropfenähnliches, öfter aber mit einem oder selbst mehreren Ansätzen versehenes Motiv, in welch letztem Falle es sich in der Grundform dem Motiv a nähert;

e, f, g, reicher gegliederte Gebilde, zum Theil (f, g) streng symmetrisch. Das Motiv g erscheint im Allgemeinen als Verdoppelung von d[3]).

Welche Grundbedeutung haben wir den Motiven a-g beizumessen? Naturalistische Nachbildungen realer Wesen oder Dinge sind es gewiss nicht: die Stilisirung giebt sich vielmehr als eine ausgesprochen und bewusst abstrakte. Dies geht aber doch wieder nicht so weit, dass wir die Motive dem Bereiche des geometrischen Stils zuzählen dürften. In solchem Falle wäre streng symmetrische Bildung oberstes Gesetz, das wir aber bloss an f und g befolgt sehen. Der Schluss ist somit unabweisbar, dass ein Bezug zu gewissen realen Dingen als Vorbildern dennoch obwalten muss.

Vergleichen wir mit dem gegebenen Beispiel aus dem 19. Jahrh. ein solches etwa aus der Mitte der Entwicklung. Fig. 139 giebt die Randleiste einer Miniaturhandschrift[4]) wieder, die laut inschriftlicher Datirung im Jahre 1411 am Hofe eines der egyptischen Mameluken-Sultane vollendet worden ist. Die geschwungenen Linien, die hier ebenso wie in Fig. 138 das Gerippe des Gesammtornaments bilden, sind in diesem Falle etwas stärker gezeichnet. Die kreisförmigen Ein-

---

[2]) Nur die wichtigsten und am meisten charakteristischen unter diesen Varianten finden sich oben in Zeichnung reproducirt. Die übrigen lassen sich hiernach leicht feststellen.

[3]) Die Kugeln, in welche die meisten Enden auslaufen, sind als solche nur für das vorliegende Beispiel charakteristisch. Sie sind entweder als kleine Spiralschösslinge oder als schematische Umschreibungen von kleinen Blatt-

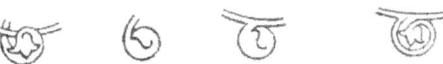

figuren in Vollansicht (auf das Dreiblatt reducirte Palmetten) oder in Profil (Halbpalmetten) aufzufassen, wie nebenstehende Beispiele aus einem kairenischen Manuskript vom J. 1411 beweisen, woraus auch unsere Fig. 139 mit den gleichen kugeligen Rankenenden genommen ist.

[4]) Bourgoin, Précis de l'art arabe IV, 27.

rollungen treten zurück und werden kaum bis zur Spirale gesteigert. Die Bogenform ist aber auch hier in der Linienführung durchaus beibehalten; dabei tritt eine Eigenthümlichkeit klar und deutlich zu Tage, die in Fig. 138 der schwachen Zeichnung der Linien halber nur dem mit dem Wesen dieser Ornamentik Vertrauten erkennbar ist. Wir sehen nämlich in Fig. 139 die Linien stellenweise zu anscheinend selbständigen Konfigurationen zusammentreten, von denen die durch eine eigene

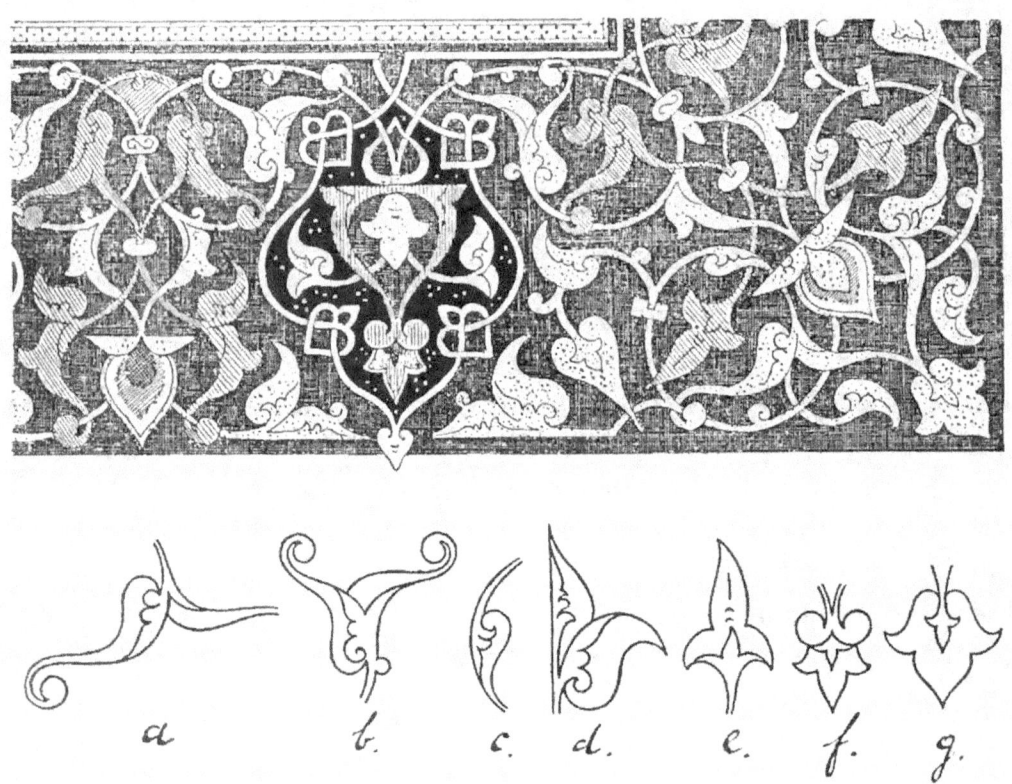

Fig. 139.
Arabeske in Miniaturmalerei, aus einer Handschrift vom Jahre 1411, in Kairo.

schwarze Grundirung ausgezeichnete besonders in die Augen fällt. Da aber die Linienführung durchweg aus dem Bogen heraus zu geschehen hat, so verlaufen die Konturen dieser Konfigurationen nothwendigerweise fortwährend nur in convexen und concaven Ausbuchtungen[5]), und wo zwei solche karniesförmig geschwungene Linien unter einem spitzen Winkel zusammentreten, dort entsteht ebenfalls

[5]) Die herzförmigen Verschlingungen der Konturen tragen im vorliegenden Falle allerdings dazu bei, das Grundschema in seiner einfachsten Form zu verdunkeln.

folgerichtigermaassen eine kielbogenartig ausgeschweifte spitze Ausladung.

Fassen wir nun die Einzelmotive in's Auge, die sich an die das Gerippe bildenden Linien ansetzen. Auch von diesen geben wir nebenstehend die wichtigsten in besonderer Reproduktion, und versehen sie mit den Nummern, welche wir den parallelen Motiven von Fig. 138 gegeben haben[6]).

Worüber uns die in blossen Umrissen gezeichneten Motive in Fig. 138 im Zweifel gelassen haben, dafür bieten uns diejenigen von Fig. 139 infolge der ihnen verliehenen Modellirung willkommenen Aufschluss. Die blattartig ausgezackten Linien, durch welche diese Modellirung bewerkstelligt erscheint, stellen in zweifelloser Weise die Verbindung mit dem Pflanzenhabitus her. Stilisirte Blatt- oder Blüthenformen sind es, die uns in Fig. 139 a-d entgegentreten; daraus ergiebt sich aber zugleich mit Nothwendigkeit, dass wir berechtigt sind die Linien, an welchen die bezüglichen Motive haften, schlankweg als Ranken zu bezeichnen.

Die Motive a-d sind augenscheinlich sämmtlich in Seitenansicht gehalten. Bemerkenswerth an und für sich und auch für die Profilrichtung ist die volutenförmig gekrümmte Linie, der *Halbkelch*, der sich an jedem einzelnen der Motive a-d unten am Ansatze eingezeichnet findet. Innerhalb dieser Gemeinsamkeit lässt sich aber eine Zweitheilung vornehmen. Die Motive a und b stellen sich dar als Gabelungen eines Motives in der Seitenansicht: wir wollen demgemäss hiefür die Bezeichnung *Gabelranke*[7]) wählen.

Die Motive c und d hingegen sind Einzelmotive; d nähert sich seiner Gliederung halber dem Typus b. Da d augenscheinlich die Hälfte von g darstellt, wollen wir vor der Fixirung einer Bezeichnung für die Motive c, d, die übrigen drei in Betracht ziehen.

Die Motive e, f, g, bezeichnen pflanzliche Blüthenmotive in Vollansicht. Als absolut war dieselbe allerdings schwerlich gemeint: dass

---

[6]) Nur hinsichtlich der Fig. f obwaltet beiderseits keine unmittelbare Analogie. — Die Ausläufer der Ranken sind zum Theil kugelförmig wie an Fig. 138, (vgl. Anm. 3), zum Theil als spiralige Einrollungen deutlich charakterisirt.

[7]) Früher (im Jahrbuch der kunsthistor. Samml. des österr. Kaiserhauses XIII. 267 ff.) habe ich das Motiv als *zwiespältige Rankentheilung* bezeichnet; im Text zu der vom k. k. österr. Handelsmuseum herausgegebenen Publikation über „Orientalische Teppiche" erscheint bereits die obige kürzere Bezeichnung gebraucht.

aber ein ganzes Blüthenmotiv vorliegt, beweisen schon allein die zwei seitlichen volutenartig gekrümmten Ausladungen, worin wir wohl den Volutenkelch zu erkennen haben. Dieses Element, dessen Wichtigkeit und Bedeutsamkeit für die gesammte Geschichte der Ornamentik bereits bei der Erwähnung seines ersten Auftretens in der egyptischen Kunst (S. 60) gebührend hervorgehoben wurde, begegnet uns an Fig. e-g nicht bloss wie an a-d als Halbkelch eingezeichnet, sondern auch in der Silhouette ausladend. Da der Volutenkelch in der antiken Pflanzenornamentik einen wesentlichen und charakteristischen Theil der Blume in halber Vollansicht, der von uns sogen. *Palmette* ausgemacht hat, so wollen wir das analoge Motiv in der Arabeskenornamentik — unbeschadet der vorzubehaltenden Frage nach einer etwaigen gegenständlichen Bedeutung dieser Motive bei den saracenischen Kunstvölkern — als *saracenische Palmette* bezeichnen. Innerhalb des Grundschemas sind je nach dem Reichthum der Gliederung zahlreiche Varianten möglich; die einfachste Form ist durch g repräsentirt, wofür wir ihres überaus häufigen Wiederkehrens halber eine besondere Bezeichnung, als saracenisches *Dreiblatt* festsetzen wollen.

Hieraus ergibt sich unmittelbar auch die Bezeichnung, die wir für die Motive c, d zu wählen haben. Erscheint d als die Hälfte der Palmette g, so werden wir das erstere als *saracenische Halbpalmette* bezeichnen dürfen, umsomehr als auch für dieses Motiv ein entsprechend bezeichnetes Analogon aus der Geschichte der antiken Pflanzenornamentik vorliegt.

Die gegebenen Bezeichnungen haben wir vorerst bloss festgesetzt, um für jedes der Einzelmotive, mit deren Geschichte wir uns im Folgenden zu befassen haben, ein Verständigungsmittel zu schaffen. Es ist aber unausweichlich, dass dadurch schon von vornherein die Richtung gewiesen, die Neigung erweckt wird, die vorläufig bloss nominellen Beziehungen zwischen der antiken und der saracenischen Palmetten-Ornamentik in sachlichem Sinne zu nehmen, wozu wir die Berechtigung erst werden erweisen müssen. Um nun die Betrachtung der beiderseitigen Motive von entwicklungsgeschichtlichem Gesichtspunkte zu erleichtern und mögliche Missverständnisse zu vermeiden, soll gleich hier Eingangs vorausgeschickt werden, dass es nicht so sehr die strenge griechische Palmette ist, deren unmittelbaren Abkömmlingen wir in der Arabesken-Ornamentik begegnen werden, sondern deren naturalisirte Fortbildungen aus der hellenistischen und der römischen Kunst. Der Akanthus ist es, der uns z. B. in der Modellirung von c, d entgegentritt, und nicht der starre Fächer der strengen griechischen Halbpalmette. Es braucht hiefür bloss an das Ergebniss unserer früheren Untersuchungen über den Akanthus (S. 218 ff) erinnert zu werden: das Akanthusblatt in Vollansicht ist ja selbst nichts anderes als die naturalisirte Palmette, das Akanthusblatt in der Profilansicht (etwa in der Akanthusranke) nichts als die naturalisirte Halbpalmette.

Damit soll aber nicht gesagt sein, dass das strenger stilisirte griechische Rankenornament von der saracenischen Arabesken-Ornamentik grundsätzlich ausgeschlossen gewesen ist. So wie in der ganzen römischen Kaiserzeit die griechischen Palmettenranken neben der Akanthusranke in Verwendung gestanden sind, liefen auch in der saracenischen Kunst allezeit strenger stilisirte Rankenbildungen und Blüthenmotive neben solchen eines mehr naturalisirenden Charakters einher. Den Nachweis hiefür werden wir späterhin an der Hand von Denkmälern zu führen in der Lage sein; hier sei nur zur vorläufigen Probe auf den augenfälligen Unterschied verwiesen, der in Fig. 139 zwischen d und g zu beobachten ist. Die Halbpalmette d ist akanthisirend gebildet, gleichsam perspektivisch projicirt; die Vollpalmette g dagegen ist reines „Flachornament", an welchem ein Bestreben, der natürlichen Erscheinung in der zeichnerischen Wiedergabe greifbar näher zu kommen, nicht ersichtlich ist.

Doch der genetische Zusammenhang der Arabeske mit der klassisch-antiken Ranke ist ja dasjenige, was wir erst beweisen wollen. Als ausgemachte Voraussetzung dürfen wir auf Grund unserer Erörterung der Einzelmotive von Fig. 139 bloss den Umstand ansehen, dass die Arabeske als Pflanzenrankenornament aufzufassen ist. Versuchen wir es zuerst dasjenige festzustellen, was die saracenische Ranke von der klassisch-antiken unterscheidet: auf diesem Wege werden wir am raschesten dazu gelangen, ein genaues Bild von den Sondereigenthümlichkeiten der Arabeske zu gewinnen. Diese Unterschiede betreffen theils die das Gerippe bildenden Rankenlinien, theils die Behandlung der Blüthenmotive.

In der Führung der Rankenlinien herrscht zwischen dem klassischen Rankenornament und der Arabeske der grundsätzliche Unterschied, dass bei dem ersteren die einzelnen Ranken klar und selbständig neben einander über den Grund hinweggelegt erscheinen, während sie sich bei der Arabeske vielfach durchschneiden und durchkreuzen. Zwar verhält es sich auch mit dieser Definition wie mit fast allen anderen, die die obersten Principien einer jeweiligen Ornamentik betreffen: absolute Geltung schlechtweg darf man ihr nicht beimessen. Auch das antike Rankenornament kennt gewisse Durchschneidungen: zum Beweise dessen braucht bloss auf das Rankengeschlinge (Fig. 83) rückverwiesen zu werden, von den naturalisirenden Blumenranken der augusteischen Zeit ganz zu geschweigen[8]). Anderseits werden wir Beispiele von Arabesken-Füllungen kennen lernen (Fig. 197), an denen die Rankenlinien nicht minder wie in der strengen hellenischen Ornamentik klar und selbständig, ohne alle Durchschneidungen, nebeneinander gelegt erscheinen. Aber in allen diesen Fällen handelt es sich um Ausnahmen, denen gegenüber die weitaus überwiegende Mehrzahl der Denkmäler unsere oben gegebene Definition rechtfertigt.

Mit der wechselseitigen Durchkreuzung der Rankenlinien hängt die bereits vordem (S. 262) bei Besprechung von Fig. 139 betonte Eigenthümlichkeit der Arabeskenranken zusammen, innerhalb des Gesammtmusters in regelmässiger Folge bestimmte abgeschlossene Kompartimente in Form von sphärischen Polygonen zu bilden, die für den darin befindlichen Inhalt (natürlich ebenfalls Blumenranken) gleichsam den Rahmen bilden. Eine solche Verwendung der Rankenlinien hat zur Voraussetzung, dass denselben eine selbständige und bedeutsame Stellung gegenüber den Blüthenmotiven eingeräumt wurde. Soll die Ranke vollständige Kompartimente bilden, so muss ihr auch von vornherein die Möglichkeit gegeben sein, sich entsprechend zur Geltung zu bringen. Nun haben wir als Leitmotiv des Ausbildungsprocesses der klassisch-antiken Ranke das Bestreben gekennzeichnet, die daran zu Tage tretenden Palmetten von blossen Zwickelfüllungen zwischen den Rankengabelungen zu wirklichen und selbständigen Blüthenmotiven zu emancipiren, d. h. die Bedeutung dieser letzteren gegenüber der verbindenden Ranke zu stärken. Uns schien dieses Bestreben offenbar zusammen zu hängen mit der naturalisirenden Tendenz, die sich in der griechischen Pflanzenornamentik mindestens seit dem 5. Jahrh., vielleicht sogar schon seit viel früherer Zeit, übermächtig geltend gemacht hat. Wenn wir nun an der Arabeske das entgegen-

[8]) An der fortlaufenden Wellenranke römischen Charakters Fig. 130 zweigen lange blüthenbekrönte Rankenstengel ab, die die Hauptranke mehrfach durchschneiden; dies geschieht aber in freier, bewusst naturalistischer, weil asymmetrischer Weise, wogegen die Durchschneidungen der saracenischen Ranken stets nach einem streng symmetrisch-ornamentalen Grundplan erfolgen.

gesetzte Bestreben wahrnehmen — ein Bestreben, das darauf gerichtet war, die Rankenlinien, die das geometrische Element in dieser ganzen Ornamentik bilden, wieder zu maassgebender Geltung zu bringen — so liegt der Schluss auf der Hand, für dieses rückläufige Bestreben auch eine der hellenischen entgegengesetzte Grundtendenz in der künstlerischen Auffassung des Pflanzenrankenornaments verantwortlich zu machen. War das Ziel der griechischen Künstler eine Verlebendigung der Palmettenranken, so erscheint als dasjenige der saracenischen Künstler umgekehrt die Schematisirung, Geometrisirung, Abstraktion.

Der Ausgangspunkt der Pflanzenornamentik im Orient (Egypten) war die geometrische Spirale (Fig. 25), an welche sich die Blüthenmotive als blosse accessorische Zwickelfüllungen anschlossen. Die Griechen gestalteten daraus die lebendige Ranke, an deren Schösslinge und Enden sie schön gegliederte Blüthenmotive ansetzten. Im saracenischen Mittelalter kommt der (wie wir sehen werden, schon in spätantiker Zeit wieder angebahnte) orientalische Geist der Abstraktion abermals zur Geltung, indem er die Ranke wiederum geometrisirt. Zwar die fundamentalen Errungenschaften der Griechen — die rhythmischen Wellenranken und der freie Schwung über grössere Flächen hinweg — wurden nicht mehr preisgegeben, letzterer sogar nach bestimmter Richtung hin weiter entwickelt. Aber das geometrische Element drängte sich allenthalben wieder in den Vordergrund: in der Führung der Rankenlinien drückt sich dies ganz besonders prägnant aus eben durch die sphärisch-polygonalen Kompartimente, die ja zweifellos dem geometrischen Formenbereiche angehören.

Hier erscheint es mir zweckmässig einen Seitenblick einzuschalten auf die so überaus reiche Entwicklung, welche die Bandverschlingung in der saracenischen Kunst genommen hat. Den Ausgangspunkt hiefür bildet das antik-orientalische Flechtband (Fig. 33). Von den Griechen der klassischen Zeit wurde es immer maassvoll angewendet. In Pompeji tritt es uns schon öfter entgegen, und zwar stets als einfassendes, bordirendes Element. An Mosaiken der späteren römischen Kaiserzeit vermehren sich die zu je einem Flechtmuster vereinigten Bänder: in Fig. 140[9]) sind sie bereits kaum mehr zu zählen, aber noch auf die Bordüre beschränkt, in Fig. 141[10]) endlich ist das Bandornament für würdig befunden ein Innenfeld zu schmücken.

[9]) Wilmowsky, Mosaiken von Trier Taf. III.
[10]) Ebenda Taf. VIII.

Dies ist der entscheidende Ausgangspunkt für die gesammte nachfolgende Entwicklung des Bandverflechtungsornaments im Morgen- wie im Abendlande. Dieses im Grunde bedeutungslos-geometrische Element, das die klassische Kunst bloss zu untergeordneten Einfassungszwecken benützt hat, wird von der spätantiken Kunst, in welcher das Bedeutungsvolle wiederum zurückgedrängt wird und der reine dekorative Schmückungstrieb in den Vordergrund des Kunstschaffens tritt, als vollgiltiges Hauptmotiv der Dekoration hingenommen. Daher rühren die Bandverschlingungen auf den altchristlichen Sarkophagen und Ambonen, wovon sich so zahlreiche Trümmer in den Vorhallen und Kreuzgängen der altchristlichen Basiliken Roms eingemauert finden, daher

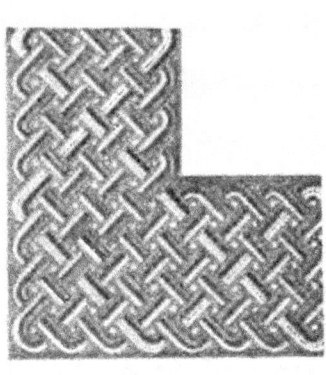

Fig. 140.
Eckstück von der Bordüre eines
spätrömischen Mosaikfussbodens.

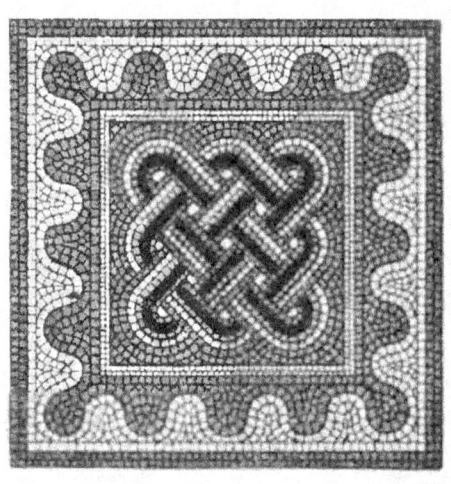

Fig. 141.
Füllungsstück von einem spätrömischen
Mosaikfussboden.

die byzantinischen Entrelacs, welche selbst schon Bourgoin[11]) als die unmittelbaren Vorläufer der saracenischen Verschlingungen und Vergitterungen anerkannt hat.

Diese Abschweifung auf das Gebiet des Entwicklungsprocesses der mittelalterlichen Bandverkreuzungen erschien nothwendig, um hiermit zugleich den antinaturalistischen, zum Abstrakten geneigten Zug in der Stilisirung der Arabeskenranke anschaulicher und verständlicher zu machen. Man wird nun nicht mehr zweifeln können, dass es derselbe Zug gewesen ist, der einerseits die geometrischen Bandverschlingungen so reich und üppig ausgebildet, andererseits die Rankenlinien der Arabeske zu wechselseitiger Durchschneidung und Durchkreuzung gebracht hat. Damit erscheint zugleich eine Erklärung des Umstandes,

[11]) Les arts arabes 24.

wieso die Saracenen schliesslich zu einer von der klassisch-antiken anscheinend so grundsätzlich abweichenden Behandlung der Rankenführung gekommen sind, aus dem Gesammtcharakter der saracenischen Kunst heraus geliefert.

Betraf der besprochene erste Punkt, in dem sich die Arabeske vom klassisch-antiken Rankenornament fundamental unterscheidet, die Führung der Rankenlinien, so beruht der zweite, nicht minder wesentliche Differenzpunkt in der Behandlung der an die Rankenlinien angesetzten Blüthenmotive. Und zwar sind es nicht so sehr die Motive selbst, die den wesentlichen Unterschied begründen: wir werden im 14. Jahrh. Beispiele saracenischer Rankenmuster (Fig. 189 b, c) kennen lernen, die den griechischen der besten Zeit überaus nahe stehen; andererseits werden uns bereits im 5. Jahr. n. Chr., also noch unter voller Herrschaft der späten Antike, Blüthenformen von einer so weitgediehenen Rückstilisirung in's Abstrakte (Fig. 142) begegnen, wie sie auch an den gegebenen Beispielen aus dem 15. (Fig. 139) und 19. Jahrh. (Fig. 138) nicht übertroffen erscheinen. Es ist vielmehr das Verhältniss der Blume zu der Ranke, an welcher sie haftet, wodurch sich das Arabeskenornament vom klassisch-antiken abermals in ganz grundsätzlicher Weise unterscheidet.

In der antiken Rankenornamentik setzen die Blüthenmotive dermaassen an die Hauptranke an, dass von letzterer kleine Schösslinge abzweigen, an deren Ende dann die Blume versetzt wird. Das Verhältniss ist somit das gleiche wie in der Natur: der Stiel, der Schaft ist das untere; die Blume ist die Bekrönung, die freie Endigung.

Betrachten wir dagegen das Motiv a in Fig. 139[12]). Die beiden Theile, in welche sich dieses Motiv von zweifellos vegetabilischer Bedeutung gabelt, bilden nicht die freien Endigungen der ihnen zur Basis dienenden Rankeneinrollung, sondern sie verdünnen sich gegen das Ende zu in neuerliche Ranken: die eine endigt schliesslich in eine Kugel, welcher, sei es eine kleine spiralige Einrollung, sei es ein frei auslaufendes Drei- oder Halbblatt, zu Grunde liegt; die andere bildet mit einem zweiten gleichfalls von einer Gabelranke herkommenden Schössling einen Kielbogen, an den sich ein grösseres, die freie Ecklösung bildendes Dreiblatt ansetzt. Gemäss früheren Ausführungen werden wir die Gabelranke a als *unfrei* bezeichnen.

---

[12]) An Fig. 138 aus dem 19. Jahrh. ist das bezügliche Verhältniss natürlich nur ein womöglich noch entschiedeneres und vorgeschritteneres.

Das Gleiche gilt von der Halbpalmette c. Das spitz zulaufende Ende derselben setzt sich fort in einer Ranke, aus der sich im weiteren Verlaufe eine Gabelranke entfaltet. Aber selbst auf die vollen Palmetten erstreckt sich diese eigenthümliche Verquickung der Ranke mit der Blüthe. In Fig. 139 tritt diese zwar nicht besonders augenfällig zu Tage, da die zwei Gabelranken, die von dem mittleren Dreiblatt in dem schwarz grundirten sphärischen Polygon abzweigen, nicht an das spitze Ende, sondern an die Seiten des kielbogenförmigen Blattes ansetzen. Deutlicher ist es an Fig. 138 an dem Dreiblatt etwas rechts von der Mitte zu sehen[13]).

Ob wir uns nun unter den bezüglichen Motiven Blumen oder Blätter oder Knospen vorzustellen haben: die Eigenthümlichkeit, von der krönenden Spitze derselben die Ranken weiter laufen zu lassen, verstösst in jedem Falle wider die Natur. Es offenbart sich darin zweifellos wiederum jener ausgesprochen antinaturalistische Zug, den wir schon als für die Behandlung der Rankenlinien so wesentlich maassgebend befunden haben. Die klassisch-antike Ornamentik hat sich diese Freiheit anscheinend nicht erlaubt. Anscheinend, sofern man nämlich bloss die vollen und wirklichen Blumenmotive (Palmetten u. s. w.) im Auge hat. Erinnern wir uns aber an den Schlusspunkt unserer Betrachtungen über den Entwicklungsprocess des flach stilisirten griechischen Palmettenrankenornaments in hellenistischer Zeit, den wir bereits ausdrücklich (S. 243 f.) als den Ausgangspunkt für das Aufkommen der unfreien Halbpalmetten bezeichnet haben; ferner an das Resultat unserer Untersuchungen über die Akanthusranke in römischer Zeit (S. 255), an der wir ein Uebergreifen der gleichen Tendenz auf das plastisch-naturalistische Rankenornament feststellen konnten. Wenn wir dortselbst noch Bedenken gehabt haben, ob die in der unfreien Behandlung der Halbpalmetten zum Ausdruck gelangte antinaturalistische Tendenz den antiken Künstlern zum klaren Bewusstsein gekommen ist, so dürfen wir diese Bedenken der Arabeske gegenüber völlig fahren lassen. Wir haben daher die betreffenden Motive in Fig. 139 schlankweg als *saracenische Halbpalmetten* bezeichnet. Der Sache und der Herkunft nach sind sie (sowie die Gabelranken) nichts Anderes als die Zwickelfüllungen der klassisch-antiken Ranke. Den Uebergangsprocess zwischen beiden im Einzelnen aufzuzeigen, wird den Gegenstand

---

[13]) Der Rankenschössling, der rechts von der Spitze dieses Dreiblattes abzweigen soll, erscheint infolge eines Fehlers in der Kopie unterhalb der Spitze angesetzt.

der nachfolgenden Untersuchung bilden. Nur auf einen Umstand soll noch gleich hier ausdrücklich hingewiesen werden, da derselbe in besonderem Maasse geeignet erscheint, das eben skizzirte Verhältniss zwischen den antiken zwickelfüllenden Palmetten und den Blumenmotiven der Arabeske verständlich zu machen: die der Natur zuwiderlaufende unfreie Behandlung der Blüthen findet sich in der Arabeske in der Regel wohl an den Halbpalmetten und Gabelranken, verhältnissmässig selten dagegen und erst in einem vorgeschritteneren Stadium der Entwicklung an den vollen Palmetten.

Die Arabeske treffen wir an in sämmtlichen Ländern, die sich der Islam im Laufe der Jahrhunderte unterworfen hat. Hauptsächlich kommen hier in Betracht: Nordafrika mit Unteregypten, Syrien, Kleinasien, Mesopotamien und Persien, also im Allgemeinen jene Länder, die einstmals zum grossen römischen Universalreiche gehört hatten, und wie die Denkmäler ausnahmslos beweisen, sich durchweg die Formensprache der hellenistisch-römischen Universalkunst angeeignet hatten. In dieser Kunst spielte, wie wir gesehen haben, für die dekorativen Aufgaben das Pflanzenrankenornament die weitaus wichtigste und tonangebende Rolle. Sehen wir nun im Mittelalter in den gleichen geographischen Gebieten abermals ein Pflanzenrankenornament, wenn auch anscheinend von verschiedener Beschaffenheit, als maassgebendstes Dekorationselement verwendet, so erscheint — wie schon auf S. 259 betont wurde — der Gedanke an eine genetische Abhängigkeit des zweiten von dem ersteren unabweislich. Es möchte doch mindestens der Mühe verlohnen, dem wechselseitigen Verhältnisse etwas nachzugehen: — um so unbegreiflicher und wohl wieder nur aus der unglückseligen kunstmaterialistischen Bewegung mit allen ihren Konsequenzen zu erklären bleibt der Umstand, dass man selbst von vielerfahrenen Kunstkennern der heutigen Tage noch kurz aburtheilen hört: zwischen klassischer Antike und orientalischer Arabeske gäbe es keinen Zusammenhang, weil es — nun weil es eben zwischen Feuer und Wasser keinen solchen geben könne.

Die bisher verschmähte Untersuchung des Verhältnisses zwischen dem antiken und dem saracenischen Rankenornament wollen nun wir im Nachfolgenden anstellen. Was wir unter Arabeske verstehen, was den hervorstechendsten Charakterzug dieses für die saracenische Kunst typischen Ornaments bildet, haben wir soeben einleitungsweise auseinandergesetzt; wir kennen somit den Zielpunkt, auf den die Entwicklung losstrebt. Wir wenden uns nun zum Ausgangspunkte, und nehmen damit die historische Betrachtung wieder auf. Dieser Ausgangspunkt liegt natürlich an der Wende des Alterthums und des Mittelalters, wofür man gemeiniglich das Jahr 476 n. Chr. als feste Grenze anzunehmen pflegt. Bis zu diesem Zeitpunkte haben wir die Entwicklung des Pflanzenrankenornaments im vorigen Kapitel durchgeführt. Folgerichtig müssen wir nunmehr mit demjenigen beginnen, das die Kunstsystematiker nach dem Sturze des weströmischen Reiches ansetzen. Es ist dies im Abendlande die reifere altchristliche, im oströmischen Reiche die byzantinische Kunst. Da wir bloss das Werden der Arabeske im Auge haben, können wir uns auf das Verfolgen des Pflanzenornaments in der oströmischen Kunst beschränken und von der abendländisch-altchristlichen Rankenverwendung absehen, wenngleich die beiderseitige Vergleichung nicht ohne Nutzen und Lehre anzustellen wäre.

1. Das Pflanzenrankenornament in der byzantinischen Kunst.

Beginnt nicht schon mit der byzantinischen Kunst etwas völlig Neues? Wenn man so die landläufigen Aeusserungen hört, möchte es in der That danach scheinen. Ein historischer Zusammenhang mit der Antike im Allgemeinen wird zugegeben, aber im Einzelnen hört man nur von dem und jenem, das so ganz anders geartet wäre als es in der Antike der Fall gewesen ist. Dies hat allerdings seine — zwar auch nur bedingte — Richtigkeit, wenn man unter Antike die griechische Kunst des Phidias und Iktinos versteht. Aber wie weit entfernt vom attischen Architekturideal ist schon das Pantheon des Agrippa! Und doch wird diesem Niemand die Zugehörigkeit zur klassischen Antike abstreiten. Es gab einen Entwicklungsgang in der antiken Kunst der römischen Kaiserzeit und zwar auch einen aufsteigenden, nicht bloss einen Niedergang wie man allenthalben glauben machen will. Man weist diesbezüglich gern hin auf die schwachen zeitgenössischen Reliefs des Konstantinbogens gegenüber den vom Trajanbogen entlehnten, und vergisst dabei vollständig die bewunderungswürdige Thatsache, dass uns gerade aus der Zeit des spätrömischen Kaisers Konstantin das erste Beispiel einer überwölbten Basilika vorliegt! Das Problem, das die ganze mittelalterliche Baukunst des Abendlandes in Athem hielt, bereits vollendet auf dem monumentalsten Grundplan am Anfange des 4. Jahrh. n. Chr.!

1. Das Pflanzenrankenornament in der byzantinischen Kunst.

Die byzantinische Kunst ist zunächst nichts Anderes als die spätantike Kunst im oströmischen Reiche. Es existirt kein irgendwie ersichtlicher Grund, um mit der Erhebung von Byzanz durch Kaiser Konstantin eine Epoche in der Kunstgeschichte anzusetzen. Nehmen wir bloss die architektonischen Leistungen zum Maassstab. Byzanz und, seinem Beispiele gemäss, fast das gesammte oströmische Reich übernahm für das christliche Kulthaus den Centralbau. Das Schema des griechischen Kreuzes mit centralem Wölbungsraum ward nicht erst im kaiserlichen Byzanz erfunden, sondern ist — offenbar als Resultat hellenistischer Baubestrebungen — schon im 2. Jahrh. n. Chr. (Musmieh in Syrien) bezeugt. Die Ausbildung dieses fertigen Systems für die Zwecke des christlichen Kirchenbaues unterlag keinen wesentlichen Schwierigkeiten: in diesem Lichte betrachtet reicht die Hagia Sophia in baugeschichtlicher Bedeutung an die Friedensbasilika des Konstantin bei weitem nicht heran. Und was wir die Stagnation, die „Erstarrung" in der byzantinischen Kunst nennen, das liegt zum grossen Theile eben in jener Uebernahme eines fertigen, vollendeten Bausystems begründet: wo keine neuen Wege zu suchen, keine Schwierigkeiten zu überwinden waren, dort musste man schliesslich in Manier verfallen. Wir loben die tadellose technische Ausführung byzantinischer Werke und spenden ihren Künstlern Dank für die traditionelle Bewahrung der tüchtigen römischen Technik: aber zu den schöpferischen Kunststilen werden wir den byzantinischen niemals zählen, denn gerade seine reifsten Hervorbringungen sind im Grunde nicht Leistungen der Byzantiner, sondern die Hinterlassenschaft einer kunstregeren und schaffensfreudigeren — der hellenistischen — Zeit.

Noch einen Umstand müssen wir sofort in der allgemeinen Charakteristik der byzantinischen Kunst herausheben, um dadurch die Detailbetrachtung kürzer und verständlicher zu machen. Die Zeit, in welcher die sogen. byzantinische Kunst anhebt, war trotz ihrer überwiegend dekorativen Neigungen zum fröhlich-fruchtbaren Erschaffen neuer Formen in keiner Weise angethan. Es ging ein Zug nach Einschränkung durch das ganze damalige Kunstschaffen, nach Preisgebung des unerschöpflichen Reichthums an heiteren dekorativen Formen, den die hellenistische und die frühere römische Kaiserzeit aufgehäuft hatte, unter blosser Festhaltung weniger, der Architektur unentbehrlich gebliebener Elemente.

Das richtige Verständniss für diese Erscheinung wird am besten ein Hinblick auf die Aufgaben, die der Skulptur und Malerei in jener

Zeit gestellt waren, vermitteln. Eine neue religiöse Vorstellungswelt, ein neuer Kultus hatten neue künstlerische Bedürfnisse und Aufgaben geschaffen. Wie wenig zwar dieselben ursprünglich ein Heraustreten aus der klassisch-antiken Dekorationswelt nothwendig erscheinen liessen, wissen wir sattsam aus der Katakombenkunst. Erst allmälig verliess man die Orpheus- und Hermes-Typen und schuf sich selbständige, natürlich in klassisch-traditioneller Pose und Gewandung. Aber all dies war zunächst nur sozusagen Nothbau, ermangelte der wahrhaft künstlerischen Durchbildung und Behandlung. Es ist ein charakteristisches Merkmal der altchristlichen Bildwerke, dass an ihnen gerade auf die eigentlich künstlerischen Momente nur geringer Werth gelegt erscheint. Man suchte irgend eine testamentarische Figur, den Träger irgend einer der neuen religiösen Ideen zu verkörpern: auf Schönheit, Wohllaut, Ebenmaass wurde wenig Gewicht gelegt. Die Form wurde von der Idee todtgeschlagen, — soweit dies nämlich bei einem Künstler, der wenigstens äusserlich noch unter dem Einflusse der klassischen Tradition stand, eben möglich war.

Freilich musste späterhin eine Zeit kommen, wo der unversiegbare Drang nach Pflege des Formschönen wieder rege wurde und sich an den christlichen Bildwerken und Malereien zu bethätigen suchte. Auch dieser Drang wurde im byzantinischen Reiche nahezu im Keime erstickt durch den Bildersturm. Und nachdem auch die letztere Bewegung ausgetobt hatte, war doch soviel in der Stimmung der Gemüther zurückgeblieben, dass das Kunstschaffen auf religiösem Gebiete durch Regeln und Satzungen eng umgrenzt wurde. Wie weit sich da Schönheitsdrang und wahrer Kunstschaffenstrieb noch bethätigen konnten, ist es geschehen: dass nicht viel Raum hiezu übrig blieb, lag in der Natur der Verhältnisse. Ja diese Wiederaufnahme der religiösen Kunst wurde — von einem gewissen Gesichtspunkt betrachtet — sogar zum Verhängnisse für die Byzantiner: das Höchste darin zu erstreben, wie es die Abendländer thaten, verwehrten ihnen ihre Satzungen, aber da doch figürlich-religiöse Darstellungen den Hauptgegenstand künstlerischen Schaffens bilden sollten, kam man anderseits auch nicht dazu, die Kunst entschieden auf rein dekorativen Boden, auf die Befriedigung blosser menschlicher Schmuckfreudigkeit zu stellen, welchen Schritt bekanntlich die Saracenen zu ihrem Vortheile gethan haben. Schwankend in der Mitte zwischen dem Ringen nach dem Höchsten in der religiösen Kunst und dem Streben nach Schaffung einer möglichst vollkommenen dekorativen Augenblicks-Augenweide, beides aber niemals erreichend, hat es die byzantinische Kunst zeitlebens nur zu halben Leistungen bringen können.

Also eine Reduction des Kunstformenschatzes war das Nächste, das die Oströmer mit dem überreichen Erbe der klassischen Antike vorgenommen haben. Das Eine muss man ihnen aber lassen, dass sie eine gute Auswahl getroffen haben: so wie sie im Kirchenbau das treffliche Centralsystem übernahmen, an Stelle der römischen Basilika, an deren Ungefügigkeit sich das ganze abendländische Mittelalter abzumühen hatte, so behielten sie auch von den ornamentalen Formen die schmiegsamsten und leistungsfähigsten bei: insbesondere die alten typischen Wellenrankensysteme.

Indem wir uns nun der Betrachtung des Pflanzenranken-Ornaments in der byzantinischen Kunst im Einzelnen zuwenden, müssen wir abermals die leidige Bemerkung vorausschicken, dass uns hiebei keinerlei Vorarbeiten zu Statten kommen. Einzelne Details, etwa den Schnitt des Akanthusblattes betreffend, sind wohl von den Schriftstellern, die sich vornehmlich mit den justinianischen Bauten beschäftigt haben, erwähnt und hervorgehoben worden: die Leitmotive der byzantinischen Dekoration, die grossen Gesichtspunkte, von denen jedes einzelne Detail Zeugniss giebt, hat man bisher so gut wie ignorirt. Wir haben an dieser Stelle nicht die Absicht, die diesbezüglich vorhandene Lücke vollständig auszufüllen: unsere Aufgabe gebietet es, uns auf das Pflanzenrankenornament zu beschränken. Nichtsdestoweniger wird es die Knappheit der einschlägigen Literatur mehr als einmal nöthig machen, über Dinge Worte zu verlieren, die längst in einer allgemeineren Bearbeitung der byzantinischen Kunst ihre Erledigung gefunden haben sollten.

Als Ausgangspunkt wähle ich ein Denkmal, dessen Entstehungszeit sichergestellt ist: die im Jahre 463 n. Chr. erbaute Johanneskirche zu Konstantinopel. Fig. 142 giebt nach Salzenberg[14]) ein Kapitäl mit darauf liegendem Architrav, soweit derselbe für unseren Gegenstand von Interesse ist.

Das Kapitäl gehört der sogen. Kompositform an. Den runden korbartigen Kern umgeben Akanthusvollblätter, die in zwei Reihen übereinander angeordnet sind. Die Behandlung der Akanthusblätter

---

[14]) Altchristliche Baudenkmale von Konstantinopel III. 1; diese Abbildung ist offenbar noch immer treuer als diejenige bei Pulgher, Les anciennes églises byzantines de Constantinople I.

276 Die Arabeske.

war bisher dasjenige Moment, das im Vordergrunde des Interesses an den Einzelgliedern dieses Bauwerkes gestanden ist. Und zwar hat man die langen und spitzen Zacken, in welchen die Ränder geschnitten sind, als eine bemerkenswerthe Neuerung gegenüber der weichen, üppigeren Behandlungsweise der bezüglichen Details am römischen Akanthus hingestellt[15]). So auffallend die Bildung der einzelnen Zacken

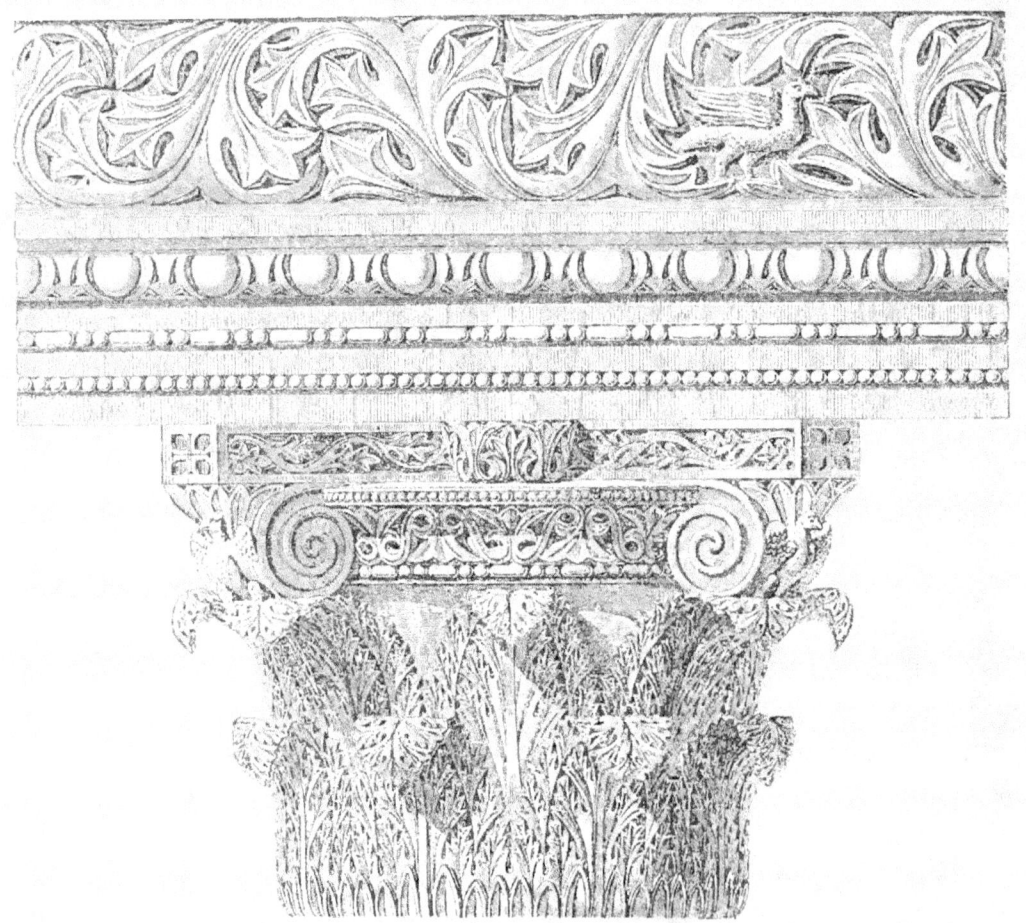

Fig. 142.
Kapitäl und Gebälkstück von der St. Johanneskirche zu Konstantinopel.

nun ist, so bildet sie doch nicht das entscheidende Merkmal. Es wäre auch unschwer nachzuweisen, dass dieser Blattschnitt unmittelbar aus dem römischen schmalzackigen herkommt, wie er sich an so vielen Denkmälern neben dem weicheren, vielfach mit Hilfe des Bohrers skizzirten

[15]) Am ausführlichsten J. Strzygowski in den Mittheil. des deut. archäol. Instit. zu Athen XIV. 280 ff., wo sich auch eine verdienstliche Zusammenstellung des weitverstreuten, bisher grösstentheils unbeachtet gebliebenen Untersuchungsmaterials findet.

findet[16]). Wäre es bloss bei der langen und spitzen Bildung der Einzelzacken geblieben, so hätten wir kaum einen genügenden Grund von einem „byzantinischen" Akanthus zu reden.

Das grundsätzliche Unterscheidungsmerkmal für den byzantinischen Akanthus beruht in der Auflösung des früheren Gesammtblattes in einzelne kleinere Blätter. In Fig. 142 ist es am Kapitäl noch nicht genügend ersichtlich, weil daselbst nach dem zwingenden Vorbilde des römischen Kapitäls bloss neben einander gereihte Akanthusvollblätter angebracht werden konnten[17]. Aber selbst an diesen lässt sich der Umschwung bei näherem Zusehen beobachten: die einzelnen Zackengruppen, die als grössere Zacke in der Peripherie der Blätter ausladen, sind ungemein tief eingeschnitten. Wäre nicht der Scheitel-Ueberfall eines jeden Vollblattes, so würde der Charakter eines solchen schon sehr zurücktreten, gegenüber den einzelnen ausladenden Zacken. Völlig deutlich veranschaulicht sehen wir das Endergebniss dieses Processes an der fortlaufenden Akanthusranke, mit welcher der Architrav in Fig. 142 verziert erscheint. Zweifellos kommt das Blattwerk dieser Wellenranke von dem Akanthushalbblatt her, wofür bloss auf unsere Ausführungen über die Akanthusranke (S. 254 ff.) rückverwiesen zu werden braucht. Aber die vormals einheitlichen Halbblätter sind aufgelöst in meist drei-, seltener vier- bis fünf-spältige Zacken, wie sie sich von der Peripherie des Akanthusblattes abgetrennt haben. Ja noch mehr: diese Drei- (Vier- und Mehr-) Blätter schmiegen sich bereits den verschiedenen Konfigurationen des Raumes an, der auszufüllen ist, lassen sich in die mannigfaltigsten Richtungen und Projektionen pressen.

Es kann nur zur Klärung des Sachverhaltes beitragen, wenn wir an diesem entscheidenden Punkte einen flüchtigen aber übersichtlichen Rückblick auf den Entwicklungslauf des Akanthus werfen. Ausgegangen ist derselbe vom glatten Blattfächer der Palmette; bald knüpft sich daran eine Gliederung der einzelnen Blätter des Fächers in mehrzackige Enden, wie wir sie z. B. am Lysikratesdenkmal bereits vorfinden. Trotz dieser Gliederung bleibt das Akanthusblatt, sowohl als

---

[16]) So z. B. am Hadriansthor zu Adalia, abgebildet in Lanckoronski's Pamphylien.

[17]) Am korinthischen Kapitäl hat sich denn auch das Akanthusvollblatt am längsten bis in die ausgebildete saracenische Kunst erhalten; doch lässt sich anderseits der Einfluss der Auflösung selbst schon an Kapitälen der frühbyzantinischen Zeit feststellen (Salzenberg Taf. V).

volles wie als halbes, die ganze hellenistische und frühere römische Kaiserzeit hindurch ein ungetheiltes Ganzes. Vorboten der kommenden Auflösung lassen sich aber bereits an den Beispielen vom Nerva-Forum (Fig. 135, 136) erkennen: das Uebergehen der einzelnen Halbblätter in verbindende Ranken, das Ineinanderschachteln von Blättern erscheinen als geeignete Zwischenglieder, um allmählich die ursprüngliche Individualität des Akanthusblattes zu verwischen. Nun im 5. Jahrh. sehen wir den Process am Ende angelangt und die einzelnen mehrspältigen Zacken lösen sich vom ehemaligen Akanthusvoll- oder Halbblatte ab und bilden eigene Konfigurationen von selbständiger Bedeutung. Es hat völlig den Anschein, als ob ein gerader Entwicklungsgang zu gar keinem anderen Resultate hätte führen können. Der „byzantinische" Akanthus erscheint hienach als reines Produkt eines von der besten klassischen Zeit an zu verfolgenden Entwicklungsprocesses, und keines-

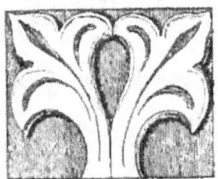  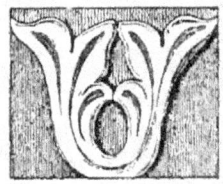

Fig. 143.
Ornamentale Details von der Kirche der hll. Sergius u. Bacchus zu Konstantinopel.

wegs als Schöpfung eines byzantinischen genius loci oder als Resultat der Beeinflussung Seitens einer unerfindlichen „orientalischen" Originalkunst.

Beispiele von selbständigen abgelösten Zacken des byzantinischen Akanthus zeigt Fig. 143 aus St. Sergius und Bacchus[18]). Das wichtigste Beispiel darunter ist das in der Mitte befindliche sogen. *Dreiblatt*. Es zeigt ungefähr die Stilisirung der heraldischen Lilie. Späterhin ist es nicht bloss in der byzantinischen, sondern auch in der saracenischen Kunst von solcher Bedeutung gewesen, ein so vulgäres Element aller Dekoration geworden, dass wir ihm an dieser Stelle einige Worte im Besonderen widmen müssen.

Das Dreiblatt besteht aus einem Volutenkelch und krönendem Blatt darüber. Aeusserlich ist es somit fast identisch mit gewissen abbreviirten Lotusblüthen-Bildungen der altorientalischen Künste (Fig. 20, 35). Der reducirte Volutenkelch der auch im 5. Jahrh. und darüber

---

[18]) Nach Pulgher a. a. O. III. 2.

hinaus immer noch bekannt gewesenen flachen — insbesondere der gesprengten — Palmette mag gewiss auf die Stilisirung des Dreiblattes Einfluss geübt haben. Dazu kommt aber noch ein Zweites von ganz wesentlicher, weil unmittelbarer Bedeutung: der Volutenkelch des byzantinischen Dreiblattes war schon an und für sich bedingt durch die scharfe Einziehung zwischen den einzelnen ausgezackten Gliedern, in welche eben das alte Akanthusblatt zu zerfallen im Begriffe stand. Um sich davon zu überzeugen, genügt ein Blick auf die Dreiblätter, in welche die Akanthusranke auf dem Architrav in Fig. 142 aufgelöst ist.

Am Dreiblatt ist ferner die Kielbogenform des krönenden Blättchens zu vermerken. Diese Bogenform ist bekanntlich späterhin ganz besonders charakteristisch für die saracenische Stilweise geworden. Ihr Auftreten in der oströmischen Kunst des 5. Jahrh. wird uns aber gleichfalls nicht völlig unerwartet kommen: hat doch das Akanthushalbblatt (sowie die gesprengte Palmette) in der ganzen römischen Zeit und schon früher die ausgesprochene Tendenz nach Führung in auswärts gekrümmten, ausgeschweiften Linien bekundet (S. 245.)

Man vergleiche alle die einschlägigen Kapitäle aus den Publikationen von Salzenberg und Pulgher, und man wird sich alsbald davon überzeugen, dass die Auflösung, die Zerpflückung des ursprünglichen individuellen Akanthusblattes und die willkürliche Verwendung und Zusammenstellung der einzelnen Theilglieder (Fig. 143) den wesentlichen Unterschied der justinianischen Ornamentik gegenüber der griechisch-römischen begründen. Um so entschiedener muss eine Hypothese abgewiesen werden, welche den vermeintlich so eigenartigen Blattschnitt, d. h. die „fette und zackige" Bildung des Blattrandes, wiederum mit der ostmittelländischen *Acanthus spinosa*, gegenüber der italischen *Acanthus mollis*, in Verbindung bringen wollte[19]. Die Steinmetzen der Justinianischen Zeit hätten nach dieser Hypothese abermals Blattstudien nach der Natur gemacht, wie dies heutzutage in unseren Kunstgewerbeschulen zu geschehen pflegt; oder aber sollte die Gewohnheit solchen Naturstudiums, überhaupt seit Kallimachos in ununterbrochener Uebung geblieben sein? Gerade die Auflösung des ehemaligen Akanthusblattes in spätrömischer Zeit beweist die Unmöglichkeit einer solchen engen Anlehnung an bestimmte Naturvorbilder, und liefert auf's Neue den Beweis, dass die ornamentale Kunst zu allen

---

[19] Mitth. des deut. arch. Instit. zu Athen XIV. 280.

Zeiten ganz andere, und zwar künstlerischere Wege gegangen ist, als diejenigen des Kopirens bestimmter botanischer Species nach der Natur.

Bisher haben wir bloss von den Veränderungen im ornamentalen Blattwerk gesprochen; dasselbe erscheint aber am Architrav in Fig. 142 in ein fortlaufendes Wellenschema gebracht. Es obliegt uns daher noch die Behandlung der Ranke auf diesem frühen byzantinischen Beispiele zu erörtern.

Darf man im vorliegenden Falle überhaupt von einer *fortlaufenden Wellenranke* sprechen? Vermissen wir doch für's Erste die Rankenstengel oder Linien selbst, ferner die Abzweigung der Schösslinge in dem charakteristischen, kreisförmigen Schwunge nach rückwärts. Es bedarf einer Erinnerung an den Entwicklungsgang, den das ganze Motiv genommen hat, um auf dem Architrav in Fig. 142 eine fortlaufende Wellenranke zu erkennen.

Ausgangspunkt war die blosse Ranke (Fig. 50); in die Zwickel der spiraligen Abzweigungen kamen füllende Halbpalmetten (Fig. 76). In der naturalisirenden Zeit krümmten sich die Fächer der Halbpalmetten (Bordüre von Fig. 122) oder sie wurden plastisch-perspektivisch ausgeführt als Akanthushalbblätter (Fig. 129, 130). Diese letzteren trugen aber immer noch Sorge, ihre Spitzenden auswärts zu krümmen, damit an ihrer selbständigen Individualität kein Zweifel übrig bleibe; die Ranken selbst liefen unter den Enden der Halbpalmetten hinweg weiter. An mehrfachen Beispielen (Fig. 133—136) konnten wir deutlich wahrnehmen, wie die Rankenstengel zusehends schwanden und ihre Function auf die Blätter selbst übertragen wurde. Als nun das Akanthushalbblatt seine Individualität schon darum verlor, weil es in eine Anzahl Theilglieder aufgelöst wurde, fiel vollends jeder weitere Grund hinweg, an der Fiction eines selbständig abzweigenden Blattes festzuhalten. Auf dem Architrav in Fig. 142 ist es sozusagen eine einzige Akanthusrippe, von welcher fortlaufend einzelne Zacken abzweigen.

Die fortlaufende Wellenranke, die in Fig. 142 in eine Bordüre gebannt ist, dient an Fig. 141[20]) dazu, eine grössere Fläche in freien Schwingungen auszufüllen. Der hellenistischen und früheren römischen Zeit wäre eine blosse Ranke[21]), ohne eingestreutes figürliches u. dgl.

---

[20]) Arkadenverzierung aus der Hagia Sophia, nach Salzenberg Taf. XV.
[21]) Ebenso wie das Flechtband; vgl. S. 268. Es ist einer der entscheidendsten Punkte, in denen klassische und spätantik-mittelalterliche Ornamentik aus einander gehen.

Beiwerk, zu dieser Function ungenügend erschienen: in spätrömischer
Zeit waren die Anforderungen an die Bedeutsamkeit des Ornaments so
geringe geworden, dass die Akanthusranke öfter zur Musterung grosser
Innenflächen herangezogen wurde[22]. An die fortlaufende Ranke setzen
sich die Theilglieder der ehemaligen Akanthushalbblätter der Reihe nach
an, und zwar unfrei, ohne selbständige Stielung. Dass darin das ganze
Geheimniss der Arabeskenornamentik liegt, hat schon Owen
Jones erkannt, wenn auch noch nicht völlig richtig erfasst. Im Text zu
den arabischen Ornamenten seiner Grammatik der Ornamente hat er den
Arkadenwand-Ausschnitt Fig. 144 gleichfalls abgebildet und sagt dazu:

„... bildet diese Spandrille jedenfalls die Grundlage der bei den
Arabern und Mauren gebräuchlichen Verzierung der Oberflächen. Das

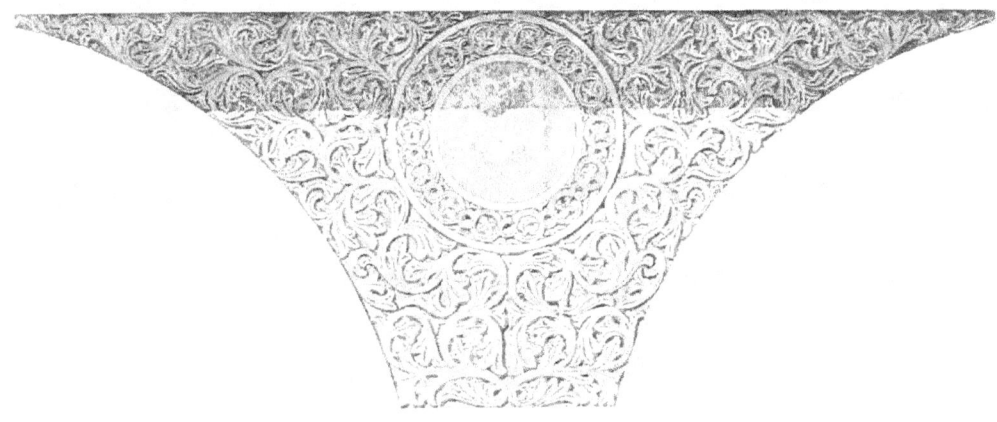

Fig. 144.
Arkadenzwickel von der Sophienkirche zu Konstantinopel.

Blattwerk, welches den Mittelpunkt der Spandrille umgiebt, ist zwar
noch eine Reminiscenz des Akanthusblattes, doch offenbart sich in demselben der erste Versuch, das Principium der aus einander entspriessen-
den Blätter[23] zu beseitigen, denn die Rankenverzierung ist zusammenhängend und ununterbrochen. Das Muster ist über den ganzen Bogen-
zwickel vertheilt, um eine gleiche Färbung hervorzubringen, ein Resultat,
welches die Araber und Mauren unter allen Umständen zu erzielen
suchten."

[22] Apsismosaik der Kapelle der hl. Rufina und Secunda am Baptisterium
des Lateran, nach de Rossi um 400; Deckenmosaik der Apsis von San Vitale.

[23] Owen Jones fasste nämlich die Wellenranke nicht als ein fortlaufendes
Einheitliches, sondern als eine äusserliche Aneinanderreihung einzelner Spiralranken. Die Einseitigkeit dieser Auffassung darzulegen, ist nach den Ausführungen im 3. Kapitel dieses Buches wohl überflüssig.

Auch der Umstand, dass bereits in der früheren römischen Kaiserzeit Lockerungen des griechischen Princips, die Blätter selbständig an eigenen Stielen abzweigen zu lassen, vorgekommen sind, ist Owen Jones nicht entgangen: „Die römischen Ornamente kämpften beständig gegen dieses scheinbar unbewegliche Gesetz an, ohne es zu beseitigen." Aber im Wesentlichen erschien ihm der endgiltige Schritt in justinianischer Zeit doch als eine spontane Erfindung, die eine ganz neue Entwicklungsreihe des Pflanzenornaments geschaffen hat. Wir waren im Stande, die frühesten Anfänge und Grundlegungen dieses Processes bis in die griechische Zeit hinauf zu verfolgen, wofür es Owen Jones hauptsächlich schon an der nöthigen Kenntniss und Uebersicht des seither durch die Forschung beigebrachten Materials gefehlt hat. Ferner glaubte Owen Jones das Wesen der ganzen Veränderung darin zu erblicken, dass nunmehr von byzantinischer Zeit an die Blätter sich unmittelbar von einer fortlaufenden Ranke, ohne Vermittlung selbständiger Stengel entwickeln. Darin liegt aber doch nicht der Kern der Sache. Dieser ist vielmehr in dem Umstande zu suchen, dass das Blatt seine selbständige Existenz, wie sie ihm in der Natur eigen ist, in der Dekoration verliert. Das Blatt zweigt nicht mehr von der Ranke ab, sondern es durchsetzt die Ranke, verwächst mit derselben. An den byzantinischen Ornamenten von St. Johannes und der Hagia Sophia ist dieses Verhältniss noch nicht so deutlich ausgeprägt, weil die einzelnen Theilglieder des ursprünglichen Akanthushalbblatts der Reihe nach scheinbar selbständig von einer Ranke abzweigen. Insofern erscheint der Process an den beiden gegebenen Beispielen erst auf halbem Wege angelangt. Das in der Arabeske ausgeprägte Schlussresultat, die Ranken von den Spitzenden der unfreien Blätter wiederum weiter laufen zu lassen, findet sich an den byzantinischen Beispielen noch nicht völlig unzweideutig zum Ausdruck gebracht. Dennoch ist es — wie wir später sehen werden — für die frühere byzantinische Kunst schon über alle Zweifel hinaus nachzuweisen.

Wenden wir uns nochmals zurück zur Betrachtung von Fig. 142, wo uns noch zwei Ornamentstreifen des Kapitäls zu besprechen bleiben. Der eine zieht sich zwischen den zwei krönenden Voluten des Kapitäls hin und zeigt eine intermittirende Wellenranke in ihrem nackten Schema. Hier bemerken wir keine Spur von naturalistischen Bildungen: eine blosse glatte Wellenlinie schlängelt sich von Blüthe zu Blüthe. Diese letzteren zeigen den Volutenkelch der flachen Palmette in einer Reducirung, wie sie das oben erörterte Dreiblatt in Fig. 143 aufweist.

1. Das Pflanzenrankenornament in der byzantinischen Kunst.

Aus diesem Kelch erhebt sich eine dreiblättrige Blüthenkrone, zunächst stehend dem dreiblättrigen Lotusprofil. Es kann kein Zweifel sein: es ist die alte griechische intermittirende Wellenranke, deren Palmetten allerdings beeinflusst erscheinen von jener Blattbildung, die sich inzwischen am Akanthus infolge der Auflösung seiner individuellen Selbstständigkeit vollzogen hat.

Der Ornamentstreifen endlich, der die Deckplatte ziert, zeigt eine fortlaufende Wellenranke, aber nach dem alten griechischen Schema: bloss die abzweigenden Blätter zeigen eine Stilisirung, die gerade so viel vom Palmettenhabitus noch beibehalten hat, um die Abkunft von diesem letzteren zu erweisen. In der Mitte ist dieser Streifen unterbrochen von einer ausladenden Bosse, die mit einer Lotusblüthen-Palmettenreihe verziert ist. Die Lotusblüthen zeigen die gleiche Stilisirung wie die vorbesprochenen der intermittirenden Wellenranke zwischen den Voluten des Kapitäls, und die Palmetten verrathen an den Voluten gleichfalls die deutliche Beeinflussung des mit dem byzantinischen Akanthusornament stattgehabten Auflösungsprocesses.

Was an Fig. 142 und 144 die darin enthaltene Veränderung gegenüber dem klassisch-antiken Rankenornament für den oberflächlichen Blick so schwer erkennbar macht, ist der Umstand, dass die Kurven, in welchen sich die Rankenlinien bewegen, nichts Auffälliges gegenüber der griechischen Weise zeigen. Es ist die Bewegung der uns wohlvertrauten fortlaufenden Wellenranke, die uns da entgegentritt. In der That hat die klassisch-antike Rankenornamentik im Allgemeinen bis an ihr äusserstes Ende niemals verläugnet, dass sie ursprünglich aus der Spiralornamentik hervorgegangen ist: selbst als das ausgebildete Akanthushalbblatt jede Erinnerung an die ehemalige fast rein geometrische Bedeutung der blossen Zwickelfüllung vollständig verwischt hatte, wurde der rollende Schwung der Ranken immer noch aus dem Kreise heraus konstruirt.

Betrachten wir dagegen Fig. 145[24]), die gleichfalls von einer Arkade der Hagia-Sophia entlehnt ist. Fassen wir zuerst das Ornament der Bogenleibung oben in's Auge. Die Ranken laufen hier nicht mehr zu runden, sondern zu spitzovalen Konfigurationen zusammen. Dieser Punkt ist ein besonders entscheidender für den Werdeprocess einer, neuen Impulsen folgenden Dekorationskunst im Osten des Mittelmeers. Die Veränderung im Verhältniss zwischen Ranke und Blatt, die wir an Fig. 144

---

[24]) Salzenberg XV. 7.

vollzogen sehen und die schon Owen Jones als so bedeutungsvoll erkannt hatte, ist, wenigstens soweit als die Byzantiner in der Zeit Justinians darin gegangen sind, auch von den abendländischen Künsten übernommen worden. Dagegen haben diese letzteren allezeit an dem mehr oder minder kreisförmigen Schwung der Ranke festgehalten, während wir gemäss Fig. 145 schon an der Hagia-Sophia die erwachende Neigung für spitzovale Rankenführung beobachten können[25]).

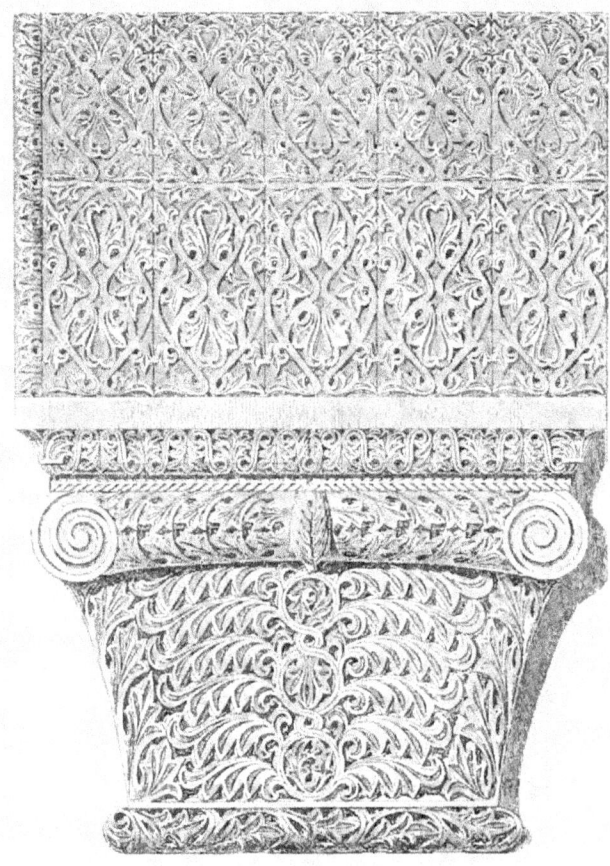

Fig. 145.
Kapitäl und Stück einer Bogenleibung, von der Sophienkirche zu Konstantinopel.

Hinsichtlich der Einzelmotive von Fig. 145 ist hinzuweisen auf die gekrümmten Halbpalmetten, die das vorherrschende Element der Blattdekoration bilden und überaus bemerkenswerther Maassen in symmetrischer Paarung zu gesprengten Vollpalmetten zusammentreten. Die Halbpalmetten, die eine solche Vollpalmette zusammensetzen gehen aber nicht von einer und derselben Ranke, sondern von ver-

[25]) Auch hiefür dürfte das Studium pompejanischer Dekorationen eine ganze Anzahl spielender Vorläufer liefern.

schiedenen Stengeln aus. Auch dies entspricht nicht dem Vorgange in der Natur, wo jede Blüthe ihren eigenen einzigen Stengel besitzt. Wir haben somit einen neuerlichen antinaturalistischen Zug zu verzeichnen, der für die Arabeske geradezu charakteristisch geworden ist. Betrachten wir doch daraufhin noch einmal Fig. 139. Links sehen wir die Gabelranken wiederholt zu kielbogenartigen Konfigurationen zusammentreten, wie es eben der Bewegung der beiden Hälften einer gesprengten Palmette entspricht. Noch deutlicher prägt sich dies in der Ecklösung rechts unten in Fig. 139 aus. Hier laufen die Gabelranken von zwei verschiedenen Seiten her zusammen und bilden einen Kielbogen, an den sich erst noch ein Dreiblatt als freie Endigung anschliesst. Haben wir es nun auch an Fig. 145 noch nicht mit Gabelranken zu thun, weil die Schematisirung der vegetabilischen Einzelmotive im 6. Jahrh. noch nicht entsprechend fortgeschritten gewesen ist, so ist doch die Neigung, zwei selbständige Halbmotive zu einem Vollmotiv unter einem geschweiften Winkel zusammen treten zu lassen, bereits unverkennbar. Den Anknüpfungspunkt an das Frühere, Hellenistisch-römische, bietet hinsichtlich der geschweiften Berührungswinkel die gesprengte Palmette, ferner pompejanische Beispiele gleich Fig. 152, hinsichtlich des Zusammenlaufens der (kelchbildenden) Rankenstengel von verschiedenen Seiten her schüchterne Vorläufer gleich der oberen centralen und den seitlichen umschriebenen Palmetten in Fig. 125.

Der Volutenkelch der Halbpalmetten in Fig. 145 ist wiederum auf einen fleischigen Blattkelch reducirt; hiebei ist überaus bezeichnend für die folgende Entwicklung der Umstand, dass die Kelchbildung im Stein durch eine runde Vertiefung mittels des Bohrers erfolgt ist: ein technischer Process, den sich späterhin auch die Saracenen angeeignet haben.

Das unter der beschriebenen Bogenleibung befindliche Kapitäl zeigt in der Mitte kreisrunde Einrollungen von Ranken, an die sich seitwärts lange geschwungene Halbpalmetten des gesprengten Typus, innen in den Einrollungen Ableger des Akanthusblattes ähnlich Fig. 145 ansetzen. Die in einander verschlungenen Kreise als Flächenmuster, grosse mit kleinen alternirend, kennen wir aus der römisch-altchristlichen Kunst, wo sie in die Ornamentklasse der Bandverschlingungen einzureihen sind. Dass die Byzantiner dieses Ornament mit besonderer Vorliebe gepflegt haben, wurde schon erwähnt (S. 268). Die Fortbildung, die die Saracenen daran geknüpft haben, hatte zur Voraussetzung eine freiere Benutzung der Bänder. Sowie in der Rankenführung sind die Römer auch in der Bänderführung im Wesentlichen bei der Kreisform stehen geblieben: die Saracenen haben dagegen ihre Bänder skrupellos gebrochen und geknickt. So wie Fig. 145 lehrt, dass die Byzantiner in Bezug auf die Emancipation der Rankenführung von der Kreisform die unmittelbaren Vorläufer der Saracenen gewesen sind, so ergiebt sich aus den Verzierungen des Kapitäls Fig. 146[26]), dass auch der Uebergang von der kreisförmigen zur geknickten Bandverschlingung sich bereits im vorsaracenischen Byzanz vollzogen hat.

Zur weiteren Bekräftigung des Gesagten mögen noch einige Details folgen, die den latenten saracenischen Zug in der byzantinischen

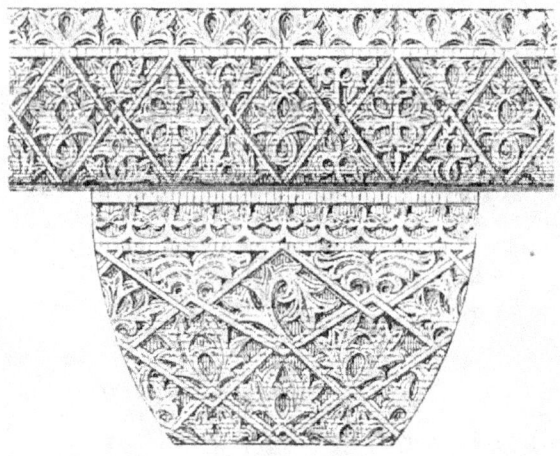

Fig. 146.
Kapitäl mit Gebälkstück, von der Sophienkirche zu Konstantinopel.

Kunst der Justinianischen Zeit des Weiteren zu demonstriren geeignet sind. Fig. 147 von St. Sergius und Bacchus[27]) giebt ein Beispiel für die Freiheit, mit der man in der Verwendung der vom Akanthusblatt losgelösten Theilglieder verfuhr. Wir gewahren da ein reducirtes Akanthushalbblatt, das in dem uns nunmehr wohlvertrauten Kelch aus zwei Spitzblättern steckt. Demselben Motiv in lappig-akanthisirender Ausführung begegnet man später in der saracenischen Kunst überaus häufig.

Fig. 148[28]) zeigt eine Art von Palmettenstilisirung, die der byzantinischen wie der früh saracenischen Kunst gleich geläufig gewesen ist. Man vergleiche damit den pompejanischen Vorläufer dieses Motivs

---

[26]) Salzenberg XVII. 4, von der Hagia Sophia.
[27]) Salzenberg V. 3.
[28]) Salzenberg V. 7, von San Sergius und Bacchus.

1. Das Pflanzenrankenornament in der byzantinischen Kunst.   287

Fig. 149[29]). Fig. 150[30]) zeigt die Verschlingung zweier Dreiblätter mit den Stielen, und die wechselseitige Durchschneidung der zwei benachbarten Blätter mit ihren Enden: ein Motiv, das in der spielenden Behandlung der doch noch als vegetabilisch gelten sollenden Elemente geradezu saracenisch genannt werden könnte.

Fig. 151[31]) endlich zeigt die geschnitzte Verzierung von einem hölzernen Spannbalken der Hagia-Sophia. In dem äusseren Kreise

    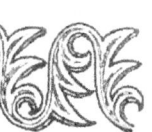

Fig. 147.   Fig. 148.   Fig. 149.   Fig. 150.   Fig. 153.
Fig. 147, 148, 150, 153 byzantinisch. Fig. 149 pompejanisch.

links gewahren wir unten zwei divergirende unfreie Halbpalmetten, deren Scheitelenden zugleich als Stengel für zwei daraus entspriessende Halbpalmetten der gleichen Art dienen: also das fertige Princip der Arabeske ohne alle Maskirung. Allerdings gehen diese geschnitzten Verzierungen nicht in die Zeit Justinians zurück: die Behandlung der Details ist nicht mehr so scharf und eckig, sondern vielmehr flüssig und geradezu geometrisch korrekt. Dass aber diese Ornamente, die

Fig. 151.
Verzierungen von einem Deckenbalken der Sophienkirche zu Konstantinopel.

man ohne Weiteres als saracenische Arbeit des 11.—12. Jahrh. bezeichnen könnte, noch zur Zeit der christlich-griechischen Herrschaft in Konstantinopel gefertigt worden sind, beweisen die Kreuze, die sich an anderen Balken genau der gleichen Art[32]) vorfinden. Noch immer

[29]) Nicolini Pantheon II.
[30]) Salzenberg XVII. 4, von der Hagia Sophia.
[31]) Salzenberg XX. 14.
[32]) Salzenberg XX. 12.

288 Die Arabeske.

bliebe da die Annahme möglich, dass diese Schnitzereien entweder unmittelbar von Saracenen im Dienste der Byzantiner gefertigt, oder doch unter dem bestimmenden Einflusse einer bereits erstarkten saracenischen Kunst entstanden wären: aber gerade im Hinblick auf alles das vorhin Gesagte werden wir keine Nothwendigkeit empfinden, fremde Einflüsse für die Stilisirung in Fig. 151 verantwortlich zu machen. Der eigenthümliche Eindruck wird ja vornehmlich hervorgebracht: erstens durch die rund herausgebohrten Löcher für die Blattkelche, zweitens durch das ausgeschweifte Blattwerk. Das eine wie das andere haben wir bereits an den skulpirten Dekorationen der Justinianischen Zeit festgestellt. Und wie die Neigung zu geschweiften Spitzbogenformen selbst schon in der griechischen Kunst latent gewesen ist, wie sie bloss eines Anstosses zu schematisirender Bildung bedurft hat, um

  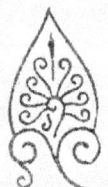

Fig. 152.
Ornamente von pompejanischen Wandmalereien.

als maassgebendes Formelement in's Leben zu treten, dafür citire ich nach all dem über die gesprengte Palmette, die auswärts geschweiften Spitzenden der Akanthushalbblätter u. s. w. Gesagten noch die drei nebenstehenden Details aus Pompeji (Fig. 152)[33].

Für das Aufgehen des Blattes in der Ranke, wofür wir soeben ein vollendetes Beispiel im äusseren Kreise links von Fig. 151 kennen gelernt haben, sind übrigens zweifellose Repräsentanten auch aus frühbyzantinischer Zeit, von der Hagia-Sophia, nachzuweisen. Fig. 153[34] zeigt drei Akanthushalbblätter rankenartig in einander übergehend. Fig. 154 und 155 sind von der musivischen Dekoration entlehnt. Erstere zeigt eine kapitälartige Zusammenstellung von zwei Halbpalmetten des gesprengten Typus: der spiralig eingerollte Volutenkelch und die feinen geschweiften Einzelblätter lassen keinen Zweifel übrig. Die äussere Blattrippe aber schwingt sich rankenartig nach abwärts um und dient als Stiel einer Palmette. Aehnlich sehen wir an Fig. 155

[33] Nicolini, Descrizione generale 90.
[34] Salzenberg XVII. 13.

von den Füllhörnern einer nach bekannten römischen Mustern entworfenen Borde Ranken ausgehen, die sich gabeln und in symmetrischer Paarung in ähnlicher Weise zu gesprengten Vollpalmetten zusammentreten, wie wir es an Fig. 145 beobachtet haben. Der andere Arm der Gabelranke aber dient im weiteren Laufe als Stiel für eine Knospe oder ein fächerähnliches Blatt. Unter je zwei Füllhörnern befindet sich eine Palmette, die von zwei blattartig behandelten Ranken getragen wird, worin sich das gleiche Princip des Aufgehens der Selbständigkeit des Blattes in der Ranke auszudrücken scheint.

Der antinaturalistische Zug, der in den geschilderten maassgebenden Leitgrundsätzen des byzantinischen Kunstschaffens seinen unverkennbaren Ausdruck fand, war gewiss das Resultat tiefgreifender Kulturvorgänge, worüber Einiges bereits andeutungsweise vorgebracht worden

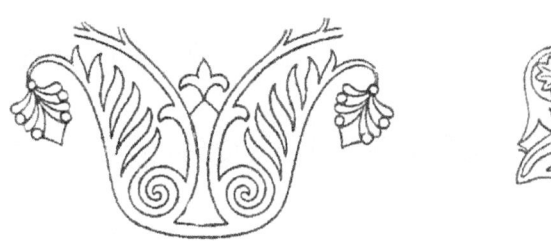

Fig. 154. Fig. 155.
Von der Mosaikverzierung der Sophienkirche in Konstantinopel.

ist. Aber es musste dem bezüglichen ornamentgeschichtlichen Processe gerade auf dem Boden des byzantinischen Reiches ein ganz besonders günstiger Umstand zu Statten gekommen sein, der eine so rasche Entwicklung schon in frühbyzantinischer Zeit, wovon wir oben so viele Zeugnisse kennen gelernt haben, ganz wesentlich begünstigt haben mochte. Diesen Umstand bin ich geneigt darin zu erblicken, dass die Kunst im Osten des Mittelmeerbeckens auch während der römischen Kaiserzeit vielfach an den strengeren Typen der hellenischen Rankenornamentik festgehalten zu haben scheint. Wie wäre es sonst möglich, dass gerade die blattlose, sozusagen abstrakte, intermittirende Wellenranke, sowie die gesprengte Palmette eine so vorwiegende Stellung in der frühbyzantinischen Ornamentik eingenommen haben. Noch im 12. Jahrh. begegnen uns hievon in Konstantinopel so typische Beispiele, wie Fig. 156 von der Pantokratorkirche (nach Pulgher X. 4). Vgl. u. a. die Deckplatte des Kapitäls aus St. Sophia zu Saloniki, bei Texier und Poplewell, Architekt. byzant. Taf. 39. links mit den liegenden S-Spiralen und in die Zwickelkelche eingesetzten Lotusblüthen, ganz nach dem altgriechischen Schema, nur mit byzantinischer Blattstilisirung: am Halse des Kapitäls eine nicht minder charakteristische intermittirende Wellenranke. Und in der That lehren die wenigen römischen Denkmäler auf asiatischem Boden, die man bisher einer sorgfältigeren Publikation für würdig befunden hat[35]), dass die intermittirende Wellenranke unter reichlicher Hinzuziehung der flachen Palmettenmotive daselbst allezeit eine sehr maassgebende Rolle gespielt hat. Dieser Wechselbezug zwischen byzantinischer und hellenischer Weise ist auch Salzenberg bereits aufgefallen, der allerdings wieder über's Ziel geschossen hat, indem er kurzweg gesagt hat: „Das (byzantinische) Blattornament zeigt nicht die römische Behandlungsweise, sondern mehr die hellenische[36])".

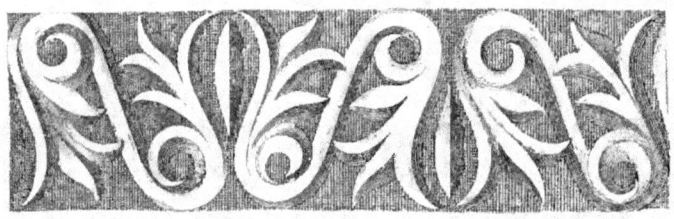

Fig. 156.
Gesimsstück von der Pantokrator-Kirche zu Konstantinopel.

Dieser Punkt ist wichtig nicht bloss für die Herausbildung der Ornamentik der Justinianischen Zeit, sondern auch für die spätere Entwicklung. Es muss im Orient allezeit ein — sei es lokales, sei es an gewissen Techniken haftendes — Beharren an älteren Weisen, insbesondere an der Flachstilisirung in althellenischem Charakter, gegeben haben. Nur so ist es zu erklären, dass uns — wie wir sehen werden — noch an Kunstwerken des 12.—14. Jahrh. fast rein griechische Rankenverzierungen begegnen.

Ferner ist die Behandlung des Akanthus, die wir an den justinianischen Steinskulpturen vollzogen sahen, nicht die alleinige und ausschliessliche im frühbyzantinischen Reiche gewesen. Auch der weiche lappige Akanthus hat daneben — wofür uns allerdings hauptsächlich die nachfolgende Entwicklung zum Zeugniss dienen muss — fortdauernd Verwendung gefunden. Auf diese Unterschiede werden gewiss Material

[35]) Wie z. B. die vom Grafen Lanckoronski publicirten Denkmäler aus Pamphylien und Pisidien.
[36]) A. a. O. 19.

und Technik von sehr wesentlichem Einflusse gewesen sein: so wird die Malerei naturgemäss die lappige Blattbildung bevorzugen, während die Steinskulptur der scharfkantigen zuneigt. Aber auch lokale Unterschiede werden obgewaltet haben — Unterschiede, die zwar innerhalb der kanonischen römischen Universalkunst keine wesentliche Bedeutung gewinnen konnten, aber zur Zeit, da neue Impulse auftraten, neue Dekorationsweisen in Fluss kamen, sehr wohl zu einer maassgebenderen Stellung gelangen konnten. Wir wollen daher, bevor wir an die Erörterung zweifellos saracenischer Denkmäler schreiten, noch raschen Schrittes die Provinzen des oströmischen Reiches durcheilen, um zu sehen, welche Fortsetzungen sich daselbst an die spätantike Universalkunst geknüpft haben.

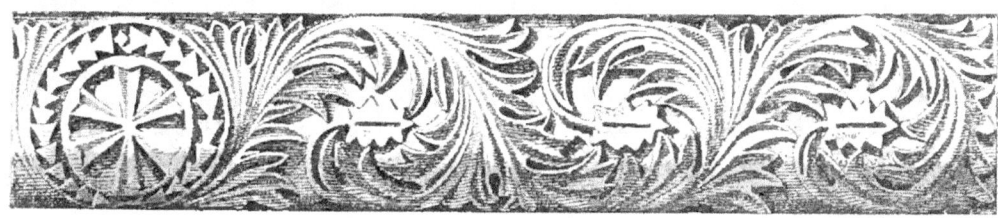

Fig. 157.
Gesimsstück aus El-Barah in Syrien.

Verhältnissmässig am meisten Kenntniss ist uns von der spätantik-frühmittelalterlichen Kunst in Syrien geworden. Die Aufnahmen, die der Graf de Vogüé von den centralsyrischen Städteruinen gemacht hat, würden genügen, uns ein geschlossenes Charakterbild der syrischen Ornamentik jener Zeit zu entwerfen, soweit dieselbe in der Architektur Ausdruck gefunden hat. Wir werden uns im Folgenden bloss auf das Pflanzenrankenornament beschränken.

Fig. 157 ist die Reproduktion eines Frieses von der grossen Pyramide von El-Barah[37]), die von de Vogüé in das 5. Jahrh. datirt wird. Die fortlaufende Akanthusranke, die diesen Fries ziert, bringt uns sofort ein ähnliches Denkmal in Erinnerung, den Architrav von St. Johannes zu Konstantinopel, Fig. 142. Vergleichen wir beide nebeneinander, so gelangen wir zu dem überraschenden, aber unabweisbaren Ergebniss, dass das syrische Beispiel die Vorstufe des konstantinopolitanischen bildet. Gerade das, was wir an Fig. 142 vermisst haben, und was uns darum von vornherein zögern hat lassen, darin eine fortlaufende Akan-

---
[37]) De Vogüé, Syrie centrale Taf. 76.

thusranke zu erblicken — selbständig abzweigende Schösslinge in einer der Rankenbewegung entgegengesetzten Richtung — das findet sich am Friese von El-Barah deutlich beibehalten. Und auch das alte klassische Akanthusblatt ist noch klar zu erkennen. Wenn auch die verbindenden Rankenstengel schon unterdrückt sind, gleichsam eine Blattrippe wellenförmig weiterläuft, so sind doch die an der Peripherie ausladenden Zacken noch subordinirte Bestandtheile eines unfreien Akanthushalbblatts, und noch nicht selbständige dreispältige bis vierspältige Individuen wie zu Konstantinopel. Es leidet aber keinen Zweifel: der syrische Fries ist der Ausgangspunkt, aus dem sich mit dem nächsten Schritte der Fries von St. Johannes ergeben wird. Die Stengel sind bereits unterdrückt, die Schösslinge sind abgegabelte Akanthusblätter, und — was das Wichtigste ist — die Hauptrippe dieser abzweigenden Blätter setzt sich vom Ende des Blattes hinweg weiter fort in einem Stiele, der schliesslich eine zur eckigen Palmette stilisirte Blume als freie Endigung trägt. Wir haben es also bereits mit einer ausgesprochenen Gabelranke zu thun, an die sich weitere gestielte Blüthenmotive schliessen.

Die Bedeutung, die diesem syrischen Beispiele innewohnt, beruht hauptsächlich darin, dass uns damit laut und eindringlich gesagt wird, wie diese ganze Bewegung auf dem Gebiete des ornamentalen Kunstschaffens keineswegs als eine lokal-byzantinische aufgefasst werden darf, die von Konstantinopel ausgegangen wäre und ihren Weg in die Provinzen des Reiches gefunden hätte. Die Keime waren vielmehr überall vorhanden, weil sie eben mit der griechisch-römischen Universalkunst überall hin verstreut worden waren; auch die Kulturlage, sowie die treibenden Kräfte nach Veränderung und Fortbildung sind im ganzen Reiche die gleichen gewesen. Ferner beweist die vortreffliche flüssige Bildung des Frieses von El-Barah — falls der Zeichner sich nicht Willkürlichkeiten erlaubt hat — gegenüber der steifen, kriechenden an der konstantinopler Johanneskirche, dass man in Dingen der dekorativen Skulptur im 5. Jahrh. in Syrien gegen Byzanz mindestens nicht im Rückstande gewesen ist. Uebrigens steht das Beispiel in Syrien nicht vereinzelt da. Einmal zeigt Taf. 121 bei de Vogüé eine ähnliche Behandlung der fortlaufenden Akanthusranke. Ferner sind die Thürbogen an der bei de Vogüé, Temple de Jerusalem Taf. V abgebildeten Porte double sowie an der goldenen Pforte mit einer fortlaufenden Akanthusranke geschmückt, die geradezu als engeres Zwischenglied zwischen El-Barah und St. Johannes bezeichnet werden darf.

1. Das Pflanzenrankenornament in der byzantinischen Kunst. 293

Polygonbildung mit überschneidenden Ranken und füllenden Blättern und Blüthen, und damit eine Zwischenstufe zu einem specifisch saracenischen Dekorationsschema, treffen wir an syrischen Bauten wiederholt, so z. B. auf Taf. 43 bei de Vogüé. Anderseits finden sich auch wieder frappante Parallelen mit altgriechischen Rankenbildungen, wie Fig. 158[38]), womit die fortlaufende Wellenranke Fig. 96 aus dem 5. Jahrh. v. Ch. zu vergleichen ist.

Fig. 158.
Friesstreifen aus Kalb-Luzeh in Syrien.

Von spätantiker Kunst auf egyptischem Boden hat man vor etwa zehn Jahren so gut wie Nichts gewusst. Heute verfügen wir, wenigstens was die Ornamentik betrifft, von dorther über ein reicheres Material als von irgend einem anderen Kunstboden jener Zeit. Wir danken dies erstlich einmal den textilen Gräberfunden aus Sakkarah, Akhmîm, Fayum u. s. w., dann den Denkmälern koptischer Skulptur, die in das Museum von Bulak gerettet worden sind und zum grossen Theile im 3. Hefte des 3. Bandes der *Mémoires publiés par les membres de la mission archéologique française au Caire*, von Al. Gayet unter dem Titel: *Les monuments coptes du musée de Boulaq* ihre Veröffentlichung gefunden haben.

Das hiemit gebotene, wider Erwarten reiche Material hat nun allerdings schon mehrseitige Bearbeitung erfahren. Einen Theil der Textilfunde — die ersten nach Europa gelangten dieser Art, die vom k. k. österreichischen Museum in Wien erworben worden sind — hat J. Karabacek hauptsächlich auf die daran zu beobachtenden Zusammenhänge mit der persisch-sassanidischen und der späteren saracenischen Kunst untersucht[39]). Das rein Ornamentale an jenen Funden in seinen Beziehungen zur späten Antike wenigstens in grossen allgemeinen Zügen klar zu stellen, hat Verfasser in dem von der Direktion des k. k. österreichischen Museums herausgegebenen Kataloge der betreffenden Collektion[40])

---

[38]) De Vogüé, Syrie centrale Taf. 129, von Kalb-Luzeh.
[39]) Katalog der Th. Graf'schen Funde in Egypten, Wien 1883.
[40]) Die egyptischen Textilfunde im k. k. österreichischen Museum, Wien 1889.

294   Die Arabeske.

unternommen. Was hingegen die koptischen Skulpturen betrifft, so hat nächst Gayet G. Ebers[41]) sich darüber eingehender verbreitet. Auch dieser Autor hat den engen Zusammenhang dieser Denkmäler mit den spätrömisch-byzantinischen zu Gunsten einer vermeintlichen Renaissance national-egyptischer Kunst weit unterschätzt, was ich in einem Aufsatze über *Koptische Kunst* in der *Byzantinischen Zeitschrift*[42]) im Einzelnen nachzuweisen versucht habe. Trotz dieser verschiedenen Anläufe steht eine zusammenfassende Bearbeitung, die gewiss ein höchst bedeutsames Resultat ergeben dürfte, noch aus: wir aber werden uns im Nachstehenden

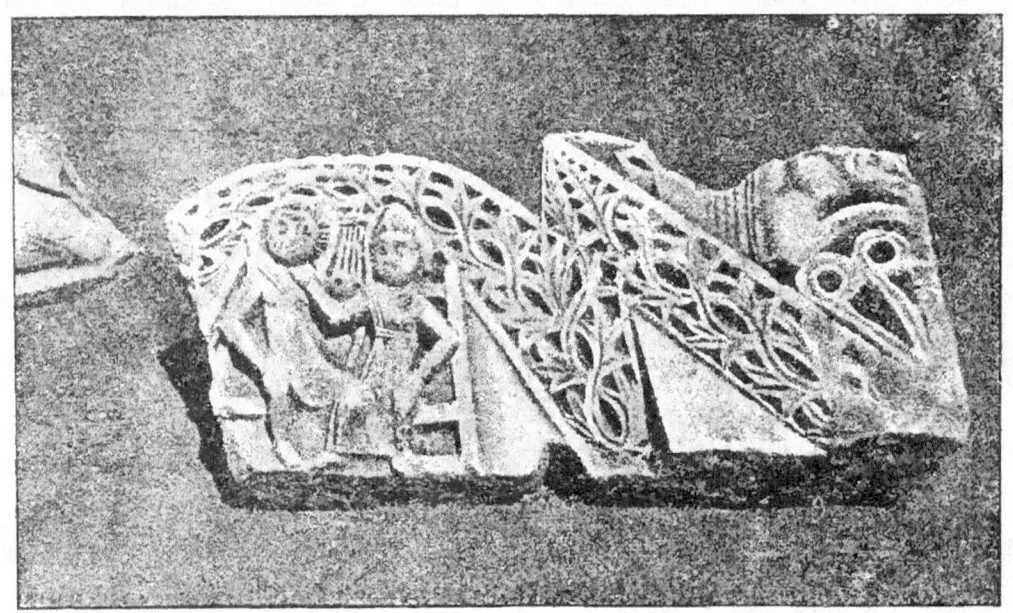

Fig. 159.
Fragment vom Giebel eines Sarkophag-Deckels. Egyptisch-spätrömisch.

beschränken müssen auf die Erörterung derjenigen Denkmäler, die uns über die Entwicklung der Rankenornamentik im frühmittelalterlichen Egypten Aufschluss zu gewähren geeignet sind.

Das weitaus bedeutsamste darunter giebt Fig. 159[43]) wieder. Es ist dies das Fragment eines skulpirten Giebels aus Stein. Rechts sind zwei Blätter vom gesprengten Palmettenfächer eines Eckakroterions sichtbar, darüber Theile vom Vorderleib eines Thieres. Die Mitte des

[41]) In einer Studie: Sinnbildliches, die koptische Kunst u. s. w. Leipzig 1892.

[42]) Eben (Dezember 1892) im Drucke befindlich.

[43]) Gayet a. a. O. Taf. 6; von ihm und Ebers für byzantinische Importwaare erklärt.

Giebels ist mit einer nicht eben fein ausgeführten Gruppe von zwei Personen geschmückt, worin Gayet David und Bathseba erkennen wollte. Uns interessirt hier bloss das Ornament, das sich in dem zweimal spitzwinklig gebrochenen Bordürenbande befindet. Dieses Ornament besteht aus zwei ineinander verschlungenen Wellenranken. Die Blätter — dreitheilige Ableger des Akanthusblattes, wo nicht direkte Epigonen der flachen Halbpalmetten — zweigen nicht frei an selbständigen Stielen von der Ranke ab, sondern durchsetzen die letztere. Eines der drei Blättchen, aus denen jedes grössere Blatt besteht, ist nach rückwärts gekrümmt, und somit als Kelchblatt aufzufassen; die beiden anderen Blätter weisen in der Richtung der Ranke. Man braucht bloss diese beiden letzteren nicht in selbständiger Ausladung zu belassen, sondern in eine feste, glatte Umrisslinie zu bannen, und wir haben eines der allergebräuchlichsten saracenischen Streifenmuster, namentlich für pilasterförmig aufsteigende Füllungen. Zu Grunde liegt wiederum nichts anderes, als die neue emancipirte Weise, die Ranke von den Spitzen der unfreien Akanthushalbblätter oder Halbpalmetten weiter zu führen. Wo aber die Ranken endgiltig auslaufen, dort bilden Vollblätter (oder Vollpalmetten, was bei der nunmehrigen schematischen Stilisirung schwer zu entscheiden ist) die freie Endigung.

Wie es das spätere häufige Vorkommen dieser Art von Rankenverzierung in der ausgebildet saracenischen Stilisirung erwarten lässt, ist dasselbe in der byzantinischen Uebergangsfassung an Skulpturen egyptischer Provenienz noch wiederholt nachzuweisen: so bei Gayet Taf. 4 und Taf. 93. Gayet allerdings will die figürlichen Darstellungen, die damit auf Taf. 4 und 6 verbunden sind, als Zeugnisse für byzantinischen Ursprung geltend machen und die Stücke daher für importirt ansehen. Wir, die wir Gayet's Unterscheidung zwischen einer byzantinischen und einer national-egyptischen Kunst im 6. und 7. Jahrhundert n. Ch. keineswegs für begründet erachten, werden auch die erwähnten Denkmäler ohne Bedenken egyptischem Ursprunge zuweisen. Aber wenn dem selbst so wäre, wie Gayet möchte, würde dies für unseren Gegenstand kein wesentlich anderes Resultat bedeuten: der zur saracenischen Einverleibung des Profilblattes in die Ranke treibende Zug, der sich als dem Schema von Fig. 159 zu Grunde liegend erwiesen hat, wurde ja von uns bereits an so vielen anderen Denkmälern aus dem oströmischen Reiche, auch solchen lokal konstantinopolitanischer Herkunft, festgestellt. Es ist nur ein recht unzweideutiger und entschiedener Schritt nach der angedeuteten Richtung, den uns Fig. 159 repräsentirt, und diesen werden wir immerhin eher auf einem Boden erwarten, auf dem späterhin die reine Arabeske sich entfaltet hat, als innerhalb der Bannmeile von Byzanz, wo man niemals recht über die halbe Mitte zwischen dem Beharren an der Tradition und dem Nachgeben gegenüber den dekorativen Neigungen der Zeit hinaus gekommen ist.

Was sonst an Beispielen einer Rankenornamentik auf koptischen Skulpturen vorliegt, bewegt sich in der gleichen Richtung, wenngleich in minder entschiedenem Tempo. Ich verweise diesbezüglich bloss auf die zahlreichen Gabelungen (Fig. 160)[44], die ebenfalls nicht denkbar wären ohne das Aufkommen jenes neuen Grundprincips der Blattrankenführung, das wir schon an der Fig. 159 als maassgebend erkannt haben. Auch die üppige Gliederung der von einer fortlaufenden Wellenranke abzweigenden Schösslinge in reich verzweigte Nebenranken[45] wider-

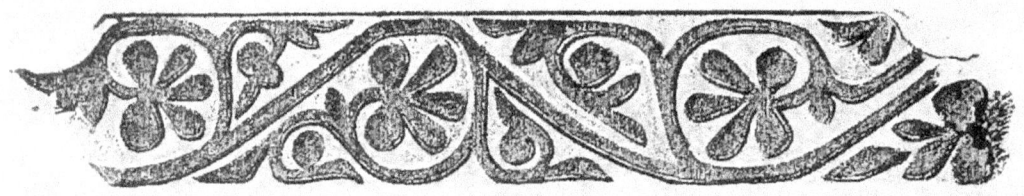

Fig. 160.
Bordürenfragment von einer egyptisch-frühmittelalterlichen Grabstele.

streitet der antiken Tradition, die an dieser Stelle im Wesentlichen nur eine spiralige Einrollung mit einer freien Endigung gekannt hat. Es verrieth sich in dieser Neuerung der zur dicht und gleichmässig verstreuten Kleinmusterung neigende neuorientalische Geschmack. Daneben finden sich Beispiele von nackter spiraliger Wellenranke gleich dem mykenischen Urschema (Fig. 50), nur bereichert durch eine nicht minder primitive Zwickelfüllung mittels einfacher Giebel[46]. Es ist dies nicht unwichtig im Hinblick darauf, dass uns noch unter der vollen Herrschaft der ausgebildeten Arabeske dergleichen urtypische Rankenbildungen öfter begegnen werden.

Wir müssen es uns versagen, das überreiche aus Egypten vorliegende Material nach der besprochenen Richtung noch weiter zu erörtern. Es drängt uns, noch die früh-mittelalterlichen Denkmäler der

[44] Gayet a. a. O. Taf. 98.
[45] Z. B. Gayet a. a. O. Taf. 98, 30.
[46] Gayet a. a. O. Taf. 27.

übrigen asiatischen Länder vorzunehmen, die zu Ostrom Beziehungen unterhalten haben. Hinsichtlich Kleinasiens ist das zugängliche publicirte Material leider ein so geringfügiges, dass wir dasselbe ohne Schaden ausser Rechnung lassen können, zumal auch die Vermuthung gestattet ist, dass gerade der westlichste Vorsprung Asiens dem Beispiele von Byzanz am nächsten und engsten gefolgt sein mag. Dagegen liegt eine an Zahl geringe, inhaltlich aber werthvolle Denkmälergruppe aus den östlichsten Grenzgebieten der Mittelmeerkultur vor, die zwar keine politische, wohl aber eine künstlerische Provinz des Römerreiches gebildet haben.

Eine sehr wichtige, ja entscheidende Rolle bei der Herausbildung eines mittelalterlich-orientalischen, des sogen. saracenischen Stils pflegt man den Persern der Sassanidenzeit (220—641 n. Ch.) zuzuschreiben. Was uns von bezüglichen Denkmälern mit ornamentaler Ausstattung erhalten ist, würde nach dieser geltenden Auffassung eher seinen Platz unter den beglaubigt saracenischen Denkmälern selbst, oder doch als Einleitung zu diesen letzteren, beanspruchen. Dass wir nichtsdestoweniger die Besprechung auch der persisch-sassanidischen Denkmälergruppe derjenigen der byzantinischen Fortbildungen der antiken Rankenornamentik anreihen, hoffen wir im Laufe unserer Ausführungen selbst zu rechtfertigen.

Eigentlich ist es recht merkwürdig und bezeichnend dafür, wohin wir mit der blinden Anhängerschaft des Kunstmaterialismus und der vermeintlich autochthonen Entwicklung fast jeder Kunstweise von einigem nationalen Gepräge gerathen sind, dass es einer Rechtfertigung nach der gedachten Richtung heute überhaupt noch bedarf. Leute, die noch einen offenen, durch Voreingenommenheit nicht getrübten Blick für historische Entwicklungen besassen, haben — wie wir sehen werden — schon vor vierzig und mehr Jahren nicht einen Augenblick gezweifelt, dass die bezüglichen Denkmäler der Sassanidenkunst in engstem Zusammenhange mit der Kunst des abendländischen Westens gestanden sein müssen. Erst die seither aufgekommene übermächtige Bewegung, die überall sozusagen spontan wirkende materielle Hebel für das Kunstschaffen thätig sehen möchte, wo es sich um traditionelle Anlernung und Nachahmung handelt, hat die ursprünglichen richtigen Anschauungen unbefangener Forscher verdunkelt und in den Hintergrund gedrängt. Indem wir also einige besonders charakteristische dieser Denkmäler nach der Publikation von Flandin und Coste, *Voyage en Perse* in Erörterung ziehen, werden wir uns nicht auf die blosse

Hervorhebung desjenigen beschränken dürfen, was für unsere Darlegung des Entwicklungsganges der Pflanzenrankenornamentik von Bedeutung ist, sondern auch die kunsthistorische Stellung dieser ganzen Denkmälergruppe zu präcisiren trachten.

Das Material, das uns hiefür vorliegt, besteht erstlich aus dem Bogen des vorletzten Sassanidenkönigs Chosroes Parwiz zu Tak-i-Bostan; die Entstehungszeit desselben werden wir rund um 600 n. Ch. annehmen dürfen. Ferner aus einer Anzahl von Architekturfragmenten, die Flandin und Coste zu Ispahan gefunden haben und die im allgemeinen Charakter wie in den Details eine so weitgehende Uebereinstimmung mit der Dekoration auf dem Chosroes-Bogen zur Schau tragen, dass wir sie unbedenklich ungefähr der gleichen Entstehungszeit zuweisen können. Wir bewegen uns somit in einer Zeit, da in Byzanz jene Neuerungen, die wir hauptsächlich an den Bauten Justinians wahrnehmen konnten, bereits zu fertiger Ausgestaltung gelangt waren, aber seit dem Zerfalle des römischen Weltreichs doch noch nicht so viel Zeit verflossen war, dass die Differenzirung der Kunst in den Provinzen bereits entscheidende Fortschritte gemacht haben konnte. Mit anderen Worten: die uns erhaltenen sassanidischen Baudekorationen stammen genau aus jener Zeit, in der sich die für unsere Sonderaufgabe grundwichtigen Uebergangserscheinungen vollzogen haben müssen.

Betrachten wir zuerst das Kapitäl Fig. 161. Die Verzierung ist bestritten durch ein einziges, vielfach gegliedertes Pflanzenmotiv. Charakterisirt erscheint dasselbe durch den fleischigen, von Ringen und Hülsen unterbrochenen Stengel — durch die Blattranken, die in kreisförmigem Schwunge nach abwärts sich einrollen und in eine Blume endigen — durch die grossen üppigen Blätter, die aufwärtsstrebend davon abzweigen und das erste Blatt nächst dem Stielansatz volutenartig einwärts, das äusserste dagegen auswärts gekrümmt und geschweift zeigen, und unter deren Spitzen wieder ein Rankenstengel mit Halbblatt und krönender Blume hervorbricht, — endlich durch die Blume, die den Hauptstamm selbst krönt, mit Voluten am Stielansatz, und mehrfachen Blattkelchen, die den ovalen Kern einschliessen.

Enthält schon der Aufbau Nichts, was uns nicht von so und so vielen römischen Denkmälern bekannt wäre, so gilt das Gleiche von den Blättern. Dieselben sind durchwegs und ausschliesslich vom Akanthus bestritten. Und zwar ist es nicht der geometrisirende Akanthus, den wir an den Bauten der frühbyzantinischen Zeit so überwiegend angetroffen haben, sondern ein buschiger, üppiger, plastischer

1. Das Pflanzenrankenornament in der byzantinischen Kunst. 299

Akanthus, der dem echten römischen Akanthus noch überaus nahe steht. Die einzelnen Hauptzacken schneiden zwar schon tief in das Blatt hinein, ohne aber dessen Individualität als untheilbares Ganzes in Frage zu stellen. Die Krümmung der Spitzen der grossen seitlichen Akanthushalbblätter erinnert wohl einerseits an die ausgesprochene Vorliebe der nachmaligen Saracenen für ausgeschweifte kielbogenförmige Linienführung, ist aber gleichwohl noch rein römisch, was auch durch die nicht von der Blattspitze weg, sondern unter derselben hervorlaufende Ranke bestätigt wird. Antik sind ferner die unzweideutigen Volutenkelch-Bildungen sowohl am Stielansatze der grossen seitlichen

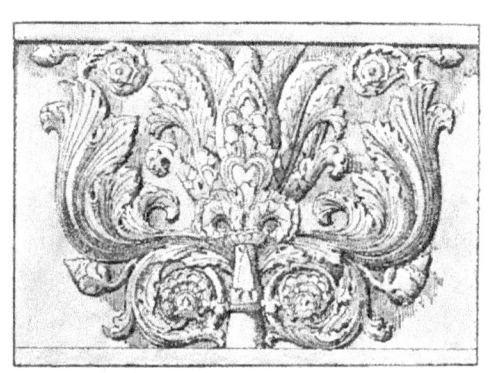
Fig. 161.

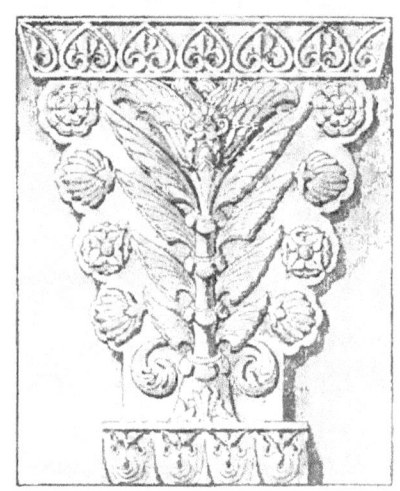
Fig. 162.

Persische Kapitäle aus der Sassanidenzeit.

Blätter, als an demjenigen der centralen Blüthe, und zwar entsprechen dieselben nicht so sehr römischem Stilgefühl, das am plastischen Akanthus den flachgedachten Volutenkelch grösstentheils entbehren zu können geglaubt hat, als dem strengeren griechischen, das ja einstmals noch vor der Herausbildung einer stärker naturalisirenden römisch-klassischen Kunst in Asien seinen siegreichen Einzug gehalten hatte.

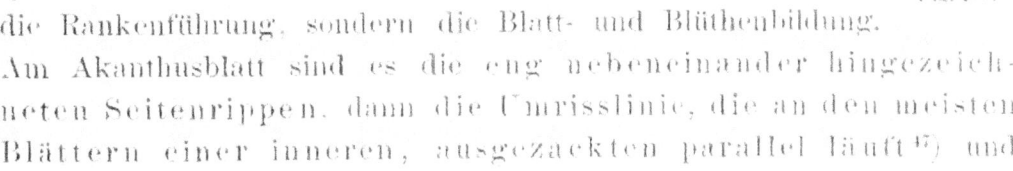
Fig. 163.

Was dem Vorausschauenden an Fig. 161 als Vorläufer der specifisch saracenischen Weise erscheint, das betrifft nicht die Rankenführung, sondern die Blatt- und Blüthenbildung. Am Akanthusblatt sind es die eng nebeneinander hingezeichneten Seitenrippen, dann die Umrisslinie, die an den meisten Blättern einer inneren, ausgezackten parallel läuft[47]) und

[47]) Vgl. Fig. 163 von einem anderen Kapitäl der gleichen Gruppe.

nicht zum mindesten die plastisch zusammengelegte Form des Akanthushalbblatts, wodurch sich dieses letztere zur Komposition mehrfacher Kelche zu grösseren Blüthenformen bequem eignete, wie dies gleich an der centralen Blüthe von Fig. 161 sichtbar ist. Es ist dieser Umstand deshalb von ganz besonderer Bedeutung, weil wir späterhin in der Arabeske vegetabilische Formen finden werden, die aus doppelt zusammengeschlagenen lappigen Kelchblättern gebildet erscheinen.

Auf das der sassanidischen Blüthenbildung zu Grunde gelegene ornamentale Gesetz noch näher einzugehen, verbietet uns schon der Umstand, dass dies nur dann erfolgreich geschehen könnte, wenn wir die Blüthenbildung seit hellenistischer Zeit, da eben eine solche von naturalisirendem Charakter anhebt, im Zusammenhange verfolgen würden. Diese gewiss dankbare Arbeit bleibt noch zu leisten; Einzelnes von specieller Bedeutung hervorzuheben wird sich später noch Gelegenheit finden.

Betrachten wir das Pilasterkapitäl, Fig. 162, vom Chosroes-Bogen zu Tak-i-Bostan. Am Halse eine Reihe Akanthuskelche von dem eben erwähnten plastisch zusammengestülpten Charakter; die „Pfeifen" sind mit dem Bohrer hineingegraben. Auf dem Kapitäl selbst die Pflanzenstaude mit dem fleischigen kandelaberartigen Stengel wie in Fig. 161. Abzweigend Blätter in Profilansicht, von denen es zweifelhaft bleibt, ob wir sie als flache Halbpalmetten oder als Akanthushalbblätter erklären sollen; der theilweise Mangel von Volutenkelchen liesse letzteres als das Wahrscheinlichere erscheinen, wenn nicht unten zwei unzweifelhafte Akanthushalbblätter in kreisrunder Einrollung sich befänden, die eine etwas abweichende Behandlung zeigen. An die erwähnten Halbpalmetten nun schliesst sich jedesmal von der Spitze weg je eine Blume an, worin wir wieder jenes sattsam erörterte antinaturalistische Gesetz der Blumenrankenbildung erkennen. — Auf der Deckplatte liegt eine Reihe von Dreiblättern (Fig. 143), deren jedes von einer herzförmigen Linie umschrieben ist.

Diese beiden gegebenen Beispiele sassanidischer Ornamentik werden wohl genügen, um Owen Jones' Urtheil zu rechtfertigen, der sich darüber folgendermaassen ausgedrückt hat: „Die Ornamente sind nach denselben Principien wie die römischen Ornamente konstruirt, doch verkünden sie dieselbe Modifikation der modellirten Oberfläche, die man in den byzantinischen Ornamenten entdeckt, denen sie auffällig ähnlich sehen". Diejenigen, die darin ureigenste Hervorbringungen des vermeintlichen persischen Kunstvolks sehen möchten, fragen wir aber: wann, unter welchen Verhältnissen soll sich diese „nationale" Kunst entwickelt haben? Mit der persischen Kunst der Achämenidenzeit die wir ja im 3. Kap. (S. 109) kennen gelernt haben, hat die Ornamentik der Sassanidendenkmäler Nichts zu thun. Sollte diese durch die Parther aus Centralasien gekommen sein? Von dort ist aber, wie wir von Türken und Mongolen wissen, niemals etwas Anderes als Geometrisches nach dem Westen gelangt. Es bliebe somit nur die Annahme, die Perser hätten parallel mit der griechisch-römischen Pflanzenrankenornamentik eine eigene aus dem Nichts heraus gebildet, hätten in wenigen Jahrhunderten aus eigener Kraft den ganzen Gang der Entwicklung durchgemacht, wozu die übrigen Kunstvölker des Alterthums, wie wir gesehen haben, zwei Jahrtausende gebraucht haben. Eine solche Annahme wird aber schwerlich viele Anhänger finden.

Fig. 164.
Detail von einem persischen Kapitäl aus der Sassanidenzeit.

Der Akanthus trägt an Fig. 161 und 162, wie erwähnt, eine naturalisirende, üppige, römische Form zur Schau. Die vom vollen Blatt abgezupften schematischen Zacken der frühbyzantinischen Kunst treffen wir an einem anderen sassanidischen Kapitäl, wovon wir ein Detail in Fig. 164 wiedergeben. Dasselbe erscheint auf den ersten Blick völlig saracenisch; und doch finden wir daran bei näherem Zusehen kein Detail, das uns nicht von frühbyzantinischen Denkmälern her bekannt wäre. So die gesprengte Palmette unten (vgl. Fig. 148), das Dreiblatt in der Mitte (vgl. Fig. 143), dessen rundovale Umschreibung sogar noch antiker ist als die herzförmige in Fig. 162, und endlich das Paar von divergirenden Dreiblättern oben (vgl. Fig. 143). Wir ersehen daraus, wie nahe bereits die frühbyzantinische Weise der saracenischen steht, und wie gleichmässig sich der Process in allen von der oströmischen Kunst beherrschten Gebieten angebahnt hat. An den Blumen- und Blattmotiven blieb in der That nicht mehr viel zu ändern, um zur reinen Arabeske zu gelangen: nur in der Rankenführung war noch ein entschiedenerer Schritt nach vorwärts zu thun, wenngleich der grundsätzliche, wie wir gesehen haben, auch nach dieser Richtung bereits gethan war.

2. Frühsaracenische Rankenornamentik.

Indem wir uns endlich der Besprechung von Denkmälern zuwenden, die nach Ablauf mehrerer Jahrhunderte seit dem Aufkommen des Islam bereits nachweislich für Saracenen hergestellt worden sind, wollen wir uns vor Allem noch einmal die specifischen Eigenthümlichkeiten gegenwärtig machen, die das ausgebildete saracenische Rankenornament, die sogenannte *Arabeske*, charakterisiren.

1. Die Ranken werden an sich wieder zu mehr oder minder linearen, also geometrisirenden Verbindungselementen, in ihrer Bewegung verlassen sie aber sehr häufig den aus der Kreislinie heraus konstruirten Schwung, wie er der vom Spiralornament herkommenden klassisch-antiken Ranke allezeit eigen gewesen war, und rollen sich nunmehr auch in ovalen, gebrochenen, geschweiften Linien ein, laufen von verschiedenen Richtungen her vielfach sogar zu polygonen Konfigurationen zusammen, was insbesondere dann statthat, wenn die Ranke bandartig gestaltet wird, das Rankenornament mit dem Bandverschlingungsornament sich verquickt. In solchem Falle verlaufen die bandförmigen Hauptlinien nach einem neuen (polygonalen oder kurvilinearen) Schema, während die feinen füllenden Ranken dazwischen den vollen schönen Kreisschwung beibehalten.

2. Die Motive knüpfen entweder an die alten flachen Palmetten, oder an das alte Akanthushalbblatt, oder endlich an die byzantinischen Ableger dieses letzteren an. Der antinaturalistische Zug, der bereits die Ranken wiederum in eine geometrisirende Richtung gebracht hat, verräth sich an den Einzelmotiven durch die Reducirung oder Unterdrückung der Einzelblätter, überhaupt durch eine ausgesprochene Neigung zur symmetrischen Schematisirung und durch Ausschweifung der spitz zulaufenden Theile (z. B. Blattspitzen). Neben solchen völlig geometrisch stilisirten Motiven (Dreiblatt) laufen solche von mehr naturalisirendem Charakter, deren Modellirung unzweideutig auf einen genetischen Zusammenhang mit dem plastischen Akanthusblatt hinweist. Aber selbst in diesem Falle sind an der Peripherie rund um das fein ausgezackte Detail glatte ungegliederte Umrisslinien gezogen, die den gewissermaassen geometrischen Habitus

2. Frühsaracenische Rankenornamentik.

nach aussen herstellen. — Charakteristisch ist ferner die überaus häufig zu beobachtende Weise, zwei Halbblattmotive als Endigungen zweier von verschiedenen Seiten zusammenlaufender Ranken zu einem ganzen Motiv unter einem geschweiften Winkel zusammentreten zu lassen. Inwiefern dies mit einem ganz bestimmten Grundgesetz der saracenischen Flächenornamentik — dem unendlichen Rapport — zusammenhängt, wird weiter unten (S. 307) seine Erörterung finden.

3. Das Verhältniss zwischen Ranken- und Blüthenmotiven gestaltet sich endgiltig dahin, dass die letzteren von den ersteren nicht mehr bloss abzweigen, sich an die Ranken *ansetzen*, sondern dieselben *durchsetzen*, unfreien Charakters mit den Ranken gleichsam verwachsen.

Fig. 165.
Stuckborde von der Moschee des Ibn Tulun zu Kairo.

An die Spitze unserer Denkmälerschau setzen wir die Stuckornamente von der im Jahre 878 nach zweijähriger Baudauer vollendeten Moschee des Ibn Tulun zu Kairo. Prisse d'Avennes[48] hat dieselben vollständig publicirt; bloss die daselbst in der Mitte befindliche breite Füllung No. 17 wird man von den Resten des 9. Jahrh. abziehen und einer späteren Zeit (12.—13. Jahrh.) zuschreiben müssen. Jedes einzelne der hienach verbleibenden 36 Bordürenfragmente verdiente um der durchgängigen Beziehung zur historisch gewordenen Pflanzenornamentik willen eine besondere Erörterung: die umfassende Aufgabe, die wir uns hier gestellt haben, zwingt uns diesbezüglich uns auf das allerknappste Maass zu beschränken.

Vor Allem begegnen uns die alten wohlbekannten Wellenrankenschemen. Fig. 165[49] zeigt eine intermittirende Wellenranke mit alternirenden dreispältigen Lotusblüthen und Palmetten, das verbindende Rankenglied als Gabelranke (Fig. 134—136) charakterisirt. An Fig. 166[50]

---

[48] L'art arabe d'après les monuments de Caire Taf. 44. Eine Anzahl auch bei Owen Jones Taf. 30.
[49] Prisse a. a. O. 31.
[50] Prisse a. a. O. 34.

ist das gleiche Schema bereichert um eine Halbpalmette (oder ein Akanthushalbblatt), die mit ihrer Spitze unmittelbar in die Vollpalmette übergeht, somit die Wellenranke unzweideutig *durchsetzt*. Die beiden Gabelranken von Fig. 165 sind hier zu flankirenden, einrahmenden und zugleich raumfüllenden Elementen geworden; man beachte auch, wie dieselben für die fünfspältige Vollpalmette eine glatte äussere Um-

Fig. 166.
Stuckborde von der Moschee des Ibn Tulun zu Kairo.

risslinie ergeben, und in der gleichen Weise besorgen dies die äusseren Blätter der dreispältigen Lotusblüthe gegenüber den vier Auszackungen der rankendurchsetzenden Halbpalmetten.

Eine fortlaufende Wellenranke enthält Fig. 167[51]). Von jeder Wellenbewegung der Hauptranke zweigt ein Schössling ab, und zwar zuerst in kreisförmigem, antikem Schwunge. Anstatt aber mit der Palmette zu endigen, setzt sich das äusserste Blatt[52]) dieser letzteren

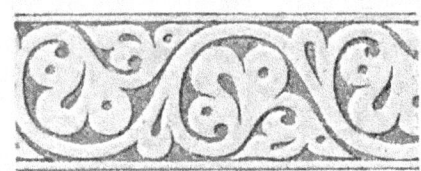 

Fig. 167.
Stuckborde von der Moschee des Ibn Tulun zu Kairo.

Fig. 167 a.
Uebersetzung von Fig. 167 in's Griechische.

wiederum in einem Rankenstengel fort, der in entgegengesetzter Richtung zur ursprünglichen Kreiseinrollung verläuft und sich noch einmal gabelt. Zweierlei unterscheidet diese frühsaracenische Wellenranke auf den ersten Blick von einer klassisch-antiken: 1. das Umschlagen des

---

[51]) Prisse a. a. O. 33.

[52]) Wenn eine Halbpalmette gemeint ist; wenn aber eine Vollpalmette, dann setzt die fortlaufende Ranke an das mit dem vorhandenen einen Kelchblatt korrespondirende zweite Kelchblatt an.

2. Frühsaracenische Rankenornamentik.

fortlaufenden Rankenschösslings in eine entgegengesetzte Richtung, 2. der Umstand, dass die durch das Volutenkelchblatt am unteren Ansatz deutlich charakterisirte Palmette nicht die freie Endigung des Schösslings bildet, sondern denselben bloss durchsetzt. Wie aber diese beiden, scheinbar grundsätzlichen Unterschiede bereits im altgriechischen Schema vorgebildet gewesen sind, beweist die in Fig. 167a gegebene Uebersetzung von Fig. 167 in's Antike. Die Ranke läuft hier nicht einheitlich fort, sondern theilt sich, und die Palmette ist blosse Zwickelfüllung[53]). Die byzantinische Zwischenstufe finden wir in Fig. 160.

Noch auf zwei Punkte, die uns an Fig. 167 bedeutsam entgegentreten, muss die Aufmerksamkeit gelenkt werden. Erstlich auf die ausgesprochene tropfenförmige Zwickelfüllung in den Winkeln, die durch die Abzweigung eines Hauptschösslings von der Hauptranke entstehen. Das Postulat der Zwickelfüllung, überaus mächtig in pharaonischer Zeit (S. 62), ist in Egypten auch im Mittelalter in bevorzugter Anwendung geblieben. Man vgl. hiefür namentlich die Beispiele aus koptischen Miniaturen, die Stassoff[54]) gegeben hat: die weit ausladenden, ovalen Knöpfe in den Rankenzwickeln wirken daselbst geradezu unschön und anstössig. Das zweite, noch bemerkenswerthere Detail an Fig. 167 besteht in den kommaähnlichen Schlitzen, durch welche jede Palmette oder vielmehr Halbpalmette zweigetheilt ist. Es drückt sich darin eine Untertheilung des durchsetzenden Blüthenmotivs aus, die neben der Gliederung der Blattperipherie in Zacken nebenherläuft. Inwiefern dieses Detail für die Fortentwicklung bedeutsam gewesen ist, wird sich sofort an einem geeigneteren Beispiele zeigen lassen.

An Fig. 168[55]) laufen die Ranken zu spitzovalen Konfigurationen zusammen. In das Innere der Spitzovale werden von unten zwei Ranken entsendet, die sich in zwei Halbpalmetten fortsetzen. Diese Halbpalmetten treten als Fächerhälften zu einer gesprengten Palmette zusammen, die aber noch nicht freie Endigung ist, sondern eine blosse Durchsetzung der Ranken, die von den Spitzenden der beiden Fächerhälften sich fortsetzend umschlagen und nach abermaligem Zusammenschlusse erst in ein Dreiblatt auslaufen, das nun eine definitive freie Endigung bildet. Auch für diese Art der Rankenführung fiele es nicht schwer, das nackte klassische Schema hinzuzuzeichnen. Wir sind aber

---

[53]) Diese schematische Uebersetzung ist übrigens für das Mittelalter auch monumental zu erweisen: Tragaltar in der Coll. Spitzer, Jvoires XIII.

[54]) Ornement slave et oriental Taf. 132—135.

[55]) Prisse a. a. O. 6.

der Mühe dies zu thun überhoben durch den überraschenden Umstand, dass uns eine solche Uebersetzung in's Griechische an einer, später zu erörternden, echt saracenischen Holzschnitzerei des XII. Jahrhunderts vorliegt (Fig. 168a). Es ist daher auch gewiss nicht zufällig und am wenigsten als Entlehnung aus saracenischem Kunstbesitz zu erklären, wenn wir genau dem gleichen Motiv — eine gesprengte Palmette, deren Fächerhälften oben rankenartig sich fortsetzen, gegen das Innere umschlagen und endlich in ein gemeinsames Dreiblatt frei auslaufen — sehr häufig auch an byzantinischen Kunstwerken begegnen[56]). Was das Gesammtmotiv in Fig. 168 so fremdartig „orientalisch" erscheinen lässt, ist weder die Rankenführung noch die Stilisirung der Blüthenmotive, sondern vor Allem das Aufgehen dieser letzteren in der Ranke: auf den ersten Blick vermag Niemand zu erkennen, wo die Ranke aufhört und die Blüthe beginnt und umgekehrt, wogegen in der klassisch-antiken Ornamentik Ranke und füllende Palmettenfächer ursprünglich deutlich und klar geschieden sind, und selbst noch in der byzantinischen Ornamentik die

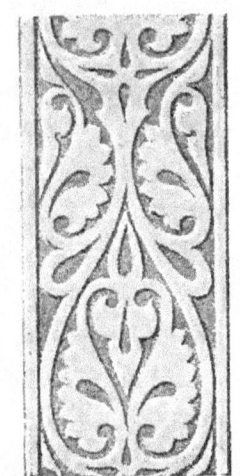

Fig. 168.
Stuckborde von der Moschee des Ibn Tulun zu Kairo.

Fig. 168 a.

unfreien Akanthushalbblätter sich noch leidlich von der Ranke scheiden lassen. Die Saracenen haben eben konsequent und entschieden fortgebildet, was sie im Keime und zum Theil schon im Aufsprossen von den antiken Kulturvölkern übernommen haben: auch unter diesem Hinblick erscheint der Unterschied zwischen spätantiker und saracenischer Ornamentik bloss als ein gradueller, nicht als ein habitueller.

Betrachten wir noch die ausgezackten Halbpalmetten, die sich innerhalb des Spitzovals zu einer gesprengten Palmette ergänzen. Die ausladenden Zacken deuten wohl die einzelnen Blätter des Fächers an, aber die Blattrippen selbst sind nicht kenntlich gemacht; die glatte äussere Umrisslinie besorgen die das Spitzoval begrenzenden Ranken. Ferner zeigen die genannten Halbpalmetten wiederum die schon an

---

[56]) Z. B. Stassoff, Ornement slave et oriental Taf. 124, 12. Aber keineswegs selten auch in der abendländischen Kunst des X.—XII. Jahrh.

Fig. 167 bemerkten Komma-Schlitze, die wiederum jede Palmette etwa in zwei Theile theilen. Es drückt sich darin offenbar die Tendenz zur Zweitheilung, Gabelung der ganzen Halbpalmette aus, deren Endresultat in der arabesken Gabelranke (Fig. 189a) vorliegt.

Die beiden Rankenbänder, die für das eben beschriebene Füllungsmotiv den spitzovalen Rahmen bilden, theilen sich über dem Scheitel wieder, um abermals ein Spitzoval zu bilden, wovon in Fig. 168 bloss der untere Anfang sichtbar ist. In Folge des Zusammenlaufens der beiden Rankenbänder zwischen den beiden Spitzovalen mussten im Friesstreifen naturgemäss rechts und links segmentartige Zwickel entstehen. Man betrachte die — beiderseits im Gegensinne identische — Füllung dieser Zwickel. Bei näherem Zusehen ergiebt sich dieselbe als nichts Anderes, als die Hälfte des Füllungsmotivs, das wir im Spitzoval angetroffen haben. Besser als es mit vielen Worten an den Einzelmotiven demonstrirt werden kann, drückt sich darin der schematische, antinaturalistische Zug aus, der schon diese werdende saracenische Rankenornamentik charakterisirt. Der Künstler schaltet mit dem ursprünglich vegetabilischen, also bestimmten lebendigen Naturgesetzen folgenden Motiv, wie mit einem leblosen, geometrischen: er theilt es, versetzt es ganz nach Belieben, je nach dem Bedürfniss des zu füllenden geometrisch-symmetrisch abgezirkelten Raumes.

Andererseits vergleiche man die seitlichen Segmentfüllungen von Fig. 168 mit Fig. 167. Die ersteren erscheinen hienach als nichts Anderes, als blosse Ausschnitte aus einer fortlaufenden Wellenranke, als ein blosser Schössling dieser letzteren. Der einzige Unterschied besteht darin, dass in Fig. 168 entsprechend dem grösseren auszufüllenden Segmentraume die Palmette mehr in die Länge gezogen und in mehr Zacken gebrochen ist. Ziehen wir hieraus wiederum den Rückschluss auf die Füllung innerhalb des Spitzovals in Fig. 168. Dieselbe ist hienach auch nichts anderes, als die Verdoppelung jenes Schösslings der fortlaufenden Wellenranke Fig. 167[57]). Diese Wahrnehmung ist doch gewiss nur geeignet den schematischen Eindruck zu verstärken, den wir soeben von dieser Art Rankenornamentik erhalten und hervorgehoben haben. Es drückt sich darin zugleich ein ganz wesentliches Grundgesetz der Arabeskenbildung und der saracenischen Flächenornamentik überhaupt aus. Ein — wenn auch zusammengesetztes —

---

[57]) Jetzt erklärt sich uns auch die wiederholt (S. 284, 303) konstatirte Neigung zwei Halbmotive zu einem symmetrisch aufgebauten Vollmotiv zusammentreten zu lassen.

Element liegt in der Regel einer ganzen Gesammtkonception zu Grunde: sei es durch Halbirung, sei es durch Verdoppelung, wird ein fortwährender Rapport hergestellt. In geometrischer Ausführung war dieses Gesetz zwar längst bekannt und geübt: Quadrirung, Rautennetz sind die ältesten Vorstufen desselben. Die Errungenschaft der Saracenen lag darin, dieses Gesetz des unendlichen Rapports zum leitenden in ihrer Pflanzenrankenornamentik gemacht zu haben.

Dass wir in diesem Falle von einer ornament-geschichtlichen „Errungenschaft" sprechen dürfen, wird sofort gerechtfertigt erscheinen, wenn man die betreffenden Ornamente des 9. Jahrhunderts noch einmal aufmerksam betrachtet. Dass die seitlichen Füllungen in Fig. 168 nichts Anderes sind als die Hälften der mittleren Spitzoval-Füllung, springt keineswegs so sehr in die Augen, und wird erst bei näherer Untersuchung wahrgenommen. Noch weniger drängt sich dem Auge der Zusammenhang auf, der zwischen der Spitzoval-Füllung von Fig. 168 und der Wellenranke Fig. 167 obwaltet. Das ist eben das Charakteristische am Arabeskenornament, dass dasselbe **trotz geringer Abwechslung in den Motiven und fortwährender Wiederholung der Einzelkonfigurationen dennoch niemals langweilig wird**. Das Gesammtmuster erscheint unendlich reicher als es ist, ja für den naiven abendländischen Beschauer erscheint es oft so verwirrt und komplicirt, dass man daran verzweifeln möchte, überhaupt den Ariadnefaden dafür zu finden, wenngleich dies bei einiger Kenntniss der Grundgesetze der Arabeskenbildung jederzeit mit geringer Mühe zu bewerkstelligen ist.

Einmal bei diesem Punkte angelangt, wollen wir denselben nach der historischen Seite noch etwas weiter erörtern, wiewohl es eine Abschweifung von der geraden Linie der Darstellung unseres Gegenstandes bedeutet. Wann ist der *unendliche Rapport* in der Flächenornamentik aufgekommen? Lässt sich derselbe auch in vorsaracenische Zeiten zurück nachweisen? Wie man sieht, bezwecken diese Fragen die Feststellung des etwaigen schöpferischen Antheils der Saracenen an dieser Art von Flächendekoration. Das Thema ist begreiflichermaassen ein so weitgespanntes, das Material ein so reichhaltiges, dass eine erschöpfende, gewissen Erfolg verheissende Bearbeitung desselben ein ganzes Buch füllen würde. Hier müssen wir uns auf die Markirung der Hauptpunkte der Entwicklung beschränken.

Unendlichen Rapport ergiebt schon das Schachbrett- und das Rauten-

2. Frühsaracenische Rankenornamentik.

muster: in den geometrischen Stilen muss derselbe also schon frühzeitig Anwendung gefunden haben. Damit kommen wir aber über die primitive Streifendekoration kaum wesentlich hinaus. Unser Interesse an dem Schema beginnt erst recht von dem Augenblicke an, da man darin über die Verwendung bloss geometrischer Einzelmotive hinausgeschritten ist. Dies ist — soviel wir sehen, zuerst — in den Deckendekorationen des neuen thebanischen Reiches von Egypten der Fall gewesen. Das Gerippe derselben bilden zwar Spiralenverschlingungen, aber die Füllungen dazwischen sind vielfach animalischer oder vegetabilischer Natur. An den Reproduktionen von Prisse d'Avennes[58]) lässt sich nun öfter nachweisen, dass z. B. eine füllende Palmette am Rande des Musters, wo dasselbe an die Bordüre stösst, bloss zur Hälfte dargestellt ist. Es giebt sich damit ziemlich unzweideutig der Gedanke kund, dass man sich jenseits dieses Durchschnitts die halbe Palmette zu einer vollen ergänzt, das Muster somit im unendlichen Rapport weiterlaufend zu denken hat. Doch bildete diese Art, das Muster an den Rändern, Säumen abzusetzen, wenn man nach Prisse's Abbildungen schliessen darf, keineswegs die Regel[59]): eine endgiltige Entscheidung wäre wohl übrigens nur vor den Originalien zu treffen.

Dass in der griechischen Dekorationskunst der unendliche Rapport keine entscheidende Rolle spielen konnte[60]), wird Jedermann klar sein, nach demjenigen was wir im 3. Kapitel dieses Buches über Ziele und Tendenzen der griechischen Pflanzenornamentik kennen gelernt haben. So lange die griechische Kunst in ihrer langsam aber stetig zunehmenden naturalisirenden Tendenz einen aufsteigenden Gang genommen hat, war darin für ein *unendliches* Pflanzenrankenmuster kein Raum. Erst von hellenistischer Zeit ab, als der naturalisirende Process seinen Höhepunkt erreicht hatte und die beginnende Reaction in einer vorerst leisen, dann stetig anwachsenden Neigung zum Schematisiren der nichtgeometrischen Ziermotive sich zu regen begann, dürfen wir überhaupt nach einem unendlichen Muster von nichtgeometrischer Beschaffenheit in der antiken Kunst Umschau halten.

---

[58]) Z. B. Ornementation des plafonds, postes fleuronnées 9.
[59]) Vgl. z. B. unsere Fig. 23, S. 69.
[60]) Wohl aber findet sich derselbe in der mykenischen Kunst: in Wandmalerei bei Schliemann, Tiryns Taf. XI, in Vasenmalerei ebenda Taf. XXVII. In letzterem Falle sind wohl die begrenzenden Polygone am oberen Rande halbirt, nicht aber die füllenden Motive von augenscheinlich vegetabilischer Herkunft. — Diese Dinge harren alle noch der genaueren Verfolgung.

310 Die Arabeske.

Pompeji, das unschätzbare, hat uns auch diesbezüglich unverächtliche Aufschlüsse geliefert. Trotzdem die pompejanische Dekoration als das hohe Lied der freien Rankenornamentik und der figürlichen Streumuster bezeichnet werden darf, haben sich daneben doch auch Beispiele von geometrisirender Wanddekoration nach dem Schema des unendlichen Rapports gefunden. Erstlich einmal das nackte Rautenmuster[61]): wobei bloss die bunte Färbung, in der die einzelnen Rautenfelder prangen, den wechselnden Schmuck hervorbringt. Dann eine reicher behandelte Rautenmusterung, wo die grösseren Rautenfelder

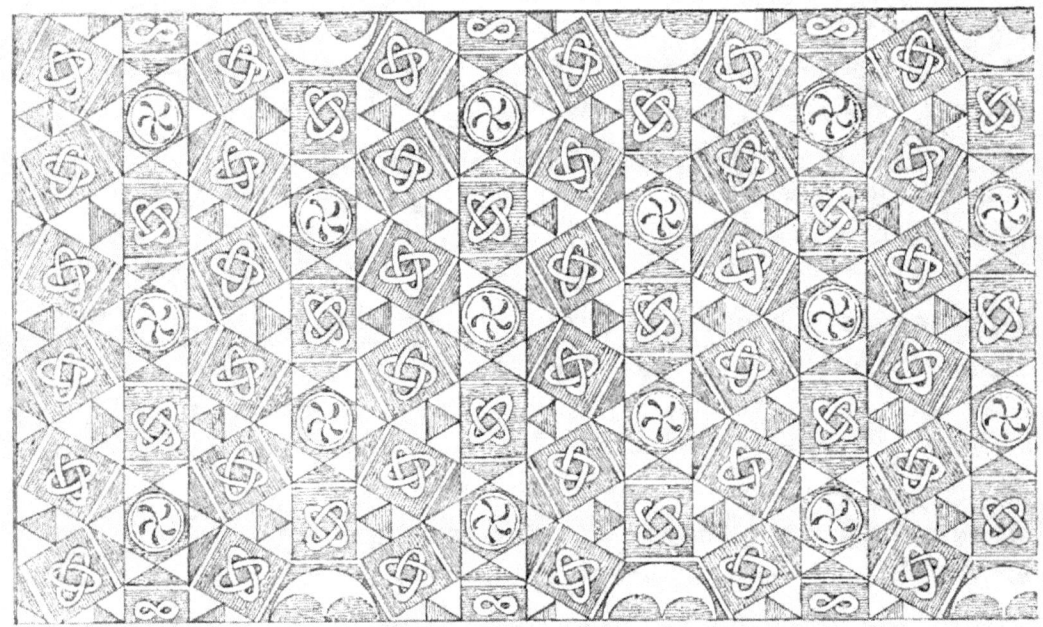

Fig. 169.
Mosaik-Füllung aus dem Isistempel zu Pompeji.

nach abwechselndem Schema durch kleinere Rauten verschiedener Färbung untermustert erscheinen[62]). Auch hier ist die Färbung allein das schmuckbereitende Element. In beiden Fällen aber begegnen wir an den Rändern Dreiecken = halben Rauten, wodurch sich der unendliche Rapport unzweideutig kundgiebt.

Bei solch einfachsten Mustern ist man aber in Pompeji nicht stehen geblieben. Wir begegnen daselbst mehrfachen höchst bemerkenswerthen Versuchen (Fig. 169)[63]), eine Fläche in Theilkompartimente zu zerlegen,

[61]) Niccolini, Descriz. gener. XLVII.
[62]) Niccolini, Descriz. gener. XXXVI.
[63]) Niccolini, Tempio d'Iside II.

die zwar sämmtlich von geometrischer Grundform, aber untereinander nicht gleich sind, sondern verschiedene Konfigurationen darstellen: Dreiecke, Quadrate, Rauten, Sechsecke, deren je mehrere zusammen sich zu einer grösseren Konfiguration höherer Ordnung (Zwölfecken, Sternen) zusammenfassen lassen. Es sind dies die direkten und nächstverwandten Vorläufer der saracenischen Polygonalornamentik mittels eckig gebrochener Bänder. Nur wollte sich der klassisch-antike Kunstsinn mit bloss geometrischen Konfigurationen nicht gern begnügen: wir sehen daher in die einzelnen Sechsecke u. s. w. in Fig. 169 kleine ornamentale Motive — in diesem Falle allerdings von sehr einfacher, fast geometrischer Grundform — eingesetzt. Und selbst diese haben schon genügt, um den unendlichen Rapport an den Rändern zu stören, zu trüben: die besagten Füllmotive waren eben nicht so absolut geometrischer Natur, oder — was dasselbe ist — sie waren nicht so symmetrisch komponirt, um sich nach Bedarf einfach halbiren zu lassen. Und damit haben wir auch den Hauptgrund berührt, warum der unendliche Rapport bei den Römern niemals zu einer so maassgebenden Rolle gelangen konnte wie später im Mittelalter: der Römer wollte sich nicht mit bedeutungslosen geometrischen Füllseln begnügen, er wollte das Figürliche nicht missen.

Der Belege für das eben Gesagte lassen sich noch mehrere aufzählen. Haben wir es in Fig. 169 an den Rändern immerhin noch mit leidlich für sich abgeschlossenen geometrischen Kompartimenten zu thun gehabt, so sind in einem anderen Falle[64]) die das Rautennetz bildenden Spitzovale an den Rändern etwa in Dreiviertellänge abgeschnitten, nur damit die schwebenden Eroten und Bacchantinnen und die graciösen Blumenzweige innerhalb der von je vier Spitzovalen eingeschlossenen sphärisch-quadraten Kompartimente vollständig zur Darstellung gebracht werden konnten. Man opferte lieber den unendlichen Rapport und die Reinheit des ornamentalen Grundplans, als dass man den Gebrauch der dekorativen Figuren eingeschränkt hätte.

Einen überaus wichtigen Schritt zur Vervollkommnung dieser reicher variirten Flächendekoration nach geometrischem Grundschema bedeuten jene Deckenverzierungen (Fig. 170)[65]), an denen kreisförmige und sphärisch-polygonale Kompartimente mit einander abwechseln, und durch verschlungene Bänder unter einander verbunden erscheinen. Bedarf es da noch eines weiteren Beweises für unsere Annahme, dass

---

[64]) Niccolini, Descriz. gener. XLVI.
[65]) Niccolini, Terme presso la porta Stabiana III, IV.

312 Die Arabeske.

die polygonalen Bandverschlingungen der saracenischen Kunst unmittelbar auf spätantike Anfänge zurückgehen? — dass sie nichts Anderes sind als die äussersten und konsequenten Ausbildungen einer geometrisirenden Tendenz in der Flächendekoration, deren erste leise und schüchterne Regungen sich bis in die vorgeschrittenere hellenisti-

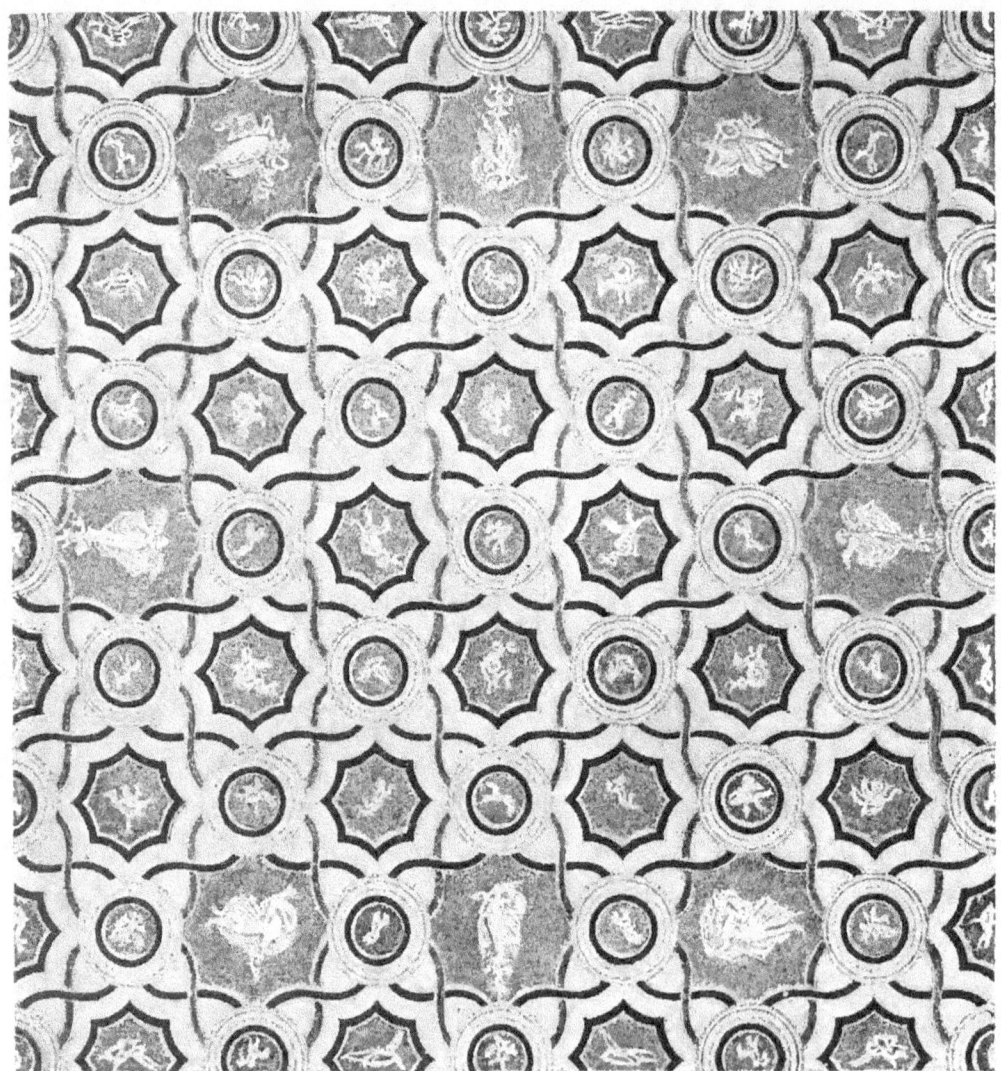

Fig. 170.
Pompejanische Deckendekoration in bemaltem Stuck.

sche Zeit zurückverfolgen lassen und deren fortgesetzte Verfolgung durch so viel Mosaikfussböden von Trier bis Afrika monumental erwiesen vorliegt?

In Fig. 170 sind die sphärischen Kompartimente abermals durchweg mit figürlichen Darstellungen gefüllt, was wiederum die erörterten

2. Frühsaracenische Rankenornamentik. 313

Schwierigkeiten an den Rändern zur Folge hatte. Die pompejanische Kunst hatte es aber auch zu Wege gebracht, einen Ausgleich zu finden zwischen dem geometrischen Grundschema und der Neigung für eine nichtgeometrische Füllung: indem sie entsprechend stilisirte vegetabilische Motive dazu verwendet hat, um damit geometrische Kompartimente zu bilden. Der Beweis liegt vor auf einer mosaicirten Säule im Neapeler Museum (Fig. 171)[66]: das Rautennetz ist durch Blüthenkelche hergestellt, die auf gerade Diagonallinien aufgereiht sind; an den Durchkreuzungsstellen sitzen Rosetten mit vier kreuzweise davon ausgehenden dreispältigen Blüthenprofilen, als Füllungen dienen gleichfalls Rosetten, wofür auch der Grund klar zu Tage liegt: die Rosette zeigt nämlich die symmetrischeste, und daher geometrischeste Projektion, in der sich überhaupt Blumen darstellen lassen.

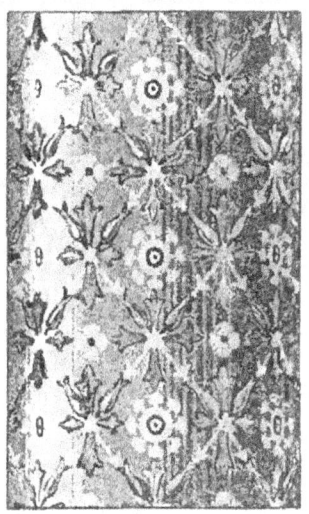

Fig. 171.
Mosaizirter Säulenschaft aus Pompeji.

Die Wichtigkeit, die das eben erörterte pompejanische Flächenmuster innerhalb der Gesammtgeschichte der Ornamentik beanspruchen darf, kann nicht genug betont werden. Es liegt uns hiemit ein vollkommener unendlicher Rapport vor, bestritten durch vegetabilische Motive in der entsprechenden Auswahl und Stilisirung. Zum ersten Male tritt uns hier dieses Schema entgegen, das späterhin in der saracenischen Dekoration, insbesondere in der Ornamentik von Teppichen und Fliesen von so übermächtiger Bedeutsamkeit geworden ist: halbe Blumenprofile an den Rändern, die sich in der Phantasie zu ganzen ergänzen und somit das Muster in's Unendliche fortspinnen lassen. Wie überraschend dieses Beispiel uns innerhalb der pompejanischen Ornamentik entgegentritt, wird erst recht klar, wenn man sich vergegenwärtigt, wie peinlich die Römer noch in viel späterer Zeit darauf gesehen haben, vegetabilische Ornamente in der Komposition als untheilbares Ganzes zur Anschauung zu bringen. Als solches typisches Beispiel für römische Flächendekoration mittels vegetabilischer Ornamentmotive diene Fig. 172[67].

[66] Niccolini, Descriz. gen. LXIII.
[67] Desgodetz, Les édifices antiques de Rome, Temple du Jupiter tonnant III.

314 Die Arabeske.

Noch eines Punktes muss hier Erwähnung geschehen, da ein stillschweigendes Darüberhinweggehen Missdeutung erfahren könnte. Man hat nämlich auch das Schema des *unendlichen Rapports* in dem ausgebildeten Charakter wie es uns in Fig. 171 entgegentritt, sowie alle anderen ornamentalen Systeme aus technischen Prämissen abzuleiten gesucht, und namentlich mit dem Plattenbelag identificirt. Diese Hypothese beruht auf der Wahrnehmung, dass der unendliche Rapport sich in der Regel auf polygone, vielfach sogar auf quadrate Grundformen zurückführen lässt, was für die Technik des Fliesenmosaiks in

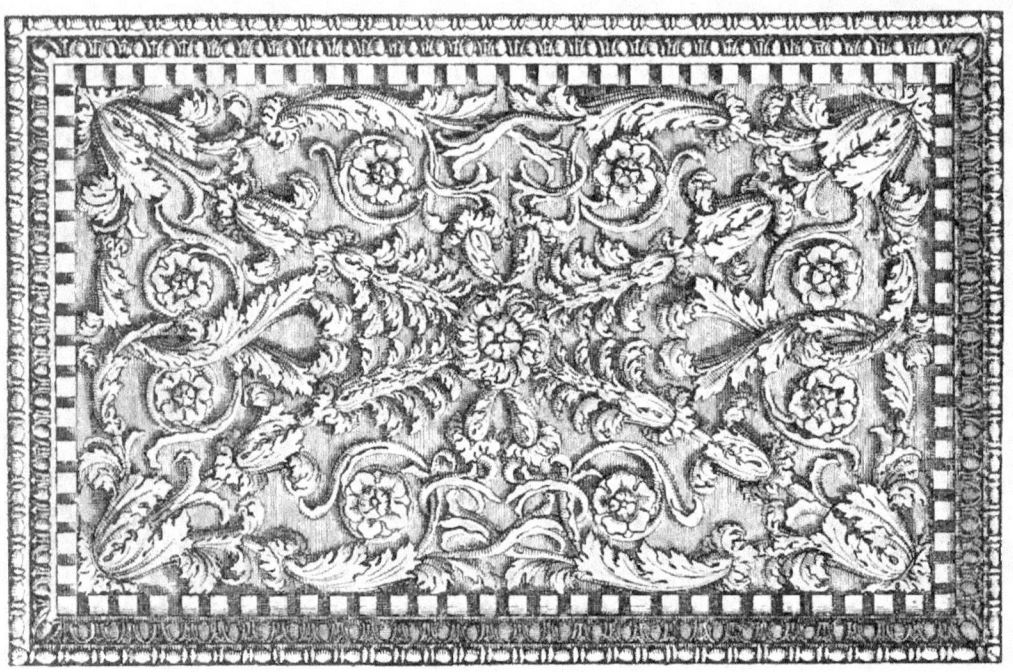

Fig. 172.
Skulpirte Füllung von einem römischen Gebälkstück.

der That den Vortheil mit sich brachte, dass man eine Unzahl von Fliesen mit dem gleichen Muster brennen konnte, die einfach neben einander gelegt, ein vollkommenes und verhältnissmässig reiches Muster ergaben. Aber auch in diesem Falle hat man den kausalen Sachverhalt umgekehrt. Dass die Fliesenfabrikation oder der „Plattenbelag" sich mit Eifer dieses dekorativen Systems bemächtigte, das sich der genannten Technik in der That ganz besonders empfahl, ist ja gewiss nur natürlich. Dass aber der unendliche Rapport zuerst an Fliesen Anwendung gefunden haben soll, ist schlechterdings unbewiesen. Kein Beispiel aus römischer Zeit lässt sich dafür anführen; was wir im Vor-

2. Frühsaracenische Rankenornamentik.

stehenden an einschlägigen pompejanischen Denkmälern kennen gelernt haben, ist durchweg entweder in bemaltem Stuck, oder in Wandmalerei, oder in Stiftmosaik ausgeführt, in keinem einzigen Falle mittels grösserer Platten. Dagegen hat man in Ländern, in denen der gebrannte Thon die Stelle des — fehlenden — Steins vertreten musste, schon sehr frühzeitig bemalte Fliesen gebraucht, wie in Chaldäa und hienach in Assyrien. Aber diese emaillirten quadratischen Fliesen aus dem alten Mesopotamien zeigen keineswegs Ornamente nach unendlichem Rapport zusammengestellt, sondern Darstellungen gegenständlichen Inhalts wie diejenigen aus Khorsabad (bei Place, Ninive), oder Bogenfriese mit aufgereihten vegetabilischen Ornamenten, wie in unserer Fig. 33, S. 88.

Wir werden daher auch für Erscheinungen gleich Fig. 171 nicht technische, sondern künstlerische Momente als die zeugenden und bildenden anzunehmen haben. Und diese dürften im letzten Grunde keine anderen gewesen sein, als diejenigen die zur allmählichen Entnaturalisirung des Akanthus und der Ranke geführt haben. In der That laufen von nun an beide Erscheinungen parallel. Wo wir den ersten ausgesprochenen Umbildungen des Akanthus begegnen — im Ostrom des 5. und 6. Jahrhunderts — dort tritt uns auch die Wandverzierung nach dem Schema des unendlichen Rapports in häufiger Anwendung entgegen. — Beides etwa auf dem halben Wege der Entwicklung, die erst in der saracenischen Kunst an das äusserste Ziel gelangt ist. Fig. 144 enthält noch eine völlig in antikem Geiste koncipirte, wenn auch im Einzelnen bereits stark veränderte Rankenornamentik. An Fig. 145 vollzieht sich der Uebergang in ein geometrisches Grundschema, aber der unendliche Rapport ist doch noch recht mangelhaft zum Ausdruck gebracht: am deutlichsten in der Halbpalmette unten am Rande, die man in der Phantasie zu dem vollen Fächer einer gesprengten Palmette zu ergänzen hat. Ein vollständiges Beispiel von unendlichem Rapport giebt aber Salzenberg a. a. O. auf Taf. XXV. 2: in der Anordnung und selbst in den Motiven herrscht darin mehrfache Verwandtschaft mit dem pompejanischen Beispiel Fig. 171, weshalb ich davon keine Abbildung gebe. Einschlägiges Material ist übrigens an Denkmälern der oströmischen Kunst so zahlreich erhalten, dass es eine eigene Bearbeitung lohnen würde. Ich gebe daher in Fig. 173 bloss ein besonders charakteristisches Beispiel aus Betursa (Syrien)[68].

---

[68] Nach de Vogüé, Syrie centrale Taf. 43.

316 Die Arabeske.

Die Bänder, die hier theils vierpass-, theils bretzenförmige Verschlingungen bilden, sind — was dem oberflächlichen Beschauer vollständig entgeht — jedes nach Art eines liegenden Kreuzes hingelegt, worin sich bereits die für die Saracenen so charakteristische Tendenz nach Verräthselung der Schlingbewegungen unzweideutig ankündigt. Als Füllung dient eine Rosette, die aus vier byzantinischen Äkanthus-Dreiblättern zusammengesetzt ist. An den Rändern bezeichnen halbe Rosetten in halben Vierpässen den unendlichen Rapport, in den oberen Ecken sind dieselben folgerichtig vollends auf ein Viertel reducirt.

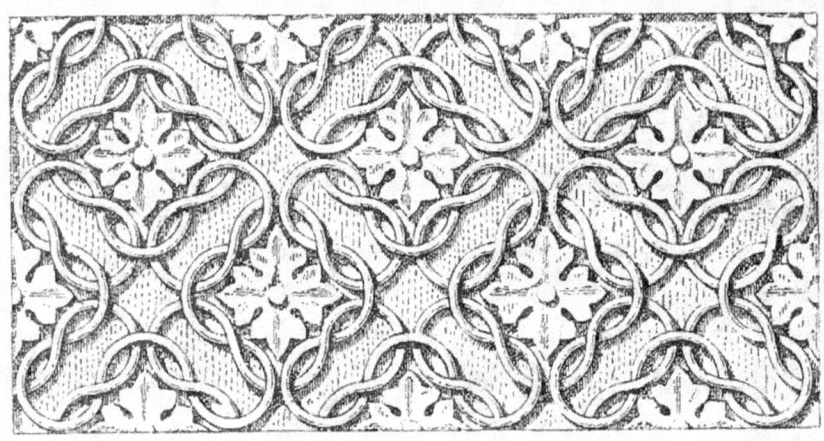

Fig. 173.
Skulpirte Füllung aus Betursa (Syrien).

Wir kehren nunmehr zu unserer Darstellung der Rankenornamentik auf frühsaracenischen Denkmälern zurück. Fig. 174[69]) zeigt die geschnitzte Vorderwand eines Elfenbeinkästchens, dass sich gegenwärtig im Musée des arts decoratifs zu Paris befindet. Eine Inschrift am Deckel bezieht sich auf das Jahr 965 n. Chr., also ungefähr ein Jahrhundert nach der Entstehung der Stuckornamente der Moschee des Ibn Tulun zu Kairo. Beide Hälften — rechts und links vom Schlossbeschlag — entsprechen einander in völliger Symmetrie, so dass wir bloss eine Hälfte zu erörtern brauchen. In vielen Details erweist sich Fig. 174 eher zurückgeblieben in der Entwicklung gegenüber jenen älteren Beispielen. Die spiraligen Abzweigungen, die Stiele, an denen die grösseren Blüthen sitzen, und anderseits die geringe Rolle, die den kleinen unfreien Halbpalmetten zugewiesen ist, lassen den engen Zu-

---

[69]) Schlumberger, Un empereur byzantin du Xième siècle. Paris 1890. S. 125.

2. Frühsaracenische Rankenornamentik.

sammenhang mit dem antiken Rankenornament noch recht greifbar deutlich erscheinen. Das Gleiche gilt von der ausgesprochen vegetabilischen Modellirung, der feinen, kleinlichen Fiederung sämmtlicher Blattmotive: dass dies auf eine stilistische Veränderung mit dem Akanthusblatt zurückgeht, wurde schon auf S. 299 auseinandergesetzt, und erscheint vollends bewiesen durch Fig. 175, wo der Akanthus zum Theil noch mit den rund herausgebohrten Pfeifen zwichen den einzelnen Zacken versehen ist[70]. Auch sind die fein ausgezackten Konturen der Blätter ohne umschreibende glatte Aussenlinie geblieben. Dennoch wird schon beim ersten Anblick Niemand an der saracenischen Herkunft dieses Kästchens zweifeln. Es liegt dies vor Allem an dem

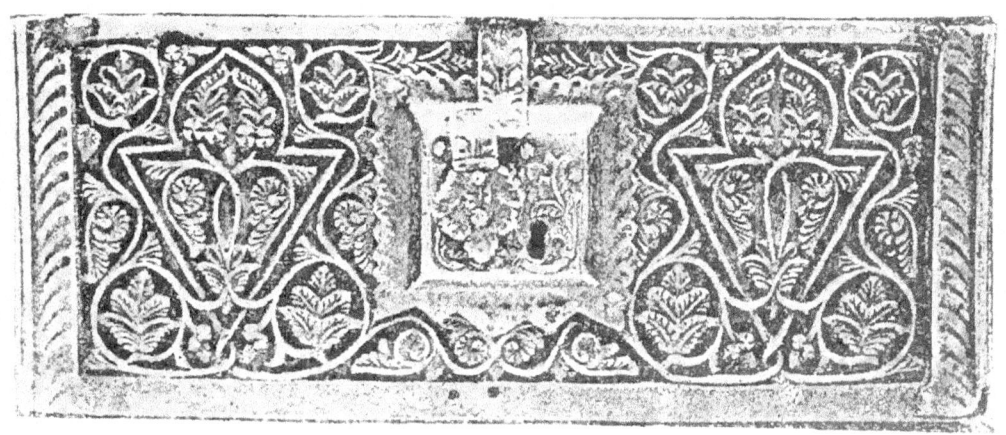

Fig. 174.
Vorderwand eines saracenischen Elfenbeinkästchens, datirt vom Jahre 965 n. Ch.

eigenthümlichen Polygon, welches die Hauptranke in der ganzen Höhe der Wand bildet, ferner in gewissen Durchschneidungen der Ranken, endlich — wie es wenigstens zunächst den Anschein hat — in der Behandlung einiger Blüthenmotive.

Es ist eben charakteristisch für diesen ganzen Umwandlungsprocess der naturalistischen antiken Ranke zur geometrisirend-stilisirten Arabeske, dass derselbe an verschiedenen Punkten gleichzeitig ansetzt und in der Fortbildung keineswegs gleichmässig verfährt: hier wird die Schematisirung der Motive mehr gefördert, dort diejenige der Rankenführung, wie es eben auf einem so weit ausgedehnten Gebiete

---

[70] Beiläufig bemerkt, war die Behandlung des Akanthus an abendländischen Arbeiten (Elfenbeinschnitzereien, Miniaturmalereien) jener Zeit nicht selten genau die gleiche.

zwischen Pyrenäen und Hindukusch nicht anders geschehen konnte. Gewiss wird man beim weiteren Verfolgen der Geschichte der saracenischen Kunst dazu gelangen, bestimmte lokale Gruppen genau zu unterscheiden und zu charakterisiren. Heute handelt es sich noch darum, das Einheitliche in dem ganzen Entwicklungsgange aufzuzeigen, das seine — einzig mögliche — Wurzel in der gemeinsamen spätantik-byzantinischen Kunst hatte, d. h. in jener Kunst, die in allen diesen über drei Welttheile sich erstreckenden Ländern beim Aufkommen des Islam die herrschende gewesen ist.

Erörtern wir nun kurz die vorhin fixirten, specifisch-saracenischen Motive an Fig. 174. Es ist dies erstlich die Einrollung der Hauptranke zu einem Polygon mit theilweise sphärischen Seiten. Dasselbe dient als Rahmen einer Konfiguration von zwei einander doppelt überschneidenden Rankenzweigen. Besonders charakteristisch ist dabei die untere Durchschneidung, die in der Weise geschehen ist, dass die daran ansetzenden Halbblätter eine Art Vollblatt bilden. Die Blüthenmotive sind aus akanthisirenden Blättern gebildet und zeigen zweierlei Typen: in einander geschachtelte zwei Kelche mit krönendem, palmettenfächerartigem Blatt, oder (innerhalb des Kielbogens) seitwärts gekrümmte lange Fächer über einem Kelch aus kreisförmig eingerollten Voluten. Die Ableitung dieser Blüthenformen wird uns weiter unten des Besonderen beschäftigen.

Vorerst wollen wir aber noch ein zweites Elfenbeinkästchen (Fig. 175) in Betracht ziehen, woran so nahe Beziehungen zu dem datirten Stück Fig. 174 zu beobachten sind, dass wir beiden wohl ungefähr die gleiche Zeitstellung einzuräumen gezwungen sind. Die deutlich antikisirende Bildung des Akanthus und das Fehlen des Polygons von Fig. 174 scheinen zwar geeignet, uns in Fig. 175 eher eine frühere Entwicklungsstufe erblicken zu lassen; das Gleiche gilt von den Spiralranken, die aus den Halbpalmetten am oberen Rande der Vorderwand gleichsam zwickelfüllend hervorbrechen. Aber anderseits fehlt es auch wieder nicht an Punkten, welche den „saracenischen" Charakter von Fig. 175 recht deutlich machen. So die vielfachen Verschlingungen (namentlich am Deckel), die Durchschneidungen von Blättern und Ranken und die Stilisirung der einzelnen Blattmotive. In den Gabelungen rechts und links vom Schlossbeschlag auf der Vorderwand erscheinen ganze Akanthusblätter eingesetzt, mit einer Einziehung in der Mitte: es ist dies die leibhaftige saracenische Gabelranke (Fig. 138, 139 a, b). Hinsichtlich der betonten Einziehung in

2. Frühsaracenische Rankenornamentik. 319

der Mitte dieses Motivs verweise ich auch auf die entwicklungsgeschichtlich damit zusammenhängenden Schlitze, die uns an den Palmetten Fig. 167, 168 (S. 307) entgegengetreten sind, und die nunmehr ihre Erklärung finden. Die Ranke, an der sich die eben besprochene Gabelung vorfindet, erscheint unmittelbar unterhalb dieser Gabelung von einem grossen Akanthusblatt überschnitten. Dasselbe ist durch die — allerdings akanthisirend gebildete — Volute am Ansatz als Halbpalmette charakterisirt, wie es denn überhaupt für diese Stufe der

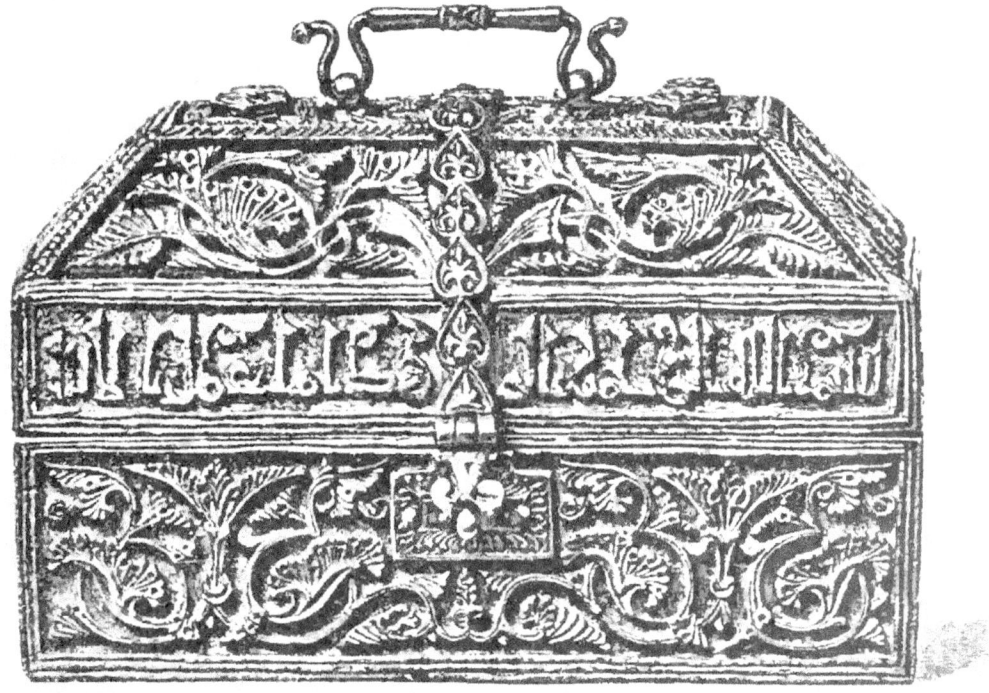

Fig. 175.
Spanisch-saracenisches Elfenbeinkästchen.

saracenischen Ornamentik als geradezu charakteristisch bezeichnet werden darf, dass die allgemeinen Umrisse von den zum Geometrischen neigenden flachen Palmettentypen, die Einzelbehandlung dagegen meist vom Akanthus entlehnt ist. Auch jene eben erwähnte akanthisirende Halbpalmette nun nähert sich sehr dem Habitus der saracenischen Gabelranke, die ja eben aus diesen zwei Wurzeln herkommt: der Rankengabelung mit akanthisirender Zwickelfüllung und der Halbpalmette. Dass übrigens diese beiden Wurzeln im letzten Grunde auch eins und dasselbe sind, ist uns aus der Entwicklungsgeschichte der antiken Pflanzenrankenornamentik längst klar geworden.

Noch auf ein Detail an Fig. 175 sei aufmerksam gemacht: die

Ranke, welche in der zuletzt erörterten Halbpalmette endigt, entsendet kurz vorher einen unfreien Halbblattfächer, der die Hauptranke durchschneidet und mit einem gleichartigen Gegenüber in symmetrischer Paarung zusammentritt, so wie wir es zu wiederholten Malen an Halbpalmetten beobachtet haben, die zu gesprengten Palmetten zusammentraten. Dieses echt „arabeske" Motiv tritt gleich den früher erwähnten in der Gesammtwirkung nur deshalb zurück, weil die akanthisirende Bildung der Details den Eindruck vornehmlich beherrscht.

Da die Inschrift des Kästchens (Fig. 175) den Namen eines spanischen Khalifen nennt, so erscheint die Herkunft desselben aus spanisch-maurischem Kunstgebiet ziemlich sichergestellt. Da ist es nun gewiss lehrreich zu sehen, dass die christlich-spanische Kunst sich der gleichen Stilisirung des Akanthus bediente. Den Nachweis hiefür möge Fig. 176 bieten. Wir sehen da einen gerade aufgesprossten Stamm, von dem rechts und links in symmetrischer Paarung je zwei Akanthushalbblätter abzweigen. Die Blätter zunächst dem Stamme sind deutlich volutenartig eingerollt, aber ebenso wie die übrigen Blatttheile fein gefiedert. Die Bekrönung bildet eine fünfspaltige Palmette, die von den zwei Halbfächern einer gesprengten Palmette eingerahmt erscheint. Die akanthisirende Bedeutung ist auch hier durch die tiefen Einziehungen zwischen den einzelnen Blattgliedern sichergestellt, und die Konturen durchweg in der gleichen feinen Weise gefiedert, wie in Fig. 174 und 175, und ausserdem von einer glatten Umrisslinie umzogen, worin wir mindestens kein unsaracenisches Moment zu erkennen vermögen. Endlich zeigt auch der fünfblättrige Fächer, aus dem der Stamm emporwächst, die erörterte akanthisirende Behandlung.

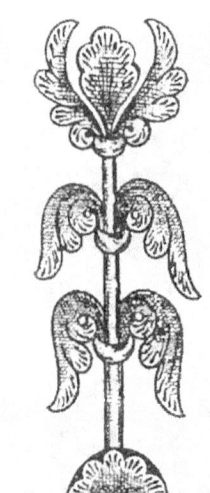

Fig. 176.

Fig. 176 ist entlehnt aus dem Codex Vigilanus im Escurial, und zwar von einem Blatte mit bildlichen Darstellungen, deren Beischriften im paläographischen Charakter noch stark kursive Elemente aufweisen und daher nicht unter das 9. Jahrh. herabgerückt werden können, und somit gewiss jünger sind, als die Kästchen Fig. 174 und 175. Was aber der Fig. 176 besondere Wichtigkeit verleiht, ist die Beischrift „arbor", die bei ihren Wiederholungen mehrfach wiederkehrt. Es ist also sozusagen der „Idealbaum", den sich die spanischen Miniaturisten der Karolingischen Zeit unter solchen mit Akanthusblättern besetzten Ge-

2. Frühsaracenische Rankenornamentik.

bilden vorgestellt haben. Muss da nicht die Bedeutung dieser Gebilde bei ihren Schülern, den Saracenen, wenigstens ursprünglich, nothwendigermaassen die gleiche gewesen sein?

An Fig. 174 konnten wir wahrnehmen, dass das Akanthusblatt darin nicht bloss zur Stilisirung des Halbpalmettenfächers — also in seiner traditionellen historischen Funktion — verwendet erscheint, sondern auch zur Gliederung der Voluten, die als Halbkelch am Ansatze einer jeden solchen Akanthus-Halbpalmette — gleichfalls einem traditionell-historischen Schema zufolge — angebracht wurden, und endlich zur Zusammensetzung der grösseren Blüthenmotive selbst, in welche die Ranken frei endigen. Diese umfassende Anwendung des Akanthusblatts müsste uns in einer Kunst, deren Ziele auf das Abstrakte, Symmetrisch-Schematische gerichtet waren, Wunder nehmen, wenn sie in diese Kunst neu aufgenommen wäre. Sie ist aber nicht minder ein überkommenes Erbstück aus der späten Antike. Hier ist die Stelle, um auf die Rolle, die der Akanthus als vegetabilisches Einzelmotiv in der spät-antiken und früh-mittelalterlichen Kunst gespielt hat, näher einzugehen: erstlich um gewisse typische Formen der saracenischen Kunst zu erklären, zweitens um der Frage willen, wohin denn das weitaus wichtigste Ornamentmotiv der Antike — eben der Akanthus — im mittelalterlichen Orient gekommen ist? — eine Frage, die man sich bisher noch gar nicht vorgelegt zu haben scheint, da man eben unter dem lähmendem Drucke der allverbreiteten Meinung stand, dass für die Erscheinungen auf dem Gebiete der Ornamentik das Kausalitätsgesetz keineswegs unbedingt geltend gemacht werden dürfte.

Der Ausgangspunkt liegt auch hiefür wieder in der ausgebildeten hellenistischen Kunst. Fig. 177 zeigt die Reliefverzierung einer steinernen cylinderförmigen Ara aus Pompeji[71]). Das Ornament trägt alle charakteristischen Züge der hellenistischen Dekorationskunst. Die mit einer Schleife umwundenen Embleme des Herkules repräsentiren die unvermeidliche Götter- und Heroensage, aber in spielender dekorativer Behandlung, trophäenartiger Zusammenstellung; dahinter zwei gekreuzte Zweige, die nach abwärts divergiren und mit den von beiden Seiten entgegenkommenden Zweigen unten zu Festons verknüpft werden. Wir ahnen zwar den kreisförmigen Schwung der ornamentalen Ranke, sehen aber nur knorrige blätterbesetzte Zweige. Soweit athmet alles Naturalismus. Wenn wir aber dasjenige, womit die Zweige belaubt sind, in's Auge

---

[71]) Niccolini, Descriz. gener. XCVI.

322 Die Arabeske.

fassen, so gerathen wir in Verlegenheit. Zwar, dass es Blätter sind, ist bis auf eine geringe Anzahl von knospenartigen Endigungen völlig klar; welcher botanischen Species gehören aber dieselben an? Es ist eben nicht eine bestimmte südliche Blattflora, die uns da entgegentritt, sondern ein rein ornamentales Blattwerk. Der Charakter, den der Naturalismus der hellenistischen Zeit besessen hat, lässt sich kaum an einem anderen Beispiele so treffend nachweisen, wie an Fig. 176. Es ist das Akanthusornament, das hier dazu benutzt ist, um ein Blattwerk von rein ornamentaler Herkunft und Daseinsberechtigung zu schaffen, — gleichwohl aber ein Blattwerk, das den Beschauer nicht einen Augenblick darüber im Zweifel lässt, dass eben ein solches damit gemeint

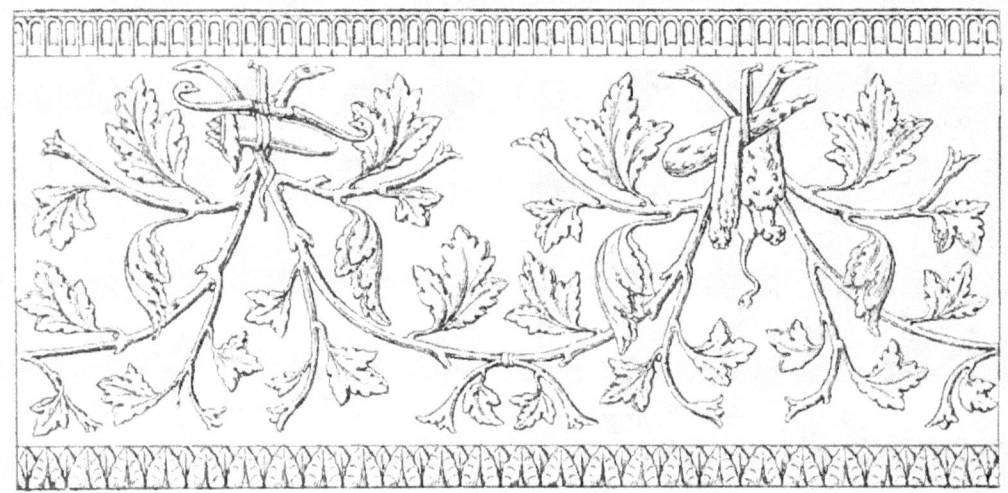

Fig. 177.
Reliefverzierung eines Steincylinders, aus Pompeji.

ist. Während wir z. B. angesichts der alten strengen Palmette uns nicht bloss fragen, auf welche Blumenspecies sie wohl zurückgehen möchte, sondern vor Allem, ob überhaupt eine Blume dahinter zu suchen ist, fällt an dem Blattwerk in Fig. 176 eine solche Frage hinweg. Was in diesem Falle die Intention des Künstlers gewesen ist, leidet keinen Augenblick Zweifel: es galt ein ornamentales Blattwerk darzustellen, und zu diesem Zwecke verwendete der Künstler das ihm traditionell überkommene und für ähnliche Zwecke bewährte Akanthusornament. Der Naturalismus der hellenistischen Künstler ging in der Ornamentik nicht bis zum unmittelbaren Abschreiben der Natur[72]: die dekorative

---

[72] Wohl aber, wenn die Absicht auf gegenständliche Darstellung vorhanden war, in welchem Falle man der Natur ihre charakteristischen Seiten

2. Frühsaracenische Rankenornamentik.

Kunst bewahrte sich noch immer ihre eigene Sphäre, wenngleich sie an ihren Hervorbringungen den Zusammenhang mit der lebendigen und realen Natur deutlicher durchblicken liess als dies jemals in den zeitlich vorausgegangenen Künsten der Fall gewesen war.

Dieser Punkt ist nicht bloss für die hellenistisch-römische Pflanzenornamentik, sondern für das dekorative Kunstschaffen aller vergangenen Jahrhunderte bis auf die neueste Zeit allzu wichtig und bedeutsam, als dass es überflüssig erscheinen könnte, denselben noch an einem weiteren Beispiele zu erläutern. Fig. 178[73]) zeigt die Reliefverzierung von einer anderen steinernen Ara aus Pompeji. Aus einem doppelten Blattkelch (der gleichfalls unsterbliche historische Nachfolge gefunden hat) —

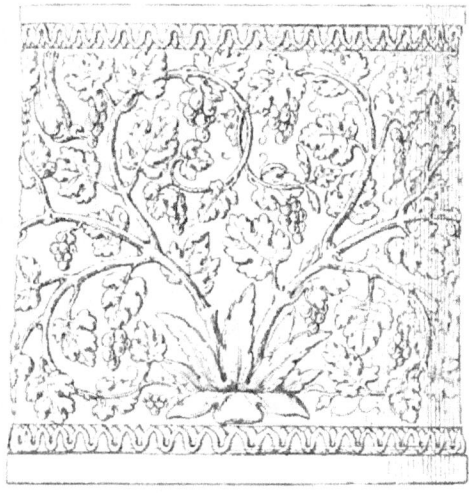

Fig. 178.
Steincylinder mit Reliefverzierung, aus Pompeji.

einem ab- und einem aufwärts gerichteten — entspriessen zwei Ranken, die nach bekanntem hellenistischen Schema (Fig. 121) sich nach Rechts und Links entfalten, spiralig einrollen, ja sogar verschlingen. In diesem Falle erscheint ausnahmsweise auch die botanische Species charakterisirt, die wir uns darunter vorzustellen haben: kleine Träubchen sagen

---

trefflich abzutauschen wusste. Allerdings ist dann oft in Fällen wie z. B. Ant. Denkm. I. 11 (Wandbild in Prima Porta) die Grenze zwischen gegenständlicher und dekorativer Absicht nicht mehr streng zu ziehen. Solche Fälle scheinen vielmehr zu beweisen, dass man schon in der augusteischen Zeit sich auf einem Wege zum Realismus in der Kunst befand, von dem man jedoch alsbald abgekommen ist, um sich ihm erst wieder in neuerer Zeit, diesmal aber entschiedener, zuzuwenden.

[73]) Niccolini ebendas.

uns nämlich, das es Rebranken sind, die sich da nach dem altgriechischen Schema der dekorativen Wellenranke über die Fläche des Cylinders verzweigen. Betrachten wir aber die Blätter: ihre Form verstösst zwar nicht augenfällig gegen das Aussehen von realen Weinblättern, aber ein Botaniker wird sie als Kopien nach der Natur gewiss sehr mangelhaft finden. „Diese Weinblätter sind nicht streng nach der Natur facsimilirt", wird er sagen, „sondern der Künstler hat in ihre Zeichnung etwas aus seiner Phantasie hineinfliessen lassen." Und was die Phantasie des Künstlers in diesem Falle erfüllt hat, kann für uns keinen Augenblick zweifelhaft sein: es ist wiederum das Akanthusornament mit seinen lappigen Ausladungen und den tiefen „pfeifen"-artigen Einziehungen dazwischen, das der Stilisirung dieser „Weinblätter" zu Grunde liegt. Immerhin bezeichnet eine so weitgehende Annäherung an die natürliche Erscheinung, wie sie insbesondere das Einstreuen von Träubchen beweist, eine Ausnahme, für deren Erklärung sich allerdings schwerwiegende Gründe geltend machen lassen: vor Allem die gegenständliche und symbolische Bedeutung, die mit dem Weine und was damit zusammenhängt seit frühester historischer Zeit verknüpft worden ist, gewiss aber auch die augenfällige Verwandtschaft, die zwischen der ornamentalen Ranke und der Rebranke obwaltet. Wir finden daher die Weinranke nach dem Schema der fortlaufenden Wellenranke bereits auf verhältnissmässig so frühen Beispielen, wie der sogen. Alexandersarkophag von Sidon (publ. bei Hamdy Bey, Nécropole de Sidon). Dass auch in diesem Falle das Akanthusornament für die Stilisirung des Weinlaubs vorbildlich gewesen ist, beweisen die „Pfeifen", doch sind hier überaus bezeichnendermaassen die Konturen der Weinblätter entsprechend dem griechischen Akanthus (Fig. 111) spitz ausgezackt, zum Unterschiede von der weichen und lappigen Bildung an dem römischen Beispiel Fig. 178.

Wenden wir uns wieder zurück zu Fig. 177. Die einzelnen aus dem Akanthuselement gestalteten Blätter sind nach Bedürfniss in die Länge und Breite gezogen; von all' diesen Projektionen interessirt uns bloss eine: es sind dies die zusammengefalteten abwärts hängenden Blätter, die mit ihren auswärts gekrümmten Spitzen bloss längs einer Ranke aufgelegt zu werden brauchen, um als Akanthushalbblätter gelten zu können. Dieses krautartig zusammengefaltete Akanthusblatt ist es nämlich, das in die spätrömische Antike und mit dieser in das Mittelalter übergegangen ist, und das Element zur Zusammensetzung neuer bedeutsamer Blüthenmotive gebildet hat.

2. Frühsaracenische Rankenornamentik.

Aber auch die Verwendung des Akanthus zur Bildung neuer komplicirter Blüthenmotive ist keine Neuerung der byzantinischen Zeit. Pompeji bietet hiefür bereits überzeugende Beispiele. An der fortlaufenden Wellenranke (Fig. 179)[79] endigt die Einrollung rechts in eine gemeinübliche Rosette, die Einrollung links dagegen in ein buschiges Gebilde, das unzweifelhaft aus Akanthusblättern zusammengesetzt, dennoch nicht als Blatt, und somit wohl nur als Blume, und zwar als ornamentale Blume erklärt werden kann.

Aus früherer byzantinischer Zeit bieten die besten Beispiele von komplicirten buschigen Blumenkelchbildungen aus zusammengefalteten Akanthusblättern die sassanidischen Architekturfragmente, wovon unsere Figuren 161—163 überzeugende Proben an die Hand geben.

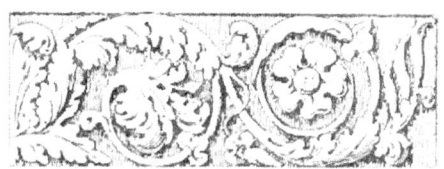

Fig. 179.
Steinerner Fries mit Akanthus-Ranke und Blumen. Aus Pompeji.

Der Zeitpunkt, von welchem ab die Ornamentik in den dem Islam zugefallenen Provinzen des ehemaligen oströmischen Reiches einen von der Entwicklung in den unter byzantinischem Scepter verbliebenen Ländern merklich verschiedenen Charakter angenommen hat, lässt sich heute noch nicht genügend deutlich erkennen. Soviel ist aber schon aus unserer bisherigen Uebersicht klar geworden, dass die Fortbildung zunächst lange Jahrhunderte des früheren Mittelalters hindurch keine politischen Grenzen gekannt, hüben und drüben den gleichen Weg genommen hat. Freilich konnte es nicht ausbleiben, dass das Fortbildungstempo in Ländern, wo die Pflege figürlicher Darstellungen in Folge religiöser Satzungen geflissentlich zurückgestellt, wo nicht geradezu unterdrückt wurde, und die Kunst somit im Wesentlichen auf die Befriedigung des Schmückungstriebes, auf die Ornamentik allein beschränkt erschien, — dass das Fortbildungstempo der Rankenornamentik in solchen Ländern schliesslich ein rascheres werden musste, als innerhalb der Grenzen byzantinischen Kunstgebietes, wo man trotz ikonoklastischer Neigungen doch der bildlichen Darstellung einer Anzahl

[79] Niccolini, Tempio detto volgarmente di Mercurio No. 8.

von figürlichen Typen religiöser Bedeutung nicht entsagen wollte oder konnte.

Im 9. Jahrh. fanden wir an den Stuckornamenten der Moschee des Ibn Tulun zu Kairo die ersten Spuren einer Differenzirung saracenischer und byzantinischer Ornamentik; doch muss die bezügliche Entwicklung zunächst eine sehr langsame gewesen sein, da wir sie noch fast hundert Jahre später an Elfenbeinschnitzereien nur um Geringes weiter fortgeschritten angetroffen haben. Ja man darf vermuthen, dass, wenn erst unsere Kenntniss der byzantinischen Ornamentik auf ein grösseres und umfassenderes Material gestellt sein wird, die Differenzpunkte zwischen der byzantinischen und saracenischen „Arabeske" sich eher noch mehr vermindern, der gemeinsame Entwicklungsgang für beide sich noch um ein Stück weiter herab verfolgen lassen wird[75]). Erst im 12. Jahrh., wie wir sehen werden, tritt uns die saracenische „Arabeske" ziemlich fertig entgegen, erscheinen die verschiedenen charakteristischen Züge, welche den Begriff der Arabeske zusammensetzen, nicht bloss vereinzelt, sondern in ihrer Gesammtheit neben einander vertreten und in Folge dessen die Beziehungen zur klassischen Rankenornamentik nicht mehr so unmittelbar zu Tage tretend. Ob zwar wir also — wie Eingangs gestanden wurde — einen genauen Zeitpunkt für die Trennung der byzantinischen und der saracenischen Entwicklung in der mittelalterlichen Rankenornamentik heute noch nicht fixiren können, so werden wir dieselbe doch im Allgemeinen in das 10. und 11. Jahrh. verlegen dürfen, welcher weit gespannte Zeitraum sich aus dem Grunde rechtfertigt, als der bezügliche Process in den weit ausgedehnten Gebieten, über welche sich die Herrschaft des Islam im Laufe der Zeit erstreckt hat, gewiss nicht einen gleichmässigen, sondern einen zeitlich sehr verschiedenen Gang genommen haben muss.

Die ornamentalen Elemente, an welchen sich die raschere und somit von der strengbyzantinischen verschiedene Entwicklung auf saracenischem Boden vollzogen hat, müssen nothwendigermaassen diejenigen gewesen sein, bis zu denen die gemeinsame Entwicklung im Osten des Mittelmeeres, im christlich byzantinischen wie im saracenischen, zuletzt geführt hatte.

Ist nun der Trennungspunkt nach dem eben vorhin Gesagten im 10. und 11. Jahrh. zu suchen, so werden wir dem uns aus dieser Zeit

---

[75]) Schon die Beispiele bei Stassoff a. a. O. Taf. 120—124 lassen diesen Eindruck recht überzeugend gewinnen.

2. Frühsaracenische Rankenornamentik.

327

bekannt gewordenen Pflanzenrankenornament byzantinischer Herkunft besondere Aufmerksamkeit zuzuwenden haben, da dasselbe eben die letzte Phase gemeinsamer byzantinisch-saracenischer und zugleich den Ausgangspunkt für die erste Phase einer rein saracenischen Ornamentik repräsentirt. Am besten unterrichtet sind wir über das Kunstschaffen dieser Zeit im byzantinischen Reiche aus Miniaturhandschriften, deren Pflege man damals augenscheinlich ganz besonders zugewandt war. Die ornamentale Ausstattung der Bücher religiösen Inhalts war in der Regel eine sehr reiche und buntfarbige. Als maassgebendstes Element tritt uns hiebei das uns im Besonderen beschäftigende, das vegetabilische entgegen, und zwar sind es die Blüthenformen, die den charakteristischen Theil dieser Ornamentik ausmachen.

Es sind dies Kombinationen von Akanthusblättern, wie wir solche schon seit pompejanischer Zeit (S. 325) kennen gelernt haben. Fig. 180 zeigt die einfachste und vulgärste, auch in der romanischen

 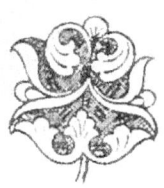  

Fig. 180.   Fig. 181.   Fig. 182.   Fig. 183.
Byzantinische Blüthenbildungen aus Akanthus.

Kunst des Abendlandes weit verbreitete Form: den *Akanthuskelch*. Zwei der Hälfte nach zusammengeklappte Akanthushalbblätter (Fig. 177, 161—163) treten da zu einem Kelch zusammen. Damit haben wir das nackte Schema gegeben; die sozusagen lebendige Ausführung in Miniaturmalerei zeigt Fig. 180[76]). Hier erscheint der Kelch gemustert mit kleinen Doppelschraffen, und versehen mit einem Zwickelabschluss, den das mittelalterliche Kunstgefühl nicht minder wie das antike fortgesetzt verlangte.

Komplicirtere Formen zeigen Fig. 181 und 182. An ersterer gewahren wir zu unterst einen Kelch ähnlich Fig. 180, darüber einen zweiten, dessen obere Ränder volutenartig nach abwärts umgeschlagen sind. Dazu kommen wieder füllende Schraffen und Zwickelabschlüsse. Charakteristisch ist die Neigung zum Umklappen, Einschlagen der Ränder, und zu geschweifter Bewegung der Blattspitzen. (Vgl. auch

---

[76]) Fig. 180—183 nach Stassoff a. a. O. Taf. 124 No. 24, aus einer Handschrift des XI. Jahrhdts.

die Blume in der Einrollung einer Akanthusranke Fig. 194.) Diese Bewegung gestaltet sich mitunter sehr lebhaft, wie in Fig. 182, wo die Akanthushalbblätter weder streng symmetrisch gruppirt sind, noch nach der gleichen Richtung weisen, sondern auf und ab und durcheinander geschlagen erscheinen[77]).

Eine sehr häufig wiederkehrende Form zeigt Fig. 183. Im Grunde haben wir da nichts Anderes, als ein Akanthushalbblatt mit umgeklappten Seiten, aus einem akanthusartig gegliederten Volutenkelch emporsteigend.

Nach der vollzogenen Erörterung der Fig. 180—183 wird es nicht mehr schwer sein, die entsprechenden Bildungen in Fig. 184[78]) in ihrer Wesenheit zu erkennen. Am häufigsten begegnen uns hier Dreiblätter in akanthisirender Stilisirung: sowohl am Volutenkelch als am krönenden,

Fig. 184.
Kopfleiste aus einer byzantinischen Miniaturhandschrift des 10. Jahrh.

etwas ausgeschweiften Blättchen. Dieses Dreiblatt vereinigt also in sich die typischen Eigenschaften des saracenischen Pflanzenornaments: geometrische Umrisse bei vegetabilischer Detailbehandlung. Auch Fig. 183 erscheint hienach bloss als eine reichere und üppigere Ausgestaltung eines solchen akanthisirenden Dreiblatts. Im mittleren Rund

[77]) Da es in der Absicht dieses Kapitels nicht liegen kann, alle Erscheinungen der ausgebildeten saracenischen Dekorationsflora zu erklären, will ich gleich bei dieser Gelegenheit bemerken, dass die kapriciöse Art der Blattbehandlung gleich Fig. 182 gleichfalls von der saracenischen Kunst übernommen worden ist, wie zahlreiche Teppiche, Miniaturen und Fliesen aus dem späteren Mittelalter und der beginnenden Neuzeit beweisen. Ich knüpfe daran eine Selbstberichtigung, da ich im Jahrbuch der Kunstsammlungen des Allerhöchsten Kaiserhauses Band XIII S. 303 die Meinung ausgesprochen habe, jene eigenthümliche Blattbehandlung wäre auf chinesische Einflüsse zurückzuführen. Nun mir der wahre Sachverhalt klar geworden ist, vermag ich die gleiche Tendenz auch in der Bildung der Blattränder zahlreicher Arabeskenmotive des 14. und 15. Jahrh. zu erkennen.

[78]) Nach Stassoff a. a. O. Taf. 124, 17.

von Fig. 184 ist ein Dreiblatt von zwei Gabelranken umschlossen: ein echt saracenisches Motiv, aber ganz vegetabilisch charakterisirt und auf byzantinischem Kunstgebiet entstanden. Auf der Bildung von Fig. 181 beruht endlich diejenige der Blüthen in den beiden äusseren Runden.

Bei der Erörterung der Ornamentik der Elfenbeinkästchen Fig. 174 und 175 haben wir uns die Charakterisirung der daselbst auftretenden frei endigenden Blüthenmotive für späterhin vorbehalten. Nunmehr erscheinen dieselben durch den blossen Hinweis auf die Bildungen Fig. 181 und 183 völlig klargestellt.

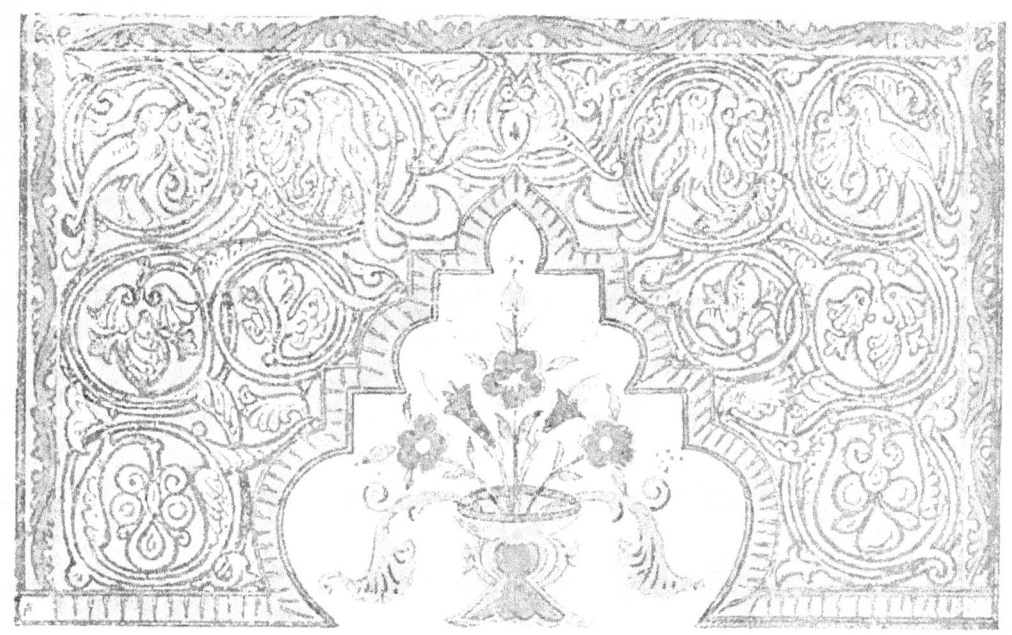

Fig. 185.
Kopfleiste aus einer armenischen Miniaturhandschrift des 11. Jahrh.

Die byzantinische Miniaturmalerei hat gerade in der uns beschäftigenden Zeit eifrige Aufnahme in den armenischen Klöstern gefunden. Ein Beispiel, angeblich aus dem 11. Jahrh., auf dessen Bedeutung ich schon bei anderer Gelegenheit[72] hingewiesen habe, ist publicirt bei Collinot und Beaumont, Ornements turcs Taf. 27—29. Der Ausschnitt aus Taf. 28, der in unserer Fig. 185 wiedergegeben ist, repräsentirt recht lehrreich die letzten Stadien einer gemeinsamen byzantinisch-saracenischen Ornamentik: Unfreie Akanthushalbblätter (in mehr steifer palmettenfächerartiger Stilisirung), Gabelranken, Blumentypen gleich

---

[72] Altorientalische Teppiche S. 166 f.

330   Die Arabeske.

Fig. 181 und 183, an kreisrund eingerollten Ranken, an deren Führung das Nichtklassische bloss in der Durchkreuzung besteht[80]).

Es erübrigt uns noch eine Anzahl von saracenischen Kunstdenkmälern aus jener Zeit zu betrachten, da die Eigenthümlichkeiten des sarazenischen Rankenornaments bereits nachweislich ihre reife Ausbildung errreicht hatten. Wir werden bei dieser Betrachtung von dem Bestreben geleitet sein, stets den innigen genetischen Zusammenhang mit dem vorangegangenen klassischen, beziehungsweise byzantinischen Pflanzenrankenornament aufzuzeigen, ja selbst das noch langwährende Vorkommen einzelner einschlägiger Motive in der urthümlichen Form durch Beispiele nachzuweisen. Das Beweismaterial ist fast ausschliesslich aus Prisse d'Avennes, L'art arabe entlehnt, fusst somit überwiegend auf den Denkmälern von Kairo aus dem 12.–14. Jahrh.

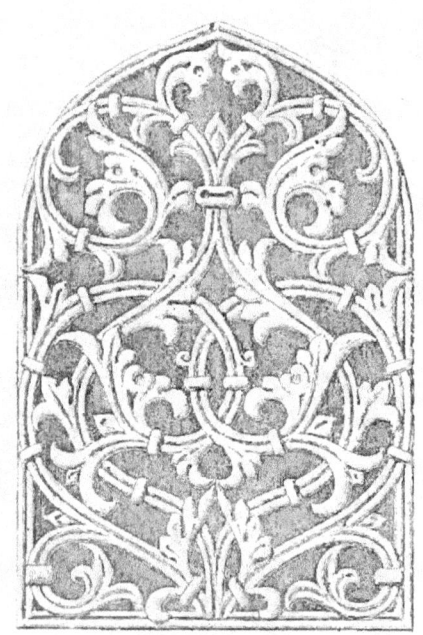

Fig. 186.
Steinerne Rankenfüllung aus Kairo.

Fig. 186 zeigt eine durchbrochene Fensterfüllung von der Moschee El-Daher, nach Prisse aus dem 13. Jahrh. Das Ornament mit seinen Akanthus-Ablegern an kreisrund gerollten Ranken könnte man schlechtweg byzantinisch nennen. Man ersieht auch daraus, wie der Zusammenschluss der Ranken zu Spitzovalen schon in der Wellenbewegung selbst begründet lag, also ein wesentliches Charakteristicum der Arabeskenführung schon in der klassisch-antiken Wellenranke gleichsam latent vorhanden gewesen ist.

[80]) Die „Palmettenstäbe" der armenischen Buchillustration, von denen bei J. Strzygowski, das Etschmiadzin Evangeliar S. 91, die Rede ist, sind nichts Anderes als Gabelranken, an verschlungenen Wellenlinien pilasterförmig übereinander aufsteigend, wofür das eigentliche historische Prototyp in Fig. 159 vorliegt. Die Verwandtschaft derselben mit den sassanidischen Ornamentbildungen gleich Fig. 161–163, bin ich der Letzte zu bestreiten; doch liegt diese Verwandtschaft keinesfalls unmittelbar zu Tage, sondern ist erst aus der Betrachtung und Erkenntniss der allgemeinen und gemeinsamen Entwicklung heraus, wie ich sie im Obigen zu geben versucht habe, wirklich und überzeugend zu verstehen.

2. Frühsaracenische Rankenornamentik.

Fig. 186 steht nicht vereinzelt da. Es gehören hieher u. a. aus Prisse eine zweite Füllung von derselben Moschee; ferner zwei Füllungen von der Moschee Thelai Abu-Rezik, wovon eines noch fast rein justinianisch, das andere ähnlich Fig. 186, mit durchgeschlungenen arabischen Schriftzügen.

Die letzteren zwei Beispiele versetzt Prisse in das 12. Jahrh.; ist diese Datirung in der That nicht zu spät angesetzt, so erscheint uns damit ein überraschendes Zeugniss geliefert für den Conservatismus, mit welchem die kairenischen Arbeiter in einzelnen kunsttechnischen Zweigen an der Rankenornamentik rein byzantinischer Stilisirung festgehalten haben. Ungefähr auf der gleichen Stufe stehen die Ornamente von der Marmorkanzel der Moschee von Cordova, wie Fig. 187[9])

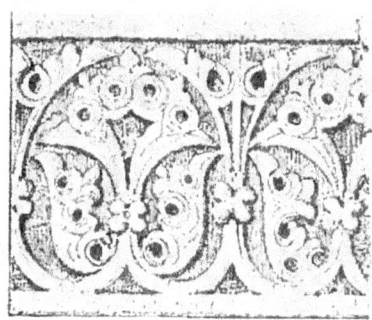
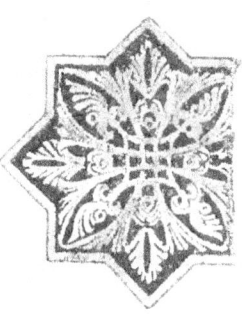

Fig. 187.
Steinerne Friesfüllung aus Cordova.

Fig. 188.
Sternfüllung in Stuck.
Aus der Cuba (Palermo).

beweist. Es ist dies ein Ausschnitt aus einem Bordürestreifen, einen Bogenfries mit gereihten Lotusblüthen und Palmetten in akanthisirender Uebertragung enthaltend. An der letzteren Bedeutung lassen die rund herausgebohrten „Pfeifen" keinen Zweifel aufkommen. Eine Inschrift bezieht sich auf das Jahr 965 der christlichen Aera; die Kanzel stammt somit aus der 2. Hälfte des 10. Jahrh. und wäre hienach um mehrere Jahrhunderte älter als Fig. 186, der sie aber in der Entwicklung eher voraus ist. Man beachte in Fig. 187 noch den aus zwei Akanthushalbblättern gebildeten Kelch an der niedrigeren Blüthe (die die Stelle einer Palmette des alten Lotusblüthen-Palmetten-Schemas vertritt). Die sachliche Identität dieses skulpirten Kelches mit dem gemalten Akanthuskelch Fig. 180 liegt wohl klar zu Tage.

[9]) Nach Girault de Prangey, Essai sur l'architecture des Arabes et des Mores Taf. 4 No. 6.

332   Die Arabeske.

Dagegen ergiebt eine nahe Verwandschaft mit dem Ornamentationssystem, das wir an Elfenbeinarbeiten des 10. Jahrh. (Fig. 174, 175) angetroffen haben, die Betrachtung der sicilianischen Arbeiten, die zumeist im 12. Jahrh. für die normannischen Könige von deren saracenischen Unterthanen gefertigt worden sind. Als Probe diene Fig. 188[82]) von der Stuckbekleidung eines Kuppelgewölbes der Cuba bei Palermo. Die gefiederartige Behandlung des Akanthus erinnert sehr an jene erwähnten Elfenbeinschnitzereien; auch die Palmetten mit seitwärts geschlagenen Akanthushalbblättern und den scharf herausgebohrten Kelchvoluten finden sich an Fig. 174 bzw. 175; ihre byzantinische Vorstufe haben wir in Fig. 183 kennen gelernt.

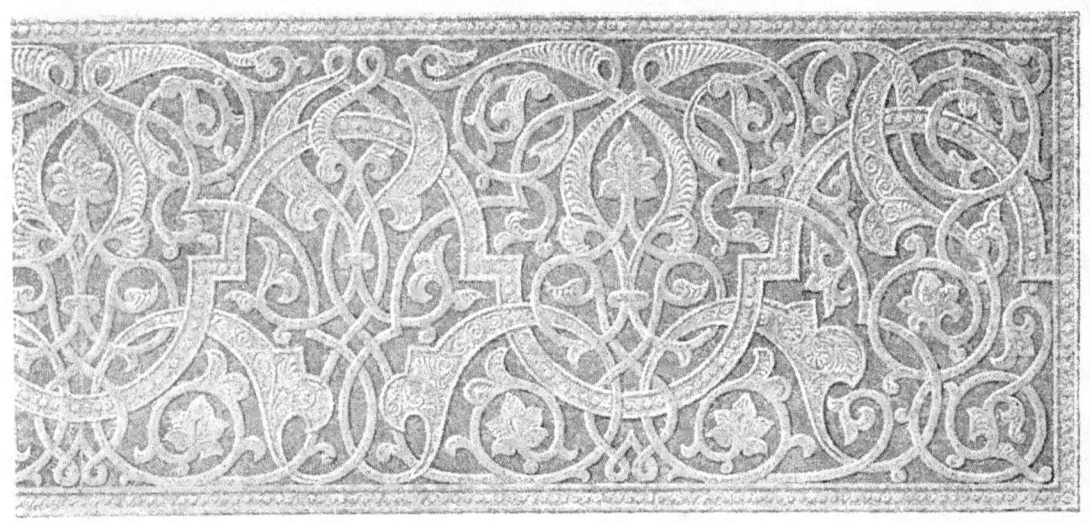

Fig. 189.
Holzgeschnitzte Friesfüllung. Aus Kairo.

Eine vollendete Arabeske tritt uns in Fig. 189[83]) entgegen. Wenn man von dem mit Kreisfiguren besetzten Bande absieht, das in lambrequinartiger Zeichnung mitten durch den Ornamentfries sich hindurchwindet und denselben in zwei reciproke Rundzackenreihen theilt, ist die Verzierung durchweg von Rankenwerk bestritten. Die Führung der Ranken ist bereits eine sehr mannigfaltige und komplicirte, namentlich nicht mehr auf die Kreisbewegung beschränkte, die Motive aber, mit Ausnahme von kleinen Spiralschösslingen und Akanthusablegern nach frühbyzantinischer Art (S. 277 f.), von glatten Konturen umrissene

[82]) Nach Girault de Prangey a. a. O. Taf. 12 No. 1.
[83]) Von der holzgeschnitzten Kanzel der Moschee von Kus, nach Prisse d'Avennes aus dem XII. Jahrh.

2. Frühsaracenische Rankenornamentik.

Halbpalmetten und Gabelranken, zum Theil auch Vollmotive[54]). Erörtern wir die ersteren, als die wichtigsten, im Einzelnen.

In a erkennen wir zwei zu einem Vollmotiv (nach Art der gesprengten Palmette) zusammengestellte Halbpalmetten (oder Akanthushalbblätter) mit streng gezeichnetem Fächer; Kelch und Fächer erscheinen vegetabilisch gegliedert, wie z. B. in Fig. 174, aber glatt umrissen: ich verweise auch auf die Schlitze in der Mitte der einzelnen Halbblätter[55]). Beide Fächer setzen sich wieder rankenartig fort zu einer ähnlich behandelten Gabelranke u. s. w.

Die vegetabilische Gliederung von a fehlt der Halbpalmette b. Deutlich scheidet sich bloss das gekrümmte Kelchblatt und der Fächer, sowie eine ausladende Zwickelfüllung dazwischen. Was aber den

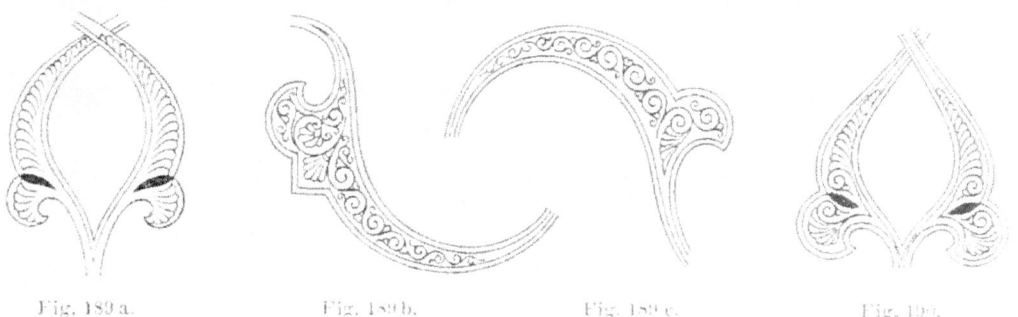

Fig. 189 a.　　Fig. 189 b.　　Fig. 189 c.　　Fig. 190.
Details von Füllungen in Holzschnitzerei, aus Kairo.

breiten Körper dieses arabesken Motivs ausfüllt, das ist uns kostbarer als alle akanthisirende Gliederung. Es ist nämlich eine leibhaftige griechische Ranke mit allen ihren Eigenthümlichkeiten, die uns da entgegentritt. Dort wo sie sich zum ersten Male gabelt, ist ein Palmettenfächer eingesetzt, in der Richtung der zwickelfüllenden Ausladung im Aussenkontur. Nach Links endigt die Ranke alsbald in eine regelmässige griechische Vollpalmette, nach Rechts rollt sie in einer typischen fortlaufenden Wellenranke dahin, mit spiraligen Schösslingen und peinlich beobachteten Zwickelfüllungen.

Nehmen wir dazu die Halbpalmette c. Von derselben ist das Gleiche zu sagen wie von b, mit dem Unterschiede, dass wir in der Rankenfüllung diesmal eine deutliche Halbpalmette nach altgriechischem Muster (Fig. 126) vorfinden. Den Uebergang von der reinen und selbständigen Palmettenranke zur akanthisirenden Gliederung des arabesken Halb-

---

[54]) Den palmettenartigen Vollmotiven in Fig. 189 liegen wohl Bildungen in der Art von Fig. 181 zu Grunde.

[55]) Vgl. Fig. 167, 168 S. 304, 306.

334 Die Arabeske.

palmettenkörpers zeigt Fig. 190, von einer anderen Füllung der gleichen Kanzel. Prisse d'Avennes giebt von der letzteren noch eine ganze Anzahl von Blättern mit Details, die eine selbständige erschöpfende Untersuchung und Erörterung verdienen würden. Davon möge an dieser Stelle nur noch unsere Fig. 168a Erwähnung finden: eine Doppelranke mit zwickelfüllenden Halbpalmettenfächern nach gesprengtem Typus, oben in eine Vollpalmette frei endigend. Die verblüffenden Beziehungen, die zwischen diesem anscheinend rein griechischen Rankenornament und dem saracenischen Fig. 168 obwalten, haben bereits auf S. 306 gebührende Hervorhebung gefunden. Die Betrachtung von Fig. 189—190 hat ergeben, dass wir darin keineswegs eine vereinzelte Kopie oder Reminiscenz nach altem Muster, sondern einen festen organischen Bestandtheil der saracenischen Ornamentik zu erkennen haben. Es erscheint damit über jeden Zweifel hinaus nachgewiesen, dass selbst

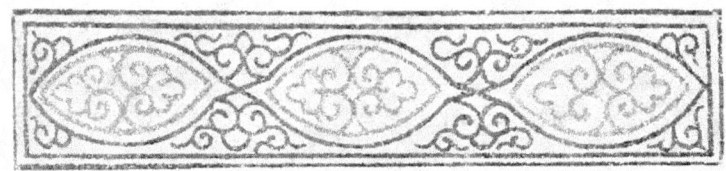

Fig. 191.
Ranken-Zierleiste; byzantinische Buchmalerei.

noch die ausgebildete sarazenische Kunst das reine flache Palmetten-Rankenornament nach bestem griechischem Muster gekannt und geübt hat. Die Brücke, die diesbezüglich vom 5. Jahrh. v. Chr. zum 12. Jahrh. n. Chr. führt, ist auch nicht schwer herzustellen. Dass das flache Palmetten-Rankenornament auch zur Zeit der Vorherrschaft des Akanthus sich fortdauernd im Gebrauche erhalten hatte, wurde schon bei Besprechung des spätantiken Rankenornaments hervorgehoben, desgleichen der Umstand, dass die frühmittelalterliche Kunst im oströmischen Reiche mit wohl erklärbarer Vorliebe (S. 289) auf die stilisirten hellenischen Blüthen- und Rankenformen zurückgegriffen hatte. Byzantinische Zwischenstufen bieten aber Miniaturmalereien des 10. und 11. Jahrh., wie z. B. Fig. 191[86]).

Wir begegnen aber an den kairenischen Denkmälern des späteren Mittelalters auch noch Arabesken, die ohne alle Durchschneidung und Polygonbildung lediglich durch die abstrakte Umbildung der Einzel-

[86] Nach Stassoff a. a. O. Taf. 123, 10.

2. Frühsaracenische Rankenornamentik.

335

motive (Voll- und Halbpalmetten) den saracenischen Charakter verrathen. Fig. 192 bietet ein solches Beispiel (nach Bourgoin, Précis de l'art arabe I. 32), wozu ich in Fig. 192a eine Uebersetzung ins Griechische gebe.

Einzelne bestimmte Techniken scheinen es somit gewesen zu sein, an denen sich das feine klassische Palmettenranken-Ornament bis in

Fig. 192.
Arabesken-Füllung aus Kairo.

das spätere saracenische Mittelalter erhalten konnte. An Holzschnitzereien ist es z. B. auf den berühmt gewordenen Füllungen vom Moristan des Sultans Kalaun vom Ende des 13. Jahrh. noch nachzuweisen[57]). Dass aber an den Schnitzereien der Kanzel von Kus das griechische Palmettenrankenornament gerade dazu bestimmt war, die grossen abstrakt umrissenen Halbpalmettenmotive auszufüllen, das

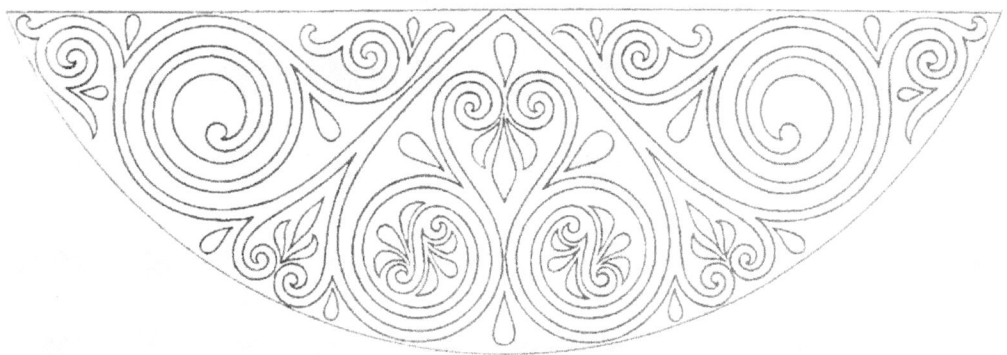

Fig. 192a.
Uebersetzung von Fig. 192 ins Griechische.

scheint mir ein nicht zu unterschätzender Fingerzeig dafür zu sein, dass die saracenischen Künstler sich des engen sachlichen Zusammenhanges ihrer Arabeskenornamentik mit der

---

[57]) Am Leibrock des Centauren, worauf ich schon anderwärts (Altorientalische Teppiche 161 ff.) hingewiesen habe; ebendas. reproducirt nach Prisse d'Avennes; ebenso bei Lane Poole, Art of the Saracens of Egypt 125.

früheren klassischen Rankenornamentik völlig bewusst waren. Und zwar betone ich: des sachlichen, nicht des historischen Zusammenhanges, denn um den letzteren hat sich das ornamentale Kunstschaffen früherer wahrhaft schöpferischer Jahrhunderte niemals gekümmert.

Aus dem 14. Jahrh. stammt Fig. 193 von einer Füllung der Kanzel in der Grabmoschee des Sultans Barkuk zu Kairo. Die arabesken Halbpalmetten haben hier feine lineare Halbpalmetten eingezeichnet; mit diesen sind wir unmittelbar an die Behandlung der Motive in Fig. 139 herangekommen, die wir seiner Zeit (S. 263) unserer Definition

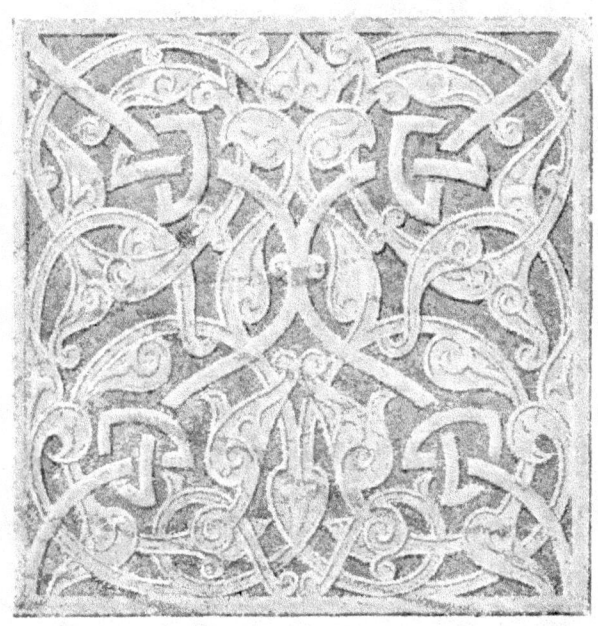

Fig. 193.
Füllung in Stuck, aus Kairo.

von den specifischen Eigenthümlichkeiten der Arabeske zu Grunde gelegt hatten. Hier drängt sich die Frage auf: gehen die erwähnten eingezeichneten Füllungen der Motive von Fig. 193 auf die klassische Halbpalmette zurück, wie es unter Hinweis auf das zu Fig. 189b und c und 190 Gesagte in der That denkbar wäre, oder sind dieselben als stilisirte Uebertragung der umgeklappten Ränder des Akanthushalbblatts (Fig. 180—183) aufzufassen?

Diese Frage ist nicht unwichtig, weil wir beim abstrakten Charakter der saracenischen Blüthenmotive in den meisten Fällen unsicher sind, ob wir uns darunter Akanthus oder flache Projektion (Palmettenfächer) als zu Grunde liegendes formgebendes Element vorzustellen

2. Frühsaracenische Rankenornamentik.

haben. Was an den erwähnten Einzeichnungen an den Motiven von Fig. 193, sowie an Fig. 139 (insbesondere an b und c) zunächst an flache Halbpalmetten-Projektion denken lässt, ist hauptsächlich die Kelchvolute am Ansatze des eingezeichneten Blattes, die wir von altegyptischer Zeit her (S. 60) als wesentlichen und unzertrennlichen Bestandtheil der Blüthendarstellungen in Palmettenprojektion kennen gelernt haben. Die Kelchvolute an den saracenischen Halbpalmetten und Gabelranken in Fig. 193 und 139 kommt aber nicht von der altgriechischen Palmettenvolute, sondern von einer Eigenthümlichkeit des Akanthus selbst her, nämlich von den rundlichen „Pfeifen", die immer zwischen je zwei Zackenausladungen des Akanthusblattes angebracht sind. Inwiefern dies schon an den frühbyzantinischen Ablegern des Akanthusblattes als formbildendes und charakteristisches Element zu beobachten ist, haben wir auf S. 279 festgestellt. In Fig. 194 gebe ich ferner einen Ausschnitt aus dem Apsismosaik von San Clemente in Rom*), das im 12. Jahrh. vielleicht von byzantinischen Arbeitern, gewiss aber unter der Herrschaft der Maniera greca, wenigstens in der Ornamentik, ausgeführt worden

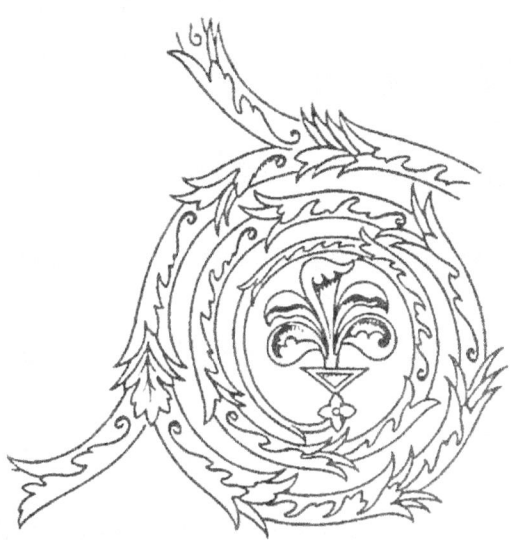

Fig. 194.
Rankeneinrollung vom Apsis-Mosaik in San Clemente Rom.

ist. An den Akanthushalbblättern, die da der Reihe nach die Akanthusranke zusammensetzen, erscheinen die entwicklungsgeschichtlichen Abkömmlinge der plastischen „Pfeifen" jedesmal am Ansatze, an der Wurzel des Blattes durch eine volutenförmige Einrollung deutlich hervorgehoben.

Angesichts der Systemlosigkeit in den Anschauungen, die gegenwärtig vom Wesen und Ursprung der saracenischen Ornamentik und insbesondere von ihrem wichtigsten Ausdrucksmittel — von der Arabeske — in Umlauf sind, erscheint es geboten, vor Allem einmal den

---

*) Nach de'Rossi, Musaici antichi delle chiese di Roma Taf. 21. Man beachte auch die frei endigende Blüthe in der Mitte der Einrollung, mit ihren umgeschlagenen Blättern gemäss Fig. 181—183.

Werde- und Ausbildungsprocess derselben von einheitlichem Gesichtspunkte aus darzustellen. Auf die lokale Provenienz des jeweilig gewählten Beweismaterials wurde wenig Gewicht gelegt; zum überwiegenden Theile wurde dasselbe entlehnt von den Denkmälern in Kairo, wo sich — offenbar Dank dem unvergleichlichen Klima — die reichste und unversehrteste Auswahl davon erhalten hat. Zweifellos hat es aber auch lokale Sonderentwicklungen gegeben, und Aufgabe der weiteren Forschung wird es nun sein, den Differenzirungen in den geographisch so weit verstreuten Gebieten der Islamvölker nachzugehen, und das Trennende zwischen den einzelnen festzustellen. Aber ich wiederhole es — unsere Aufgabe war nach der entgegengesetzten Seite gelegen: es galt erst einmal den historischen und genetischen Zusammenhang in der Entwicklung des Pflanzenrankenornaments seit antiker bis in die neuere Zeit aufzuzeigen, und zu diesem Behufe die gemeinsamen grossen Gesichtspunkte, nicht die trennenden kleinen Varianten, hervorzusuchen und festzustellen.

Diese Aufgabe glauben wir nun gelöst zu haben durch die Erbringung des Nachweises, dass die ausgebildete fertige Arabeske, wie sie uns an kairenischen Kunstwerken vom Anfange des 15. Jahrh. entgegentritt, in ihren scheinbar geometrischen Motiven einen unverkennbaren Kern von pflanzlicher Bedeutung birgt. Unsere Untersuchung in dem vorhergehenden, dritten Kapitel dieses Buches hat aber ergeben, dass die Pflanzenornamentik seit dem für uns überhaupt kontrollirbaren Beginn menschlichen Kunstschaffens einen streng historischen Gang eingehalten hat. Nachdem einmal in Folge etwelcher für uns nicht mehr bestimmbarer — vermuthlich gegenständlich symbolischer — Gründe das pflanzliche Element in die Dekoration eingeführt worden war, haben die Kulturvölker die in historischer Reihenfolge die künstlerischen Errungenschaften ihrer Vorfahren übernahmen und weiterbildeten, in Bezug auf das Pflanzenornament immer bloss an die ihnen von ihren Vorgängern überlieferten Typen angeknüpft, und dieselben ihrerseits nach eigenem Kunstermessen ausgestaltet und ihren Nachfolgern hinterlassen. Ein willkürliches Hineingreifen in das natürliche Pflanzenreich behufs Schaffung von Ornamenten[89]) hat erstlich in dem Ausmaasse, wie es gewöhnlich angenommen zu werden pflegt, überhaupt niemals stattgefunden, oder wo dies dennoch[90]) der Fall gewesen

[89]) Also — was wiederholt betont wurde — nicht in gegenständlicher Bedeutung.

[90]) Etwa in der mykenischen oder in der hellenistisch-römischen Kunst.

2. Frühsaracenische Rankenornamentik.

zu sein scheint, niemals zu dauernden Erfolgen geführt, wogegen die stilisirten Palmetten-, Akanthus- u. s. w. Ornamente ihre ewige, klassische Bedeutung selbst noch in unserer modernen Zeit des Realismus bewahrt haben. Von der durch gewisse stilisirte Blüthenprojektionen, z. B. die Palmette, vorgezeichneten Linie der Entwicklung ist man in der Hauptsache bis in die späteste antike Zeit (und sagen wir auch gleich, bis zum Spätmittelalter) nicht mehr abgewichen. Aus solcher Erwägung heraus ergab sich uns die Aufgabe, das spätantike Pflanzenrankenornament mit der Arabeske zu verknüpfen, die dazwischenliegenden Entwicklungsphasen durch datirte Beispiele aufzuzeigen, und dies ist uns, trotz des fast absoluten Mangels an Vorarbeiten, hoffentlich auch gelungen.

Was wir im Nachfolgenden noch zu sagen haben, betrifft anscheinend bloss ein bestimmtes provincielles Gebiet innerhalb der grossen gemeinsaracenischen Kunst. Aber schon die damit verknüpften Fragen von allgemeiner Bedeutung mögen es rechtfertigen, wenn wir das Kapitel von der Arabeske mit der Erörterung einer Dekorationsweise von scheinbar bloss lokaler Bedeutung abschliessen.

Es hat nämlich in der Kunst des saracenischen Orients auch eine Art von Pflanzenrankenornamentik gegeben, die man als eine naturalisirende bezeichnen könnte. Die Denkmäler, auf denen sie uns erhalten ist, bestehen hauptsächlich aus Knüpfteppichen und aus Thonfliesen, und als ihre Heimat wird überwiegend Persien bezeichnet[91]). Die Entstehungszeit der bezüglichen Denkmäler reicht zwar grosstheils herab in die letzten drei Jahrhunderte, da europäischer Einfluss nicht bloss in der Türkei, sondern auch in Persien nachweislich breiten Eingang gewonnen hatte. Aber an einzelnen Beispielen lässt sich das naturalisirende Pflanzenrankenwerk bis in das 15. Jahrh. zurück verfolgen.

Fig. 195 zeigt ein Fragment sammt Eckstück von der Bordüre eines persischen Teppichs[92]), dessen Entstehung aus stilistischen Gründen in das 16. Jahrh. verlegt wird. Das Grundschema der Rankenführung bildet die intermittirende Wellenranke, und zwar nach echt saracenischer

---

[91]) Von der persisch-saracenischen durchaus abhängig ist die indische Pflanzenranken-Ornamentik: den Thatbestand umzukehren, wie auch schon geschehen ist, war abermals nur möglich unter der Herrschaft des Vorurtheils von einer wesentlich autochthonen Entwicklung aller ornamentalen Künste.

[92]) Abgebildet in dem vom k. k. österr. Handelsmuseum herausgegebenen Prachtwerke: Orientalische Teppiche Taf. II.

340 Die Arabeske.

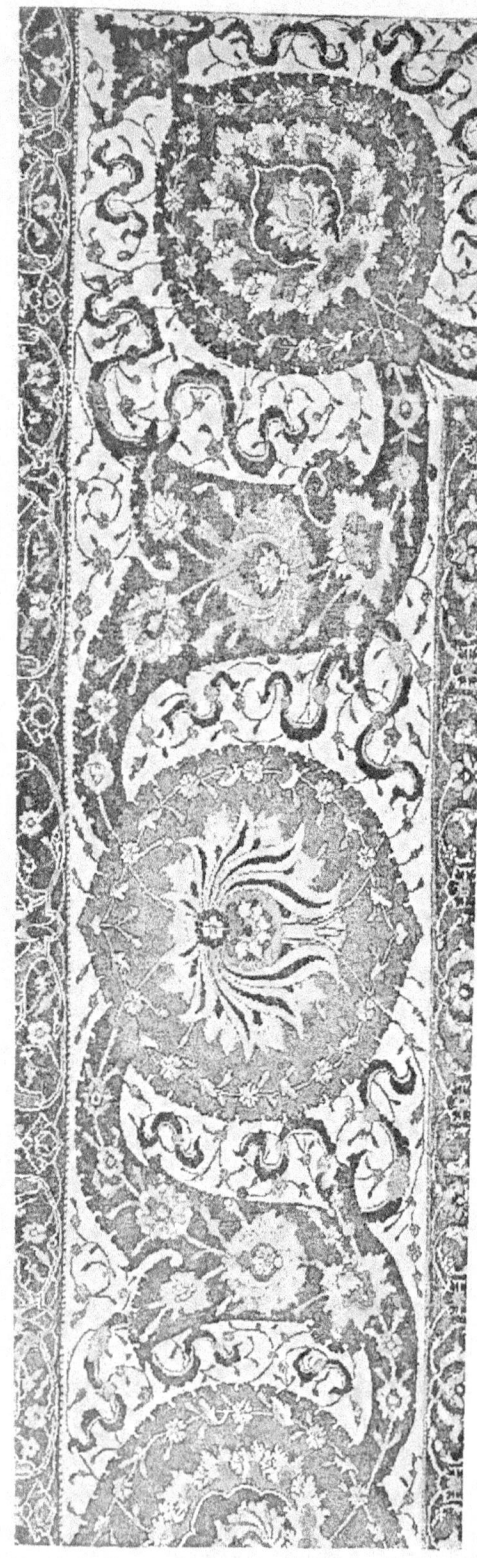

Fig. 195. Fragment von der Bordüre eines persischen Teppichs des 16. Jahrh.

Behandlung: geometrisch-arabeske Spitzovale bilden die Blüthenmotive und auch die Rankenschwingungen dazwischen sind breit dahin stilisirt, aber auf diesem arabesken Fond entfaltet sich erst ein feines vegetabilisches Rankenwerk, das natürlich in seinem Verlaufe der Hauptsache nach gleichfalls das intermittirende Wellenschema einhält. Im frei bleibenden Grunde zwischen den grossen Motiven der intermittirenden Wellenranke verbreitet sich das Rankenwerk gemäss dem fortlaufenden Wellenschema[93]). Die einzelnen Blüthenmotive zweigen nur zum Theil von den Ranken ab, namentlich die grösseren sind fast durchweg unfrei und durchsetzen die Ranken: bisher alles wohlbekannte Eigenthümlichkeiten der gemeinsaracenischen Pflanzenrankenornamentik. Erst die Betrachtung der Einzelmotive ergiebt Unterschiede gegenüber den typischen Arabeskenmustern, wie wir sie etwa in Fig. 139 kennen gelernt haben.

Fassen wir zuerst das grosse Spitzoval in der Mitte in's Auge. Um einen rundlichen, das Gesammtmotiv im

[93]) Die durchgeschlungenen „Wolkenbänder" — wie man meint, Zeugnisse chinesischen Einflusses — kommen hier nicht in Betracht.

Kleinen wiederholenden Kern legen sich äusserlich einige Blätter an, die von unten emporwachsen und in undulirender Bewegung, an die Fächer der gesprengten Palmette erinnernd, emporstreben. In die spitzen Winkel, die zwischen je zweien dieser Blätter einspringen, erscheinen zwickelfüllende Blätter mit akanthisirend behandelten Rändern eingesetzt. Wir wollen der Kürze halber für das ganze Motiv in seiner Grundform die Bezeichnung *Kelchpalmette* gebrauchen.

Das eben erörterte Motiv kehrt noch mehrmals wieder. So in der Mitte einer jeden Wellenschwingung, wo die den Kern kelchförmig einschliessenden, ausgeschweiften Blätter an den Rändern gleichsam zusammengeklappt und akanthisirend behandelt sind. Ferner im Innern des zur Ecklösung verwendeten Spitzovals, hier umschlossen von einem äusseren Kranz von Blättern, die nicht minder fein ausgezackte Ränder zeigen. Kehren wir aber zur Wellenschwingung zurück, so fallen daselbst neben der erwähnten Kelchpalmette noch zwei grössere, häufig wiederkehrende Blüthenmotive auf: oben ein flacher, ausgezackter, oblonger Teller, aus dem sich der Blüthenkolben erhebt: die sogen. *Fächerpalmette*, unten hingegen eine *Kranzpalmette*, die sich von der Kelchpalmette wesentlich dadurch unterscheidet, dass die den Kern umgebenden Blätter um denselben nicht kelchartig herumgeschlagen und in geschweifte Spitzen auslaufend, sondern gleich einem Kranz herumgereiht und in geraden Achsen geführt erscheinen.

Charakteristisch für diese Motive bleibt die eigenthümliche Stilisirung der Blattränder. Und zwar muss dieselbe für ganz wesentlich angesehen worden sein, weil sie uns fast an allen den genannten Motiven, an dem einen mehr, an dem anderen minder scharf gezeichnet, entgegentritt. Um eine historische Erklärung dafür zu finden, liegt es am nächsten, die arabesken Blüthenmotive der vorhergehenden, mittelalterlichen Kunst heranzuziehen und zu untersuchen, ob es nicht diese gewesen sein könnten, aus denen jene oben beschriebenen „Palmetten", etwa unter dem Einflusse einer gegen Ende des Mittelalters in der orientalischen Kunst aufgekommenen Neigung zur Naturalisirung, entstanden sein möchten. Aber auf Grund einer Betrachtung des typischen Arabeskenmusters von Fig. 139 werden wir kaum in der Lage sein, daraus die naturalisirenden Palmetten jenes persischen Teppichs im Wege direkter künstlerischer Formen-Entwicklung und Umbildung abzuleiten. Es bleiben hiernach bloss zwei Möglichkeiten offen: entweder haben wir in den fraglichen Motiven etwas specifisch Persisches, das Produkt einer autochthonen lokalen Entwicklung zu erblicken, oder die Wurzel für ihre Entstehung muss ausserhalb der persischen und saracenischen Kunst zu suchen sein. Die erstere Annahme hat auch bis zum heutigen Tage — entsprechend der allgemeinen Stimmung der Zeit — die grösste Anzahl von Anhängern gezählt. Wir werden für diese angeblich national-persische Ornamentik eine Entstehung aus dem Nichts, oder aus unbekannten technischen Prämissen ebensowenig zugeben können, wie wir es bisher irgendwann für zulässig gefunden haben. Bleibt somit bloss die Ausschau nach anderen historischen Kunstgebieten und zwar naturgemäss wieder nach dem nächstgelegenen.

Was wir schon durch den Hinweis auf die akanthisirende Gestaltung der Blattränder und auf die emporgekrümmte Bewegung der gleichsam zusammengeklappten Blätter der Kelchpalmette vernehmlich angedeutet haben, giebt die Erklärung für das ganze Genre: es sind **blüthenförmige Kombinationen von Akanthusblättern**, ähnlich den Bildungen, wie wir sie gemäss unseren Ausführungen auf S. 325 bereits von römischer Zeit ab nachweisen konnten; für die Kelchpalmette lässt sich der Entwicklungsgang sogar ziemlich genau herstellen. Den Ausgangspunkt geben persische Bildungen aus der Sassanidenzeit (Fig. 161). Den römischen Charakter haben wir auf S. 299 zur Genüge klargestellt; wenn noch ein Zweifel übrig bliebe, ob wir dieselben nicht doch als Produkte national-persischer Kunst ansehen sollten, so erscheint derselbe beseitigt durch den Umstand, dass die Kelchpalmette in frühmittelalterlicher Zeit auch ausserhalb Persiens vorkommt, und zwar auf den noch vor Schluss des 7. Jahrh. angefertigten Mosaiken der Omar-Moschee zu Jerusalem (Fig. 196)[94], die man gemeiniglich als Werk byzantinischer Künstler anzusehen pflegt. Aus der späteren Entwicklung sind es Bildungen der byzantinischen Kunst gleich Fig. 180—185, die mit dem Motiv der Kelchpalmette dem Wesen nach

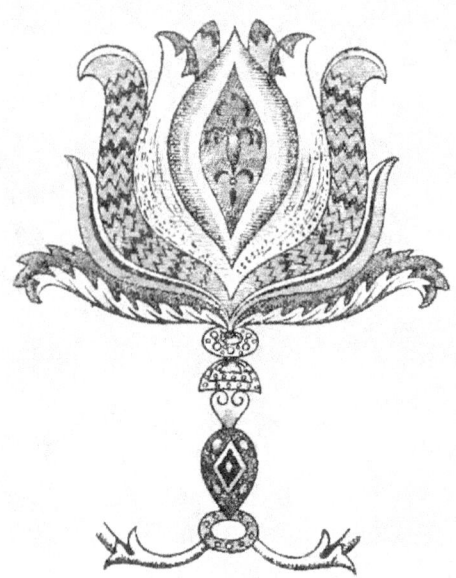

Fig. 196.
Kelchpalmette vom Mosaik der Omar-Moschee zu Jerusalem.

[94] Nach de Vogüé, Temple de Jerusalem Taf. XXI.

2. Frühsaracenische Rankenornamentik.

auf's Engste parallel laufen[95]): insbesondere Seidenstoffe liefern Zwischenglieder, von denen es zumeist offene Frage bleibt, ob sie byzantinischem oder saracenischem Ursprunge zugewiesen werden sollen. Völlig abgeklärt und in ein echt saracenisches Schema gebracht, tritt uns die Kelchpalmette in der mesopotamischen Kunst des 13. und 14. Jahrh. entgegen, die uns durch zahlreiche, zum Theil datirte Metallarbeiten repräsentirt ist[96]). Als Beispiel diene Fig. 197 von dem tauschirten Schreibzeuge eines kairenischen Mamelukensultans des 14. Jahrh.[97]). Hierbei ist es wichtig zu beobachten, dass das auf dieser Denkmälergruppe vorfindliche Pflanzenrankenornament im Allgemeinen von arabesker Stilisirung ist, und fast ausschliesslich schematisch umrissene Palmetten mit Voluten-

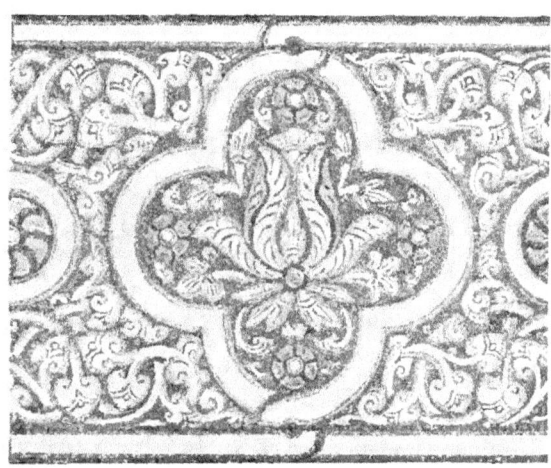

Fig. 197.
Kelchpalmette und Rankenornament von einer Mossul-Bronze.

kelch (Fig. 197), zum Theil mit einfach gefiedertem Fächer aufweist. Es erscheint damit nämlich bewiesen, dass der Gebrauch der Kelchpalmette als solcher keineswegs einer bestimmten naturalisirenden Richtung eigen gewesen ist, und dass dieselbe als ornamentales Motiv

[95]) Auch die zwickelfüllenden Blätter der „Palmetten" in Fig. 195 haben ihre entsprechenden Analogien in Fig. 180—183. Vgl. S. 327.

[96]) Vgl. Stanley Lane Poole, Art of the Saracens of Egypt. S. 170 ff.

[97]) Nach Prisse d'Avennes a. a. O. Ecritoire du soultan Bahrite-Schâban. — Der spielend dekorative Gebrauch, den die saracenische Kunst vom Pflanzenrankenornament gemacht hat, äussert sich in höchst beachtenswerther Weise in der theilweisen Ersetzung der Halbpalmetten durch Vogelleiber, wie es sich an den erwähnten mesopotamischen Metallarbeiten — und anscheinend nur an diesen — findet: z. B. fortlaufende Wellenranken mit abzweigenden Vogelleibern bei Prisse a. a. O.

längst fertig und gegeben war, wenn in der That, wofür mehrfacher Anschein spricht, gegen Ende des Mittelalters eine naturalisirende Tendenz in gewissen Techniken und auf bestimmten lokalen Gebieten zum Durchbruch gekommen sein sollte. Mit weitaus besserem Grunde wird man aber die Erklärung der naturalisirenden Bildungen gleich Fig. 195 darin zu suchen haben, dass, so wie in antiker (S. 240) und früh-mittelalterlicher (S. 289) Zeit auch in der vollentwickelten saracenischen Kunst, namentlich an einzelnen Techniken traditionell haftend, jederzeit zwei Strömungen der Pflanzenrankenornamentik, eine flache und eine plastischere, eine arabeske und eine naturalisirende, neben einander hergelaufen sind. Diese letztere wäre es sonach gewesen, die in direkter Linie von den spätrömischen in einander geschachtelten Akanthusblattkelchen zu den Kelchpalmetten auf den Teppichen der persischen Staatsmanufakturen des 16. Jahrh. geführt hat.

Um den Ursprung der besprochenen naturalisirenden Blüthenbildungen in der persischen Teppichknüpferei des 15. und 16. Jahrh. zu erklären, wurde vor Kurzem[98]) auf die Idee Sir Georges Birdwood's zurückgegriffen, der die daran obwaltenden Beziehungen zu dem altegyptischen und altmesopotamischen Ornamentmotiv der Lotusblüthe zuerst literarisch zum Ausdruck gebracht hat. Dem betreffenden Autor ist es vermuthlich nicht bewusst geworden, dass er damit im Grunde nichts Anderes gesagt hat, als was ich schon in meinen „Altorientalischen Teppichen", vernehmlich genug für denjenigen, der sich nicht der Mühe entschlagen hat, sich mit der Entwicklung der antiken Pflanzenornamentik vertraut zu machen, angedeutet habe. Darin sind wir eben gegenwärtig über den Standpunkt den noch Birdwood u. A. in den bezüglichen Fragen einnehmen mussten, hinausgeschritten, dass wir dasjenige, was jener geistreiche Forscher mehr intuitiv geahnt und als Endresultat künftiger Specialuntersuchungen verkündet hatte, nunmehr mit einzelnen Zwischengliedern zu belegen, eine zusammenhängende Entwicklungskette für die früher lose behaupteten Anhaltspunkte herzustellen, im Stande sind. Aber den von Birdwood, Owen Jones, de Vogüé und Anderen vor so langer Zeit ausgesprochenen Grundideen, soweit sie sich nach der angedeuteten Richtung bewegen, entgegenzutreten, wäre ich der Letzte; ja, ich stehe nicht an zu erklären, dass es um unsere Erkenntniss mittelalterlicher Kunstgeschichte besser und reifer bestellt wäre, wenn die gerade Linie rein histori-

---

[98]) Im Jahrbuch der kgl. preuss. Kunstsammlungen XIII. 134.

2. Frühsaracenische Rankenornamentik.

scher Betrachtungsweise, wie sie z. B. de Vogüé gepflogen hat, niemals verlassen worden wäre.

Die ornamentalen Blumentypen der persischen Teppiche unmittelbar auf achämenidisch-persische oder assyrische Anfänge zurückzuführen, ist darum unstatthaft, weil sich zwischen diese und das saracenische Spätmittelalter eine ganz grundverschiedene Kultur- und Kunstschicht gelegt hat, bedingt durch das sieghafte Vordringen der hellenistischen Antike und die eigenthümlichen Fortbildungen in der sogen. byzantinischen Zeit. Aber selbst abgesehen von solchen allgemeinen stilhistorischen Erwägungen, wird man die persische Teppichblumistik schon deshalb nicht als unmittelbar autochthone Abkommenschaft altorientalischer Kunstformen gelten lassen können, weil das Substrat selbst — der orientalische Knüpfteppich — nichts schlechthin Altorientalisches ist[99]. Die allgemein verbreitete Meinung, dass der orientalische Teppich seit Urzeiten in Westasien in Gebrauch gewesen wäre, widerlegt sich durch die Beobachtung, dass der für die neueren Orientalen charakteristische Gebrauch des Teppichs an Stelle des Sitz- und Standmöbels im ganzen orientalischen Alterthum nicht nachzuweisen ist, derjenige von solchen Möbeln aber feststeht.

Auch dies ist charakteristisch für die seichte, schablonenhafte Art der Betrachtung auf diesem Gebiete, dass man die in den Schriften der Alten erwähnten orientalischen „Teppiche" schlechtweg für Knüpfteppiche nahm, und es ganz überflüssig fand, diese Meinung an der Hand der bildlichen Darstellungen zu kontrolliren. Diese erweisen aber für den ganzen antiken Orient von der altpharaonischen bis einschliesslich der achämenidisch-persischen Zeit den Gebrauch von Stuhl, Bettstelle und Tisch, dagegen kein einziges Mal einen Teppich an deren Stelle. Erst die in Folge ihres nomadenhaften Vorlebens an die Möbellosigkeit gewöhnten centralasiatischen Stämme turko-tartarischer Abkunft, deren Vordringen und Sichfestsetzen in Westasien fast die gesammte Geschichte des mittelalterlichen Orients ausfüllt, haben den Knüpfteppich mit sich gebracht und seinen so charakteristischen Gebrauch im Westen eingebürgert. Wo die eingewanderten Nomadentribus bei ihrer ursprünglichen Lebensweise stehen geblieben sind, haben sie auch ihre heimische, primitiv-geometrische Verzierungsweise — abstrakte Symmetrie in Form von Linien-Kombinationen — in ihrer

---

[99] Eingehender habe ich diesen entscheidenden Punkt besprochen in der österreichischen Monatsschrift für den Orient, Jänner 1892: Die Heimat des orientalischen Knüpfteppichs.

Teppichornamentik beibehalten, wie sie der sogen. Nomadenteppich grossentheils noch heute zeigt. Wo sie aber grosse und glänzende Hofhaltungen aufrichteten, wie in Persien und in Kleinasien, dort übertrugen sie die bei den dortigen Kulturvölkern vorgefundene höherstehende Verzierungsweise — eben die von der klassischen Antike überkommene Pflanzenrankenornamentik — auf ihre Luxusteppiche.

Also weder der Knüpfteppich, noch sein „geblümtes" Muster sind in Westasien urheimisch, in dem Sinne, wie man dies gewöhnlich anzunehmen pflegt. Ersterer stammt aus Centralasien; vereinzelte versprengte Ausnahmen, etwa am Kaukasus, mag es immerhin schon im Alterthum gegeben haben. Das „Blumenmuster" aber darf nur insoferne als „urorientalisches" gelten, als ja in der That die unmittelbaren Vorläufer der saracenischen Pflanzenornamente — die klassisch-antiken — im letzten Grunde aus dem Orient herstammen. Die einzelnen Glieder dieser Kette aber, die von der geheimnissvollen Blume des Nilthals und der Spiralranke des vorläufig noch räthselhafteren „mykenischen" Inselvolkes zu den ornamentalen Wunderleistungen der Arabeske führt, glaube ich im dritten und vierten Kapitel dieses Buches in ziemlich lückenloser Reihe zusammengefügt zu haben.

Reprint Publishing

FÜR MENSCHEN, DIE AUF ORIGINALE STEHEN.

Bei diesem Buch handelt es sich um einen Faksimile-Nachdruck der Originalausgabe. Unter einem Faksimile versteht man die mit einem Original in Größe und Ausführung genau übereinstimmende Nachbildung als fotografische oder gescannte Reproduktion.

Faksimile-Ausgaben eröffnen uns die Möglichkeit, in die Bibliothek der geschichtlichen, kulturellen und wissenschaftlichen Vergangenheit der Menschheit einzutreten und neu zu entdecken.

Die Bücher der Faksimile-Edition können Gebrauchsspuren, Anmerkungen, Marginalien und andere Randbemerkungen aufweisen sowie fehlerhafte Seiten, die im Originalband enthalten sind. Diese Spuren der Vergangenheit verweisen auf die historische Reise, die das Buch zurückgelegt hat.

ISBN 978-3-95940-028-2

Faksimile-Nachdruck der Originalausgabe
Copyright © 2015 Reprint Publishing
Alle Rechte vorbehalten.

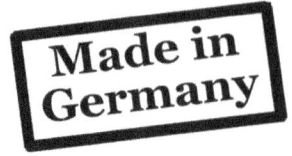

www.reprintpublishing.com

www.ingramcontent.com/pod-product-compliance
Lightning Source LLC
Chambersburg PA
CBHW082321220526
45470CB00008B/2367